DUZHE

读者®

伴你阅读 1

读者杂志社 编

读者出版社

图书在版编目（CIP）数据

《读者》伴你阅读 ：全3册 / 读者杂志社编. -- 兰
州 ：读者出版社，2023.11
ISBN 978-7-5527-0771-7

Ⅰ．①读… Ⅱ．①读… Ⅲ．①文摘－世界 Ⅳ．
①Z89

中国国家版本馆CIP数据核字（2023）第211823号

《读者》伴你阅读（全3册）

读者杂志社　编

策划编辑　王书哲
责任编辑　张　远
封面设计　李　娜

出版发行　读者出版社
地　　址　兰州市城关区读者大道568号（730030）
邮　　箱　readerpress@163.com
电　　话　0931-2131529(编辑部)　0931-2131507(发行部)

印　　刷　北京盛通印刷股份有限公司
规　　格　开本787毫米×1092毫米　1/16
　　　　　印张45　字数690千
版　　次　2023年11月第1版
　　　　　2023年11月第1次印刷
书　　号　ISBN 978-7-5527-0771-7
定　　价　128.00元（全3册）

目 录

花开的声音

陈文和

花开也有声音吗？

一般人都持否定的态度，认为花儿开放和雪花飘落是一样的，不会发出什么声音，理由是它们的分量太轻，在空中不可能撞击出任何声响来。最近看到一则资料，证实这种理由是不正确的。资料说，前不久，有两个外国人在下雪的时候爬到房顶上，用麦克风吸纳雪花的"声音"，然后接到示波器上。他们发现，雪花不仅有"声音"，而且是非常尖锐的，像消防车发出的一样，但这种高频我们听不到，因为人类没有那种极端灵敏的听觉。

雪花如此，花儿开放的时候，我相信它也不是悄无声息的。一个夏季的晚上，我在住家的阳台上，就捕捉到昙花开放的声音。那棵昙花的花苞早在两三天前就显露出了雏形，这个"雏形"的花苞越来越大，在枝头垂首有如纺锤。那一夜，我估摸它会开放的，便在阳台彻夜守护着，耐心地等待，等待，近午夜11时，那美好的时刻终于在焦灼的期待中来到了，它的花苞慢慢地鼓胀起来，好像原先干瘪的气球一下子灌进了风，紧接着，我便听到一声"噗"的响动，那是我盼望已久的昙花开放的声音，只见那由许多纤长洁白的花瓣组成的花，快速、灿然地开放了。痴迷间，眼前仿佛跳出了一个善舞的靓女，只一刹那，便羞煞了天际那半轮夏月，那美的光焰，洒向城市街道，使夜的峡谷为之闪闪发亮。

昙花的开放或许是由于感情的积累，所以有一种巨大的冲劲，才发出"噗"的一声来，就像孩子玩的气枪木塞弹跳出枪口，又像谁嘴里含的珠子吐到了盘子上。除了昙花，我还真切地听到过茶花开放的声音。茶花的开放可不是那种"急性子"，早在夏季时，它的蓓蕾就在枝叶间开始孕育，开头只有一粒米那般大小，和叶芽的形状相差无几，过了好几天，它的雏形才微微显露出来，又再好几天，它那结实的体态和叶芽松动的体态才泾渭分明。

茶花花苞的长大，是一个漫长的过程，就像一个长途旅行者，走过了夏天，又走过了秋天，到了冬季，那一头尖的椭圆花苞，那花瓣如鳞片重重包裹的花苞，才终于像临盆的产妇展现在你的面前。但距离开放仍有些日子，我栽在阳台的那一株茶花，叫"五宝茶花"，枝头共有十几个花苞，它们之间好像有个约定，谁先开谁后开。"嫩蕊商量细细开"，从这一句古诗里我真惊叹古代诗人体察入微。

那一天是休息日，我终于看到第一颗准备开放的花苞有些异样了，它在微微地颤动、颤动，仿佛是个睡美人，在阳台上睡了许久、许久，此刻才在深绿色的枝叶间苏醒，惺忪的眼眸，抖动的睫毛，微微地张开、张开，那张开的声音，和昙花的那一声"噗"完全相反，它是那么细微，那么柔和，那么舒缓，就像恋人间的一种低语，可这种低语我却听到了。昙花开放的声音是短促的，茶花开放的声音是悠长的，不管短促或悠长，都是那么动听，那么迷人。由此我认定：花开的声音是自然界一种最美妙的乐曲，或者说是一种天籁吧！

花儿这样，人生何尝不是如此。儿童是人类的花朵，这已是共识，处在恋爱中的青年男女，更像是进入美丽的花季。男孩和女孩的接触，总是由于爱慕和某种契机引起的，但由友情到爱情，却是由量变到质变的过程。这中间的"突变"，就像正电和负电突然撞击在一起，再粗心的人也会感觉到对方脸脖间涌动的红晕和胸脯中噗噗的心跳。那红晕涌动的声音和噗噗的心跳声，不就是一种花开的声音吗？在这种情况下，你会感受到，对方的一举一动，对方的神态，都是一种花开的姿态；对方的话语，不管音阶高低，都是一种花开的声音。那是一种人类特有的感情的花朵开放的声音啊，听到这种声音，你会为之流泪，为之激动不已，为之刻骨铭心。

有人说"爱情是战栗的幸福"，那"战栗"的声音、形貌，会使人陷于迷醉和眩晕。自然界花开的声音，是一种天籁，人间真正的爱情之花开放的声音，也是一种天籁，它的音色是十分纯正的，不带任何杂质。这种"天籁"即使只出现一次，但就只这么战栗一次，你都会永远记住它，记它一辈子。

世界上一切美好的事物，当它突然出现时，也会有一种异样的信息，一种类似花开的声音，那是一种文明之花开放的声音。美好事物的孕育、萌发、成熟，也有个渐进的过程，或许中间还会出现一波三折，受到某种压抑和禁锢。当它"破茧而出"，或"破墙而出"时，会出现多大的冲击波啊，那一瞬间闪亮的冲击，给人带来的是一种无限的惊喜，人们从中会谛听到一种美的声音，真善美之花开放的声音。但这种声音，你只有保持一份纯净、洁白的心态，于细微处才能听到。否则，在物欲横流的当今，它很可能会被喧嚣和浮躁的声浪所掩盖。此外，对于美好的事物，不要有疏离感，要把它置于自己的关爱之下，用自己的羽翼和体温去为它孵化和催生，这样，你就可及时地听到文明之花开放的另一种"天籁"了。

长时间以来，我都迷恋于谛听各种花开的声音。我始终认为，在人世间，倾诉是一种方式，谛听也是一种方式，一个人能听到花开的声音是十分幸福的。因为花开的那一刹那，会最充分地展开事物的内秀和外美，会给你带来一份难得的惊喜，带来一种审美的愉悦，诗意的享受和情感的满足。

我们的耳朵曾经错过一些什么

陈思呈

1

一天下午，我坐在村子里一条小石子路旁边的树下刷手机。我很喜欢那条路，因为路上铺的是小小的碎石，简直有点儿日本枯山水的味道，也极少有人经过那里，真是一块风水宝地。

用眼久了，便闭眼休息一下。四周是乡村特有的宁静。突然，我听到一阵非常轻微的声音，又轻又快的"唰、唰、唰"。不是风吹竹叶声，风吹竹叶的声音要疏朗一些，有猎猎之感；也不是细雨落池塘，雨落池塘，再小的声音也有共鸣，是连成一大片的、成规模的。

原来，是一只小狗，在那条铺着碎石的路上来回地走，它厚厚的肉掌摩挲着路面，就发出了那种非常轻快的"唰唰"声。

真好听，让人心里暖融融的。更重要的是，这细微的声音，好像给我的耳朵开了光，我的耳朵仿佛瞬间有了明暗的对比，它突然听懂了此处的安静。

此处并非纯粹的安静。如果混沌一片地听，会觉得一切本该如此；但如果是一双清醒的耳朵，就能听出多层次、多声部。

首先，蝉鸣是一片不知疲倦的背景色，连绵一片又易被忽略，但它与蓝天是多么般配。

然后一些鸟的啼叫点缀其中，勾勒出纵深。

短促而干净的叫声，仿佛在发表意见，但绝不饶舌。那大概是长尾缝叶莺？

另一个更有底气的声音，明显它发表的意见更有分量，也更准确。那大概是黑脸噪鹛？

还有一个跟班……是红耳鹎？

群鸟的叫声与远远的群山唱和。而这时，低声部不可或缺。

那是蛙鸣。沼蛙的声音像狗叫，本应是刺耳的，但因融入了混沌的寂静，竟让人不觉突兀。

各种声音被分解的过程，让我想到电影《借东西的小人阿莉埃蒂》。借物小人只有10厘米高，所以在她耳中，无数声音被放大。她能听出水在水管里流动的缓急，能听到昆虫在叶子表面振翅飞走时带动的气流声。

那么我们到底错过了多少声音呢？作为一个用眼过度的资深近视者，我意识到自己对听觉的荒废。

2

比大自然的声音更迷人的，是街市巷陌中，人的声音。

那天仍然在乡村——是一个离市区比较近的乡村——听到有人挑着担子在卖鱼。叫卖声由远及近、由近及远地传遍整个村子。那是一首自创的歌谣，歌谣的内容不外把各种鱼的名称，按它们的发音顺口程度连缀起来。但他天生的好歌喉，加上韵律的巧妙搭配、鱼名的合理罗列，整个过程婉转高扬、气度不凡。

琢磨很久，知道他非这么唱不可。鱼名是顺势而为，高音必须恰好落在尾音，如此才能把叫卖声往外扩散。如果都用平常说话的方式来发音，如何扩散？另外，在发音方法上他故意将发音唱得含糊，一来可能是为省力（清晰发音太累），二来听者会努力分辨他唱的是什么，注意力不知不觉地被吸引过去。

这就是民间的智慧。

想起来，有很多叫卖方式都才华横溢。叫卖声一定是符合发音规则和音律的，包括收破烂的"旧电器旧报纸，旧电视旧摩托，旧书旧被，旧铜废铁"，增一字则多，减一字则少，任一字都不可调动位置。就像前贤论诗所说，好的用字有黏着力，调动之后都不如原文贴切。

每一类叫卖声又有区别。卖鱼的，叫卖声悠扬远传，高处直入云霄，低处拖曳不去，戏曲一般，竹筐里的每一片鳍翅鳞光大概都是他的底气。收破烂的，则短促简洁，如快板、三句半，讲究的是直入耳膜、不容置疑。

最为优雅的是卖花声。吾生也晚，竟没听过。"卖花声过，人唱窗纱""枕上鸣鸠唤晓晴，绿杨门巷卖花声""数歇卖花声过耳，谁家斗草事关身"的情形，只在资料里得见。

也不是只有卖花声才具诗意，几乎所有的市声都是诗意的。比如在老家，醒得很早的时候，天还没有亮透，就能听到从路口的小集市传来的声音。猪肉铺老板率先排开案板，然后，将一大扇猪重重地甩在案板上，"砰"一声，宣告一天的开始。然后便是"手之所触，肩之所倚，足之所履，膝之所踦，砉然向然，奏刀騞然，莫不中音，合于《桑林》之舞，乃中《经首》之会"。

他旁边的早点铺子，卖油条、豆浆加肠粉，也没闲着。风炉烧起来，炉膛里的"呼呼"声越来越响；碗、碟、筷各就各位，"叮当"恳切；间插于其中的，是早点铺子老板娘和猪肉老板的聊天声，他们比邻工作已经多年。

这是平凡的一生中平凡的一天。

岁月神偷

黄昱宁

那时候，一个家族的肖像都在一本相簿里，并不显得拥挤。那时候的相簿都差不多，黑色卡纸上黏着三角插口，每两张卡纸之间以半透明的牛油纸相隔。一打开，我妈就会嚷："看哪，你外公像不像孙道临？"

三寸黑白照上的外公，二十来岁，刚刚用照相馆里的梳子和头油整饬过发型。金丝边眼镜和口琴是 20 世纪 40 年代摆拍的标配。英俊的长相其实在哪个时代都差不多，我妈心心念念的"真像孙道临"，到了我女儿眼里，就成了"明明是吴彦祖"。照片上，外公没笑，望向远方，口琴并没有碰到嘴。动作是有一点生涩的，但五官的线条刚柔并济，大概是在打光的一刹那绷紧的。

用现在的话说，外公是我们家的颜值担当，是一大家子人都会暗暗惋惜基因流失的对象。小时候最拉风的事，就是从家族相簿里偷两张外公的照片到学校里显摆；最惆怅的是，他们看完以后都会抬起头在我心上"补一刀"："不太像嘛……嗯，是很不像。"不过怅然只是一瞬，大体上我还是在一个劲儿地傻乐。彼时，被我在想象中神化的，是照片上那个无比亲近却从未谋面的人，是一段永无可能再现的时光。那时留下的照片如此稀少，一张一张全烙进记忆，每个细节都自带光环。

现在的孩子应该很难想象，在我儿时，拍照是一件多么隆重的事。20 世纪七八十年代，几乎每家每户都会出现一个能打家具的木匠，同时也会冒出一个自学成才的摄影师。在我们家，这个角色一直是由姨父担任的——所以，至少在十八岁之前，每逢家族聚会，表妹总是把头抬得比我更高一些。他们家的墙上挂着表妹五六岁时拍的肖像，她满头硬邦邦的鬈发是冷烫精的杰作，她的表情动作则是直接拷贝印在饼干桶上的女孩——都是那时候最显眼的流行元素。照片是用方头方脑的 120 相机装上黑白胶卷拍的，姨父拿着底片到他的单位里转了一圈，回来以后就放大成十寸，还着了色，表妹的嘴唇顿时就粉嘟嘟的。在前电脑时代，给黑白照片染色可没有 Photoshop 帮忙，一笔一笔全是人工画上去的。我至今都没弄清姨父的手艺是从哪里学来的，只知道他是中学里的化学老师。总而言之，从那天起，我便想象他每天的工作就是躲在实验室里，窗帘一拉就是暗房，世界一点点从黑白转成彩色。

在中国家庭摄影史上，那几年也的确是黑白与彩色的分水岭。姨父的照相机从 120 换成海鸥 135，逢年过节，他就换上彩色胶卷。小孩喜欢明艳的富士，大人则更中意稳重的柯达，可它们都很贵——买一盒胶卷够看好多部电影，到照相馆里精放加印还得再花一笔钱，又够看好多部电影。一家人跑到公园里，跟很多家人挤在一起：同一座假山、同一棵大树、同一片草地，人跟人、表情与表情的排列组合。作为家族里最小的两名女性，我和表妹得到格外的优待，不仅单人照最多，还获得"偷照片"的特权。

数码时代的人没法理解什么叫"偷照片"。一盒胶卷，卷片时拖在最后的尾巴长度不一，三十六张份额拍满以后常常还能往后卷，具体卷几张得看命运的安排。胶卷时代充满悬念，不到冲印完成就不会真相大白。抓拍、偷拍或者纯拍风景的"空镜头"都是普通家庭无力承担的奢侈，所以那时照片上几乎全是人像，表情普遍比现在严肃，相纸上弥漫着箭在弦上的紧张感。哪怕迎着阳光，人们的眼睛也会努力睁大，最后眼睑肌肉终于在按下快门的一刹那扛不住生理极限，耷拉下来——这样的惨剧在每盒胶卷里至少会出现两三回。倒是"偷"来的照片，画中人没有心理负担，只有意外之喜。喜终究形于色，所以放肆一点的动作、平时不敢轻易尝试的表情，往往出现在第三十七、第三十八甚至第三十九张（人品爆棚才会"偷"到三张）。这大概是人世间最皆大欢喜的

"偷"了——在稀缺的载体上，我们仿佛又额外留住了一点岁月。

但载体终于不再稀缺，柯达破产，技术进步让我们"偷"着"偷"着就不用"偷"了。现在，我们对于数码图像已经熟悉得仿佛能从活人脸上看出像素来。每天，我们都会把无数个"自己"存在"云"上。那个叫"云"的东西好像大得没有边际，它给予我们在胶片时代无法想象的自由——你想怎么拍就怎么拍，想拍多少就有多少。出门旅游，你对着日出和瀑布，举起自拍杆，对着海滩上的你、你们，按下自动连拍。影像与影像之间没有空隙，你以为再也不会漏掉什么珍贵的记忆了。

然而，对大多数人的大多数照片而言，拍下的一刹那就释放了它所有的存在感。我们不需要整理，不需要冲印，不需要把它们一张张插进照相簿。几个月以后，偶然想起这次旅行，好几个 G 的影像交叠在一起从眼前滑过。太多的面孔几乎等于没有面孔，你甚至已经懒得再去找它们究竟储存在哪片"云"上了。一年以后，你对于自己去年的长相，也许还不如对几十年前的自己来得熟悉——那个青涩慌张的你，寥寥几张照片，早已飞出发黄的相簿，铭刻在你大脑的永久存储盘里。

这实在是一道难解的数学题：我们试图用技术填满记忆的盲点，减少岁月的流逝，但最后真正珍藏在我们记忆里的东西，到底有没有增加，或者说，到底是不是更清晰、更完整？

自拍杆改变了世界，这话并不夸张。女人们（当然也包括越来越多的男人）握住它，仿佛握住了塑造自己形象的主动权。人们擎着它走遍全世界，晒自拍晒到差点让军事基地泄密，或者擎着它一头撞上收割机——收割机上一人受伤，自拍者毫发无损（以上事例请自行搜索相关新闻）。拍完之后、示人之前，各种便捷的修片软件早就枕戈待旦，随时给你加上暧昧的光线，随时美白你的皮肤，修正你的腰身，把所有的脸都嵌进完美的模板。当摄影从模糊一步步走向清晰的极致时，人类的眼睛和心灵反而有点不堪重负——我们拒绝接受几千万像素呈现的毛孔，气急败坏得就像听到魔镜说真话的白雪公主的继母。我们迫不及待地要把这些照片修回到略显朦胧的状态中去。

就这样，我们一直在模糊与清晰、真实与虚假的影像间摇摆，跟自己的眼睛——也跟"自我"投在心中的倒影，玩着捉迷藏。前几天，我的女儿兴致勃勃地教我怎么在手机上玩美图秀秀，怎么在她的照片上加小黄人的眼镜和HelloKitty的耳朵。我问她："你最想把自己变成谁的样子？"

"奥黛丽·赫本。"她的眼睛闪着光，指给我看她存在手机里的《罗马假日》剧照。在天天都做梦的年纪，偶尔扔下泰勒·斯威夫特，迷上六十多年前的小公主，也算是换换口味。

"妈妈，那时的人，皮肤真好啊，所有人都那么好。"

我很想告诉她，那时的摄影技术呈现精微细节的能力其实远不如今天这么强大。沉淀在黑白胶片上的，是或多或少地欺骗了视觉与记忆的美丽——就像你的美图秀秀正在努力做的那样，就像这世界上大多数事情那样。但是看着那些正在她额头上拼命刷存在感的青春痘，我笑了笑，什么也没说。

春宴

白落梅

总有人问起，如果可以穿越，你愿意在哪个朝代生活？是魏晋，唐宋，或是明清？似乎每个朝代，都有其不可取代的韵味和风华。魏晋的风骨、盛唐的壮丽、宋的旖旎、明的简净，还有清的雅致。

我愿意在魏晋，随竹林七贤闲隐于山林野外，遗忘红尘。亦想随王羲之，相聚于兰亭，参加那场曲水流觞的春日盛宴。又或者是杜甫笔下那位长安水边的丽人，肌肤胜雪，绣罗衣裳。更像误入宋词的女子，吟唱着"一种相思，两处闲愁"的词句。

春天是一场华美的盛宴，我愿意化身千百，去赶赴每个朝代华丽又风雅的筵席。乘上光阴的马车，携琴提酒，沐着春风，赏阅行途游走的风景。春光短暂，仿佛稍一停驻，那盛开的花，一夜之间便会凋零。我不想做那个缺席的人，辜负了姹紫嫣红的春光。

上巳节，民间古老的节日，俗称三月三。《论语》云："暮春者，春服既成，冠者五六人，童子六七人，浴乎沂，风乎舞雩，咏而归。"

这一日，洒扫庭除，晒洗衣物，采花簪头，沐浴更衣。这一日，登山斗酒，临水宴宾，游船踏青。文人墨客、商贾官宦、寻常百姓，乃至素日里不可出门的闺阁绣户，皆穿戴整齐，结伴游春。

记得幼时三月三，村里亦会举行一场春日盛宴。江西南城有一座麻姑山，为麻姑仙子的修行道场。道教兴起后，便认农历三月三为西王母蟠桃会之日。而麻姑献寿，亦是因此而来。天上繁华一日，人间几度沧海桑田，众生所能做的，便是请了香火，祈求平安康健。

　　那日，村夫上山打猎，村妇则在家舂米，自制糕点。外婆会用采来的艾叶做糕团，再做几盘杜鹃花饼。亦会采院里的桃花，洗净晾晒，用自家的粮食酒，酿上几坛桃花酒封存。也有人祭山神、仓神，三月三后，当年的春耕便要正式开始。

　　也有风雅之士、多情少女、天真孩童，携了果点，备上佳酿，游山踏青。每逢三月三，我便邀同伴，提篮去采摘山花野草。连绵不绝的山脉、漫山的红杜鹃、一簇簇粉艳的桃花，以及许多叫不出名字的山花，开得难舍难分。

　　我们摘花簪戴，交换自家携带的美食，渴了饮花露，舀山泉。听外婆说过，每个女子都是一种花，天上有专门司掌的花神。我们于山间相邀跪拜，用糕点和鲜花祭拜花神。如今想来，幼时纯真的趣事，亦是一种风雅。

　　后来读《红楼梦》，有一段对宝玉搬进大观园的描写，甚为喜爱："每日只和姊妹丫头们一处，或读书，或写字，或弹琴下棋，作画吟诗，以至描鸾刺凤，斗草簪花，低吟悄唱，拆字猜枚，无所不至，倒也十分快乐。"

　　大观园的春天，是一场极奢华的盛宴。红楼女子，相聚于花树下，采摘鲜花。琉璃盏、白玉杯、玛瑙碗、琉璃小磨里，流淌出洁净的花汁，调上蜂蜜，便制出天然的胭脂膏子。而怡红公子宝玉，则喜爱吃丫头唇上的胭脂，亦时常自制胭脂给园里的姐妹。

　　"暮春之初，会于会稽山阴之兰亭，修禊事也。"魏晋时王羲之的《兰亭集序》，所写的则是上巳节，四十多位文人名士相聚于兰亭的雅事。他们在水滨集会，饮酒作诗，周围茂林修竹，兰草依依，流水潺潺，景色绝佳。

　　吴自牧《梦粱录》云："三月三日上巳之辰，曲水流觞故事，起于晋时。"后来上巳节，许多文人雅士，亦效仿魏晋，在曲水边，畅谈人生。魏晋隐士，多为躲避纷乱政权，放逐山水。他们纵酒高歌，有颓废之意，却让落入尘网的世人心生向往。

大唐时的上巳节，更是空前绝后的繁盛与昌荣。杜甫的《丽人行》曾写道："三月三日天气新，长安水边多丽人。态浓意远淑且真，肌理细腻骨肉匀。绣罗衣裳照暮春，蹙金孔雀银麒麟。"便是对长安曲江盛景的描述。

唐人周昉著名的《簪花仕女图》，描绘的则是贵族仕女春日游园的情景。她们穿着华丽的服饰，梳起高耸的云髻，簪牡丹、别茉莉，在奢艳的庭院消磨时光。一个个雍容华贵，蛾眉杏眼，步步春色，款款闲情。或漫步，或赏花，或戏蝶，或观鹤，甚至懒坐，神色悠闲，姿态静美。

盛唐的女子，美艳娴雅得宛如一场春梦。徜徉在无尽的春光里，散怀于庭园花下，任凭时光如水，她自闲逸慵懒。那是一场春日的盛宴，她们媚似海棠的风姿，令春色为之换颜，让岁月为之低眉。

上巳节已近，此刻山林野外、庭园轩阁已是百花齐放。海棠之妩媚，山桃之娇嫩，樱花之凄美，牡丹之艳丽，各自丰腴饱满，仪态万千。它们无意世间悲喜，只在最美的年华里，纵情绽放。

世态纷繁，民间许多节日已逐渐被世人淡忘、省略。人们有太多的束缚和责任，就连赏春的心情亦不同往日那样诗意纯粹。明媚艳丽的春光，就那么匆匆过去了，今日繁花满树，明日已是落红成雨。

光阴者，百代之过客。人生短暂，莫要给自己留下太多遗憾。不知今年，这场春风如酒的盛宴，你是否缺席？

白天

田永刚

孩子小的时候，我教他认字。说到词语"白天"，我突然不知道该怎么解释，想了想，按照他的理解力，我不能告诉他白天就是一段时间，就是黎明到傍晚的距离，就是太阳照耀世界的时候。那些代表白天、具有张力和象征意义的词语，对幼小的人儿来说还如此苍白而无味，所以我只能告诉他是"看得见"。

白天太平常了。它是我们的呼吸，是吃喝拉撒，是语言和真实，是喧嚣与纷扰，是光亮与绚丽，也是美好与丑陋、认真与滑稽、浅显与荒诞。它在微小的、可见的尘埃上，在我们细密的毛孔上，也在雄厚的大山上，在辽阔的湖海中。它就在我们开合眨闪的眼眸中，它的无处不在让我们习惯于身处其间，以至视而不见、听而不闻。

白天从夜晚最浓重的时候开始浸染。它由淡转浓，让黑夜泛白，从一条白线扯成一面幕布，然后笼罩人间。这时候，喧嚣开始登上舞台，从鸟鸣、闹铃、呼喊以及房门的开关声中开始一天的躁动。日复一日、年复一年，白天带着特有的节奏，推着我们步履匆匆，让我们成长、苍老。

带着岁月和时代的痕迹，白天总是热热闹闹、纷纷扰扰，不分雨雾风雪，接踵而来。

古语说，日出而作，日落而息。白天就是适合万物活动的时间。这时候，人的光彩与太阳的光彩重合，所有被光覆盖的地方，都会有"热闹"的存在。人们可以在白天迁徙、劳作，动物可以在白天觅食、奔跑，一切都显而易见，都朴素真实。我们会真实地过日子，会嘲笑那个不切实际的词语——"白日梦"。甚至为了延续这种明亮，我们学会用焰火、灯光来营造黑夜下的"白天"，灯火汇聚的地方，我们会叫它们"不夜城"。

有多少时候，我们将苦难、烦恼和脆弱看作黑暗的夜晚，在煎熬中期待着白天的到来，仿佛有光就有希望，仿佛在敞亮的世界里我们就会凭空多出几重勇气、几分脱离苟且的力量。我们在等待白天到来的时候感受着幸福，比如除夕夜让人心动的压岁钱和新衣服，比如一场疫情后收到通知第二天可以开学、上班、出行等。白天在这个时候，与日常和琐碎结合在一起，与坚强和努力结合在一起，也与希望、幸福结合在一起。

偶尔，在想到白天的时候，我甚至会觉得它就是一个无私的、宽容的使者。早上它灵动、新奇，试探着放出它的触角，叫醒大地和耳朵；中午，它威严雄壮，带着一点点的威压感，驱赶着暗影和幽深；黄昏的时候，它温和而落寞，充满智慧和祥和的光辉，在告别中逐渐褪去风华。而我愿意记下白天，记下这生命中的陪伴。

无论如何，我是"看得见"的。

风把人刮歪

刘亮程

刮了一夜大风。我在半夜被风喊醒。风在草棚和麦垛上发出恐怖的怪叫，类似女人不舒畅的哭喊。这些突兀地出现在荒野中的草棚麦垛，绊住了风的腿，扯住了风的衣裳，缠住了风的头发，让它追不上前面的风。它撕扯，哭喊，喊得满天地都是风声。

我把头伸出草棚，黑暗中隐约有几件东西在地上滚动，滚得极快，一晃就不见了。是风把麦垛刮走了。我不清楚刮走了多少，也只能看着它刮走。我比一捆麦大不了多少，一出去可能就找不见自己了。风朝着村子那边刮。如果风不在中途拐弯，一捆一捆的麦子会在风中跑回村子。明早村人醒来，看见了一捆捆麦子躲在墙根，像回来的家畜一样。

每年都有几场大风经过村庄。风把人刮歪，又把歪长的树刮直。风从不同方向来，人和草木往哪边斜不由自主。能做到的只是在每一场风后，把自己扶直。一棵树在各种各样的风中变得扭曲，古里古怪。你几乎可以看出它沧桑躯干上的哪个弯是南风吹的，哪个拐是北风刮的。但它最终高大粗壮地立在土地上，无论南风北风都无力动摇它。

我们村边就有几棵这样的大树，村里也有几个这样的人。我太年轻，根扎得不深，躯干也不结实。担心自己会被一场大风刮跑，像一棵草一片树叶，随风千里，飘落到一个陌生地方。也不管你喜不喜欢，愿不愿意，风把你一扔就不见了。你没地方去找风的麻烦，刮风的时候满世界都是风，风一停就只剩下空气。天空若无其事，大地也像什么都没发生。只有你的命运被改变了，莫名其妙地落在另一个地方。你只好等另一场相反的风把自己刮回去。可能一等多年，再没有一场能刮起你的大风。你在等待飞翔的时间里不情愿地长大，变得沉重无比。

去年，我在一场风中看见很久以前从我们家榆树上刮走的一片树叶，又从远处刮回来。它在空中翻了几个跟头，摇摇晃晃地落在窗台上。那场风刚好在我们村里停住，像是猛然刹了车。许多东西从天上往下掉，有纸片——写字的和没写字的纸片、布条、头发和毛，更多的是树叶。我在纷纷下落的东西中认出了我们家榆树上的一片树叶。我赶忙抓住它，平放在手中。这片叶子的边缘已有几处损伤，原先背阴的一面被晒得有些发白——它在什么地方经受了什么样的阳光？另一面粘着些褐黄的黏土。我不知道它被刮了多远又被另一场风刮回来，一路上经过了多少地方，这些地方也许都是我从没去过的。它飘回来了，这是极少数的一片叶子。

风是空气在跑。一场风一过，一个地方原有的空气便跑光了，有些气味再闻不到，有些东西再看不到——昨天弥漫村巷的谁家炒菜的肉香，昨晚被一个人独享的女人的体香，下午晾在树上忘收的一块布，早上放在窗台上写着几句话的一张纸。风把一个村庄酝酿许久的、被一村人吸进呼出弄出特殊味道的一窝子空气，整个地搬运到百里千里外的另一个地方。

每一场风后，都会有几朵我们不认识的云，停留在村庄上头，模样怪怪的，颜色生生的，弄不清啥意思。短期内如果没风，这几朵云就会一动不动赖在头顶，不管我们喜不喜欢。我们看顺眼的云，在风中跑得一朵都找不见。

风一过，人忙起来，很少有空看天。偶尔看几眼，也能看顺眼，把它认成我们村的云，天热了盼它遮遮阳，地旱了盼它下点雨。地果真就旱了，一两个月没水，庄稼一片片蔫了。头顶的几朵云，在村人苦苦的期盼中果真有了些雨意，颜色由雪白变铅灰再变墨黑。眼看要降雨了，突然一阵南风，这些饱含雨水的云跌跌撞撞，飞速地离开了村庄，在荒无人烟的南梁上，哗啦啦下了一夜雨。

我们望着头顶腾空的晴朗天空，骂着那些养不乖的野云。第二天全村人开会，做了一个严厉的决定：以后不管南来北往的云，一律不让它在我们村庄上头停，让云远远滚蛋。我们不再指望天上的水，我们要挖一条穿越戈壁的长渠。

那一年村长是胡木，我太年轻，整日缩着头，等待机会来临。

我在一场南风中闻见浓浓的鱼腥味。遥想某个海边渔村，一张大网罩着海，所有的鱼被网上岸，堆满沙滩。海风吹走鱼腥，鱼被留下来。

另一场风中我闻见一群女人成熟的气息，想到一个又一个的秀美女子，在离我很远处长大成熟，然后老去。

各种各样的风经过了村庄。屋顶上的土，吹光几次，住在房子里的人也记不清楚。无论南墙北墙东墙西墙都被风吹旧，也都似乎为一户户的村人挡住了南来北往的风。有些人不见了，更多的人留下来。什么留住了他们？

什么留住了我？

什么留住了风中的麦垛？

如果所有的粮食在风中跑光，所有的村人，会不会在风停之后远走他乡，留一座空荡荡的村庄？

早晨我看见被风刮跑的麦捆，在半里外，被几棵铃铛刺拦住。

这些一墩一墩、长在地边上的铃铛刺，多少次挡住我们的路，挂烂手和衣服，也曾多少次被我们愤怒的镢头连根挖除，堆在一起一把火烧掉。可是第二年它们又出现在那里。

我们不清楚铃铛刺长在大地上有啥用处。它浑身的小小尖刺，让企图吃它的嘴、折它的手和践它的蹄远离之后，就闲闲地直挺着，刺天空，刺云，刺空气和风。现在它抱住了我们的麦捆，没让它在风中跑远。我第一次对铃铛刺深怀感激。

也许我们周围的许多东西，都是我们生活的一部分，生命的一部分，关键时刻挽留住我们。一株草，一棵树，一片云，一只小虫……它替匆忙的我们在土中扎根，在空中驻足，在风中浅唱……

任何一株草的死亡都是人的死亡。

任何一棵树的夭折都是人的夭折。

任何一只虫的鸣叫也是人的鸣叫。

地铁中的蝴蝶

阮义忠

台北有地铁后，我就不开车了，自此免去了堵车、停车、养车、修车的麻烦，省时、省力又省钱。

只要避开上下班高峰期，搭地铁真是享受，干净清爽，空气好，班次多。我头发白了以后，还经常有人给我让座。

我出门渐渐离不了地铁，生活步调也随着它的路线调整，尽量去地铁站附近的饭馆、戏院，就是看牙也只需转乘一小段距离的公交车。

想想还真有趣，我的工作、生活范围就在地铁一路贯通的几个站附近，够方便了。

早期搭地铁，乘客多半安安静静地看报纸、看书，有时也跟邻座的人聊聊天。

后来报纸销路不好，媒体便印制地铁报免费赠阅，靠广告维持。那阵子，几乎人手一份地铁报。

但现在，就连免费报纸都很少人看了，乘客多半埋头于手机，只顾着聊天、看剧、玩游戏，连头都懒得抬，现实环境里的一切人、事、物仿佛都跟他们无关。

未来世界会是什么样子，真是不敢想象！

那天，不知从哪儿冒出来一只蝴蝶，在车厢里飞来飞去，慌慌张张地找出口。

怪的是，除了我，没人对它感兴趣，大家顶多淡然地瞟一眼，继续低着头。

蝴蝶本来是在天上飞的，怎么会闯到地底下来了？看样子那是一只雄性的玉带凤蝶，对习惯了绿林、溪谷、庭院、草原的它来讲，这陌生的环境一定可怕极了！

我家附近，在春、夏两季天天都可看到蝴蝶，它们除了在后山林间飞来飞去，有时还会短暂停留在我家的玻璃窗外。

那么美丽优雅，却永远急促、不留恋，好像停下来就是浪费生命。我也曾想用相机捕捉它们的美，却发现实在是太难了。

有次我担任摄影比赛的评委，对那些美丽的蝴蝶是怎么被拍到的感到好奇。现场有人回答，长于此道的人会用蜜糖，它们在花朵上一停就被粘住了。

我的目光片刻不离地随着这只蝴蝶转，甚至跟着它走过来走过去，瞧它有没有办法离开，或是何时休息一会儿。

显然它是在找风的方向。地铁停了几站，车门一开，有人上下车，它就特别着急，似乎感知到气流的方向。

我来回走了好几趟，终于见它悬在出风口不动了，肯定是力气已用尽，正在喘息。

这时，我才终于有机会把相机对准它，它是那么小，要靠得非常近才能拍清晰，即使如此，也只能占屏幕的一小部分。拍出来的效果，仿佛它正凝视着人群。

它到底是怎么飞进车厢的？是从哪一站上车的？是一路跟随着香水味儿，还是看到了印有繁花的衣裳、提包？

因为贪恋，所以它意外掉入陷阱，误闯进一个原本不属于它的世界。

台北的地铁一半建在地底下，一半筑在半空中，但愿它能撑到那几个紧挨着黑板树、栾树的车站，随着真正的花香找到脱身的路。

车厢内的低头族，不也像这只蝴蝶？

只不过，陷入网络世界的他们，甚至不觉得有脱身的必要。

半熟

王太生

二十四番花信风过去，叶片渐稠，树上已有小青果，细小青涩，毛茸茸的，懵懂而羞涩，似有一股初生牛犊的犟劲儿，又有经历几番春风春雨的不服输。这样的状态，是半熟。

浅夏，有好多东西半生半熟，它们介于生与熟之间。

小枇杷，半熟。一株枇杷树最唯美的姿势，是树枝一半在墙头上，果子缀满其间，青青绿绿，虽然是冬天开花，它们也才是半熟。没有谁愿意去咬上一口，只有等到蚕老枇杷黄，蚕老了——走向生命的终结，枇杷才熟。

麦子，半熟。麦子的青芒是旺盛的，只有到了小满节气，麦子才渐渐变黄、变熟，大地微黄，麦子才熟。

半熟之美，在于它的青涩，有着生命之初的朝气与光鲜。在视觉上令人愉悦，在味觉上生涩，在心理体验过程中，表现出一种迫不及待。

那么，一个人在几十年的光阴中，于何时半熟？这样的人生四月天，风和日丽的至美时刻。

应该在三十至四十岁之间。有人说，半熟是寻找自身生命方向的刹那体悟，亦是人生哲学的阶段性表述。质朴静美的状态，以简单包容复杂，以天真启示世故，流溢人生"半熟"之美。

先知先觉是早熟，后知后觉是晚熟，不早不晚是半熟。

有的文人，文章十分，性情半熟。

"竹林七贤"之一的阮籍，酒后动不动就哭，而且哭得非常伤心，看上去有点儿疯疯癫癫、神经兮兮。《晋书·阮籍传》有这样一段描述："时率意独驾，不由径路，车迹所穷，辄恸哭而反。"哭什么呢？哭自己喝醉了，信马由缰迷了路？

半熟，一半是世故，一半是天真。

这世界有许多美好的状态，半熟是其中一种。果子将熟未熟，有些生硬，却是酸甜爽脆。

其实，对一个人而言，不熟，陷入幼稚和简单；太熟，过于圆滑与世故；半熟，也许刚刚好。

幸福的瞬间

林中洋

德国的深秋，阴冷而压抑，凄雨寒风中万叶飘零，夜也来得早，下午五点左右，天就落黑了。这样的季节里，人也很难有明朗的心情。

十一月底的一个下午，天忽然放晴了。气温虽然很低，可是没有风，有淡淡的秋阳。于是我和儿子去田间散步。他骑着他的小拖拉机，兴致勃勃地跟在我后面。骑一段路，他就会停下来，到路边去拾落叶，先抓起一大把，然后再细细挑选出比较好的，放进车斗里，还没忘了"送"给我两片。有时骑得太快，他刚刚收集的叶子吹跑了，他就会不厌其烦地下车，把掉了的叶子再捡回来。我们的速度越来越慢，看见天色渐晚，他的小脸也已经冻得红扑扑的，想到还有挺长的一段路要走，我有些心急，正要催他快走，他却指指我的身后，一脸惊叹的表情。我赶紧回过身去，田间小路上只有一个老妇人在遛狗，除此之外不见一个人影。我不解地看着儿子，他急急地指着我身后的天空叫我看，我这才注意到晚霞正映红了天边，粉红色的薄云像带子一样划过水蓝的天际。在深秋时能有如此亮丽的黄昏，我也不由得惊叹起来。

小孩子的眼睛常可以看到很多成年人忽略的东西。日常的琐碎、事业的艰辛使我们无暇旁顾，童年时发现世界的好奇心和少年时面对春花秋月而有的忧郁与憧憬，都随着漫漫岁月逐渐褪色，我们脑子里想着的是赶路，看到的是远处山顶上可望而不可即的理想或目标，对于沿途的美丽风景，我们没有时间欣赏。

然而人生是一条永不回头的河流。多少的良辰美景、平凡瞬间，若不用心体味，便会无声地从指缝间滑过，留不下一丝记忆。尽管佳节年年有，但毕竟年年不同。看见夕阳下儿子小小的身影，帽子上的绒球随着他的脑袋来回晃动，我情不自禁地上去抱抱他，亲亲他的小脸蛋。孩子很快就长大了，尤其是男孩子，用不了几年就不许妈妈再这么亲他了，所以我要抓紧时间。想到将来有一天，他像一棵树一样站在我身旁，我得仰着头和他说话的时候，在骄傲的同时，我肯定会有一丝怀恋，怀恋他幼时揪着妈妈衣角的样子——就是现在这个样子。

这个时候，忽然传来惊鸿之声，我们两个一同抬起头来，只见两行大雁排成一个巨大的"人"字形，正从我们头顶飞过。由于飞得极低，连它们的面部表情似乎都看得见。于是我向儿子解释，大雁是候鸟，秋天的时候飞到南方去过冬，春天再飞回来。儿子似懂非懂地听着，并不看我，我也就不再说话，和他一起目送这群大雁消失在苍茫的暮色之中。

我相信，很多年之后，我仍会记得这个黄昏，记得我在这个时刻所体会到的平静和恬然的幸福的感觉。

秋日的灯盏

朱以撒

秋天来了，山野闪动着风吹过的暗影。叶片开始有秩序地脱离枝条，原先紧挨在一起的两片树叶，一片先下来了，另一片落下来的时候，再也见不到它旧日的邻居。交接的日子来临，一些矮小的灌木丛里，浆果外表抹上了一层紫黑，一只翠绿的螳螂举着带锯的刀，轻轻划了一下，浆水霎时奔涌而出，紫透了枝下的土皮。

稻子已经进仓，秋风下瑟瑟摇曳的是从农夫指缝里漏下的一枝金黄。农夫已经走远，不会回头，注定这一穗金黄要坚持到秋日的最后，被人遗漏、忘却，不能和亿万弟兄一道进入温暖的谷仓。此时它的美超过一切。在我看来，缘于遗忘而独立存在，虚构出岑寂田野的动人一幕。浆果、稻穗这样兀立寒风中的灯盏，秋日的过去就是它们生命的结束，许多美艳走到这里，自然变得素洁起来，像戏台上的名角卸下戏装，洗去铅华，走在街市上，纯粹一个普通的中年妇女。一个人不能在戏台上待得太久，生活被理想化了，虚饰的成分让人忘了本质的部分，想不起戏台是临时搭起的，谢幕之后就要瓦解。

暗夜里，车驶过同样岑寂的山村，简陋的土墙上开的小窗口透出昏黄的光。一家人聚在严实的屋内，守着炉火，内心踏实起来。谷仓是照耀一家人美好心情的不灭灯盏，隔着芳香的木板，里边躺着一家人的生存希望——从春日开始萌发，经夏阳曝晒，现在终于落实下来。当时是那么漫长，好像一盏秦时的灯，要擎到汉时才被真实地点亮，中间这么多的交替、衔接、奔跑——的确，我看过那些最终不能点亮灯盏的农耕人家，秋日远去，寒冬到来，他们是那么黯然神伤地蹲着，敲打着春日吃进泥层中的犁耙，要问个究竟。丰稔的人家踏实地享受着秋日的馈赠，闲聊时记起春夏那些有趣的细枝末节，唇齿开合中透着一种惬意。看来，只有希望不落空，眉宇间才有笑意。

一本书在春风、夏雨中展开，终于在深秋的最后几日画上了句号。这个文人松了一口气，好几次他像一个持灯者，火舌飘忽不定，他的心时浮时沉，晴明阴晦在瘦削的脸庞上隐现。夜半推开窗门，所有家庭的灯盏都熄灭了，自己却还在夜色里跋涉——这大半年的灯火费得太多了，白日瞳孔里也跃动着两团火焰。在乡村写作，笔下透着蔬笋气，节奏也比上一个章节慢了。似乎都有这样的感觉，在乡村里完成的这一部分，像是夕阳余晖下归栏的牲口，脚步细碎，神态安然，被深浓起来的薄纱笼罩。也应该有一个相近的阅读环境——村头老樟树下，寂静萧然的风雨亭里，简约朴素的廊桥上。

秋风残照下的文字要比温润阳春时的可靠，它的冷峻是此前未有的情节，浓缩着艳丽的汁水。到了这个节气的文人笔下，我们说的韵味，其中一部分就是由朴实无华来承担的。

渐渐成为一个晚秋爱好者。从枝头泛黄到飘落，抵达地面时已呈现着冬日的节奏。尚在砚边的余墨被风吹干，兑点水，草草作一幅小品，荒率、清寒，透着笔底漫不经心的挥洒状态。万木萧疏，百草枯黄，一个在秋风中穿行的漫游者，心是清朗的。一些被春日的繁枝茂叶遮蔽的疤痕，一些少年时代持抱不放的爱恋，不是展现了，就是放弃了。季节使人和物发生了多大的变化啊！我仍然记得在秋日里修订春日里写下的一叠文稿，落笔如刀斧，删尽繁枝缛叶——这就是文字的命运，像许多果实那样，春夏的花枝招展，只有到了秋日，是否存在才能确认。

有一些灯盏没能亮到秋日，与生俱来的命数，使它们止步于初秋。不与夏虫语寒，不与曲人语道，因为生命中缺乏言说的条件。回放曾经在春日里生机无限的花朵，不禁追问起空间的历程中，究竟隐伏着多少玄机：在时光携带着无数浮沉不定的生物匆匆行进时，伤逝之美也在同时上演——使一个走到秋日下的人，那些郁积着浓艳和空洞的春愁，此时一笔勾销。

乡村的夜晚

盛慧

　　早晨如同苹果般清脆，下午如同水蜜桃般慵懒，而黄昏就像柑橘一样温馨了。当落日贴着旷野里的草叶行走，忧伤的光线涂满大地，淙淙的溪流正把黄昏的平原带进夜晚。一柱炊烟袅袅升腾，紧接着一千柱、一万柱炊烟升腾起来。炊烟在风中飘散，萦绕着黑暗的农舍，萦绕着高大的乔木，萦绕着宁静的村庄。这个时候，村庄出奇地静，每一片树叶都笼罩在灰暗的光线里。村庄多么安静，只有柴火发出噼啪的燃烧声，只有八仙桌前饮酒者的交谈声，偶尔，也会有邻村人匆促的脚步声。空气里弥漫着淡淡的芳香，有新鲜的稻草燃烧以后的清香，还有河岸上盛开的紫咪咪花的芳香，以及邻家的姐姐衣服上的桂花香。她的窗前，木壳子收音机飘出了歌声，歌声像甘蔗一样甜。就这样，缓缓地，缓缓地，夜色也深了起来。乡村的夜，是漆黑而静谧的。它的漆黑是甘美的漆黑，如同埋在野麦地里的荸荠。它的静谧是圣洁的静谧，如同羊齿草上的露水。

　　如果是七月，夜色并不沉，呈现出浅河谷般的绿色。夜色像一只睡着的猫，远山是它轻微的鼾声，静寂的夜空里钉着无数枚古老的星星，一如古老的银币。月亮在树杈上方，像一盏油灯，散发着回忆的光芒。这个时候，家家户户的黄泥场院上，都被打扫得干干净净，支起旧竹床。经过时间和汗水的磨损和浸润，所有的竹床都光滑而清凉。竹床上坐了七八号人，有的抽烟，有的喝茶，坐在徐徐的清风里，谈论着陈皮般的旧事。这个时候，田野里传来蛙鸣声，树枝里传来知了声，草丛里传来蟋蟀声，这些都是美好夜晚的一部分。人越来越多，竹床上挤不下，索性坐到了竹椅和木条凳上。花脚蚊子非常忙碌，嗡嗡叫个不停。

偶尔有人从路边经过，到下一个村庄去。下一个村庄并不远，只是要经过一片庄稼地。我有过在这样的夜色里行走的体验。路边种满了红薯和黄豆，中间是稻田。夜色里散发着青草的气息，还有肥沃的泥土的气息。经过池塘时，你还会遇见绿色的萤火虫，一闪一闪地出现在灌木丛里。池塘里闪着微光和柳叶鱼的梦呓，静静的月光下，流浪的水花仿佛白色的小花。抬起头，你会看见在夜色的边缘，有一些灯像夜来香一样开放。

约莫十一点，村庄里大部分的人已经睡下了，我们就从闷热的屋子里拿出竹竿和蚊帐为睡眠做准备。夜是静静的，风是轻轻的，朦胧的月光照在芦苇丛里，芦苇丛里传来水鸟明亮洁净的嘟哝声。偶尔，邻家的狗发出几声吠声，把村庄拉得更加悠远。我们躺在竹床上，面对着满天闪烁的繁星。有时候，天也会下雨，不知在什么时候，就会有一些清亮的雨滴打在我的脸庞上、眼睛里，甚至嘴里，甜丝丝的，痒酥酥的，清滢滢的，似真似幻，如同初吻一样令人惊慌失措又让人回味悠长。这时，我会赶紧爬起来，躲在低低的屋檐下。说来也怪，只下了几滴雨，也就停了，于是我又回到竹床上，继续享受躺在大自然怀抱里的舒畅与甜美。

如果是腊月，则又是另外一番景象。这个时候，平原是广阔而荒凉的，寒冷的风吹彻坚铁般冰冷而沉重的夜色。夜色很深，呈现出深海般的蓝色，没有什么重要的事，一般人们都不出门，就连最调皮的小鸟也把身体蜷缩在瓦垄的最深处。即使出门的人，也把自己包裹得严严实实。家家户户的大门紧闭，只射出橘黄色的灯光。一家人围在灯光下面，享受着热气腾腾的晚餐，这个时候吃得最多的是萝卜炖排骨。过年之前，家家户户都要炒花生和葵花籽，在我童年的记忆里，总是把花生想象为父亲，把葵花想象为母亲。我说不清理由，或许孩提时代总会有一些莫名其妙的想法……还记得这样一个夜晚，快要过年

了，大队里的鱼塘放干了水。父亲和我负责看守。那个晚上，父亲和我就睡在打谷场上，用整捆整捆的稻草搭起一个四处漏风的草房子，地上也铺了厚厚的稻草，然后在上面铺好棉絮。我记得那个夜晚，没有一丁点儿声音，田野多么寂寥，一切的一切都沉睡着。我记得稻草的清香，记得从缝隙里落进来的星光，还有刀子般的风。半夜，我被冻得醒来，发现父亲还在外面。过了一会儿，天开始下起了雪，雪落的声音，沙沙沙，沙沙沙，很轻很轻，仿佛怕惊扰了人类的睡眠。雪覆盖了我们的草房子，覆盖了我们的平原，覆盖了我的整个童年……父亲还没有回来。整个世界，只剩下他在雪地里发出的脚步声。

慢

李娟

在苏州的山塘街，我遇见一位卖茉莉花的老婆婆。她坐在街角的小木凳上，身旁放着小竹篮，竹篮里盛满洁白的茉莉花。她低着花白的头，苍老干枯的手指轻轻拈起那些小茉莉。雪白的茉莉，淡然、羞涩、洁净，如待字闺中的少女。她将一根细铁丝从花蒂穿过，不一会儿，一串茉莉花就穿好了。她缓慢的动作，满头的银发，慈祥的模样，那么像我的祖母。我蹲在她身旁静静看着，茉莉如一群身着白衣的小姑娘排着队，牵手站在一起。我买了几串茉莉花，戴在手腕上，清芬袅袅，有暗香盈袖。

慢，原来这样娴雅和静好。

遥远时代的爱情，同样是缓慢的。

读木心的诗：那时候，时间很慢，慢到只能用一生去爱一个人。

那时的爱情如黎明的薄雾一样美。云中锦书、枝上花笺、水中鱼笺，都是特指书信的。两人早已心心相印，都不急着说破。他寄给她一封书信，她等了很久才收到，也不舍得马上打开，而是放在枕边，等到静夜里才展开了细读。如水的月光落在纸上，如白雪落梅花，暗香盈盈。他绵密的心思、柔肠百结、无尽的相思，此刻，都由一支笔替他说了。好文字都是直见性命的，世间再没有比情书更美好的文字了。不是吗？两颗心为爱所牵，为情陶醉，她问："什么是爱情？"他说："我心里全是你。"

那时的相思也是缓慢的，如同深夜的炉火上熬着的中药，慢慢地煎熬，空气中弥漫着中药苦涩的味道，还有一丝淡淡的甜，那是思念的味道。

慢，是在苏州留园里听苏州评弹。小桥流水，水榭亭台，也只有在古老的姑苏，才滋生出如此美好的声音。吴侬软语，那么柔软、湿润、惆怅，无尽的缠绵，如浓郁得化不开的情思，细听原来是一曲《梁祝》。台上着一袭长衫的翩翩男子，是从周瘦鹃笔下走出来的吗？穿桃红色旗袍的女子，仿佛一朵嫣然的蔷薇，她唱着："同窗共读三长载，你和我促膝并肩两情深似海，你我在人间不能成婚配，身化彩蝶花丛翩翩双飞，天长地久不分开……"

此时，光阴也是迟缓的，缓慢到用一个下午，品味古老爱情的百转千回、万种柔情，内心无比柔软伤感。一对恋人，情投意合，生死相许。她活了那么多年，原来只为了和他相遇。

"安得与君相决绝，免教生死作相思。"台下的人早已听得泪水涟涟。

遥远时代的爱情，是光阴酿成的一坛美酒，芬芳醇厚，意味悠长。

如今的爱情，仿佛是一瓶冰镇的饮料，色彩斑斓，爽口解渴。但是，值得回味的太少太少。现在的爱情来得太快，去得更快，如电影《大城小爱》中的台词："我们太快地相识，太快地相爱，太快地接吻……然后太快地厌倦对方。"

一切都是因为"快"。爱情里的情意绵绵、柳暗花明、峰回路转，都因为一个"快"字而意味尽失。

我们匆忙的眼睛来不及细看，匆忙的耳朵来不及倾听，浮躁的心来不及慢慢感受，匆忙的脚步总是走得太快，与生活中的美好和真爱失之交臂。

老师说，所谓大家，他的心就像一把紫砂壶，不论怎样平凡的琐事，装在这个紫砂壶里，倒出来的水都是有茶香的。是啊，好文字当然是有香味的。

读王世襄先生的《京华忆往》，他是京城第一大杂家。有人曾说，中国一个世纪可以出一个钱钟书，可是几个世纪也难出一个王世襄。他不仅写明式家具、器物文玩，也写百灵鸟的鸣叫、蝈蝈的歌唱、铜炉的妙趣，处处以小见大，童心盎然，妙趣横生。他年轻时曾就读燕京大学，一日，邓文如先生正在课堂上讲《中国通史》，他怀中的蝈蝈忽然开始唱歌，邓先生训斥道："你给我出去！是听我讲课，还是听你的蝈蝈叫！"众人哗然。人常说，玩物丧志，可是他是"玩物成家"。他说："一个人连玩都玩不好，还可能把工作做好吗？"闲了，慢慢品味他的文章，恬静美好，一派天趣。世间万物在他的笔下，皆具性情和灵性，那是闲情逸致，淡定从容，也是生之趣味。人世细小的喜悦和乐趣，都在他的文字里。我随着他的一支妙笔，回到纯真嬉戏的童年，重回故园，回到生命的根。恍然明白，好文字正是这样慢慢写出来的，从容不迫，写尽生命的幽微，月白风清。好文字原来也是一块璞，经过岁月细细打磨，才成为美玉。

慢也是情趣。落雪之夜，围一只红泥小炉，读一本旧书，品一杯苦茶香茗。张潮说："春听鸟声，夏听蝉声，秋听虫声，冬听雪声。"世间所有美好的声音，几乎都被他写尽了。是啊，我们有多少个秋冬没有听见虫鸣与雪声了？落雪之夜，时光是缓慢的，用一个冬夜听雪、读书、想念一位故人。

在江南采莲的季节，我去杭州的虎跑寺看望弘一大师李叔同，他39岁时在这里出家。纪念馆的陈列柜里，摆放着他和学生丰子恺共同创作的《护生画集》。丰子恺一生敬重李叔同，深受他的影响，文字和画里，充满禅意、悲悯，饱含大爱。丰子恺为了报答师恩，开始了《护生画集》的创作，他画，大师写。弘一大师63岁圆寂，留下他一个人继续画。在"文革"中，他被批斗、游街、关"牛棚"，受尽屈辱和折磨，但依然没有放下手中的画笔。他为创作《护生画集》用去了46年的时光，一直到他生命的尽头。

师生情谊，如清风明月，山高水长。他用这样的方式，坚守一份师生间的约定，也用漫长的一生，去怀念一个人。

那个时代的人，生活节奏缓慢，步履从容，心境澄明。也只有气定神闲、内心宁静的人，才能听见自己灵魂的呼吸，不是吗？

生活中不能没有风雅，世间一切的优雅、情趣，都自"慢"中得来。

大凡美好而令人珍视的事情，都需要慢慢等待，慢慢欣赏，比如：好书，好物，好人，好情……

去西藏杀毒

蓝药师

从西藏回来很久，让人印象深刻的不再是布达拉宫，不再是纳木错，也不再是珠穆朗玛峰，心心念念的是藏族人大白天坐在草地里缓缓吃着糌粑，是卖面的卓玛一边慢慢洗碗一边歌唱，是带着皱纹的微笑着的老妇人颤抖着手在佛前倒酥油。

他们给了我另一种人生观照，原来真的有这样一种活法：简单衣食之后，就不再蝇营狗苟，而是慢悠悠地转山，慢悠悠地放牧，慢悠悠地喝茶……

我也曾怀疑过：以这群藏族人的生活态度和经济头脑，靠什么生存与发展。但牧民灿烂的笑容，让我顿时发现这或许是一个伪概念与陷阱。日食三餐、夜眠八尺——人真正需要的就这么多，在现代科技的支撑下，这些真的那么难得到吗？

假设一个人一年需要3000斤粮食，他却老为了4000斤、5000斤而努力奋斗，并为之患得患失、焦虑不安，这是不是一种愚昧与荒唐？现代都市就如一个追求"发达"的战场，我们在这里挣扎、迷茫、欢笑、哭泣，为了太多也许并不需要的东西彼此厮杀，被挟裹着生活，直到"官财"化为棺材，这就是成功？应该庆幸还有西藏——湍急的雪山水带着佛陀的"不争"雨露静静流淌，在五欲世界燃起遍地火焰后，还在雪域高原多少留着些清凉散。

我也曾认为：努力争取更高的地位会让自己明日少些风险，但仔细想想，究竟要多少储蓄才能赢得了自己的恐惧？若是赢了恐惧，哪一天都不过是一宿三餐，活人又有何难。若是贪婪，那么，多少积累、多少拼搏才能跟得上自己的欲望？如果遭遇极端病症、天灾人祸、社会动荡、生离死别……恐怕有多少准备都没有用，那些是更应宽心微笑面对的劫。

我有时想，人只是一个载体，各种思想是程序。但程序往往会错乱，去西藏看看或许能杀毒。

焦虑也好，贪婪也罢，都是一种毒，而这种毒会在体内埋藏很久。因为碌碌无为而悔恨，其实这也是一种毒。这个世界上90%的人都必然碌碌无为，从小受这种想法影响，难免活得焦虑与惭愧。我们争着阅读《乔布斯传》，为"追求卓越"而欢呼雀跃，但我们应该知道，无论在哪个行业里，卓越都只是一种偶然，平凡却是一种必然。

多少人会劝别人慢一点、不着急、做个开心的普通人？但我们给孩子排名次，给老师评绩效，给官员定级别，使得谁都不想被社会抛弃。这一切都应该改变，在大多数人吃喝不愁之后，我觉得随着社会的进步，比的应该是人心的喜悦。

如果说什么是藏地密码，那就是在自己内心生出一朵莲花：做一个平凡又不以为耻的人，挺好。

聆听草原

艾平

　　很多年前，我经常跟随父亲在草原上漫无目的地游走。我们乘坐的是一辆老掉牙的吉普车，所有的零件都在与车轮一起摇滚。我们就在这种摇滚中走走停停，迷恋地遥望天和地的尽头，时而有一群遮天蔽日的银鸥叫着飞过，时而有孤独的牧马人月亮似的慢慢在山冈上升起。父亲没有告诉过我这种游走的目的，后来我终于懂得，父亲原本也没有什么目的，他只是觉得在辽阔的空间里比较自在，而身旁有比呼伦湖还要清澈的女儿相伴，他的自在中便多了一份开心。

　　我记得父亲的车里总是带着大肚子玻璃瓶装的酱油，铁皮桶装的白酒，桦树皮篓装的咸盐，还有一些土霉素片和蛤蜊油，这都是牧民需要的东西。我们用不着事先联系，在草原深处，每一座蒙古包里都有我们久违的亲人。那些蒙古包孤零零地坐落在茫茫的绿野上，像一朵朵白色的蘑菇。蒙古包的主人早知道我们即将来临，已经熬好了奶茶，开始杀羊煮肉。这让我好不奇怪：草原深远安谧，难道是天上的云朵给他们报了信？

　　是套马杆在传递草原上的声音。牧人阿爸把手里的套马杆平放在草原上。牧草挺拔茂密，如无数只有力的手臂，托举着那根沉甸甸的柳木套马杆。草浪随着微风轻轻颤动，牧草却并不倒塌。我好奇地把手伸向套马杆下面的草丛，发现那个半尺多高的小空间，仿佛秘而不宣的母体。无数小昆虫、小蓓蕾、小露珠都在里面静静地醒着，无限的季节就在这薄薄的空间里成长。

当我把耳朵俯在套马杆上的时候，便听到了一种清晰响亮的声音。那声音难以描述，好像一会儿把我推到了城市的街道上，一会儿把我带到了大海的波涛里，无序，错杂，时断时续，有时细腻，有时浑然。随着这种声音来临，貌似凝固的原野顷刻间变得栩栩如生——百草窸窣，群鸟鸣唱，许多莫名的动物在啮噬、在求偶、在狂欢。马群像石头从山上纷纷滚落，云朵推动大地的草浪，甚至还有朝阳拂去露水时的私语，鸿雁的翅膀驱赶浪花的回声……这时候，牧人阿爸说："要下雨了，咱们包里坐。"我抬头看天，天空阳光灿烂，碧蓝如洗。我们进包后，一碗奶茶方尽，暴雨真的来了。雨点打得蒙古包"砰砰"响，像群鸟在弹跳，雨滴时而从天窗射进来，落到肉锅里。

草原上有会看天、看年景的人，也有会听天、听地的人。他们长期在人迹罕至的草原上游牧，慢慢地获得了独特的生存智慧。牧人阿爸说，刚才的雨是套马杆告诉他的，他还说他一大早就听见了我们的汽车声，也听到了雨正在远处商量着要往这里来呢。吃肉的时候，阿爸又告诉我，细看大羊肩胛骨片上的纹理，就会发现游牧的足迹——羊走过的草场是否茂盛，水是否丰沛，什么草比较多，羊缺乏什么营养，生过什么病，等等，都会通过不同的骨纹显现出来，那么牧人就知道下一年该怎么选择草场，游牧的路线图也就有了。于是，经年累月，一切都变得可以预言。

风每天在草原上吹过，岁月都到哪里去了？传统的游牧，是大格局协作式的迂回迁徙，以满足畜群不同季节的不同需求，比如春天接羔，那就要到残雪消融的阳光坡地去；牧草返青时，要给畜群找到大片有营养的牧草；夏天要考虑哪些地方的草适合储藏，留下来待秋天打草，保证牲畜有过冬的食粮；水、温度，哪些牧草能为牲畜提高免疫力，哪些牧草能调节牲畜的胃肠，哪些地方的牧草适合牛吃，哪些地方适合马吃，等等，这是一种生灵与自然共生的大学问，也是值得当代生态科学深入研究的课题。可是人们到底还是忽略了这一切，当然也很快尝到了苦果——牲畜被铁丝网围于家家户户一小块一小块的草场上，食物结构单一，活动范围狭小，无法率性自在地生长，于是肌体不停退化，几代下来，牛羊肉的味道已经大不如前。作为经营者的牧民，单枪匹马，缺少机械化的生产工具，在严酷的自然面前，往往力不从心，而面对市场经济冲击时，常常显得不知所措。于是，在一部分人富起来的同时，也有人无奈地卖掉或者出租自己的草场。

现如今，汽车轮子和微信直播，将茫茫草原与外界紧密相连，亘古的秘境变得一览无遗。"站在草原望北京"，不再是夸张的修辞。在蝴蝶扇动翅膀的瞬间，现代科技已经覆盖了草原，汽车自驾游、直升机拍摄、电商平台、云计算、网红等等，不由分说地都来了。新概念在草原上跨时空嫁接，开始了前所未有的试验。一个从未走出草原的年轻牧马人，靠着百度导航，六天不到就用小汽车把阿爸、阿妈带到了椰风弥漫的海南岛。那两个一辈子都穿着马靴、戴着包头巾的人，卸掉全身十几斤的重负，站在大海里，互相看着白皙的躯体和古铜色的双手，哑然失笑……记得20世纪六七十年代，草原的老人常常这样教导不愿吃苦的儿孙："要知道你的午饭在羊身上，不在供销社的柜子里。"而现在，牧民从业的方式已经五花八门，草原的食物也变得丰富多彩，什么肯德基、比萨、韩式烧烤、麻辣烫，无所不有，吃一顿传统的手把肉，反倒要特意跑到饭店，端的十分奢侈。

然而，生产方式带来的变化，改变的不仅仅是草原的生活，还像微风细雨一样，日复一日地浸润着草原的心灵。

在我的记忆中，我的牧民阿爸就是一切牧民的代表。他们淳朴、勤劳、真挚、好客，爱草原如生命，爱大自然里的一切，从不在草地上动土，从不捕鱼，不到万不得已，不猎杀野兽，个个都可以信任，人人都可生死相托。草原古老的游牧文化暗含着天人合一的哲学，它意味着一种物竞天择、生命轮回的大境界，它属于万物生灵，而不仅仅关照人类。

游牧文化告诉我们，只有草原大野芳菲，亘古犹新，人类才能浑然于万类之中永续苍生。只是忙于战天斗地的人类，并没有谦卑地将其当作一本教科书罢了。

历史是多条不同的河流，当它们汇入大海之后，还会以波涛和旋涡的方式互相冲撞不已。看吧，在茫茫的草原上，无数时间的碎片，无数空间的远影，都在时代的大苍穹里闪光、发声、跳跃、裂变、融合、再生。昔日的淳朴、今日的开放，每一种内在的质地，都不足以固守原初的草原。草原的秘密在哪里？我依凭大半生的体验来书写草原，也时刻以高度的敏感注视着草原。我对草原的聆听，已经有了多元的方式，当然感情的因素是最重要的。我如此热爱草原，我手中的笔永远无法离开草原。草原告诉我一切：生命与自然，人生与历史，现实与梦想。

傍林鲜与傍水鲜

王太生

宋代文人林洪在《山家清供》里说："夏初林笋盛时，扫叶就竹边煨熟，其味甚鲜，名曰傍林鲜。"初夏的竹林，嫩笋勃发，想尝鲜的人急不可耐，在林边支一小炉，添枯草黄叶，"咕噜咕噜"煮将起来，图的是个山岚清气。

傍林鲜，林子里的桃子，青中羼一点红，触手可及。从树上摘下来，在园子旁清亮的小河里洗洗，啃上一口，比盖两片树叶、摆在篮子里在城里卖的要新鲜。

汪曾祺在小说《钓鱼的医生》里写道，有个人钓鱼时，搬把小竹椅坐着，随身带着个白泥小灰炉，一口小锅，提盒里盛着葱姜作料，还有一瓶酒，看到线头动了，提起来就是一条。"钓上来一条，刮刮鳞洗净了，就手就放到锅里。不大一会儿，鱼就熟了。他就一边吃鱼，一边喝酒，一边甩钩再钓。这种出水就烹制的鱼味美无比，叫作'起水鲜'。"

起水鲜，也就是傍水鲜。傍水鲜，傍的是视觉、触觉、嗅觉、味觉，都是为了一种心情。陆文夫当年到江南小镇采访，过了中午，餐馆没有饭了，菜也卖光，只有一条鳜鱼养在河里，可以做个鱼汤。两斤黄酒、一条鳜鱼，那顿饭，陆文夫对着碧水波光，嘴里哼哼唧唧，低吟浅酌，足足吃了两个钟头。后来他回忆，吃过无数次的鳜鱼，总觉得那些制作精良的鳜鱼，都不及在小酒楼上吃到的鲜美。

秋天的河塘，水面有菱角、鸡头米，二三村姑坐在木盆里，拨开绿水草，划水采菱。菱角有紫红、青绿，剥一颗放在嘴里，琼浆玉液，水嫩鲜美。其实，小餐馆筑在林畔水边，就是"傍林鲜"与"傍水鲜"。生意做到野外，迎合了部分食客的消费心理，这样的餐馆多是农家乐。我到水乡访友，有个朋友带我到镇外一处河上搭起的农庄，竹楼是悬在水上的，下面打一根根木桩撑着，鱼在下面游，可供垂钓，活鱼上钩后直接下锅。

山间的傍林鲜，体会不多。野生的小猕猴桃，怕也是傍林才鲜的。我在皖南的山中，从农妇手中买回一袋，初尝一二颗，虽小，却甜、鲜，其余的带回家，大多都烂了。早知道，就坐在山林边的一块大石头上，将它们全吃了，也算是学一回古人的傍林鲜。

傍林鲜与傍水鲜，也是一种吃相，有夸张恣肆的成分。扬州个园主人黄至筠，住在城里，想吃黄山笋，尤爱刚挖出的"黄泥拱笋"。黄山一去数百里，可是山中笋嫩不等人，作为清代资深吃货的黄老板自有妙计：他让人设计了一种可以移动的火炉，在山上砍下嫩笋，与肉一道放到锅里焖煮，脚夫挑着装锅的担子，昼夜兼程赶到扬州，笋如刚挖出的一样鲜。

竹林里的七个贤人，不知有没有吃过傍林鲜？反正他们在林子里赤膊啸歌，喝酒晤谈。水泊梁山的阮氏三兄弟，肯定是吃过傍水鲜的。

傍林鲜与傍水鲜，两种吃法，一种意境。

坐对当窗木，看移三面阴

周重林　太俊林

在许多个阳光明媚的冬日午后，我静坐在窗口，一壶茶，一本书，如许多人一样，打发着昏沉的慵懒时光。在某一个时刻，我留意到桌子上饮品的变化，咖啡去了酒来，酒退出后茶登场。

但似乎只有茶，在不断的续杯之间，更能助长消磨、对抗时间的功用。世人多感慨时光容易把人抛，但人们又何尝不想制造出更多空虚的时段？这个时候，茶会乘虚而入。

有人忙里偷闲饮茶，茶成为一种递减的消耗品。

有人闲中品饮，茶不过是对抗时间的一种消磨方式。

消耗品是一种日常行为，看得到，亦闻得到烟火味。

消磨则是一种闲适状态，体现出一种情致，无从观察，只能体验。

段成式说："坐对当窗木，看移三面阴。"一个人可以静观光阴一寸寸移动、消失，可以细数一枪一旗在水中的浮沉。除了时间的耗散法则，还需有可以放下一切的心态。进入茶的状态，时间会消失，不分忙碌与闲暇，没有人前人后，有的，只是一颗事茶之心。

蔡伦的纸、牛顿的苹果、陆羽的茶……我们会记得那些人的重大发现对历史进程的影响，我们是凡人，不是伟大的创造者。

但我们也有区别于伟大者的地方，那就是我们拥有独特的情感与感知，即便再艰难的境地，也能够吟唱出自宋代的著名诗句："春有百花秋有月，夏有凉风冬有雪。莫将闲事挂心头，便是人间好时节。"

水稀释了茶的苦涩，茶让水不再平淡。

一碗普洱茶，就让冬日凛冽的寒意消退。阳光虽薄，茶汤却浓，足以温暖冰冷的空气，更将暖意传达全身，支援手脚，关怀肺腑，熨帖心胸。

炎炎夏日，一杯绿茶便宛如凉风来袭，夹杂雨雪，净化炎炎赤火，参天大树从心底长起，浮萍泛舟，爽意可知。

春日万花争艳，茶烟缥缈于杯沿，疏影横斜，红、黄之茶交替易杯，变幻无穷。带着朦胧的冀望与情意，用手就可以调出与自然媲美的景象。

秋日，有星空与圆月的相伴，也有草木凋零。冯唐易老，候鸟迁徙之感伤，亦是饮用白茶与青茶时节。岩茶一壶，唤醒退化的嗅觉，也补足气血，为冬日的来临做准备。

好时节总不可多得，与其说一叶知秋，更不如说，一叶关情。

程颢有诗云：

闲来无事不从容，睡觉东窗日已红。

万物静观皆自得，四时佳兴与人同。

道通天地有形外，思入风云变态中。

富贵不淫贫贱乐，男儿到此是豪雄。

为此诗作注解的，也许是余象斗。其自画像说："图绘仰止高坐三台馆中，文婢捧砚，婉童烹茶，凭几论文。"院中联云："一轮红日展依际，万里青云指顾间。"

红日白云之下，越过数枝寒梅，越过袅袅沉香，越过美人裙袂，煮茶的程序正在福建建阳余象斗家小院内徐徐展开，生活与书写，难道不是延续至今的追求吗？

舍不得的好人生

李娟

一

人世间的悲欢离合，是生命中最婉转低回的乐章吗？爱情也只有在两种东西面前，显得百转千回、荡气回肠。一是光阴，二是离别。

金岳霖教授暮年时，有人让他讲讲与林徽因的往昔。他摇摇满头华发，摆摆手，只字不提。老来多健忘，唯不忘相思。她是他心头的一颗珍珠，是他晴空的一轮皓月，是他一生的人间四月天。她是他心底的一块碧玉，只养在心里。他不舍得和任何人提及她。不提，不诉，不言，不语，沉默是对爱情最大的尊重。曾经，她的家搬到哪里，他也跟着搬家，去做她的邻居。他常去她家聊天，琴棋书画诗酒花，唯独不谈爱情。

半个世纪的脉脉情深，哪是舍得说出口的？似水流年中，相思以终老。

人世间，刻骨铭心的爱情都值得尊重，为什么一定要有一座婚姻的大厦呢？美好的爱情值得用一生去回忆。

二

读书，不要想着实用，更不要有功利心。读书，只为了自身的修养。

邂逅一本好书，如同邂逅一位知己，邂逅一个善美之人。有时心生敬意，有时怦然心动。仿佛你心底埋藏多年的话，作者替你说了出来，你们在时光深处倾心相遇的一瞬间，情投意合，心旷神怡。

张潮说："少年读书如隙中窥月，中年读书如庭中望月，老年读书如台上玩月，皆以阅历之深浅为所得之深浅耳。"读书达到这样的境界，人生也显得清明而透彻。

平日里读书，最喜欢的几本，大都来自古老雅洁的文字，来自源远流长的汉语。它们几乎与现实的浮华和喧嚣，永远隔着深深的沟壑。好书如佳茗，令人舍不得放手的，就是这样的好书。如《红楼梦》《幽梦影》《小窗幽记》……我依靠它们得到灵魂的安然。

恍然明白，读书的目的，原来只为了和好东西倾心相见，如：好事，好人，好物，好情。

有的书借出去了，还回来的时候，整洁依旧，不仅毫发无损，而且还包了洁白的书衣，仿佛花容月貌的女子，穿一件洁白的纱裙，内心一瞬间洁净喜悦起来，让我对还书的人起了珍重之意。我身边就有这样的女子，她纯净，博学，懂得文字的美好。在浮躁喧嚣的尘世间，能遇见这样一位爱书的女子，也是很幸运的事情。

其实借书，还书，也能看出一个人的品质和性情。

三

不舍的还有光阴。

抚摸一部旧书，仿佛揣摩一段光阴，又似观赏和留恋几十年前的月光。

我年少时拥有一部《红楼梦》，是 20 世纪 80 年代由人民文学出版社出版的，那部书共有 4 册，装帧精美，古意幽幽。书影上是一位冰清玉洁的女子，安然地依在山石旁，长裙垂地，拈花沉思。她心中默诵着："花谢花飞花满天，红消香断有谁怜。"脚下的竹篮里盛满落花，她就是水晶心肝的林黛玉。年少时，我便读到人间最美的书，是多么值得庆幸的事。

有人曾问张爱玲，《红楼梦》《西游记》比起《战争与和平》《浮士德》哪部书好，张爱玲直言答道，当然是《红楼梦》《西游记》好。我也这样认为。

一部《红楼梦》沉浸在流年里，文字的魅力绵延、流传了几百年。它开启了多少人文学的梦想，也成全了多少人关于文学的梦境，连张爱玲也不例外，许多大家都是站在《红楼梦》的肩膀上触摸到了月亮。

　　此后多年，我随着父母从关中到了陕南，再回长安求学，辗转，迁徙，漂泊中，我遗失了《红楼梦》的第二册，一部《红楼梦》便成了残梦。我翻遍家中的每一寸角落，再也找不到它，它犹如遗失在岁月尘埃里的一颗珍珠，消失了。后来，我时常去书店或旧书摊淘书，希望能遇见同样版本的《红楼梦》，可是，再也不能了。李延年诗云：佳人难再得。其实，好书同样难再得。

　　世间很多事就是这样，离散了，走失了，便已是长长的一生。

　　我犹如遗失了一位情深义重的故友，丢失了自己绮丽的青春年华。好书难再得，一如知己难再得。

　　一生不舍的无非就是这些：骨肉至亲，三两知己；清茶一盏，好书几卷；看陌上烟花开遍，柳丝如烟。似水流年里，读书，写字，品茗，赏花，舍不得的好人生也不过如此吧。

诱鸭

周志文

我和朋友到河边看水鸟。

每年10月中旬，在这条作为本市与邻市分界线的河里，栖息着许多从外地飞来的水鸟。到11月、12月，水鸟的数量会达到顶峰。一般这群水鸟从北方飞来，它们把这里当成往南飞行的暂栖地，也有一小部分就在这儿过冬，不再往南飞。但这两年由于城市的不断开发，邻市把河滨多处当成垃圾堆积场，严重破坏了河的景观，当然也波及河水的品质，因此依据赏鸟学会及一些生态学者的统计，这两年水鸟有逐渐减少的趋势。不仅是我居住的城市，就连屏东那边统计的灰面鹫的数量，都在逐年下降。我的朋友告诉我，这说明两点：其一是这几种水鸟的数量正在逐年减少，它们可能逃不过被消灭的命运；二是它们的数量并没减少，而是台湾这个地方变得再也不适于它们生存，它们只好直接朝南方飞去。

"所有与时间的竞赛，似乎从来没有赢过。"我的朋友说。

"你是什么意思？"我不解地问他。

"我最近出席了一个维护古迹的会议，大家在会中讨论应该如何维修、保护台湾所剩不多的古迹。当时我没说一句话，心里想，古迹是能维护的吗？没有古迹是能维护的，没有古迹是能真正长久保存的，就像人不能长久保持青春一样。"

他回头，带我走出河边的冷风，走进这座城市西边纵横如迷宫的巷道。我闻到一阵咖啡香，推门进去，果然是一家咖啡厅。这间咖啡厅距离河口很近，由于地利，每年秋冬之际，这里便成了附近赏鸟人最常聚会与休憩的场所，这是我的朋友告诉我的。咖啡厅的主人无疑也是喜爱鸟类的，因为四壁都挂着写有学名、绘工细致的水鸟图像，就连喇叭里放着的音乐，也是法国作曲家梅湘的一组《鸟类图志》钢琴曲。

我和朋友在一个靠窗的座位坐下来，我想听听他在古迹和鸟类命运等相关问题上的看法，刚才他没有说清楚。他在除去外套、脱下帽子的时候显得有些急躁，他可能在为鸟类、古迹甚至是人的现实处境而忧心。

"你知道吗？侏罗纪、白垩纪的生物，很多都灭绝了，而进化繁衍至今的这些生物也不是永存的。遭遇时空变化，现存的生物，包括人类也会完全消失。到时候，会有别的生物占领这个空出的舞台，成为下一场戏剧的主角。"

"你刚才说古迹，现在又说生物，这是两回事呀！"

"不是两回事，是一回事。我的意思是，所有消失了的东西就不能恢复，正在消失的东西，我们也无法阻止，这点你懂吗？美国大都会博物馆把苏州网师园的部分园林"搬进"他们馆内，你认为他们保存了什么？非洲的大象和犀牛在这个世界上已逐渐失去生存的能力，我们为它们建立保护区，让它们在没有天敌、食物不虞的状况下继续生存。老实说，失去自然的象和犀牛其实跟死了没有两样，顶多算是人类刻意保存下来的活标本吧！"

他说话的时候有些悲愤，有点无法控制情绪的样子。他从外套口袋里掏出香烟，抽出一根，点燃之后重重地吸了一口。这时，吧台上方几只木雕的禽类吸引了我的注意。两只颈上有白环的应该是雁鸭；一只全身羽毛泛着鸳鸯的光彩，但形状却与鸳鸯不同的鸟，我不知道它的名字；还有一只则像普通的家鸭，白色的羽毛上杂着咖啡色的碎斑点。它们的眼睛都是同一色的黝黑发亮，如果不是放在架子上，我们会误以为是活的水鸟呢。我推了一下朋友，对他说："以后看鸟，也许只能看这些漂亮的模型了。"

"那不是给人看的模型！"他大声地说，有点不顾礼貌，继续吸了一大口烟，然后压低声量缓缓地说，"那个叫作诱鸭，是人类诱杀水鸟时用的。在天上飞了一整天的鸟，到黄昏时要找一个栖息的地方。所有鸟类都是多疑的，它们很敏感，也很聪明，它们即使很累，也要找一处安全的地方才敢下来。谁晓得人比它们更聪明。人做了很多惟妙惟肖的木头鸟，身上漆着和它们一样的颜色，放在池塘上面载浮载沉，上面的鸟看到下面有它们的同类，便以为是安全的地方，它们一个个飞下来。猎人躲在深草中间，只要一发霰弹枪，就能射杀十几只，连续射几发，池中的鸟就都逃不了。下了水的鸟，不是说飞就飞得起来的。"

他又吸了口烟，看着我说："从鸟的立场看，你还以为那是漂亮的模型吗？"

我答不上来，我对我朋友的感受是完全了解的。他的话有点主题不清，语气颇有责备我的意思，但我不以为忤，原因是我知道他正陷入任何智慧都不能宽解的悲哀之中。

握一把苍凉

司马中原

童年，总有那么一个夜晚，立在露湿的石阶上，望着升起的圆月，天真成了碧海，白苍苍的一丸月，望得人一心的单寒。谁说月是冰轮，该把它摘来抱着、暖着，也许残秋就不会因月色而亦显凄冷了。离枝的叶掌悄然飘坠在多苔的石上，窸窣幽叹着，俄而听见高空洒落的雁声，鼻尖便无由地酸楚起来。后来忆起那夜的光景，只好以童梦荒唐自解。端的是荒唐吗？成长的经验并不是很快意的。

把家宅的粉壁看成一幅幅斑驳的、奇幻的画，用童心去读古老的事物，激荡成无数泡沫般的幻想，渔翁、樵子、山和水以及水滨的钓客，但从没想过一个孩子怎样会变成老翁的。五十之后才哑然悟出：再丰繁的幻想，也只有景况，缺少那种深细微妙的过程。你曾想暖过秋空的冷月吗？串起这些，在流转的时空里，把它积成一种过程，今夜的稿笺上，便落下我曾经漆黑过的白发。

但愿你懂得我哽咽的呓语，不再笑我痴狂，就这样，我和中国恋爱过，一片碎瓦，一角残砖，一些在时空中消逝的人和物，我的记忆发酵着深入骨髓的恋情，一声故国，喷涌的血流已写成千百首诗章。

浮居岛上卅余年，时间把我蚀成家宅那面斑驳的粉壁，让年轻人把它当成一幅幅奇幻的画来看，有一座老得秃了头的山在北国，一座题有我名字的尖塔仍立在江南。我的青春是一排蝴蝶标本，我的记忆可曾飞入你的幻想？

恋爱不是一种快乐，青春也不是，如果你了解一个人穿越怎样的时空老去的，你就能仔细品味出某种特异的感觉，在不同时空的中国，你所恐惧的地狱曾经是我别无选择的天堂。不必在字面上去认识青春和恋爱，区分乡思和相思了。我在稿纸上长夜行军的时刻，我多疾的老妻是我携带的背囊，我唱着一首战歌，青春，中国的青春。但在感觉中，历史的长廊黑黝黝的，中国恋爱着你，连中国也没有快乐过。

忧患的意识就是这样生根的。我走过望不尽天边的平野，又从平野走向另一处天边；天辽野阔，扫一季落叶烧成在火中浮现的无数的人脸，悲剧对于我是一种温暖。而一把伞下旋出的甜蜜柔情，只是立于我梦图之外的幻影。但愿你懂得，皱纹是一册册无字的书，需要用心灵去辨识，去憬悟。恋爱可能是一种快乐，青春也是。但愿我的感觉得到你感觉的指正。你是另一批正在飞翔的蝴蝶。

一夜我立在露台上望月，回首数十年，春也没春过，秋也没秋过，童稚的真纯失却了，只换得半生白白的冷。一刹那，心中浮起人生几度月当头的断句来，刻骨的相思当真催人老去吗？中国，我爱恋过的人和物，土地和山川，我是一茎白发的芦苇，犹自劲立在夜风中守望。而这里的秋空，没见鸿雁飞过。

把自己站立成一季的秋，从烟黄的旧页中，竟然拣出一片采自江南的红叶，时光是令人精神错乱的迷雾，没有流水和叶面的题诗，因此，我的青春根本缺少"红叶题诗"的浪漫情致，中国啊，我的心是一口生苔的古井，沉黑幽深，满蓄着垂垂欲老的恋情。

一个雨夜，陪老妻找一家名唤"青春"的服装店，灯光在雨雾中炫射成带芒刺的光球，分不清立着还是挂着，妻忘了带地址，见人就问：青春在哪里？被问的人投以诧异的眼——一对霜鬓的夫妇，竟然向他询问青春？后来我们也恍然觉出了，凄楚地对笑起来，仿佛在一霎中捡取童稚期的疯和傻，最后终于找着那间窄门面的店子，玻璃橱窗里，挂满中国古典式的服装，猜想妻穿起它们来，将会有些戏剧的趣味。若说人生如戏，也就是这样了，她含笑的双瞳里竟也闪着泪光。三分的甜蜜，竟裹着七分的苍凉，我们走过的日子，走过的地方，恍惚都化成片片色彩，图案出我们共同爱恋过的。中国不是一个名词，但愿你懂得，我们都不是庄周，精神化蝶是根本无须哲学的。

握一把苍凉献给你，在这不见红叶的秋天，趁着霜还没降，你也许还能觉出一点我们手握的余温吧！

人生之秋

〔黎巴嫩〕米·努埃曼

一年四季，各有其意义、清新、朗润与欢乐，致使关于四季之间的比较，就像是某种诡辩或毫无价值的争论。因为任何一个季节都不能代表其余季节；而任何季节的完成，也有待于其余季节的完成。

春季，是被封锁起来的大自然对周围一切的造反；封锁已使大自然感到厌烦，于是起来挣脱桎梏与锁链，毫不犹豫或毫不留情地将其打个粉碎。蓓蕾渐次膨大，开出花朵，生出叶子和枝条；种子萌发生芽，裂开包衣，冲出黑暗大地，沐浴着灿烂阳光，成为挺拔滴露的香草；根茎挣脱枷锁的束缚，拨开泥土，昂首空中，伸向四面八方；昆虫、蛇蚁、飞禽走兽，嗡鸣、舞蹈、啼唱，成双结对，兴高采烈，欢欣鼓舞，深深沉浸在万物更新、再度欢腾的微醉情状之中。大地沸腾，动中祝福，形态种种，五彩纷呈。苍穹起舞，送来热情、光明、欢歌和妙曲，都是对胜利暴动的陶醉。

如果说春天是大自然对封锁所采取的暴烈行动，那么，夏天就是那场暴动本身，且可言登峰造极，如愿以偿，愤怒随之消逝。反抗行动变得温和，一切都从微醉中苏醒过来，开始安排自己的事，清点战利品，保卫自身的安全，注意自己的生长，以便日后最大限度地享受自己创造的美味。

秋季到来，大自然的暴动带来了果实，带来的是成熟的、光彩夺目的可口果实；华美、鲜味与健康已自在其中。

大地走来，因眼见自己的革命果实而欢喜，于是动手采摘，饱吃足食一顿，然后将剩余的果实储藏起来。肚饱之后，精疲力竭，困神缠眼，正好入睡，以便消化吃下去的食物，除却怀孕、分娩、生产的污物。

冬令，则是大自然的休眠期，那是生命强加于她的，意在怜惜她的体力过度消耗及肠胃消化困难，唯恐她陷于神经紊乱状态。生命自有其生活哲学，宁愿带着自己的子女缓步走上完全解脱的道路，而不肯一下将他们推到那条道路上去。那是因为自由是一种长寿灵丹妙药，只能一口一口地吞服，借以进行自疗，一口足保一生或一个周期。

或许我们在用隐喻方法谈及人生四季时，道出事实的精华。世界上的一切都像地球上的四季变化规律一样，服从于一定的严格规律。每种事物必在一定时候开始，又在一定时间结束，先经过革命暴动，继而经历一个时期的力量积聚与调整，然后进入采摘收获时节，接着便是新的封锁或休眠，兴许长达一个月，也许久至一个时期；那时，我们就像谈论地球上的春、夏、秋、冬一样，完全有权利谈论太阳或宇宙任何星球的春天，人类的夏天，城市的秋天，学说的冬天。

我一点也不怀疑，人的生命仍然分为四季，有展开之时，有卷起之日，带着人到达最大自由境地，直至从四季的桎梏和岁月的权势下得到永久的解脱。

然而，无论我们怎样坚持将一年四季与人生四季之间进行比较，无论此与彼之间的相似之处如何吸引我们，我们也不应该对不会开口说话的自然界与有理性的人类之间的巨大差异视而不见。依照我们的躯体所遵从的规律而论，我们或多或少地无异于草木、昆虫和牲畜。因为我们像它们一样，要经历四个阶段……开花，成长，采果，衰败。但是，我们具有草木、昆虫、牲畜所不具有的开花和成长要素……我们有思想、有想象力、有意志……所有这些，如果说受某种规律约束的话，那么，它不是四季那种规律，而是一种我们至今仍不明其目的与深度的规律，我们又如何为之划定界限呢？

也许我们当中某人年迈，于是神经衰萎，耳欠聪，目不明，多数器官出现故障，失去正常功能；虽然如此，他却仍富有想象力，意志坚强，思想与心脏还很年轻。而另有一个人，虽正当华年，思想却在摇篮里，想象力仅在袖口，意志已入老年。在人们当中，没有两个生命季节的意义完全相同的人，即使二者的年龄与外貌毫无差异。因此，谈人生的季节是很困难的，办法只有一个，即从总体上去谈论它。也许这个办法不适合于所有的人，但在多数情况下是适合于多数人的。

在人生的秋天，阴影不但多而且长。我们所进行的任何一种活动，或每一项爱好，或每一个想法，都会在我们的生活中留下阴影或痕迹；不论我们处于行、止状态，还是醒、睡之时，它都会与我们形影相随。这些阴影就像吉他上的琴弦一样，不停地振动，依照琴手的手指动作方向，时而这根弦被按下，时而那根弦弹起。弹琴者也许受控于突如其来的一种情感，也许受控于某种一闪即逝的思想，或者受控于不可抗争的某一事件。琴弦的嗡鸣一波一波传入我们的耳际，有欢乐之波，有悲伤之波，有赞美、歌颂之波，有斥责、非难之波，有胜利、舒展之波，有挫折、萎靡之波，直至登上人类情感阶梯的最后一个台阶。真正幸福者是那种已经进入人生秋天的人；自打春天一直绷紧到秋天的琴弦，成了金声玉振、音色动人、情感纯真的琴弦；他将在自己的人生之秋摘到最甜美的果子。

在人生的秋天，人们常常回顾往日，很少向前展望。每当我们接近必然结局时，我们便竭力回想过去，从往日里寻觅适合于那种必然结局的食粮。那些昔日路途上布满圈套、荆棘、黑影的人是多么不幸！正是他们在自己的手脚上绑上重物，然而却说："走，我们爬山去吧！"当他们无力负重时，便失望地后退，竟诅咒起山来，说那山令神鬼见愁。正是他们，人生之秋使他们病入膏肓，他们真希望生命永远是春天，而全然不知那是不可能的。他们终于懒于前进，因为他们看到眼前只有一个窄小、黑暗而又寒冷的泥坑。至于那些阴影淡薄的人们，他们则乐于在人生之秋展望未来；眼前的一切蒙不住他们的眼睛。冬天只能伤害那些无家可归以及那些家无隔夜粮的人。那些已为冬季来临备足粮食的人们，即使在严冬里，他们也会得到最美好的思想与情感。

在人生的秋天，血和肉的活力极大限度地松弛下来，胸间没有炽燃的火焰，没有抽击心与脑的长鞭，没有缠绕枕席的梦幻，没有耸入云霄的宫殿，没有幸福之光照耀下的双眼。然而此时此刻，人却有不可意料的幸福临门；因为他永远地摆脱了欲望的引诱和唆使，而且那种诱使是不可救药的。

在人生的秋天，最宜于深思熟虑，自我清算。人度过了自己生命的春天和夏天，迎来了无可逃避的秋天，无论其思维与想象力多么迟钝，他一定会问自己：自打看到人间光明时就沉睡着的力量从何而来？又是谁将其从昏睡中唤醒，然后进行组织、训练，继而组成大军，在一千个前线进行一千次战斗，或胜或败，或强或弱，或饥或饱。然而决不投降，一直战斗下去；或进或退，或攻或守，战斗的意义究竟何在呢？有其向往的远大目标吗？目标究竟是什么？再则，我们为什么一时竟相信那种天性和力量，而后却不顾我们的反对，硬要收回去呢？难道因为我们不大理解它？或者我们没有用好它？谁晓得我们当中谁善于使用、谁又不善于使用它呢？这些与我们永不分离的影子，莫非仅仅是某种记忆？我们何必欢迎其中某些影子，而又躲避另一些影子呢？为什么这个影子亲近我们，使我们高兴，而那个影子又疏远我们，抛弃我们，好像我们的心灵在哭号呢？难道仅仅直觉本身就足以向我们报告善恶，还是人们当中有比直觉更忠实可靠的向导呢？在永恒的斗争中，善与恶又算什么呢？究竟是善与恶在进行搏斗，还是我们之间在进行搏斗？在茫然与高热状态下，我们所看到的是我们同大自然的搏斗，不是吗？

也许人从自己生命的秋天采摘到的最佳果实是平静、安然的心情：感到有许多颗心脏在自己的胸中跳动，友谊、情怀、爱慕自在其中；感到自己的根已经延伸到很远的地方，在生活的土壤里茁壮成长；感到自己落在大地上的阴影是那样浓密柔和，足以让辛勤的劳动者和无家可归的流浪汉在那里歇荫乘凉。人可以用这样的情感展望人生的冬天，足以使冬之严寒变为温暖，令凄凉变成热闹，使荒芜化为肥沃。人若能把坚定的信仰与生命的哲理、美妙与公正联系在一起，那么，他便能够面对死如同面对生，面对坟墓如同面对摇篮。

储蓄人生

雁鸣

人们在吃饱穿暖之后，知道了要储蓄，以便在需要的时候支取它，借助它走出困境。每当我清点一张张金额不大但令人鼓舞的存单时，心里就有一种感悟：人生，不也是储蓄吗？！

一个人呱呱坠地，便开始储蓄亲情。这一储蓄会伴随他或她走过一生。他们所储蓄的，是一种血肉相连的情感，是一笔超越时空的财富，无论离得多远，隔得多久，都可以随意支取和享用它们。有了亲情这笔储蓄，即便在物质上很贫困，精神上却是富有的；而不懂得或丢失了亲情的储蓄，无异于泯灭了本性和良心。

友情，也是人生一笔受益匪浅的储蓄。这储蓄，是患难之中的倾囊相助，是错误路上的逆耳忠言，是跌倒时一把真诚的搀扶，是痛苦时抹去泪水的一缕春风。真正的友情储蓄，不是可以单向支取的，而要通过双方的积累加重其分量。任何带功利性的友情储蓄，不仅得不到利息，而且连本钱都会丧失殆尽。

爱情是一种幸福而艰苦的储蓄。一对陌路相遇的男女，婚前相恋固然需要执着的储蓄，而要在一个屋檐下应对几十年的风风雨雨，又需要储蓄多少和谐、多少默契、多少理解、多少扶助啊！这绝不是靠花前月下、甜言蜜语可以解决问题的。享用这笔储蓄如享用清冷中的一盆火、泥泞中的一缕阳光、患病时一句深情的话语、彷徨时一番温柔的鼓励。爱情的常爱常新，需要月月储蓄、日日积攒。

学识的储蓄需要锲而不舍。一个人从幼小到成熟的过程，就是不断地储蓄知识的过程。接受小学、中学、大学乃至更高的教育，这仅仅是储蓄知识的一个方面，重要的在于刻苦勤勉，日积月累，不断地充实和更新知识，坚持活到老学到老，"储蓄"到老。人生需要储蓄的东西很多。储蓄人生，就是要储蓄人生中那些最宝贵、最难忘、最精致的部分，储蓄一切至真至善至美。一个人懂得储蓄什么，并知道怎样去储蓄，实在是一种智慧与幸运。

秋天的两种指向

穆涛

"秋"这个字，在古代有一种写法是"龝"，从禾从龟。"龟"指龟卜，即将龟甲火烧之后以裂纹占卜吉凶。"秋"的字面意思是以收成盘点一年的得失，并预判来年的走势。

《尔雅》给"秋"的释义是"白藏"和"收成"。"秋为白藏"，秋在五色中对应白，"气白而收藏"，收藏是收敛。"收成"一词，含着收获和成器这两种指向。一个人有了收获，要知道收敛，要慎重思量，才能更上一层楼。在成功中反思，是典型的中国智慧。春是一年的开始，在开始中领会初心和动机；秋是结果，在结果中洞察大义。成语"明察秋毫""多事之秋"，以及古代刑法中的"秋后问斩"，都是这种智慧思维的外延。

秋在五行中属金，这是"金秋"一词的由来。一年四季中潜伏着五行的运行原理，五行通顺则治，五行悖逆则乱。中国古代社会推崇德政，提倡以德涵养社会。德政既可润泽民心和民风，也可应对天灾带来的变数。

据《礼记·月令》记载，中国古代政府秋季三个月的工作要点，归纳起来大致如下：

1.农历七月，开始对死刑囚犯行刑。

2.加强军事训练，练兵比武，做好作战准备。

3. 命令司法官员审核法规制度，修缮监狱，严格执法，维护治安。

4. 完善堤防，防范水灾。修宫室，起墙垣，筑城郭。

5. 农历七月，进入天地收敛的时令。这个月，不分封诸侯，不任命重要官员，不奖赏土地，不外派大使，不大量支出钱财。

6. 农历八月逢中秋，要敬月老。

7. 农历八月，筑城郭，建都邑，挖凿地窖、粮仓，开始储备过冬物资。

8. 农历八月，简化关隘通行手续，降低市场收费标准，出台鼓励商贸的政策。

9. 农历九月，命令百官全力做好各种物资的存储工作，以应天地收藏时令。

10. 命太宰总结农业生产成果，妥善做好统计工作。皇帝的籍田物产收归神仓（储存祭祀所用物品的仓库）。

11. 农历九月，举行祭祀五方帝的大飨祭。

12. 召集国内诸侯，以及京畿之内的各县官员到京，召开特别会议，确定并颁布来年12个月的时令朔日。确定诸侯的贡赋，以及向百姓征税的标准。

13. 农历九月，天子教习民众田猎，操习5种兵器（弓矢、戈、矛、殳、戟），颁布养马和使用马的政令。

14. 农历九月，鼓励百姓伐木烧炭，以备冬天之需。

15. 农历九月，督促官员审理案件，不要出现积案。

"阴阳大制有六度：天为绳，地为准，春为规，夏为衡，秋为矩，冬为权。"（《淮南子·时则训》）这是"准绳""规矩""权衡"三个词的出处。中国人自古重视四季的变化，受益于四时，也受制于四时。

孤犊之鸣

侯美玲

公明仪是春秋时期的音乐家，能作曲、善弹奏，七弦琴弹得尤其好。天气好的时候，公明仪喜欢背着古琴到户外弹奏。

这天风和日丽、山色如画，公明仪心情大好，一个人坐在地上弹奏美妙音乐，路边一头黄牛正在慢悠悠地吃草。公明仪心想：我的琴声动人心扉，使人陶醉，牛听了是否也很享受呢？想到这里，公明仪立刻对牛弹奏起"清角之操"。公明仪弹得很投入，并深深沉浸于雅正的音乐当中，可那头牛无动于衷，甚至没有停下来看他一眼，这就是"对牛弹琴"成语的来历。

"对牛弹琴"出自《理惑论》，后被收录于《弘明集》，但这只是故事的上半部分，故事的下半部分其实更精彩。公明仪见牛听不懂高雅古曲，就依蚊子牛虻的嗡嗡声和失群牛犊找母牛的哞哞声临时作了一首曲子，演奏给黄牛听。

当公明仪奏响"蚊虻之声"和"孤犊之鸣"时，神奇的一幕出现了，原本正在吃草的牛顿时垂下尾巴、竖起耳朵仔细听起音乐来。

听不懂"清角之操"，但听得懂"孤犊之鸣"，看来，牛并非不懂音乐，只是对自己不感兴趣的音乐漠不关心，对那些熟悉的音乐则兴趣盎然。有感于牛前后两种截然不同的表现，《弘明集》的作者僧祐感叹道："非牛不闻，不合其耳矣。"

春雷响，万物长

余世存

阳历的 3 月 5 日或 6 日，太阳到达黄经 345 度的位置，这时是农历的第三个节气——惊蛰，标志着仲春时节的开始。

北半球气候温暖，许多地方的人都开始播种了，"春雷响，万物长"。有意思的是，大自然千万年的演进，使蛰伏在地下的昆虫和小动物都知道此时该露头了。"春雷惊百虫"，意思是天气回暖，春雷始鸣，惊醒了蛰伏于地下的昆虫，故曰惊蛰。在先民看来，惊蛰就像运动场上的发令枪，这一枪在天地间打响，那些还在冬眠状态、昏昏沉沉的昆虫与走兽都醒转过来，开始努力生长壮大。

惊蛰节气教给我们的道理在于"明而动"。很多人都熟悉龚自珍的诗："九州生气恃风雷，万马齐喑究可哀。我劝天公重抖擞，不拘一格降人才。"还有鲁迅的诗："万家墨面没蒿莱，敢有歌吟动地哀。心事浩茫连广宇，于无声处听惊雷。"一代代先行者希望唤醒人心。据说嗜欲深者天机浅，那些顺从本能生活的、沉溺于欲望的人，与天地沟通的灵性、智慧是极为浅薄的，他们的一个表现就是贪睡。冬去春来，在惊蛰时分，那些昏睡的人，那些贪睡的人，他们未必听得懂天地间的雷声。

二十四节气里的警惕心

穆涛

二十四节气里，不仅有敬畏心，还有警惕心。在每个节气里，古人都规定了具体的禁忌条款，如立春和雨水：祭品不得用母畜，禁止伐木，不得毁鸟巢，不得捕杀幼小的、怀胎的、刚出生的动物，不得捕杀学习飞翔的鸟及小兽，不得掏鸟蛋，不得聚众起事，不得大兴土木，不可以起兵征伐，军事冲突不得由我方挑起……这些规定，都是以"顺天时，应人心"为基础的。

二十四节气里的警惕心，是对人妄为妄行的警惕，戒欺天，戒逆天。"谢天谢地"这句话，是有初心的。

郭浩

中国传统色，一种诗意美

朱颜酡，出自《楚辞》，指红润的面色，原文是："美人既醉，朱颜酡些。"

美人醉了，脸上的颜色就是朱颜酡。"颜色"，这两个字最早指面上的神态和气色。古人讲颜色，往往从面相是否端正来检视一个人的人品是否端正。面上的眼神和气色，讲究的是"见贤人则玉色"，贤德之人从内向外散发着玉一样纯粹的气质，因此眼神和气色也呈现莹洁的玉色。"颜色"两个字，就这样从"仪容气质"走向"具象色彩"。

朱颜酡是醉后欢悦的颜色，从屈原到李白，吟诵的是这种颜色背后的愉悦心情，"落花纷纷稍觉多，美人欲醉朱颜酡"（李白）。中国传统色也有"酡颜"的色名，本源就是"朱颜酡"。

宋徽宗写这种颜色如红玉："灯影四围深夜里，分明红玉醉颜酡。"留不住美好、热烈的欢颜，不妨沉醉，刻画在记忆里，记忆是有颜色的。

黄白游，讲的是颜色，似乎又不是颜色，这正是中国传统色的微妙之处。

颜色可以来自天地万物的具象，也可以来自人类心灵的意象。之所以将黄白游作为一种颜色名，是因为它兼具具象和意象双重美感。写《牡丹亭》的明代文人汤显祖，文采斐然，章句精妙，然而仕途不顺。友人吴序劝汤显祖到徽州去拜访退休在家的老师宰相许国，汤显祖却写了一首《有友人怜予乏劝为黄山白岳之游》："欲识金银气，多从黄白游。一生痴绝处，无梦到徽州。"

黄白，既是具象的黄山、白岳（齐云山），也是意象的神仙梦；既是具象的黄金、白银，也是意象的富贵梦。友人说得对：去徽州见见你的老师许国，黄白之间，气象万千，富贵袭人。在汤显祖心里，徽州的黄白已经不是神仙梦、富贵梦，而是他一生无法抵达的世俗之气，他选择了放弃：情不知所起，一往而深，请原谅我一生痴绝，不去徽州也罢，我这一生既没有神仙梦，也没有富贵梦。汤显祖之后，我们不但把黄白游看作黄、白中间的颜色，还把它看成我们挥之不去的神仙梦、富贵梦。

暮山紫，语出唐初文学家王勃的《滕王阁序》："潦水尽而寒潭清，烟光凝而暮山紫。"王勃写《滕王阁序》时，他的人生道路并不顺利，当时他还不知道自己差不多走到了人生的终点。

中国传统色的美学意境，往往借由天地万物的具象，引发微妙、曼妙、隽妙的意象，从精致细微之时刻、诗意浪漫之感触、丰饶深厚之底蕴，酝酿出独特的东方审美。"烟光凝而暮山紫"，就是诗人在黄昏时刻，观察到山间烟雾与夕阳落照的交织，薄薄的一层紫雾罩住了暮山，暮山见我，我见天地万物。如果将生命之有涯、宇宙之无穷、天地之不仁都想通透了，即使走到人生的终点，我们的内心也应该依然是充盈的。

唐诗中的『最后一片叶子』

卞毓方

唐人崔信明有一句断诗"枫落吴江冷",被我无意中记住了。我觉得这是他的荣幸,因为周围没人听说过他的名字,更不用说他的这句残诗。这也是我的荣幸,因为我不仅记住了他的这一句,对,仅仅以一句入选《全唐诗》的"孤芳",而且牢牢记住了与之相关的一段诗坛轶事。

崔信明出身名门,宦途平平,在隋末唐初做过两地县令,唯以诗才自傲,目高于顶。一天,他行舟江上,巧遇另一艘客船,上面坐的是同样出身名门、同样自命不凡的诗家——扬州录事参军郑世翼。郑世翼客气地招呼:"久闻你的名句'枫落吴江冷',却从未见过全篇,今日得便,能让我欣赏欣赏吗?"崔信明闻言大喜,感觉如俞伯牙碰上了钟子期,除了对方点名要的,还把身边历年积存的一百多篇诗稿,统统恭恭敬敬地奉上。郑世翼接过,先看索要的那首,摇头,大失所望,再看余稿,略翻一翻,撇了撇嘴,不屑地说:"真是见面不如闻名啊!"随手一甩,竟把那沓诗稿扔进江水,然后乘船扬长而去。崔信明眼见自己平生心血都付诸流水,欲救无策,欲哭无泪,只能徒呼奈何。

但一句"枫落吴江冷",却因这个典故,在《全唐诗》中保存下来,成了崔信明诗歌大树中的"最后一片叶子",顽强地绿到今天。

而郑世翼也因为那狂傲的、悖乎人情的一甩,跃升为唐诗中那"最后一片叶子"的"画师",借以留名后世。

拆字

徐川 宋云

汉字的背后，是我们中国人的表达方式。

《红楼梦》里有"金陵十二钗"，每个人都有一首判词，暗示了这个人的命运。

其中王熙凤的判词是：

凡鸟偏从末世来，都知爱慕此生才。

一从二令三人木，哭向金陵事更哀。

这个"凡鸟"就是"凤"字，是从该字的繁体"鳳"拆出来的，这里暗示王熙凤有才华。三人木，"人"和"木"就是"休"字，讲的是她最终的下场令人唏嘘。

更广为人知的，是泰山、西湖等名胜都有刻着"虫二"的碑，我们文化里解读为"風月无边"，这是从汉字结构入手，表达了中国人的含蓄。

这种拆字的手法流传到老百姓的故事里，则被用得更加娴熟而神秘。

《后汉书·五行志》记载，东汉末年权臣董卓，据说他被灭之前城里流传着一首歌谣："千里草，何青青！十日卜，不得生。""董"就是草字头、"千"加一个"里"，"卓"是卜字头、"日"加一个"十"，歌谣用拆字法隐喻董卓要完蛋了。

这个故事自然是编出来的，但这种类似的故事有人愿意编，有人愿意听，有人愿意信，而且觉得有点意思，大概是因为我们谙熟和认同这种需要琢磨的文字表述形式。

张飞也妩媚

郑培凯

"妩媚"这个词，一般用来形容美女的姿态。说一个女人妩媚，往往指她风姿动人，有一种特别吸引人的魅力。《说文》："妩，媚也。"《玉篇》则说："妩，美女。"可见自古以来，"妩媚"就和美女的姿态分不开。司马相如《上林赋》中有一句："柔桡嫚嫚，妩媚纤弱。"给我们一种清楚的感觉，"妩媚"是柔细纤巧的，作为姿态的展现是曼妙轻缓的，当然会使人联想到古代美女的表情与动作。

辛弃疾《贺新郎》词中有这样的名句："我见青山多妩媚，料青山见我应如是。情与貌，略相似。"不但青山妩媚，连金戈铁马的辛弃疾也自许妩媚了，而且重复说明，形貌与性情都妩媚。那么，这个"妩媚"怎么解呢？形容青山，问题不大，青山虽非美女，但朝飞暮卷，云霞风片，就像辛弃疾《武陵春》词所说："桃李风前多妩媚。"可是，辛弃疾本人呢？真正的男子汉也妩媚吗？

唐太宗曾经这样说过魏徵："人言徵举动疏慢，我但见其妩媚耳。"是说魏徵慢条斯理之中，有一种轻疏不羁的神态，给人"妩媚"之感。因此，男人也妩媚，指的是风神潇洒，自然脱略。

说男子汉妩媚，最有趣的例子是形容舞台上的张飞。侯喜瑞演的张飞，在《芦花荡》中雄赳赳、气昂昂，气吞河岳，不可一世，见到孙夫人时却有些腼腆，同时流露出欢喜之情。于是就有剧评家指出，张飞见到新嫂嫂，从心底为大哥刘备高兴，喜悦之情自然流露，显得十分妩媚。

连张飞也妩媚，还有谁不能？

万物的雅称

物道君

有人说，名字是这个世界上最短的咒语。天地之初，一片混沌。当人们开始给万物命名，日月星云，山河湖海，世界从此有了模样，有了想象。同时，心怀诗意的古人们，又在诗词文赋里，为天地万物取了雅称。他们深信，每一缕风、每一片云、每一阵雨，都值得被铭记。那你知道，古人对万物的雅称有多美吗？

"乘风游碧落，踏浪溯黄河。"在道家看来，东方最高的天有碧霞满空，称为"碧落"。后来，泛指天空。白居易亦在《长恨歌》中写道："上穷碧落下黄泉，两处茫茫皆不见。"

在古人眼中，天圆地方，故称地为"大矩"。我也很喜欢古人对山岳河渎之神的总称：坤灵，出自《司空箴》："普彼坤灵，倖天作则。分制五服，划为万国。"这一美称，描绘出大地的灵秀之气，大地之神灵。

东方有日出，光芒万丈起。谢庄《月赋》云："日以阳德，月以阴灵。擅扶光于东沼，嗣若英于西冥。""扶"为扶桑，是东海中的神木，生在日出的地方。"扶光"则代指旭日之光。

四季轮转，昼夜交替，每一个时段的太阳亦有自己的雅称。春天的阳光，叫春晖；清晨的阳光，叫晨曦；傍晚的阳光，是夕照。月亮，或许是中国人遥寄了最多思念与想象的事物。在古代传说中，有专门为月神驾车的神仙，名为望舒。屈原便在《离骚》中写道："前望舒使先驱兮，后飞廉使奔属。"后来便代指月亮。我亦甚爱黄庭坚那句："晴夜遥相似，秋堂对望舒。"

在古人的世界，俯仰之间，皆有浩瀚的诗意。曹操观沧海，直抒胸怀："星汉灿烂，若出其里。"白居易看见深邃空中的几点星辰，写下"稀星点银砾"。天空，是"玉宇"，繁星点缀了澄净的夜空。

北极星，是"北辰"，"居其所，而众星共之"。

天上的云，一定是由仙女织就的。她们的纤纤素手，携来几缕阳光的晴朗，涤了几许湖水的连绵，轻轻地揉搓，便凝成了天边的云，是为"纤凝"。

如若你在秋日的清晨醒来，指尖抚过草叶，会发现上面结了一层薄薄的白霜。在古人的想象里，那是一位名为青女的女神撒下的。

《淮南子·天文训》云："至秋三月……青女乃出，以降霜雪。"青女，是掌管霜雪的女神。青女走过的地方，思念都结成了霜。

每一场雨，都有自己的名字。周邦彦的细雨叫"轻丝"，苏东坡的阵雨叫"跳珠"，李白遇见的雨叫"银竹"。知时好雨是滋润万物而不争的，古人送其美名：灵泽。王逸《九思》说："思灵泽兮一膏沐，怀兰英兮把琼若。"灵泽，是天之膏润也，也可比喻君王恩德。

雪，亦有许多美名。我独爱"寒酥"。明朝徐渭有诗云："朝来试看青枝上，几朵寒酥未肯消。"或许是天上的仙女们在吃下午茶，一杯热茶，一口雪花酥。樱桃小口轻咬，簌簌落落地掉了点碎末。它们纷纷落入凡间，落到枯枝上，落到房顶，落满青山……便变成寒酥。

庄子《逍遥游》云："鹏之徙于南冥也，水击三千里，抟扶摇而上者九万里。"从此，盘旋而上的暴风，称为"扶摇"。

不仅如此，古人还为四季的风都取了美名。春天的风，叫和风；夏天的风，叫熏风；秋天的风，叫金风；冬天的风，叫朔风。应花期而来的风，叫作花信风。二十四番花信风，从小寒至谷雨，风里皆是花的消息。

茶，人在草木间。西晋张华《博物志》记载："饮真茶，令人少眠，故茶美称不夜侯，美其功也。"有时候，喝茶会让人睡不着，是为"不夜侯"。恰如你与心心念念的人，终于相见时，窗外月明星稀，人亦不肯睡去，不肯辜负这良夜。

有人说，如果没有酒，唐诗宋词将少一半韵味。我要说，幸好有酒，可忘人间千愁。陶渊明说："泛此忘忧物，远我遗世情。"

苏东坡说："我醉歌时君和，醉倒须君扶我，惟酒可忘忧。"这人间的愁苦啊，解不掉的，那就在一杯酒里，饮尽悲欢，暂且遗忘。

古人为何要给万物取雅称？也许是因为四时之景皆不同，世间万物皆有灵。也许是因为手捧不夜侯，遥望星汉时，有一阵清风吹过手心，荡起一圈涟漪，那是诗意，也是中国人的浪漫。

自然有了名字，就有了样子。万物有了雅称，从此，人间就有了美的意义。

领与袖 | 李任飞

司马昭是西晋王朝的奠基人，后人称他为晋文帝。他有一位大臣叫魏舒，每次朝会之后，司马昭都会目送魏舒走出很远很远，然后满怀感慨地说："魏舒堂堂，人之领袖也（《晋书·魏舒传》）。"

从这时开始，"领袖"一词在服装部件的基础上引申出新的含义，并逐渐从杰出者演变成带头人。

一

"领"字的原始含义是脖子，《诗经·卫风·硕人》就有"领如蝤蛴，齿如瓠犀"。后来字义发生了变化，汉代经学家刘熙在《释名》中说："领，颈也，以壅颈也，亦言总领，衣体为端首也。"这句话首先确认了领就是脖子的说法，然后说作为衣物的部件领，是用来围合脖子的，最后说它是一件衣服的开头部分。所以，古代称"一领衣"，也就是今天的一件衣服。

在这些含义的基础上，"领"又作了引申，如晋陶潜《闲情赋》中说："愿在衣而为领，承华首之余芳。"衣领与头脑关联在一起，跟思想和智慧挂上了钩。比如，一些皇帝的衣领上会有黻纹出现，被称为黻领。黻是"十二章纹"中的一个，其寓意为善恶分明、知错能改。既然衣领与头脑相接，皇帝当然应该善恶分明。

中国古代出现过的领型非常丰富，它的变化有一条基本轨迹，即从夏商周到隋唐，逐渐走向多样和开放，而从宋到明清，又逐渐走向封闭。这种趋势的出现，一般认为有逐渐变冷的天气原因，礼教日盛的文化原因，以及国力衰退的实力原因。近代中国，长期受人侵略，被动挨打，自我保护意识就会加强，中式立领表达了对民族精神的坚守。

那么"袖"字呢？还是在《释名》中，刘熙是这样解释的："袖，由也，手所由出入也。"古代的袖子，一般由两个部分构成：一是"祛"，缝接于袖端的边缘；二是"袂"，原本是古代大袖的下垂部分，后来也用来表示整个袖子。今天所谓"联袂"，就是手拉着手，衣袖挨在一起。同样，由于衣袖贴着手臂，就与手段联系在了一起，比如"长袖善舞"。

袖子是服装上最为灵动的部件，它可以实现很多功能：碧鬟红袖、翠袖红裙、红袖添香，是它的美化功能；袖里藏刀、袖中挥拳、袖里乾坤，是它的隐藏功能；袖手旁观、摆袖却金、拂袖而去，是它的表态功能。在古代，很多人用袖子携带钱财、书信、细软，成语"两袖清风"就是用来形容官员的廉洁——袖子里没装金银，才能随风而动。

二

最初，"领袖"二字也会连用，但仍然指的是服装部件。《庄子集解》引述了汉代经学家服虔讲述的一个"匠石运斤"的故事。他说："獀人，古之善涂墍者，施广领大袖以仰涂，而领袖不污，有小飞泥误著其鼻，因令匠石挥斤而斲之。"古代的獀人，善于用泥来涂抹房顶，干活的时候，穿着广领大袖的衣服，仰面操作，领袖都不会弄脏，偶尔有小块的飞泥粘在鼻子上，就让另外一位匠人挥起板斧削下来，"唰"的一声，泥被削掉了，而鼻子没有丝毫损伤。这段把匠人写得出神入化的文字中的"领袖"，仍然是服装的部件。

领与头脑相接，袖与双手相贴，很容易成为称赞一个人的标志物。司马昭的"人之领袖"，就是说魏舒脑子好用，手段高明，既有思考力，又有行动力。

魏舒从小是个孤儿，由外婆抚养长大，年轻时并没有什么出彩的表现，

40岁以前一事无成。在他40多岁时，郡里考核属官察举孝廉，魏舒想参加考试，亲戚朋友们认为他没念过什么书，劝他不要参加。但是魏舒下了苦功夫，用100天学习儒家经典，居然考中了。

几经周折，魏舒进入军队当长史。军队举办射箭比赛，本来不需要他这个文职参加，但恰巧有一回参赛人数不够，就叫魏舒凑个数。接下来发生的事情很像武侠小说里的情节，只见魏舒气定神闲，从容不迫，拉弓射箭，百发百中，打遍全场无敌手。后来，魏舒得到赏识，不断升官。头脑手段俱佳，思考力和行动力都强，当然是杰出人物，所以司马昭说他是"人中领袖"。

三

司马昭口中的"领袖"，还不是今天我们所理解的带头人，只是杰出和表率之意。以司马昭的野心以及同魏舒的君臣关系，也不可能把魏舒说成是带头人。当时服装中地位最高的是冠冕，司马昭自我对应为冠冕，自然不忌讳说魏舒是领袖。所以，"领袖"要成为地位最高的带头人，必须等到冠冕的地位弱化之后。

东汉末期，贵族和名士对官服的态度趋于冷漠，对冠冕自然也不似从前那么尊重。袁绍、孙坚、诸葛亮、周瑜、曹操等都开始穿戴简便朴实的平民首服——巾。这种平民化的倾向，给领袖地位的提高奠定了最初的基础。

随着历史的发展，政治观念也在变化。戴冠冕的官员在帝制时代与民众的关系是对立的，那时的官员是管制，甚至欺压百姓的。但是领袖呢，是上衣不可缺少的一部分，人人都穿的上衣，在心理上当然对应为大众。所以，"领袖"是出于民众的，跟民众站在同一立场上。

这种角度的转换具有深刻的文化意义。可以说，冠冕时代体现的是君权神授，而领袖时代开始体现民众的意志。于是，"领袖"一词的含义开始演变，有了一个不断加强的指向。

清末戊戌变法，谭嗣同等"六君子"被杀，变法宣告失败。但是他们的变法主张，激发了中国人更加强烈的反抗——推翻帝制，建立共和。这个时候，章士钊用笔名黄中黄在《沈荩》第二章中写道："北方之谭嗣同，南方之唐才常，领袖戊戌、庚子两大役，此人所共知者也。"这里的"领袖"，不再只是杰出和表率的意义，而是带领和领导，与现代领袖的意义接近了。

领是一座山，袖是两江水。原本的服装部件，却融汇着中华民族的历史和文化，以及掩藏于心底的脉脉温情。

塞云入瓮

王太生

《绍兴府志》中记载了一则雅事：余姚人杨某，"为人甚有逸兴。尝游四明山过云岩，见云气弥漫，讶之，爱其奇色"，遂携三四口大瓮，在云深处，用手把云往瓮里塞，塞满后用纸密封，带到山下。

四明山中，杖锡寺稍东，有一条西岭，岭旁有溪水流过，石桥横跨其上。桥畔有数仞巨石，石壁上镌刻"过云岩"三字。

唐代有一个名叫谢遗尘的隐士，目睹并亲历山中云雾弥漫，二十里不散。家住云之两侧的山里人家，把互相走动、来往，叫作"过云"。

除了"塞云入瓮"，这个世界还有一些相似而美好的事物：盛香入瓶、腊雪贮缸、瓦罐注天水、瓶集花露、湖心舀水……让人倾心。

我没有质地精美的瓶子，也没有光滑圆润的花器，想在一年四季，寻常缓慢的日子，不经意间盛几瓶花香，把它们装在玻璃瓶子里收藏。

先盛一瓶春夏时的蔷薇花香。蔷薇的花与叶，爬在一面石墙上。抑或说，一面蔷薇，织成一道花墙。蔷薇花色艳丽，香味浓郁，有野气，摘一朵，放在鼻下嗅，花香气清，让人喜欢。一缕蔷薇花入瓶，贮存一个季节的气息。

再盛一瓶中秋时的桂花香。那些细细密密的金色小花，一簇一簇，缀在桂花树上，刚开始是适宜放在口袋中的。柔软的布口袋，装细碎的桂花，口袋里都是醉人的香气。存放久了，脱去水分，变成干花，那份香味，经久不散。要久存，可将桂花盛入瓶中，保留一份秋天的香气和记忆。

腊雪贮缸。把干净、晶莹的六瓣雪花，贮存于缸里，其实就是腌雪，古人"一层雪，一层盐，盖好。入夏，取水一杓（勺）煮鲜肉，不用生水及盐酱，肉味如暴腌，肉色红可爱，数日不败。此水用制他馔，及合酱，俱大妙"。

瓦罐注天水。在江南，雨下得很大，把瓦洗得很干净。檐口的水，像断了线的珠子，流泻到一口小瓦罐里。存集天水，以备烹煮，过着用瓦壶天水烹煮菊花茶的布衣生活。

四明山中的云彩，被塞进瓮中，带下山去。主人与客饮酒时，把瓮搬上，"席间刺针眼，其口则一缕如白线透出，直上。须臾绕梁栋，已而蒸腾坐间，郁勃扑人面，无不引满大呼"。

古籍中早有记载，战国时就有可收集云朵的"锁云囊"。佩戴此囊，攀登到高山上，在云多的地方，打开囊口将云吸入囊中，回到家里，打开囊口，云朵就会自囊中飘出，浮于房间，依然白如棉絮。

将云朵收拢在随身携带的竹器里，携笼归家，开笼放云，云气竟还保持着变化的形态。

世间一些美好的东西，带走的与带不走的，原本不经意，都在那儿。带走的是心情，带不走的是原先的一切，稀有和珍贵，成为回味与永恒。

苏轼席地而坐

吃画人

绍圣二年（1095年）春，苏轼在惠州。

前一年冬天，马不停蹄地赶了六个月、数万里的路，他终于到达贬所，随行的只有儿子苏过、小妾朝云与两名老婢而已。

苏轼起初居于三司行衙内的合江楼。岭南气候温热，时虽已是寒冬，他却说"江风初凉睡正美"，一切刚刚好。然而身为谪官，不能久居于此，他很快又搬到了嘉祐寺居住。

嘉祐寺地处偏僻，没有合江楼的秀丽江景，附近小山上的松风亭便成了苏轼日常的去处。那里四周遍植松树，常有松风习习，倒也并不比合江楼逊色。

这日，苏轼信步到松风亭下游玩。山路陡峭，加上天气闷热，不一会儿他就感到体力不支。他想找个地方歇歇脚，抬头看了看松风亭的位置，尚有段距离，心想这如何走得到？

进亦苦，退亦苦，杵在原地纠结了良久，忽然醒悟："此间有什么歇不得处！"竟席地而坐。

苏轼将当时的感受形容为如挂在鱼钩上的鱼儿忽然得到了解脱。

过去的30多年，他就像一只着钩的鱼儿，本该自由自在地游于江海，却为了一点饱腹的饵食受尽铁钩穿颌之苦，直到这时才恍然明白，自己总在等待一个解脱的机会，但谁说不可以就是现在呢？每一个"足力疲乏，思欲就林止息"的片刻都可以是。

"若人悟此，虽兵阵相接，鼓声如雷霆，进则死敌，退则死法，当恁么时也不妨熟歇。"

祈祷与跋涉

杨无锐

　　孔子病重。子路为他祈祷上苍。孔子问子路有无此事。子路说有，还给孔子念了祷文。孔子说，大可不必，因为我"祷之久矣"。"祷之久矣"的意思是，他此生的一言一行，都是向上苍的祈祷。他对上苍有的只是无须报偿的持久的忠诚。

　　怀有这种忠诚之心的人，不必等到需要报偿时才采摘芳草、献祭祈祷。他行到每一处，采到的每朵花，都是献祭，都是祈祷。

　　曾子病重，在弥留之际对弟子们说："看看我的脚，看看我的手，看看它们有没有破损。我一生如《诗》所云，'战战兢兢，如临深渊，如履薄冰'，辛苦地守护生命，使之免遭败坏。从今以后，我可以解脱了。"

　　曾子几乎不曾谈论死后世界。但他确乎把此世生活看成艰难的跋涉。他得艰难跋涉，才能守住生命。守住生命，不只是活着、生存着，还要让生命免遭败坏。因为这生命似乎并不完全属于他，他只是暂时照料。他的艰辛照料，是向某个看不见的归处致敬。

清露晨流，新桐初引

张晓风

《世说新语》里有一则故事，说到王恭和王忱原是好友，后来却因政治上的芥蒂而分手。只是每次遇见良辰美景，王恭总会想到王忱。面对山石流泉，王忱便恢复为王忱，是一个精彩的人，是一个可以共享无限清机的老友。

有一次，春日绝早，王恭独自漫步到幽极胜极之处，书上记载说："于时清露晨流，新桐初引。"

那被人爱悦、被人誉为"濯濯如春月柳"的王恭忽然怅怅然冒出一句："王大故自濯濯。"语气里半是生气半是爱惜，翻成白话就是："唉，王大那家伙真没话说——实在是清朗出众啊！"

不知道为什么，作者在描写这段微妙的人际关系时，把周围环境也一起写进去了。而使我读来怦然心动的也正是那段"于时清露晨流，新桐初引"的附带描述。也许不是什么惊心动魄的大景观，只是一个序幕初启的清晨，只是清晨初初映着阳光闪烁的露水，只是露水装点下的桐树初初抽了芽，遂使得人也变得纯洁灵明起来，甚至强烈地怀想起那个有过嫌隙的朋友。

李清照大约也是被这光景迷住了，所以她的《念奴娇》里竟把"清露晨流，新桐初引"的句子全搬过去了。一颗露珠，从六朝闪到北宋，一叶新桐，在安静的扉页里晶薄透亮。

我愿我的朋友也在生命中最美好的片刻想起我来。在一切天清地廓之时，在叶嫩花初之际，在霜之始凝，夜之始静，果之初熟，茶之方馨，在船之启碇，鸟之回翮，在婴儿第一次微笑的刹那，想及我。

　　如果想及我的那人不是朋友，而是敌人（如果我有敌人的话），那也好——不，也许更好，嫌隙虽深，对方却仍会想及我，必然是我极为精彩的缘故。当然，也因为一片初生的桐叶是那么好，好得足以让人有气度去欣赏仇敌。

"小港渡者"的忠告

张丽钧

清人周容所作《小港渡者》讲了一个发人深省的故事。

顺治七年（1650 年）冬天，周容要从一个叫小港的地方进入镇海县城，他吩咐小书童捆扎了一大摞书跟随着。眼看太阳就要落山了，离镇海县城大约还有两里路。他问一个摆渡的人："待我们赶到县城，南门还开着吗？"渡者仔细打量了小书童一番，回答说："若是慢慢走，城门还会开着；若是惶急赶路，城门怕就关上了。"周容听了有些气恼，觉得渡者在戏弄人。这一主一仆便快步前行。南门在望了，急着赶路的小书童却摔了一跤，捆扎书的绳子断了，书散落一地。小书童哭着，一时竟没能站起来。等他们把书理齐捆好，城门已经关了。直到这时，周容才明白渡者那番话的深意。

不知从何时开始，我们迷恋上了一个叫"速度"的情人。读书要"速读"，创业要"速成"，作物要"速熟"，肥料要"速效"，寄物要"速达"，婚恋要"速配"……我们来不及分析，这"速"中包含了多少毒素；更没有工夫去琢磨，那些被我们省略的环节中埋藏了多少珍宝。

农民盼高产盼疯了，他们说什么也搞不明白，为什么一家外企在山东莱阳租地种草莓，草莓再瘦再小也舍不得往田里多撒半点化肥，而当这种名叫"美莓"的草莓卖到每公斤 200 元左右时，他们才真正傻了眼。"种植之前先做土，做土之前先育人"，这句格言不知能否点醒那些只顾往西红柿上涂抹增红剂、往西瓜上涂抹膨大剂的聪明人。

教授盼出名盼疯了，他们在自己的专著里"借鉴"了太多别人的东西，偏又"忘了"注明出处，结果钓取功名的专著成了白纸黑字的证据。被钉在耻辱柱上的人却不懂得缄口自省，还要竭力为自己一个个溃烂的脓疮做美丽的辩护。当德国国防部长古藤贝格因涉嫌抄袭而辞职的消息传来时，我们震惊了。一个网友留言道："我说古藤贝格，你脸皮儿也太薄了，那么大个官儿，你赖着不辞职别人又能把你咋样？"知耻也罢，不知耻也罢，反正"耻"就在那里，不增不减。

焦躁的心，嗅不到从容娴雅的花香；冒进的人，步步都可能踩响自布的地雷。"徐行之，尚开也；速进，则阖。"你可悟透了"小港渡者"话中的深意？

风景不转心境转

林夕

1082 年，苏东坡途中遇雨，没带雨具，常人在此情况下只有"狼狈"二字，雨点打在竹林发出巨响，不是不寒心的。好一个苏轼，就这样写下宋词中我的最爱：

莫听穿林打叶声，何妨吟啸且徐行。

不用"不听"，而用"莫听"。

不听，那种坚决，就要运用意志力，跟雨声抗衡；莫听，是你可以选择听，但声音也只是外物，你的心可以决定听不到。听不到，着落一"莫"字，境界就从容自主起来。

"何妨吟啸"，那"何妨"也是一派优游，反正变成落汤鸡的现实无法改变，倒不如吟起当时的流行曲。无法改变的事情，就让它自然存在吧。

苏老当时只拿着竹拐杖，穿《倩女幽魂》里的那种草鞋，从头到脚尽湿，没有骑马，真是一步似一生。但他说："竹杖芒鞋轻胜马，谁怕？"从负面自嘲发掘出乐趣，雨中持杖，穿轻便草鞋，比骑马还轻便。

雨停了，"金句"来了。

"回首向来萧瑟处，归去，也无风雨也无晴。"境界较低的是，好了，雨停了，身干了，雨后自有晴天，人无须在逆境中慌张。

苏东坡却更通透无碍，雨可以不是雨，逆境中凭心境自乐，于是，晴天也不是晴天，万法无常之变与他的心境无关。

我常常想，万一因时运低而见鬼，也会学苏老，心里无鬼，于是，看不见，看不见，然后转身走开，吟啸："也无风雨也无晴。"

这七个字的境界，值得我们在无常变化的处境中用来做口头禅。

冰雪里的山泉

释戒嗔

　　戒嗔住的茅山有很多处泉眼，有精通茶艺的施主说，这里的泉水很适合泡茶，用煮沸的山泉水去冲泡茶叶，比寻常的白开水更能发挥茶叶的原味。

　　有一年冬天，下了挺大的雪，寺里来了一位老施主和一位年轻的施主。老施主说了许多天明寺的往事，还特意谈起山泉茶水，她说，她多年前曾经喝过一次，到如今依然记得那茶味道很独特，有种悠然的清香。

　　我们不忍心让老施主失望，特意为她泡了一杯茶水，她开心地连连向我们道谢。

　　第二天，戒嗔在院子里无意中看到，木桶里用来给老施主泡茶的泉水结成了冰。

　　看着水桶里的冰，戒嗔忽然想，同样是来自茅山的山泉水，留在厨房里的那一半泉水变成了清香的茶水，而留在屋外的那一半泉水最终却变成了冰。

　　其实环境对我们的影响有时候是很大的，只是一墙之隔，本质相同的东西便有了天壤之别。想要变成冰，还是想要变成茶水，并不在于山泉本身，而是在于我们想把水桶放在屋里还是屋外。

鹅笼书生

丁时照

《续齐谐记》中记载着这样一则玄幻故事。

东晋时的阳羡县，就是现在的江苏宜兴，有个叫许彦的人，一天背着鹅笼赶集，路遇一书生，十七八岁，躺在路边不停喊"脚痛"，请求许彦让他躺在鹅笼之中。许彦以为他开玩笑，书生却真钻了进去。

书生进去后，笼子既没变大，书生也没变小，他与两只鹅同在一笼中，鹅也不受惊。许彦背起鹅笼继续赶路，也没有感觉鹅笼比以前重。走了半晌儿，许彦放下鹅笼在树下休息。书生走出笼子，对许彦说："我要为你略设薄宴以表感谢。"彦曰："善。"

只见书生从口中吐出一个铜盒子，盒子中装着各色佳肴，山珍海味被拿出来摆了一丈见方，所用的器皿都是铜器，气味芳香，世所罕见。酒过数巡，书生对许彦说："我一直带着一个妇人随行，现在邀请她出来吃饭，可以吗？"彦曰："善。"

只见书生从口中吐出一个女子，十五六岁的样子，衣饰绮丽，容貌绝伦，大方地坐下来陪二人喝酒。一会儿，书生醉了，倒在一旁酣睡。此女对许彦说道："我与书生相好，实有外心。我还一直偷偷带着一男子同行。书生现在酣睡，我想请男子出来，希望先生不要告诉书生。"彦曰："善。"

女子就从口中吐出一男子，二十三四岁，也聪明可爱，他与女子和许彦继续饮酒叙谈，嘘寒问暖。这时，书生翻了个身，似乎要醒了，女子赶紧吐出锦行障，与书生同卧。男子见二人睡着了，就对许彦说："这女子虽然对我有情有义，但也不尽然。我也一直偷偷带了个女人同行，现在想与她见上一面，请先生不要说出去。"彦曰："善。"

男子也从口中吐出一女子，年方二十，与他们一起喝酒聊天，戏调甚久。听到书生有响动，男子对许彦说："他们俩快醒了。"说罢赶紧把所吐女子还纳口中。一会儿，与书生同卧的女子坐了起来，把男子吞入口中。书生起来后抱歉地对许彦说："不想一觉睡到现在，抱歉让你独自坐着。现在天色已晚，须向先生道别。"说罢，把女子纳入口中，又将诸铜器吞入口中，只留下一件大铜盘，二尺见方。书生对许彦拱手道别："没有什么好东西送你，这铜盘留给您做个纪念吧。"

每个人口中都有秘密，只能活生生吞下去。如此，甚善。

寂寞濠梁

王充闾

从小我就很喜欢庄子。

这里面并不包含着什么价值判断，当时只是觉得那个古怪的老头儿很有趣。庄子是一位名副其实的"故事大王"，他笔下的老鹰、井蛙、蚂蚁、多脚虫，龟呀、蛇呀、鱼呀，都是我们日常所能接触的，里面却寓有深刻的人生哲理。他富有人情味，渴望普通人的快乐，有一颗平常心，令人于尊崇之外还感到几分亲切。

不像孔老夫子，被人抬到了吓人的高度。孔夫子是圣人，他的弟子属于贤人一流。连他们都感到，这位老先生"仰之弥高，钻之弥坚，瞻之在前，忽焉在后"，带有一种神秘感，说"夫子之墙数仞，不得其门而入"，我们这些庸常之辈就更是摸不着门了。老子也和庄子不一样，知雄守雌，先予后取，可说达到了众智之极的境界。但一个人聪明过度了，就会给人以权诈、狡狯的感觉；而且，一部《道德经》多是为统治者立言，毕竟离普通民众远了一些。

若是给这三位古代的哲学大师来个形象定位，我以为，孔丘是被"圣化"了的庄严的师表，老聃是智者形象，庄周则是一个耽于狂想的浪漫派诗人。

老子也好，孔子也好，精深的思想，超人的智慧，只要认真地去钻研，都还可以领略得到；可是，他们的内心世界、个性特征，却很不容易把握。这当然和他们的人格面具遮蔽得比较严实，或者说，在他们的著作中自身袒露得不够有直接关系。特别是老子，五千言字字珠玑，可是，除去那些"微言大义"，其他就"无可奉告"了。

庄子却是一个善于敞开自我的人。尽管两千多年过去了，可是，当你打开《庄子》一书，就会觉得一个鲜活的血肉丰满的形象赫然站在眼前。他的自画像是："思之无涯，言之滑稽，心灵无羁绊。"他把生活的必要削减到了最低的程度，住在"穷闾陋巷"之中，瘦成了"槁项黄馘"，穿着打了补丁的"大布之衣"，靠打草鞋维持生计。但他在精神上却是万分富有的，他"独与天地精神相往来"，万物情趣化，生命艺术化。他把身心的自由自在看得高于一切。

他厌恶官场，终其一生只做过一小段"漆园吏"这样的芝麻绿豆官。除了辩论，除了钓鱼，除了说梦谈玄，每天似乎没有太多的事情可干。一有空儿就四处闲游，"乘物以游心"，或者以文会友，谈论一些不着边际的看似无稽、看似平常却又富有深刻蕴涵的话题。

一天，庄子和他的朋友惠施一同在濠水的桥上闲游，随便谈论一些感兴趣的事儿。

这时，看到水中有一队白鱼晃着尾巴游了过来。

庄子说："你看，这些白鱼出来从从容容地游水，这是鱼的快乐呀！"

惠施不以为然地说："这就怪了，你并不是鱼，怎么会知道它们的快乐呢？"

庄子立刻回问一句："若是这么说，那你也不是我呀，你怎么会知道我不晓得鱼的快乐呢？"

惠施说："我不是你，当然不会知道你了；你本来就不是鱼，那你不会知道鱼的快乐，理由是很充足的了。"

庄子说："那我们就要刨刨根儿了。既然你说'你怎么知道它们的快乐'，说明你已经知道我晓得了它们，只是问我从哪里知道的。从哪里知道的呢？我是从濠水之上知道的。"

还有一次，庄子正在濮水边上悠闲地钓鱼，忽然，身旁来了两位楚王的使者。他们毕恭毕敬地对庄子说：

"老先生，有劳您的大驾了。我们国王想要把国家大事烦劳您来执掌，特意派遣我们前来请您。"

庄子听了，依旧是手把钓竿，连看他们都没有看一眼，说出的话也好像答非所问：

"我听说，你们楚国保存着一只神龟，它已经死去三千年了。你们的国王无比地珍视它，用丝巾包裹着，盛放在精美的竹器里，供养于庙堂之上。现在，你们帮我分析一下：从这只神龟的角度来看，它是情愿死了以后被人把骨头珍藏起来，供奉于庙堂之上呢？还是更愿意像普通的龟那样，在泥塘里快快活活地摇头摆尾地随便爬呢？"

两位使者不假思索地同声答道："它当然愿意活着在泥塘里拖着尾巴爬了。"

庄子说："说得好，那你们二位也请回吧。我还是要好好地活着，继续在泥塘里拖着尾巴爬的。"

你看，庄子就是这样，善于借助习闻惯见的一些"生活琐事"来表述其深刻的思想。他的视听言动以及人生观、价值观，都在《庄子》一书中得到了充分的展示。虽说"寓言十九"，但都切近他的"诗化人生"，活灵活现地画出了一个超拔不羁、向往精神自由的哲人形象，映现出庄子的纵情适意、消遥闲处、淡泊无求的情怀。

就这方面来说，这两段记述是很有代表性的。后来，人们就把它概括为"濠梁之思"。而在崇尚超拔的意趣、虚灵的胸襟的魏晋南北朝人的笔下，还有个更雅致的说法，叫作"濠濮间想"，典出南朝宋刘义庆的《世说新语》：晋简文帝到御花园华林园游玩，对左右侍从说："令人领悟、使人动心之处不一定都在很远的地方，你们看眼前这葱葱郁郁的长林和鲜活流动的清溪，就自然会联想到濠梁、濮水，产生一种闲适、恬淡的思绪，觉得那些飞鸟、走兽、鸣禽、游鱼，都是要主动前来与人亲近的。"

东坡居士曾有"乐莫乐于濠上"的说法，可见，他对这种体现悠闲、恬淡的"濠濮间想"，是极力加以称许并不懈追求的。只是，后人在解读"乐在濠上"和"濠濮间想"时，往往只着意于人的从容、恬淡的心情，而忽略了"翳然林水"和"鸟兽禽鱼自来亲人"这物我和谐、天人合一的自然环境。

作为秉性淡泊、潇洒出尘的庄周与苏轼，认同这种情怀，眷恋这种环境，应该说，丝毫也不奇怪。耐人寻味的是，素以宵衣旰食、劬劳勤政闻名于世的康熙皇帝，竟然也在万机之暇，先后于京师的北海和承德避暑山庄分别修建了"濠濮间"和"濠濮间想"的同名景亭，反映他对那种淡泊、萧疏的闲情逸致和鱼鸟亲人的陶然忘机也持欣赏态度。这是否由于他久住高墙深院，倦于世间尘劳，不免对林泉佳致生发一种向往之情，所谓"久在樊笼里，复得返自然"呢？

割断欲望之绳

刘诚龙

有一则故事：一个后生从家里到一座禅院去，在路上他遇到了一件有趣的事，他想以此去考考禅院里的老禅者。来到禅院，他与老禅者一边品茗，一边闲扯，冷不防他问了一句："什么是团团转？"

"皆因绳未断。"老禅者随口答道。

后生听到老禅者这样回答，顿时目瞪口呆。

老禅者见状，问道："什么使你如此惊讶？"

"不，老师父，我惊讶的是，你怎么知道的呢？"后生说，"我今天在来的路上，看到一头牛被绳子穿了鼻子，拴在树上，这头牛想离开这棵树，到草地上去吃草，谁知它转过来转过去都不得脱身。我以为师父既然没看见，肯定答不出来，哪知师父出口就答对了。"

老禅者微笑着说："你问的是事，我答的是理，你问的是牛被绳缚而不得解脱，我答的是心被俗务纠缠而不得超脱，一理通百事啊。"

后生大悟！

一只风筝，再怎么飞，也飞不上万里高空，是因为被绳牵住；一匹壮硕的马，再怎么烈，也被马鞍套上任由鞭抽，是因为被绳牵住。那么，我们的人生，又常常被什么牵住了呢？

一块图章，常常让我们坐想行思；一个职称，常常让我们辗转反侧；一回输赢，常常让我们殚精竭虑；一次得失，常常让我们痛心疾首；一段情缘，常常让我们愁肠百结；一份残羹，常常让我们蹙眉千度。

为了钱，我们东西南北团团转；为了权，我们上下左右转团团；为了欲，我们上上下下窜奔；为了名，我们日日夜夜奔窜。

快乐哪去了？幸福哪去了？

因为一根绳子，风筝失去了天空；因为一根绳子，水牛失去了草原；因为一根绳子，大象失去了自由；因为一根绳子，骏马失去了驰骋。

你看，曾经与鹰同一基因的鸡，现在怎样在鸡坍边打转？你看，曾经遨游江海的鱼，现在怎么上了钓钩而摆上人家的餐桌？你看，曾经蹦蹦跳跳的少年，现在是怎样的满脸愁云惨淡？你看，当年日记本上红笔书写的豪言壮语，现在又怎样成了黑色的点点符号？

大象在木桩旁团团转，水牛在树底下转团团；我们在一件事里团团转，我们在一种情绪里转团团，为什么都挣不脱？为什么都拔不出？

皆因绳未断啊。

名是绳，利是绳，欲是绳，尘世的诱惑与牵挂都是绳。人生三千烦恼丝，你斩断了多少根？

老禅者说："众生就像那头牛一样，被许多烦恼痛苦的绳子缠缚着，生生死死不得解脱。"

花落的声音

家中养了玫瑰，没过多少天，就在夜深人静的时候，听到了花落的声音。起先是试探性的一声"啪"，像一滴雨打在桌面，紧接着，纷至沓来的"啪啪"声中，无数中弹的蝴蝶纷纷从高空跌落下来。

那一刻的夜真静啊，静得听自己的呼吸犹如倾听涨落的潮汐，整个人都被花落的声音吊在半空，竖着耳朵，听得心里一惊一惊的。

早起，满桌的落花静卧在那里，安然而恬静，让人怎么也无法相信，它曾经历了那样一个惊心动魄的夜晚。

玫瑰花瓣即使落了，仍是活鲜鲜的，依然有一种脂的质感，缎的光泽和温暖。我根本不相信这是花的尸体，总是不让母亲收拾干净。看着它们脱离枝头的拥挤，自由舒展地躺在那儿，似乎比簇拥在枝头，更有一种遗世独立的美丽。

这个世界，每天似乎都能听到花落的声音。

像樱、梨、桃这样轻柔飘逸的花，我从不将它们的谢落看作是一种死亡。它们只是在风的轻唤声中，觉悟到自己曾经是有翅膀的天使，它们便试着挣脱枝头，试着飞，轻轻地就飞了出去……

有一种花是令我害怕的。它不问青红皂白，没有任何预兆，在猝不及防间，整朵整朵任性地、鲁莽地、不负责任地、骨碌碌地就滚了下来，真让人心惊肉跳。曾经养过一瓶茶花，就是这样触目惊心的死法。我大骇，从此怕了茶花，怕它的极端与刚烈。

只有乡野那种小雏菊，开得不事张扬，谢得也含蓄无声。它的凋零不是风暴，说来就来，它只是依然安静温暖地依偎在花托上，一点点地消瘦，一点点地憔悴，然后不露痕迹地在冬的萧瑟里，和整个季节一起老去。

秋 | 丰子恺

　　我的年岁上冠用了"三十"二字，至今已两年了。不解达观的我，从这两个字上受到了不少的暗示与影响。虽然明明觉得自己的体格与精力比二十九岁时全然没有什么差异，但"三十"这一个观念笼在头上，犹之张了一把阳伞，使我的全身蒙了一个暗淡的阴影，又仿佛在日历上撕过了立秋的一页以后，虽然太阳的炎威依然没有减却，寒暑表上的热度依然没有降低，然而只当得余威与残暑，或霜降木落的先驱，大地的节候已从今移交于秋了。

　　实际上，我两年来的心情与秋最容易调和而融合。这情形与从前不同。

　　在往年，我只慕春天，最欢喜杨柳与燕子，尤其欢喜初染鹅黄的嫩柳。我曾经名自己的寓居为"小杨柳屋"，曾经画了许多杨柳与燕子的画，又曾经摘取秀长的柳叶，在厚纸上裱成各种风调的眉，想象这等眉的所有者的颜貌，而在其下面添描出眼鼻与口。那时候我每逢早春时节，正月二月之交，看见杨柳枝的线条上挂了细珠，带了隐隐的青色而"遥看近却无"的时候，我心中便充满了一种狂喜，这狂喜又立刻变成焦虑，似乎常常在说："春来了！不要放过！赶快设法招待它，享乐它，永远留住它。"我读了"良辰美景奈何天"等句，曾经真心地感动，以为古人都太息一春的虚度。前车可鉴！到我手里决不放它空过了。要是逢着古人惋惜最深的寒食清明，我心中的焦灼便更甚。

那一天我总想有一种足以充分酬偿这佳节的举行。我准备作诗、作画，或痛饮、漫游。虽然大多不被实行，或实行而全无效果，反而中了酒、闹了事，换得了不快的回忆。但我总不灰心，总觉得春的可恋。我心中似乎只知道春，别的三季在我都当作春的预备，或待春的休息时间，全然不曾注意到它们的存在与意义。而对于秋，尤无感觉：因为夏连在春的后面，在我可当作春的过剩；冬先行春的前面，在我可当作春的准备；独有与春全无关联的秋，在我心中一向没有它的位置。

自从我的年龄告了立秋以后，两年来的心境完全转了一个方向，也变成秋天了。然而情形与前不同：并不是在秋日感到像昔日的狂喜与焦灼。我只觉得一到秋天，自己的心境便十分调和，非但没有那种狂喜与焦灼，且常常被秋风秋雨秋色秋光所吸引而融化在秋中，暂时失却了自己的所在。而对于春，又并非像昔日对于秋的无感觉。我现在对于春非常厌恶。每当万象回春的时候，看到群花的斗艳、蜂蝶的扰攘，以及草木昆虫等到处争先恐后地滋生繁殖的状态，我觉得天地间的凡庸、贪婪、无耻与愚痴，无过于此了！尤其是在早春的时候，看到柳条上挂了隐隐的绿珠，桃枝上着了点点的红斑，最使我觉得可笑又可怜。我想唤醒一个花蕊来对它说："啊！你也来反复这老调了！我眼看见你的无数的祖先，个个同你一样地出世，个个努力发展，争荣竞秀，不久没有一个不憔悴而化泥尘，你何苦也来反复这老调呢？

如今你已长了这孽根，将来看你弄娇弄艳、装笑装颦，招致了蹂躏、摧残、攀折之苦，而步你的祖先们的后尘！"

实际，迎送了三十几次的春来春去的人，对于花事早已看得厌倦，感觉已经麻木，热情已经冷却，决不会再像初见世面的青年少女似的为花的幻姿所诱惑而赞之、叹之、怜之、惜之了。况且天地万物，没有一件逃得出荣枯、盛衰、生灭、有无之理。过去的历史昭然地证明着这一点，无须我们再说。古来无数的诗人千篇一律地为伤春惜花费词，这种效颦也觉得可厌。假如要我对于世间的生荣死灭费一点词，我觉得生荣不足道，而宁愿欢喜赞叹一切的死灭。对于死者的贪婪、愚昧与怯弱，后者的态度何等谦逊、悟达而伟大！我对于春与秋的舍取，也是为了这一点。

夏目漱石三十岁的时候，曾经这样说："人生二十而知有生的利益；二十五而知有明之处必有暗；至于三十的今日，更知明多之处暗亦多，欢浓之时愁亦重。"我现在对于这话也深抱同感，有时又觉得三十的特征不止这一端，其更特殊的是对于死的体感。青年们恋爱不遂的时候惯说生生死死，然而这不过是知有"死"的一回事而已，不是体感。犹之在饮冰挥扇的夏日，不能体感到围炉拥衾的冬夜的滋味。

就是我们阅历了三十几度寒暑的人，在前几天的炎阳之下也无论如何感不到浴日的滋味。围炉、拥衾、浴日等事，在夏天的人的心中只是一种空虚的知识，不过晓得将来须有这些事而已，但是不能体感它们的滋味。须得入了秋天，炎阳逞尽了威势而渐渐退却，汗水浸胖了的肌肤渐渐收缩，身穿单衣似乎要打寒噤，而手触法兰绒觉得快适的时候，于是围炉、拥衾、浴日等知识，方能渐渐融入体验中而化为体感。我的年龄告了立秋以后，心境中所起的最特殊的状态便是这对于"死"的体感。以前我的思虑真疏浅！以为春可以常在人间，人可以永在青年，竟完全没有想到死。又以为人生的意义只在于生，我的一生最有意义，似乎我是不会死的。直到现在，仗了秋的慈光的鉴照、死的灵气的钟毓，才知道生的甘苦悲欢，是天地间反复过亿万次的老调，又何足珍惜？我但求此生的平安的度送与脱出而已。犹之罹了疯狂的人，病中的颠倒迷离何足计较？但求其去病而已。

我正要搁笔，忽然西窗外黑云弥漫，天际闪出一道电光，发出隐隐的雷声，骤然洒下一阵夹着冰雹的秋雨。啊！原来立秋过得不多天，秋心稚嫩而未曾老练，不免还有这种不调和的现象，可怕哉！

河流里没有一滴多余的水

鲍尔吉·原野

从质地上说，花瓣是什么？它比绸子还柔软，像水一样娇嫩。雨后的山坡上，如果看到一朵花，像见到一个刚睡醒的婴儿，像门口站着一个被雨淋湿的小姑娘。花瓣的质地，用语言形容不出来，而它的鲜艳，我们只好说它像花朵一样鲜艳。无论是小黄花、小白花，都纯洁鲜艳。花能从一株卑微的草里生长出来，人却不能，连描述一下的能力都缺乏。

从性格说，马比人勇敢，而性情比人温和。马赴战场厮杀，爆炸轰鸣不会让它停下来，见了血也不躲闪。冰雪、高山和河流都不会阻挡马的脚步。它的眼睛晶莹，看着远方。它把勇敢与温良结为一体。它的性情可谓君子。

从流动说，河水一定有巨大的喜悦，一直奔流不息。大河流动时的庄严，让人肃然起敬。它不是在逃离，而是前进。只有贝多芬的音乐能描述河流的节奏、力量和典雅。贝多芬的交响曲没有多余的音符，也没有乐器单独演奏，一切共进。而河流里也没有一滴多余的水，每滴水和其他的水密不可分，一起往前跑。河对于鱼来说是巨大的家园，鱼在河里享受着比人更幸福的生活。夜晚，河流兜揽所有的星辰，边晃边亮。

从胸怀看，鸟比人更有理想。当迁徙的候鸟飞越喜马拉雅山的时候，雪崩不会让它惊慌。鸟在夜晚飞越大海，如果没有岛屿让它歇脚，它就不知疲倦地一直飞。它不过是小小的生灵，却拥有无比巨大的勇气。

人的勇气、包容、纯洁和善良，本来是与生俱来的。在漫长的生活中，有一些丢失了，有一些被关在心底。把它们找回来，让它们长大。人生其实没有什么艰难，每一寸光阴都有用。

无事此静坐

汪曾祺

我的外祖父治家整饬，他家的屋子都收拾得很清爽，窗明几净。他有几间空房，房外有几棵梧桐，室内有木榻、漆桌、藤椅，这是他待客的地方，但是他的客人很少，难得有人来。这几间房子是朝北的，夏天很凉快。南墙挂着一条横幅，写着五个正楷大字：无事此静坐。

我很欣赏这五个字的意思。稍大后，知道这是苏东坡的诗，下面的一句是：一日当两日。

事实上，外祖父也很少到这里来。倒是我常常拿了一本闲书，悄悄走进去，坐下来一看半天。看起来，我小小年纪，就已经有一点儿隐逸之气了。

静，是一种气质，也是一种修养。诸葛亮云："非淡泊无以明志，非宁静无以致远。"心浮气躁，是成不了大气候的。静是要经过锻炼的，古人叫作"习静"。唐人诗云："山中习静观朝槿，松下清斋折露葵。""习静"可能是道家的一种功夫，习于安静确实是生活于扰攘的尘世中人所不易做到的。静，不是一味地孤寂，不闻世事。我很欣赏宋儒的诗："万物静观皆自得，四时佳兴与人同。"唯静，才能观照万物，对人间生活充满盎然的兴致。静是顺乎自然，也是合乎人道的。

大概有十多年了，我养成了静坐的习惯。我家有一对旧沙发，有几十年了。我每天早上泡一杯茶，点一支烟，坐在沙发里，坐一个多小时。虽是端然坐，然而浮想联翩。一些故人往事、一些声音、一些颜色、一些语言、一些细节，会逐渐在我的眼前清晰起来、生动起来。这样连续坐几个早晨，想得成熟了，就能落笔写出一点东西。

我的一些小说、散文，常得之于清晨静坐之中，"静思往事，如在目底"。我觉得这是最好的创作心理状态。就是下笔的时候，也最好心里很平静，如白石老人题画所说："心闲气静时一挥。"

一个人应该活得是自己并且干净

顾城

人的生命里有一种能量，它使你不安宁。说它是欲望也行，幻想也行，妄想也行，总之它不可能停下来，它需要一个表达形式。这个形式可能是个革命，也可能是个爱情；可能是搬一块石头，也可能是写一首诗。只要这个形式和生命里的这个能量吻合了，就有了一个完美的过程。

假花可以装扮得和真花一模一样，但是它没有上天的密码，不能生长，甚至连枯萎都不能。

诗是树叶，比秋天短，比世界长。

一个彻底诚实的人是从不面对选择的，那条路永远会清楚无二地呈现在你面前，这和你的憧憬无关，就像你是一棵苹果树，你憧憬结橘子，但是你还是诚实地结出苹果一样。

西方爱情是强烈开放的花朵，东方爱情是两朵花之间微妙的芳香。

自由并不是你不知道干什么好，也不是你干什么都可以不坐牢；自由是你清楚无疑你要干什么，不装蒜，不矫揉造作，无论什么功利结果，会不会坐牢或者送死，都不在话下了。对于惶惑不知道干什么的人来说，自由是不存在的；对于瞻前顾后、患得患失的人来说，自由是不可及的。

一个人，生活可以变得好，也可以变得坏；可以活得久，也可以活得不久；可以做一个艺术家，也可以锯木头，没有多大的区别。但是有一点是重要的，就是他不能面目全非，他不能变成一个鬼，他不能说鬼话、说谎言，他不能在醒来的时候看见自己觉得不堪入目。一个人应该活得是自己并且干净。

命运不是风来回吹，命运是大地，走到哪里你都在命中。

贾宝玉是真性情，鲁智深也是真性情；鲁智深一句唱词儿"赤条条来去无牵挂"，贾宝玉眼泪就下来了，顿时就有了感觉。可是你让贾宝玉抢个棍子去打，那无疑是找死。他们爱好不同，性情很不一样，但是呢，都是真性情，它就通了。

从叶到花或从花到叶，于科研是一个过程，而于生命自身则永远只在此刻。花和叶都是一种记忆方式，果子同时也是种子。生命是闪耀的此刻，不是过程，就像芳香不需要道路一样。

中国人创造了两个理想：一个是山中的桃花源，一个是墙里的大观园。我的笑话不过是把大观园搬到了山里，忘了林黛玉的药锄是葬花用的。

我到了新西兰一个小岛上，把身体交给了劳动。四年之后，有一天，我忽然看见黑色的鸟停在月亮里，树上的花早就开了，红花已经落了满地。这时候我才感到我从文化中间、文字中间走了出来。万物清清楚楚地呈现在你的心里，一阵风吹过，鸟就开始叫了，树就开始响了。这个时候我明白了一个道理：只有在你生命美丽的时候，世界才是美丽的。

天上的星星

贾平凹

大人们快活了，对我们就亲近；他们烦恼了，却要随意骂我们讨厌，似乎一切烦恼都要我们负担，这便是我们做孩子的千思万想，也不曾明白的。天擦黑，我们才在家捉起迷藏，他们又来烦了，大声呵斥。我们只好蹑蹑地出来，在门前树下的竹席上，躺下去，纳凉是了。

闲得实在无聊极了。四周的房呀、墙呀、树的，本来就不新奇，现在又模糊了，看上去黝黝的似鬼影。我们伤心了，垂下脑袋，不知道这夜该如何过去，痴呆呆地守着瞌睡虫爬上眼皮。

"星星！"妹妹突然叫了一声。

我们都抬起头来，原本是无聊得没事可做，随便看看罢了。但是，就在我们头顶，出现了一颗星星，小小的，却极亮极亮。我们就好奇起来，数着那是四个光角儿呢，还是五个光角儿，但就在这个时候，那星的周围又出现了几个星星，就是那么一瞬间，几乎不容觉察，就明亮亮地出现了。啊，两颗，三颗……不对，十颗，十五颗……奇迹是这般迅速地出现，愈数愈多，再数亦不可数，一时间，漫天星空，一片闪亮。

夜空再也不是荒凉的了，星星们都在那里热闹，有装熊的，有学狗的，有操勺的，有挑担的，也有的高兴极了，提了灯笼一阵风似的跑……

我们都快活起来了，一起站在树下，扬着小手。星星们似乎很得意了，向我们挤弄着眉眼，鬼鬼地笑。

过了一会儿，月亮从村东口的那个榆树丫子里升上来了。它总是从那儿出来，冷不丁地，常要惊飞了树上的鸟儿。先是玫瑰色的红，像是喝醉了酒，刚刚睡了起来，蹒跚地走。接着，就黄了脸，才要看那黄中的青紫颜色，它就又白了，极白极白的，夜空里就笼上了一层淡淡的乳白色。我们都不知道这月亮是怎么了，却发现星星少了许多，留下的也淡了许多，原是灿灿的亮，变成了弱弱的光。这使我们大吃了一惊。

"这是怎么了？"妹妹慌慌地说。

"月亮出来了。"我说。

"月亮出来了为什么星星就少了呢？"

我们面面相觑，闷闷不得其解。坐了一会儿，似乎就明白了：这漠漠的夜空，恐怕是属于月亮的，它之所以由红变黄，由黄变白，一定是生气，嫌星星们不安分，在吓唬它们哩。

"哦，月亮是天上的大人。"妹妹说。

我们都没有了话说。我们深深懂得大人的威严，又深深可怜起星星了：月亮不在的时候，它们是多么有精光灵气；月亮出现了，它们就变得这般猥琐了。

我们再也不忍心看那些星星了，低了头走到门前的小溪边，要去洗洗手脸。

溪水浅浅地流着，我们探手下去，才要掬起一抔来，但是，我们差不多全看见了，就在那水底里，有着无数的星星。

"啊，它们藏在这儿了。"妹妹大声地说。

我们赶忙下溪去捞，但无论如何也捞不上来，看那哗哗的水流，也依然冲不走它们。我们明白了，那一定是星星不能在天上，就偷偷躲藏在这里了。我们就再不声张，不让大人们知道，让它们静静地躲在这里好了。

于是，我们都走回屋里，上床睡了。却总是睡不稳——那躲藏在水底的星星会被天上的月亮发现吗？可惜藏在水底的星星太少了，更多的还在天上闪着光亮。它们虽然很小，但天上如果没有它们，那会是多么寂寞啊！

　　大人们又骂我们不安生睡觉了，骂过一通，就打起了鼾。我们赶忙爬起来，悄悄溜到门外，将脸盆儿、碗盘儿、碟缸儿都拿了出去，盛了水，让更多更多的星星都藏在里边吧。

童年的星空

刘慈欣

　　童年时代的一个夜晚在我的记忆中深刻而清晰：我站在一个池塘边上，那池塘位于河南省罗山县的一个村庄前，那是我祖辈生活的村庄。旁边还站着许多人，有大人也有小孩，我们一起仰望着夜空，漆黑的天幕上有一颗小星星缓缓飞过。那是中国刚刚发射的第一颗人造卫星"东方红一号"，那是 1970 年 4 月 24 日，那年我 7 岁。

　　那时距离第一颗人造卫星进入太空已经 13 年了，距第一名宇航员飞出地球也有 9 年，而就在一个星期前，"阿波罗 13 号"飞船刚刚从险象环生的登月飞行中返回地球。

　　但这些我当时都不知道，我看着那颗飞行的小星星，心中充满了不可名状的好奇和向往，而与这些感受同样让我记忆深刻的，是腹中的饥饿。当时这个地区很贫穷，饥饿伴随着每一个孩子，而我还算是比较幸运的，因为我脚上穿着鞋，站在旁边的小伙伴们大部分光着脚，有的小脚上冬天留下的冻疮还没好。在我的身后，村中破旧的茅草房中透出煤油灯昏暗的光，这个村子直到 20 世纪 80 年代还没有通电。

　　旁边的大人说，人造卫星和飞机可不一样，它是在地球之外飞。那时大气还没有被工业废气和粉尘污染，星空璀璨，银河清晰可见，在我的感觉中，那满天的群星距离我们并不比那颗移动的小星星远多少，所以我觉得它是在星星间飞行，甚至担心它在穿越那密集的星群时会撞上一颗。

直到几年后，我才知道了那颗人造卫星与其他星星的距离。那时我看了一本叫《十万个为什么》的书，那是当时中国流行的一套科普丛书，我看的是天文卷。从书中我第一次知道了光年的概念。在这之前我已经知道光一秒钟能够绕地球跑7圈半，而以这骇人的速度飞驰一年将跨越什么样的距离？我想象着光线以每秒30万公里的速度穿越那寒冷寂静的太空，用想象努力把握那令人战栗的广漠和深远，我被一种巨大的恐惧和敬畏所压倒，同时有一种极大的快乐感。从那时起，我发现自己拥有一种特殊的能力：那些远超出人类感官范围的极大和极小的尺度和存在，在别人看来就是数字而已，而在我的大脑中却是形象化的，我能够触摸和感受到它们，就像触摸树木和岩石一样。直到今天，当150亿光年的宇宙半径和比夸克还小许多数量级的弦已经使人们麻木时，1光年和1纳米的概念仍能在我的心中产生栩栩如生的宏大图像，激起一种难以言表的宗教般的震撼和敬畏。与没有这种感受的大多数人相比，我不知道这是幸运还是不幸，但有一点可以肯定：正是这种感受，使我先成为一个"科幻迷"，进而成为科幻作家。

就在我被光年所震撼的那一年，我的家乡附近发生了惨烈的"七五八"大洪水，在超过当时世界纪录的一天1005毫米降水量的大暴雨中，河南驻马店地区的58座中小型水坝先后大垮塌，在铺天盖地的洪水中，上万人遇难。洪水过后不久我又回了一趟老家，看到漫山遍野的灾民，当时有种世界末日来临的感觉。

就这样，人造卫星、饥饿、群星、煤油灯、银河、光年、洪灾……这些相距甚远的东西混杂纠结在一起，成为我早年的人生，也塑造了我今天的科幻小说。

作为一个"科幻迷"出身的科幻作家，我写科幻小说的目的不是用它来隐喻和批判现实，我感觉科幻小说的最大魅力，就是创造出众多现实之外的想象世界。我一直认为，人类历史上最伟大、最美妙的故事，不是由吟诵诗人唱出来的，也不是作家写出来的，而是科学讲出来的。科学所讲的故事，其宏伟壮丽、曲折幽深、惊悚诡异、恐怖神秘，甚至多愁善感，都远超出文学的故事，只是这些伟大的故事被禁锢在冷酷的方程式中，一般人难以读懂。生命从可复制的分子到智慧文明的 30 多亿年漫长的进化史，其曲折与浪漫，是任何神话和史诗无法比拟的；还有相对论诗一样的时空图景、量子力学诡异的微观世界，这些科学讲述的神奇故事都具有不可抗拒的吸引力。我只是想通过科幻小说，用想象力创造出自己的世界，在那些世界中展现科学所揭示的大自然的诗意，讲述人与宇宙之间浪漫的传奇。

但我不可能摆脱和逃离现实，就像无法摆脱自己的影子。现实在每个人身上都打上了不可磨灭的烙印，每个时代都给经历过它的人戴上了无形的精神枷锁，我也只能戴着枷锁跳舞。在科幻小说中，人类往往被当作一个整体来描述，在《三体》这本书中，这个叫"人类"的整体面临灭顶之灾，他面对生存和死亡时所表现出来的一切，无疑都是以我所经历过的现实为基础的。科幻的奇妙之处在于，它能够提出某种世界设定，让现实中邪恶和黑暗的东西变成正义和光明的，反之亦然。这本书（以及它的后两部）就是在试图做这种事情，但不管现实被想象力如何扭曲，它总是还在那里。

我一直认为，外星文明将是人类未来最大的不确定因素。其他的大变故，如气候变化和生态灾难，都有一定的过程和缓冲期，但人类与外星人的相遇随时可能发生。也许在一万年后，人类面对的星空仍然是空旷和寂静的；但也可能明天一觉醒来，如月球大小的外星飞船已经停泊在地球轨道上。外星文明的出现将使人类第一次面对一个"他者"，在此之前，人类作为一个整体，是从来没有外部的对应物的，这个"他者"的出现，或仅仅知道其存在，将对我们的文明产生难以预测的影响。

人们面对宇宙所表现出来的天真和善良，显示出一种奇怪的矛盾：在地球上，人们可以毫无顾忌地登上另一个大陆，用战争和瘟疫毁灭那里的同类的文明，却把温情脉脉的目光投向星空，认为如果有外星智慧生命存在，它们也将是被统一的、崇高的道德所约束的文明。并且，人们将对不同生命形式的珍视和爱视为宇宙中理所当然的行为准则。

我觉得事情应该反过来，让我们把对星空的善意转移到地球上的同类身上，建立起人类各种族和文明之间的信任与理解；但对于太阳系之外的星空，要永远睁大警惕的眼睛，也不惜以最大的恶意来猜测太空中可能存在的"他者"，对于我们这样一个在宇宙中弱不禁风的文明，这无疑是最负责任的做法。

作为一个"科幻迷"，科幻小说塑造了我的生活和人生。科幻是全人类的文学，它描述的是地球人共同关心的事情，因而科幻小说应该是最容易被不同国度的读者所共同理解的文学类型。总有一天，人类会像科幻小说中那样，成为一个和谐的整体，而我相信，这一天的到来不用等到外星人出现的那一刻。

发现诗意

刘心武

邻居小焦曾跟我抱怨:"我简直像住在'女生宿舍'啊!一个进入了更年期,一个进入了青春反叛期!"听他细说,发现他妻子的更年期综合征并不严重,倒是女儿焦姝的青春反叛如雷似电。

前一阵,他女儿放学刚进家门,还没跟父母照面,就大声嚷嚷:"什么也别问我!"然后进了自己房间,"砰"地一摔门。做好饭,隔门唤她吃饭,要么根本不理睬,要么忽然开门而出,气冲冲地说:"就知道吃饭、吃饭!除了吃饭你们还懂得什么?"开始他们还试图教诲她,后来知道那只会使其反叛加剧,就干脆沉默。我曾安慰过小焦:"对此不要过分焦虑,估计焦姝多半只是在家里反叛,在学校里大概要收敛得多。随着她年龄的增长,生理发育和心理成长会渐趋平衡。"

前些时候小焦报告我好消息:焦姝不仅不那么反叛了,还能主动跟父母交流。她那间屋的门也不再关死,有时虚掩,有时敞开。以前她在屋里鼓捣电脑,绝对不许父母"偷看",现在她会高兴地招呼他们过去,同看她从网上链接来的信息或博客文章,还乐于跟他们进行讨论。小焦问:"难道青春反叛期的症候能不治而愈吗?"

昨天焦姝来我家还书,她向我道出个中缘由。原来,她班上跟她最合得来的果果的母亲因病去世了。果果跟她说："真的很后悔，到遗体告别的时候，我才意识到，其实我一直没有怎么认真地注视过妈妈……"果果这话，以及果果眼里罕见的泪光，让她心里咯噔一下，仿佛不小心触了电。那天晚上，她睡不着，起来上卫生间，路过爸妈的卧室。卧室里有灯光，她朝里面望，望见妈妈坐在梳妆台前。方便完出了卫生间，她发现妈妈还坐在梳妆台前。爸爸出差不在家，妈妈为什么不好好睡觉？再细看，妈妈是在那里翻弄一些小东西。她以前也没有长时间地、认真地注视过妈妈。她此刻细观，惊讶地发现妈妈原来那么中看，却已有了衰老的迹象。从侧面望去，妈妈像一个半明半暗的剪影。妈妈所摆弄的，她终于看清楚了，是爸爸历次出差给妈妈带回来的小首饰，那些项链呀、手链呀、戒指呀、耳环呀、领饰胸针呀，没有一样是贵重的，最贵的一个大概是爸爸在回国的飞机上买的免税的施华洛世奇水晶手镯。妈妈每次得到礼物，总是欢喜一阵，戴上几天，然后就收起来再不见踪影。

那晚，焦姝在爸妈卧室门外偷觑了许久，妈妈一直没有发现她，她也因此许久以来第一次仔细地观察了妈妈。妈妈将那些小首饰一一从小匣子里取出，端详，抚摸，嘴角漾出满足的、幸福的笑意。有一个玉石挂坠，妈妈戴着招待客人时，一位阿姨不留情面地跟她说："便宜货！假的！绝非和田玉，连俄罗斯莱玉也不是！"妈妈当时很不自在，想说什么，但语塞。当时焦姝却觉得那阿姨很为自己"解恨"，心里想：臭美什么？以后少教训我吧！但那晚在卧室门外细观妈妈的动作表情，焦姝忽然看到了妈妈的内心深处。她亲切地抚摸那个"假玉吊坠"，回味着生命里那个最亲近的人给予她的爱意……焦姝说那是她人生中第一个不眠之夜，但又是一个甜蜜之夜。她忽然觉悟，这个原来让她处处不屑和愤慨的世界上，确有弥足珍贵和让人心仪的因素——可以称为诗意的东西……

我听了后祝福她："好啊，从身边最平凡琐屑的场景里，发现了诗意，这说明你脱离了青春反叛期，进入了诗意享受期！"

人们常问：为什么青春产生诗歌？焦姝的个案给了我们一个明晰的回答。是的，正如你想到的，焦姝告别后，留下一个小本本给我，那是她的第一本短诗集。

喜悦如莲

雪小禅

喜与悦，两个字都妙。我喜欢这两个字。喜字就是俗世里的好，是馒头上的那点红，透着欢快，透着喜欢。悦是禅意，是初雪的曼妙，是你与我初相见，刹那间的天崩与地裂。

喜悦是这样好。大雪压住红尘，一个人在屋子里围炉煮雪问禅意，墙角的梅花散发着清香，翻看一本老相册，听一段20世纪30年代录制的老唱片，给朋友打一个电话，告诉他，下雪了。

喜悦是这样美。有老友10年不见，忽然一日扣了门环。从前的那个少年，如今手牵小儿站在门外，笑逐颜开地介绍：囡囡，快，叫小姨。瞬间，眼睛就湿了。

喜悦还是，和三五知己，对酒当歌人生几何，半夜里跑到大街上吃烧烤，一人5瓶啤酒摆开，不用杯子，就这样边喝边聊，把爱情说上三千年，直到口干舌燥，直到泪眼蒙眬。

我见喜悦，是薄雾中的荷，淡淡的，旁逸斜出，透着人世间的欢与愁；喜悦见我，是一低头的羞涩，是一举手的婀娜。

几年前，我曾自以为是深沉的人，一脸的忧郁与茫然。与人说话，我必引经据典，处处不忘卖弄与显摆；同学聚会，我定要去买新衣做头发，生怕别人说出半句不好。这丝丝虚荣是我的铠甲，处处显得虚张声势。

去年，我去旅游，车在高速路上飞奔。出车祸时，我还在听着一段小夜曲。

醒来时，大夫伸出一个手指问：这是几？

我看到两根手指，然后笑她：你这是干什么？我又不是3岁儿童。

旁边的女友抱住我哭。我扭头看周围，全是我的朋友与亲人。

他们说：你有一个小时不省人事，我们以为，你不在了。

刹那间，我恍如隔世。

我有一个小时，是在天堂了，如果无法醒来，我就是那边的人了。

所有的人都在哭，只有我笑了。我从此懂得，这余生的每一分每一秒都是赚来的，我要善待自己，要善待周围每一个人。

从前，我对朋友挑三拣四；但现在，我常常以喜悦之心对待所有人、所有事。

朋友说我变了，变得这样随和喜气；家人说我变了，变得这样体贴与关怀。

早晨上班，我步行。看到有老夫妻相扶着散步，看到孩童背着书包上学，看到早春树枝新发的芽，我喜悦。因为，又是一年春来早，又是一天如此美妙。

上班，我和同事共同完成一项工作，喜悦！因为同事说，这项工作本来要两天做完，没想到半天就搞定了。

下班，去菜市场。炸鸡排数第三家最好吃，麻辣鸭脖子是"老武汉"做得最好。卖菜的一溜摆出来，红的红，绿的绿，上面淋了水，更显妩媚。有年轻女子提着一捆菜在前面走，我看着那女子提着满篮俗绿，竟然觉得她是诗意的。

一个小女孩，不停地拨弄着路边的草茎，寻找那种艳红的小浆果，然后将其捏碎，酒红色的汁液滴在椭圆形的指甲上，慢慢染成一片淡红。那是街道边上的另一景，让我想起自己的童年，也曾这样染过指甲。

生活，是这样美，这样艳，这样让人喜悦。我慢慢走着，提着红红绿绿的菜。黄昏里，一个喜悦如莲的女子，心情散淡，眼角眉梢间，有情、有义、有爱。如果你恰巧路过我身边，我会说：嗨，你也在这里吗？

把生活变成诗歌

朱成玉

记得小时候，一个夏天的夜晚，有一只飞虫飞进了我的耳朵眼儿里。我慌张地使劲扒拉耳朵，可是那只顽皮的小飞虫死活不肯出来。我急得哭了起来。

奶奶取出一滴清油，她说，往耳朵眼儿里滴几滴清油，就可以把飞虫的翅膀粘住，然后憋死它。

母亲却让我站起来，把耳朵对着明亮的灯泡，像变魔术一样附在我的耳朵边喃喃低语：虫儿虫儿快出来，给你光亮让你玩……果然，不一会儿，虫儿就慢慢爬了出来，围着灯泡快乐地旋转起来。母亲说，虫儿最喜欢的是亮光，哪里有亮光，它就会朝哪里飞。

对于两种不同的方法，诗人解释道：前者是生活，而后者就是诗歌。

奶奶去世的时候，我又伤心又害怕。一个疼爱我的人永远地走了，再也不回来，蓦然间令我感觉到生命的黑暗。父亲开导我，他摸着我的头说，奶奶出远门了，那个方向是通往天堂的，上帝正在花园里召唤她呢，因为上帝喜欢她。我知道奶奶是个很虔诚的基督教徒，这样的解释让我的心锁顿时打开。父亲把我的悲伤改编成了童话。

从此我微笑着生活，我知道奶奶希望我这样。无论走到哪里，我都会给自己，也给别人以微笑，把手中的爱尽力播撒到世间的每一个角落。

一个小学三年级的学生，在作文中说他将来的志愿是当小丑。一个老师批之为：胸无大志，孺子不可教也！另一个老师祝愿：愿你把欢笑带给全世界！

有一次到日本伊豆半岛旅游，路况很差，到处坑坑洼洼。其中一位导游连声抱歉，说路面简直像麻子一样。另一个导游却诗意盎然地对游客说：诸位先生女士，我们现在走的这条道路，正是赫赫有名的伊豆"迷人酒窝大道"。

人生也是这样，当你被一件事情困扰的时候，想没想过换一种方法来解决它呢？我们每个人，无法主导生命，却可以"改编"生活。那个时候，你会觉得生活是一种很诗意的劳作，而并不仅仅是从一个肩膀到另一个肩膀的疼痛。

生命中没有导演，无法为自己的人生进行彩排，但我们可以是编剧。尽管每个人的生活都会是一本陈年旧账，但我们可以把它变成我们想要的体裁：那些风花雪月可以改编成诗歌，那些柴米油盐可以改编成散文，那些坎坷和灾难可以改编成小说……让你的人生时而像水一样流淌，悠闲而又充满诗意；时而又像山路一样跌宕起伏、峰回路转、柳暗花明。

生活是一座杂乱无章的素材库。我们要做的，就是努力使自己成为一个优秀的编剧。

这一生的感动

王蒙

我寻求一种感动，或云：将这种感动视为最重要的目标。

所以我走上了文学之路，走进了革命。同样的感动也常常表现在音乐对我的征服上，这里，音乐比文学更直接也更少其他因素的干扰。但同时它更具技术性的困难，例如我既没有乐器的装备也没有受过音乐的训练，所以我没有真正走进音乐。柴可夫斯基与贝多芬，勃拉姆斯与舒曼，刘天华与传统戏曲，苏联歌曲与美国乡村歌曲，还有日本的民歌演歌，都感动过我，像托尔斯泰、契诃夫、陀思妥耶夫斯基一样，像《红楼梦》和唐诗宋词一样感动过我。尤其是在我年轻的时候。尤其是维吾尔族的歌曲。"忧郁是歌曲的灵魂。"这是大诗人纳瓦依的名句。我永远不会忘记，在最最艰难的时代，午夜，受苦的车夫喝了几碗酒，高唱着"羊羔一样的黑黑的眼睛，我愿为你献出生命"走过我的窗口，循环往复，越唱越悲，越唱越烈，泪如泉涌，心如火烧，歌如潮涨……哪怕你一辈子只会唱一首歌，就不算虚度生命。

而文学作品，就是我的歌，我的交响，我的协奏，我的快板与行板，我的生命的节奏与旋律。

文字不但是有魅力的，而且是有魔力的。通过文字，我寻找生命的密码、爱情的密码。我相信生命是一个寻找密码的过程。同样，革命的命运与前途，也会从这样的密码中被领悟到。读到《贵族之家》的结尾，读到普希金的"同干一杯吧／我的不幸的青春时代的好友／让我们用酒来浇愁／酒杯在哪儿／像这样欢乐就涌上了心头"，读到"休对故人思故国，且将新火试新茶，诗酒趁年华"，读到"无产阶级失却的是锁链，得到的是全世界"，我感到的是喜悦也是涕泪，是升腾也是永远。生命之所以有价值，就是因为它能够感动。生命的滋味就是感动的滋味，生命的纪念就是感动的重温。

有许多事情我说不清楚，想不清楚：关于生命，关于生存，关于死亡，关于永恒，关于学问，关于榜样，关于意义，关于牺牲，关于价值，关于快乐。但是我已经生活在世间，我已经生活在祖国，我已经生活在地球上、人类中、太阳下面。至少一辈子应该，颇有几件事真正让我感动。

感动就是生与死的滋味，就是到太阳系、到大地上、到神州河山中走一趟的真滋真味。

我不是魏晋逸士，我不会归隐山林。我不是疯魔艺术家，我永远不会像凡·高那样割下自己的耳朵。我有时候能够做到冷静和计算，自我保护（吹嘘一点说）与恰到好处。然而我永远不是干练的不粘锅，不是东方不败，不是常操胜算者，不是幸运儿也不是太极冠军，我完全不是一个善打算盘的人；因为与利益和成功相比较，我还在追求，有时候是忘乎所以地去追求，就是因为感动。没有感动的成功，对于我不仅味同嚼蜡，而且反胃催呕。没有感动的成功就是没有爱的做爱，那更像是灾难。当我脑中绷起政治的弦的时候，有时也差不多可以做到滴水不漏。当我追求感动的时候，我突然变得傻气盎然，根本不计后果了……您哪。

感动里当然包含着对于反感动、伪感动、蠢感动的冷嘲热讽，冷嘲热讽的背后，埋藏着的是对于真正的感动的执迷，冷嘲热讽到了尽兴，也是一种感动和娱乐。

我的感动一点也不艰深，不各色，不自恋和顾影自怜。一曲梅花大鼓《探晴雯》，一首李商隐的无题诗，一座山峰，一朵浪花，一座老屋子，一棵大树或者一株小苗，一叶扁舟，一钩残月或者落到海里去的太阳，时而使我感到生命的极致。西班牙格拉纳达的阿拉伯花园与比利时布鲁日的建筑，颐和园里的谐趣园与西湖边的平湖秋月，已经足够让我感动得潸然泪下。连续听或者唱几首我所喜爱的歌曲，已经使我觉得此生再无所求。我从网络上下载了苏联歌曲《灯光》，而且不是原版，只是我国黑鸭子乐队的小合唱，带有夜总会气息的歌唱，然而我仍然感动得泪水涌现：

"……前线光荣的大家庭／迎接着青年，到处都是同志／到处是朋友／可是他总也忘不了／那熟悉的街道／那里有可爱的姑娘／有期盼的灯光……

看着姑娘的来信／……打击可恨的侵略者／战斗更勇敢／为了苏维埃祖国／和期待的灯光。"

"想起姑娘的话，战斗更勇敢"，这样的歌词使我立即泪水夺眶。一旦把青春、爱情与为了正义的英勇战斗联结在一起，我就无法自持。

你可能成功，也可能蹉跎一世，可能伟大也可能渺小如蚁，你可能幸运地得到公众的宠爱，也可能总是被误解，被会错了意。高尚有高尚的代价，低下有低下的收益，清高有清高的寂寞，浑水摸鱼有浑水摸鱼的红火，智慧有智慧的痛苦，愚傻有愚傻的福气。然而你活一辈子总该有几次感动的充盈，充盈的感动。你的生存的标志应该是感觉，感觉的最高阶段是感动。没有感动的成功是麻木的成功，而麻木的成功也许还不如痛惜与失败。也许与快乐相比，悲伤与痛苦更容易让人感动。当我为自己的失败，为好人的早逝，为朋友的离开而感动的时候，感动有可能得到一种升华，成为一种骄傲和平静，哪怕是只成为一抹苦笑。

回首往事，我尚未完全虚度光阴。我留下了一些见证，一些记忆，一些说法，一些酸甜苦辣。我说话是太多了，写作也太多了，我本来可以更严谨一点，精密一点，矜持一点，含蓄一点。如果我有这四个"一点"，我会比现今更深沉、更出色乃至更身价百倍。

我感动还因为我重视家庭，珍惜天伦之乐。我平生只爱过一个人，只和一个人在一起。家庭永远是我的避风港，是我的攻不破的堡垒，是我的风浪中的小舟，是我的夺不走的天堂。甜美的家就是天堂，即使周遭一时变成了炼狱，我的天堂也永远属于我本人。在新疆时我们多次体会到，只要我们在一起，一切都是甜蜜的，幸福的，光明的，谁也剥夺不走我们的快乐。我们常常在一起回忆，在冬天到来的时候，我们在哪里买煤油，在哪里砌炉灶，在哪里挖菜窖，在哪里卸成吨的烟煤。在零下三十摄氏度的气温中，有一间温暖的小屋子，这不就是天堂吗？这是我的信念，我希望为此专门写一本书，我希望我的这句话能留下来、能传播开去。

2007 年初，我们度过了金婚。芳是我的存在的证明，我是芳的存在的证明；芳是我存在的条件，我是芳存在的条件。我有三个孩子。他们都出过国，有的还在国外获得了学位。他们都有正当的稳定的职业，都过着小康的生活。我们早已有了第三代，我的大孙子明年将大学毕业。我们家人丁兴旺，和谐团结，我为此感动无限。

我寻求感动，我感动过，感动了，而且还在感动着。我笑了。

理想的下午

舒国治

理想的下午，当消磨在理想的地方，通常这地方是在城市。

幽静田野村庄，风景美极，空气水质好极，却是清晨夜晚都好，下午难免苦长。

理想的下午，有赖理想的"下午人"。这类人乐意享受外面的空间。乐意暂且搁下手边工作，乐意走出舒适的厅房，关掉柔美的音乐，合上津津有味的书籍，套上鞋往外而去。

也只是漫无目的地走，看看市景，听听人声。穿过马路，登上台阶，时而进入公园，看一眼花草，瞧一眼池鱼。拣一方大石或一条铁椅坐下，不时侧听邻客高谈时政，嗅着飘来的香烟味，置之一笑。

有时翻阅小报，悄然困去。醒来只觉眼前景物的色调略呈灰蓝，像套了滤色镜，不似先前那么光灿了，竟如同众人散场多时只遗自己一个的那般辰光，向晚寂寂。然一看表，只过了十五分钟。

理想的城市最好有理想的河岸，令步行者视野开阔：巴黎的塞纳河可谓得天独厚。法国人最懂在河的两岸构建壮观楼宇，供人几百年来远眺景仰赞叹指认，这或许没有一座城市及得上它。塞纳河是巴黎最流畅最显神奇的动脉，河上的一座座桥梁亦足教人驻足依依。纽约的东河、哈得孙河，柏林的斯普利河，台北的淡水河等，其河岸皆非宜于悦目散步的岸滨。

然而理想的下午，也常发生在未必理想的城区。不是每座城市皆如巴黎，能在喧腾杂沓的自家鄙陋城市，闹中取静，乱中得幽，亦弥足珍贵了。

理想的下午，要有理想的街树。这也是城市与田野村庄之不同处。田野村庄若有树，必是成林的作物，已难供人徜徉其间。

再怎么壁垒雄奇的古城，也需有扶疏掩映的街树，以柔缓人的眼界，以渐次遮藏它枝叶后的另一股轩昂器宇，予人那份"不尽"之感。然而街树成荫的城市，举世实也不多。旧金山先天是一沙丘，仅公园里有树，路上及人家皆养不出什么树来。高度发展的城市，如纽约、伦敦、东京，则早倾向于权宜之投机，把树集中在大型公园里，美其名为"都市之肺"。倒是开发不那么急切的新奥尔良、斯德哥尔摩等中型城市，树景颇佳。

理想的下午，宜于泛看泛听，浅浅体味，徐徐而走。不断地更换场景，不断地移动。蜿蜒的胡同、窄深的里巷、商店的橱窗，就像牌楼一样，穿过便是，不须多做停留。博物馆有新的展览，如手杖展、明代桌椅展这类小型展出，或可轻快一看。

走逛一阵，若想凝神专思片刻，见有旧书店，也可进入浏览。一家逛完，再进一家。有时店东正泡茶，相陪一杯，也是甚好。进店看书，则博览群书，不宜专守一书盯着研读。譬如看人，也宜车上、路旁、亭下、河畔放眼杂观，如此方可世事洞明而不尽知也。

山野农村所见不着者，正是城市之佳处。却又不宜死眼注看，以免势利狭窄也。两车的主人在路口吵架，情侣在咖啡店斗气，皆目如垂帘，隐约见之即可。

理想的下午，要有理想的街头点心，以使这下午不致太过清逸。意大利的比萨、纽约的热狗显然不够可口，一杯 Egg Cream（巧克力牛奶冰苏打）倒是解渴沁脾。罗马、翡冷翠的甜点蛋糕，鲜润振人心神，口齿留香。台北的葱油饼，员林的肉圆，王功的米糕冰棒，草屯的蚵嗲（闽南语，生蚝），北京的烤红薯，也是好的。最要者，是能边走边吃。

有时在广场或车站，见有人群围拢，正在欣赏卖唱的或杂耍的，驻足欣赏，常有惊喜。

巴赫的《上帝是全人类的愉悦》以电吉他铿锵流出，竟是如此振人心弦，教人无限神往。

流动的卖艺者，一如你我，也是期待一个美好的下午，一份未知的喜悦。

理想的下午，常这一厢那一厢飘荡着那属于下午的声响——人家墙内的麻将声，划过巷子的"大饼——馒头——豆沙包"的叫卖声，修理皮鞋、雨伞的"报君知"的铁击声等，微微地骚拨午睡人，欲醒又欲依偎，替这缓缓悠悠难作数落的冤家午后不知怎么将息。声响，一如窗外投进的斜光，永远留给下午最深浓的气味，多年后仍旧留存着。声响及光线，也竟然能将平白的下午以时代划分出浓淡氛围；四十年前那个时代似就比今天浑郁。

音乐，岂不亦有下午的音乐？萨蒂的《我要你》像是对美好下午最雀跃的礼赞。

理想的下午，要有理想的阵雨。霎时雷电交加，雨点倾落，人竟然措手不及，不知所适。然理想的阵雨，要有理想的遮棚，可在其下避上一阵。最好是茶棚，趁机喝碗热茶，驱一驱浮汗，抹一抹鼻尖浮油。就近有咖啡馆也好，咖啡上撒些肉桂粉，吃一片橘皮丝蛋糕，催逼身上的潮腻。俄顷雨停，一洗天晴，人从檐卜走出，何其美好的感觉。

若这是自 20 世纪 30 年代北京中山公园的"来今雨轩"走出来，定然是最潇洒的下午一刻。

理想的下午，常伴随着理想的黄昏：是时晚霞泛天，袭人欲醉，似要替这光亮下午渐次地收拢夜幕，这无疑教人不舍。然下午所以理想，或在于其短暂。

一座世故丰蕴的城市，它的下午定然呈现此一刻或彼一刻悠然怡悦的气氛，即使它原本充塞着急急忙忙的工作者与来来往往的车流。

为了无数个这样的下午，你我一径留在城市。然在随时可见的下午，却未必见得着正在享用的人。

人间好时节

张曼娟

小时候，没有电视和电玩，连电影也难得有机会看，我的游戏，就是背唐诗。

母亲不知道从哪里找到一本破旧的《唐诗三百首》，教四岁半的我和一岁半的弟弟背诵。

"春眠不觉晓，处处闻啼鸟。夜来风雨声，花落知多少？"是我背的第一首诗。我还不识字，母亲念一句，就跟着念一句，像堆积木似的，把一首诗完整地堆砌在小脑瓜里。

就是这二十个似懂非懂的字，为我敲开了一扇鸟语花香的诗意之门。

我的母亲是护士，那两三年是她很难得的一段家庭主妇生涯。我还清楚地记得，背诗的时候，母亲在厨房里揉面，捏出一个个精巧的包子，有豆沙馅的小兔包、芝麻馅的小鱼包，还有小鸟啦、花朵啦，各式各样的，放进蒸笼里去。就在我们背完一首五绝或七绝的时候，香喷喷的包子蒸好了。能够准确背出诗来，就能获得一个兔包或鱼包的奖赏。热腾腾的包子捧在手里，却还瞅着别样的，恨不能多背几首诗。

吃过晚饭，父母亲便牵着我和弟弟的手，出门散步。我们把白天背熟的诗背给父亲听：欲穷千里目，砰——我把一粒石子踢得远远的；更上一层楼，追上去踢得更远，痛快地——砰！

常常遇见不相识的路人，因为两个嘹亮的、如同歌吟的孩子背诗的童音而驻足。看见他们听完之后眼中的惊奇和赞赏，我和弟弟仿佛穿上了最华美的衣裳。

母亲再度工作之后，再没有人领着我们读诗，而我依然爱诗。学校里的老师要求学生背诗，同学们怨声四起，苦不堪言。他们所以为的苦差，对我而言，却是那样快乐的事。

少女时期，我曾在当时还没被拆除的国际学舍举办的书展中，买下了第一本词选——《三李词选》，书中选的是李白、李后主和李清照的词。我要求自己每天一定要背一阕词。这三位的词，都是感伤的情调，这使我变得多愁善感，沉溺于眼泪与自怜。

有个同学每天都很开心，如同阳光下的银杏树，哗啦哗啦，一阵风过就发出细碎的笑声。她注意到了我的落落寡合，于是，有一次我过生日，她在卡片上抄了一首诗给我：

春有百花秋有月，夏有凉风冬有雪。莫将闲事挂心头，便是人间好时节。

这里面的忧愁呢？追悔呢？

感伤呢？为什么既不怀念远去的朋友，也不追忆逝去的情事？为什么没有年华老去的无奈？为什么没有时不我予的慨叹？这首诗读完，我竟然对生活有了好多喜悦的情绪，让我忍不住想要出门，去感觉一年四季的风花雪月，感觉活着的幸福。

从那时候我就开始意识到，诗词的世界何其广阔，绝不只是提供了多愁善感而已。

我从没有什么座右铭，遇见困扰或烦恼的时候，也不求神问卜，我习惯翻阅诗。那些诗人从不吝惜，总是以他们的生命故事，给我们人生启示。

一年四季，你喜欢哪个季节？

王国维是春天的拥护者：

"四时可爱唯春日，一事能狂便少年。"春天的植物从冰雪中挣扎着冒出头来，等待温暖的雨水，迅速地发芽成长，不过几个昼夜，便蔓延出整片绿意。

只要我们仍有热情投入的目标，焕发青春的狂情，便也能冲破人生霜雪，回到年少时代，无所畏惧。

从古到今，人们运用各种方法，企图留住青春，希望永远保持春日的生机盎然。然而，最好的"回春术"其实不假外求，只要我们心中的火种不熄，便能滋生出一片绿原。

司马光在初夏的客邸中，见到了金黄色的花："更无柳絮因风起，唯有葵花向日倾。"他被向日葵的坚持所感动，将这花视为夏日的力量。柳絮与葵花的不同就在这里：柳絮随风飘扬，并没有固定的方向；向日葵却是不管太阳在哪里，它的脸孔都会转向太阳，如此执着。

人生走到夏季，约莫都能找到自我，发现值得奋斗的目标了。有了明确方向的人，就像艳阳下的向日葵，可以尽情绽放。

人们看见向日葵，也多能获得一种振奋和鼓舞。

陶渊明的"采菊东篱下，悠然见南山"，又是一种怎样的心情呢？这不仅是心情，也是一种境界。秋天是收获的时刻，也是赏菊的季节，一方面收获自己的耕耘，一方面还能欣赏别人更高的成就，不张狂、不嫉妒，正是学习的好时机。

"晚来天欲雪，能饮一杯无？"这是白居易邀请朋友前来饮酒的诗。下雪之前的天气，严寒砭骨，最为难熬。然而，诗人却在红泥小火炉上暖着美酒，邀请朋友前来共饮，有着无限的温暖与浪漫。哪怕是走到了生命的冬季，还是不能放弃享乐与朋友，不能割舍所有生之欢愉。

这些诗词带给我们的，不只是多愁善感的情意，更多时候还有心灵与智慧的启发。我们必须有一首或几首诗，放进人生的行囊里，抗御这诡谲多变的人间。

我常想到童年时，背着诗，踢着石子，在黑夜里畅快地奔跑。

让我们一边念诗，一边把挫折和烦恼踢开，还给自己一个鸟语花香的好时节。

空白笔记本

林清玄

到一家非常精致、讲究品味的书店买书，顺道绕到文具部去，发现一个非常奇特的现象。

这家书店里的书售价都在一两百元之间，可是一本普通的笔记本售价都在两百元以上，稍微精致一点的则在五百元以上。由于我平常都使用廉价的笔记本来记事，因此我对现今笔记本的售价感到有点吃惊。

一本书的成本通常有印刷、排版、校对、版税等费用，理论上成本比笔记本高得多。再加上书籍的流通有特定对象，范围比笔记本小得多，销路比不上笔记本。因此，一本笔记本售价在五百至一千元，我感觉价格是不太合理的。

我问店员小姐："为什么这些笔记本这么贵呢？比一本书贵太多了！"

她给了一个我意想不到的答复："书都是别人写的，写得再好也是别人的思想；笔记本是给自己写的，自己的想法当然比别人的想法卖得贵了。"说得真好！

走出书店，我沿着两边种满松香树的敦南大道散步，想到笔记本卖得昂贵其实是好现象，说明这个社会的人生活比从前富裕了，大家更讲究品质，而且有能力花更多的金钱来购买进口的文具。

接着我想到，现在很多人都用昂贵的笔记本，但真正拿来写笔记的又有几人呢？记得我离开书店的时候，店员小姐说："现在很多人花钱买笔记本不是用来写，他们只收藏笔记本。他们可能从来不写笔记，但他们不断地买笔记本，使得笔记本的设计日益精美，售价也越来越昂贵。"

比较起来，我有点实用主义的倾向。再美丽精致的笔记本，拿到手里总是要写的。有时候，一年要写掉很多本笔记。由于消耗量大，反而不会太在乎笔记本的质量。

一本写满自己的生活、感受与思想的笔记本，虽然样式简单、纸张粗糙，但总比那些永远空白的昂贵笔记本有价值得多。在这一点上，我觉得店员小姐说得好极了，笔记本是为了记录自己思想而存在的，如果我们只是欣赏而不用它，那不是辜负那棵为做笔记本而牺牲的树了吗？

一个人活在世上，可能庸庸碌碌地过一辈子，什么都没有留下就离开了尘世，因此我常鼓励别人写笔记，把生活、感受、思想记录下来。这样，一则可以时时检视自己的生命痕迹，二则通过静心写笔记可以"三省吾身"，三则逐渐使自己的思想明晰有体系。

一天写几页笔记不嫌多，一天写一句感言不嫌少，生命、思维就是这样成熟起来的。如果我们不能在急速流过的每一天，为生活留下一些什么，生活就会如海上的浮沤，一粒粒破灭，终至消失。

我们唯有抓住生活的真实，才能填补笔记本的空白；若任生活流逝，笔记本就永远空白了。

生命的理由

余秋雨

雷克雅未克是冰岛的首都，我想它大概是世界上最谦虚的首都。西方有人说它是最寒酸的首都，甚至说它是最丑陋的首都，我都不同意。简朴不等于寒酸，至于丑陋，则一定出于某种人为的强加，它没有。

城市的街道不多，房舍不高，绕几圈就熟了。全城任何地方都可以看到一座教堂塔楼，说是纪念十七世纪一位宗教诗人的，建得冷峭而又单纯，很难纳入欧洲大陆的设计系列，分明有一种自行其是的自由和傲然。

一条街道拐角处有一幢灰白色的二层小楼，没有围墙和警卫，只见一个工人在门口扫地，这便是总理府。不远处，一幢不大的街面房子是国家监狱，踮脚往窗里一看，有几个警察在办公。街边一位老妇人看到我们这些外国人在监狱窗外踮脚，感慨一声："以前我们几乎没有罪犯。"

总统住得比较远，宅邸也比较宽敞，但除了一位老保姆，也没有其他人跟随和护卫。总统毕业于英国名校，他说："我们冰岛虽然地处世界边缘，但每一个国民都可以自由地到世界任何一个角落生活。作为总统，我需要考虑的是创造出什么力量，能使远行的国民思念这小小的故土。"

那位老保姆对我们一行提着摄像机在总统家的每个房间晃来晃去有点不悦，而我们则忘了询问，总统家门口怎么有两个坟墓？那是谁的？天寒人稀，

名家名篇　　**135**

连坟墓在这里也显得珍罕。

根据总统的介绍，冰岛值得参观的地方都要离城远行。城市不大，离开非常容易，我们很快就置身在雪野之中了。于是也就明白，总统、总理为何表现得那样低调。这里连人的踪迹都很难寻找，统治的排场闹得越大越没有对象。历来统治者的装模作样都是为了吸引他们心中千万双仰望的眼睛，但千古冰原全然不在乎人类的高低尊卑、升沉荣辱，更不会化作春水来环绕欢唱。

翘首回望，已看不到雷克雅未克的任何印痕。车是从机场租来的，在雪地里越开越艰难。满目银白先是让人爽然一喜，时间一长就发觉那里埋藏着一种危险的视觉欺骗，即使最有经验的司机也会低估了山坡的起伏，忽略了轮下的坎坷。于是，我们的车子也理所当然地一次次陷于穷途，一会儿撞上高凸，一会儿跌入低坑。

开始大家觉得快乐，车子开不动了就下车推，还直叫嚷在斯德哥尔摩购买的御寒衣物太单薄，但次数一多就快乐不起来了，笑声和表情在风雪中渐渐冰冻。

终于，这一次再也推不出来了，掀开车子后箱拿出一把铲子，奋力去铲轮前的雪，一下手就知道无济于事，铁铲很快就碰到铿锵之物，知道是火山熔岩。

火山熔岩凝结成的山谷我见过，例如前几个月攀登的维苏威火山就是一个。那里褐石如流，奇形怪状，让人顿感一种脱离地球般的陌生；而在这里，一切都蒙上了白色，等于在陌生之上又加了一层陌生，使我们觉得浑身不安。

既然连狰狞的熔岩都已被白色吞食，又怎么会让几个软体小点长久蠕动？至此才懂得了斯德哥尔摩朋友的那句话："你们有没有听说过哪一个重要人物冬天去冰岛？"

早已闹不清哪里有路，也完全不知道如何呼救。点燃一堆柴火，让白烟充当信号吧，但是谁能看见白雪中的白烟？看到了，又有谁能解读白烟中的呼喊？"雷克雅未克"这个地名的原意就是白烟升起的地方，可见白烟在这里构不成警报。更何况，哪儿去找点火的材料？想来想去，唯一的希望是等待，等待天边出现一个黑点。黑点是什么，不知道，只知道在绝望的白色中，等的总是黑点。就像是伸手不见五指的黑夜中，等的总是亮点，不管这亮点是不是盗匪火炬、坟茔磷光。

这种望眼欲穿的企盼是没有方向的，不知哪个黑点会在地平线的哪一个角落出现。由此我走了神，想到古代那些站在海边或山顶望夫的妇人，远比那些在长江边数帆的妻子辛苦，因为江帆有走道，江水有流向，而在海边、山顶，却要时刻观顾每一个方向。但这么一比更慌了，人家不管哪一种等法也是脚踩熟土，无生命之虞，而且被等待的对象知道自己在哪里被等待，而我们则一片虚空，两眼茫茫。

很久很久，当思绪和眼神全然麻木的时候，身边一声惊叫，大家豁然一震，眯眼远望，仿佛真有一个黑点在颠簸。接着又摇头否定，又奋然肯定，直到终于无法否定，那确实是一辆朝这里开来的吉普。这时大家才扯着嗓子呼喊起来，怕它从别的方向滑走。

这辆吉普体积很小，轮胎奇宽，又是四轮驱动，显然是为冰岛的雪原特制的，行驶起来像坦克匍匐在战场壕沟间，艰难而又强韧。司机一看我们的情景，不询问，不商量，立即挥手让我们上车。我们那辆掩埋在雪中的车，只能让它去了，通知有关公司派特种车辆来拉回去。

小小的吉普要挤一大堆人不容易，何况车上本来还有一条狗。我们满怀感激地问司机怎么会开到这里，准备到哪里去。司机的回答竟然是，"每天一次，出来遛狗"。我们听了面面相觑，被一种无法想象的奢侈惊呆了。那么遥远的路程，那么寒冷的天气，那么险恶的山道，他开着特种吉普只为遛狗。

那狗，对我们既不抵拒也不欢迎，只看我们一眼便注视窗外，不再理会，目光沉静而深幽。

看了这表情，我们立即肃静，心想，平常那种见人过于亲热或过于狂躁的狗都是上不了等级的，它们只在热闹处装疯撒欢罢了，哪里来得了冰岛，哪里值得人们这么长距离地去遛！在生命存活的边缘地带，动物与人的关系已不再是一般意义上的朋友。既然连植物的痕迹都很难找到，那么能够活下来的一切大多有一种无须言说的默契。雪原间跌宕不已的那条漫长曲线，正在描画生命的理由。

我们坐着这辆遛狗的吉普终于到达雪原间的一家地热发电厂，参观完之后由厂家派车送回雷克雅未克，入住一家旅馆。旅馆内很温暖，但窗外白雪间五根长长的旗杆，被狂风吹得如醉笔乱抖。天色昏暗，心中也一时荒凉，于是，翻开那部《萨迦》开始阅读。

读到半夜心中竟浩荡起来，而且暗自庆幸：到冰岛必须读《萨迦》；而这《萨迦》，也只能到冰岛来读。

谨慎时光

李丹崖

　　走了大半天的路，正感觉有点劳累时，在嘉陵江附近发现了一家茶社。移步而入，一缕柔缓的音乐淡淡地由耳底润入心田，有一种说不出的舒适惬意。

　　这是一家"素面朝天"的小店，没有奢华的装饰，亦没有精美的茶具，甚至很少见到来往穿梭的服务生。一个原木的柜台，一个优雅的女人端坐在内，看到有客进来，也只是莞尔一笑，那笑声很是清淡，笑容也舒展得恰到好处，宛若一朵幽幽盛开的茉莉。

　　一开始，我还十分不能适应这里略显怠慢的服务态度，坐了半天，竟然不见一个服务生招呼，禁不住一嗓子喊出去"服务员——"突然发觉所有的人都朝我的方向看，这才意识到自己的冒失打扰了大家，不禁耳根发红。

　　服务生是一个十分懂事的女孩，连连向我道歉，并解释说，进来半天，没见我招呼，原本以为我只是坐坐就走，所以没敢打扰。

　　我不禁诧异，忙问道，仅仅是坐坐，不点饮品也可以吗？

　　当然可以。您如果不想喝点什么的话，我们这里还有免费为您提供的报刊，需要的话我可以拿给您。服务生微笑着答道。

　　那我若是想喝点什么呢？我继续问。

　　我们这里的咖啡和茶水都是明码标价的，您可以任意选择。您若是在这里坐得太久的话，我们还会付给您"时光补偿费"。时间从进店后点了东西的时候开始计算，如果超过一小时，我们就会开始为您补偿。服务生继续回答，仍然是一脸春风。

商家还会给顾客付"时光补偿费"，这我还真是第一回听说。于是，我迫不及待地想知道这是为什么。

服务生的回答让我心头不禁为之一颤。她说，这很简单，您到我们店里消费，就势必要购买我们的饮品，这样一来，您就要付费给我们。然而，享用一份饮品并不需要多长时间，如果您超出我们的规定时间的话，那就意味着是我们占用您的时间了。您完全可以用这段时光去做些别的事情，而您却选择留在了我们店里，所以是我们耽误了您啊，我们当然要付给您"时光补偿费"了。

我大为疑惑。那若是遇到无聊的顾客，赖在你们的店里不走，怎么办呢？

你知道这个美丽的服务生是怎样回答的吗？

服务生说，假如您在我们店内点了饮品并超时没有续点的话，我们每小时会付给您 2 元的"时光补偿费"。我们的营业时间是 9:00-22:00，共营业 13 小时，您最多超时 12 小时，我们会毫不犹豫地付您 24 元的"时光补偿费"，而在这 12 小时中，您将会失去和错过多少生命中美好的事物啊！恐怕没有哪个人会傻到向时光乞讨的地步吧！

那天，我在这家茶社共坐了 45 分钟，喝了一杯清茶，结账的时候，柜台里的老板除了给我开具了发票，还送了一张诗意的收据给我。收据的正面写了这样一句话："在这里，你恰当地释放了你生命中的一段美妙时光，共计 45 分钟。"

我走出这家茶社，回头一瞧，才发现这家茶社的名字：谨慎时光。

不南飞的大雁

林清玄

在加拿大温哥华，朋友带我到海边的公园看大雁。

大雁的身躯巨大得出乎了我的意料，大约有白鹅的四倍。那么多身体庞大的雁聚在一起，场面令我十分震撼。

朋友买了一些饼干、薯片等杂食，准备在草地上喂食大雁，大雁立刻站起来，围绕在我们身边。那些大雁似有灵性，鸣叫着向我们乞食。

朋友一面把饼干丢到空中，一面说："从前到夏天快结束时，大雁就准备南飞了，它们会在南方避寒，一直到隔年的春天才飞回来。不过，这里的大雁早就不南飞了。"

为什么大雁不再南飞呢？

朋友告诉我说："不知道从什么时候开始，人们在这海边喂食大雁，起先，只有两三只大雁，到现在有数百只大雁了，数目还在增加中。冬天的时候，它们躲在建筑物里避寒，有人喂食，就飞出来吃，冬天也就那样过了。"

朋友感叹地说："总有一天，全温哥华的大雁都不会再南飞了，候鸟变成留鸟。再过几代，大雁的子孙会失去长途飞翔的能力，然后再过几代，子孙们甚至完全不知道有南飞这一回事了。"

我抓了一把薯片丢到空中，大雁咻咻地过来抢食。我心里百感交集：我们

这样喂食大雁，到底是对的，还是错的？如果为了一时的娱乐，而使雁无法飞行、不再南飞，实在是令人不安的。

　　已经移民到加拿大十七年的朋友说，自己的处境与大雁很相像，真怕子孙完全不知道有大雁南飞这一回事，因此常常带孩子来喂大雁，让他们了解，温哥华虽好，终非我们的故乡。

　　"你的孩子呢？"

　　"现在都在高雄的佛光山参加夏令营呢！"朋友开怀地笑着。

　　我们把东西喂完了，往回走的时候，大雁还一路紧紧跟随，一直走到汽车旁边，大雁才依依不舍地离去。

　　不南飞的大雁，除了体积巨大，与广场上的鸽子又有什么不同呢？一路上我都在想着。

一棵树

张炜

如果找一个极端爱植物的例子，莫过于前些年来自西方的一则报道：一名男子与他喜欢的一棵树结婚了，而且郑重其事地举行了婚礼，并在树旁搭起了新房，要与之共同生活。这则消息尽管以庄重写实的手法刊登出来，还是让不少人作为笑谈，并不能认真长久地对待这件事；但也有人一直记住了它，至今说得出这个人的国籍和名字，还在对这一事件品味再三。一个男人与一棵树结了婚，说明他将这棵树观察了许久，或与之相处了一段时间，感知了它的脾气乃至于性别。他可能认为对方是一个女性，可爱到难以分离的地步，最后非要两相厮守才行。至于说他是如何征得这棵树的同意的，我们却不得而知。任何合法的婚姻都要两厢情愿，既是严肃的婚配，对方的情感和态度就绝对重要了。看来这名男子对于这棵树，会有其他人不知道的一些交流方法，但这也仅仅是猜测。

与树结婚是否荒诞且不讨论，但是一个人会对一棵树产生深刻的感情，这倒是常见的。胶东半岛地区有很多爱树成癖的人，这些人情感丰富且非常善良。蒲松龄在书中记下了有人爱树成痴，感动一棵花树幻化成少女的故事。一棵花树化成了少女，她一定是十分清纯可爱的。这让人想起一棵亭亭玉立的紫叶李，它在风中摇动一树红叶和枝条的样子，真是美到了极点。我们不记得那个西方男子爱上的是一棵什么树，但它肯定有着令人一见倾心的美丽。树木的美不知被多少艺术品赞颂过，这种种赞颂都浸透着人的情感啊。

胶东一位老人家里的庭院有一棵大树，据说这棵树是从老人小时候就有的。他平常在树下歇息，也无微不至地照料大树，为它捉虫和浇水。有一天，这棵大树突然生了病，老人急得团团转。当时为树治病不像为人治病那样方便，因为那会儿有赤脚医生，但还没有树医。结果，虽然想了不少办法，这棵树还是渐渐枯萎，几个月之后就死掉了。从这一刻起，老人就渐感不适，后来竟卧床不起了。赤脚医生赶过来给他打针，老人拒绝道："不用费心了，它去了，我也去了。"赤脚医生又惊愕又觉得好笑，照样给他打了针。但全都没用，老人两天后真的去了。

还有一个孩子，出生后就一直在门前的一棵柳树上玩耍，父母一旦看不到孩子，准能在这棵树上找到。这棵大树也真是生得茂盛，令人注目。有一天，突然来了一群人砍伐这棵树，他们要用它去做一件什么器具。这棵树虽然长在了这家人的门前，却是属于集体的财产。小孩子疯一般地扑到树上，搂住它哭，家长也哀求那些人放过这棵树，他们宁愿拿出一些钱来。那些人怎么肯答应这样荒唐的事情？还是要砍树。可是孩子死死抱住树干。没有办法，只好由两个大汉上去扭住孩子，拖开并紧紧按住他。孩子发出了吓人的哭叫声，这声音最后把全村的人都引出来了。树被砍倒了，再砍去那异常茂密的树冠，树干被截成了一段一段的木头。这时，孩子已经哭得奄奄一息了。

可以想象，这个孩子受到了多么深重的伤害，他一辈子都不会忘记这个经历。

有人回忆起自己的童年，记得最清楚的往往就是房前屋后的大树。因为他走开了，它们还留在原地，是不能走动的生命。现代科学发现了植物的感知能力，比如用一种仪器测出了它们面对砍伐时的恐惧。这为我们怎样理解植物找到了实证和理论根据，但这只是一个开始罢了。

有极端爱树木的例子，更有反面的例子，这种例子倒是更多。简单一点讲，起码在这一百多年的时间里，在许多地方就是树木日渐消退的历史。任何地方，人们回忆起过去，最常说的一句话就是："我们那儿以前有多么大的树啊，现在都没有了！"或者说到一片片树林，在树林里的一些经历。奇怪的是，只要是一大片树林或一棵棵大树，总是很难幸存下来，它们总会在各种借口下被赶尽杀绝。比起会跑会动并有一定抵抗能力的动物，人对付树木要简单得多也安全得多，因为它们连抗议的声音都没有就倒下了。人在动手砍伐树木的时候，更想不到报应，想不到对方是一个在太阳下存活了几十年或一百年的生命，没有一丝怜惜。他们不会想到，自己其实只能算作它的晚辈，只不过是一棵会移动的小树，像树一样，也是站立的；树有根扎下去，而人没有根。真实的情况是，有的人是有根的，他的根像树一样深扎于土地，只不过这根肉眼看不见。像树一样有根的人，一般来说才会爱树、体谅树。

衡量一个现代人是否在物质的世界里蜕化和变态，是否正常和健康，其中有一个最简便易行的方法，就是看他能不能与一棵树或一片树叶发生情感上的联系。比起爱宠物，比起对一些动物产生感情和依恋，爱树木要更难一些。因为动物有声气有目光，有明显的回应，这些特点和人比较接近，所以尚可以交流。而人与植物的交流，就需要人自己去动感情，需要自己的感悟力了。人的生命力中有一部分是共同生存的需要，那就是友爱和仁慈。这也是与生俱来的一种能力，只可惜后来一点点地丧失了。当人恢复了对于其他生命，特别是不能发声、不能移动、与人完全不同的那些生命的交流，回到了这种本能，人性也就得到了全面的苏醒和修复。爱上一棵树的英俊和气质，这并不是虚妄可笑的事；对树木有怜惜、有向往、有潜对话，这样的人才算是健康的。由这种人组成的现代社会，才会具有温情和理性，人与人之间才会感到幸福。不然，人与人的相处只能变得紧张和危险，因为侵犯会在毫无预料的境况下突然发生。所以说，我们生活在一个异常危险的世界上，我们实在是处在这样的一种危境之中。

拍卖你的生涯

毕淑敏

朋友参加过外籍老师组织的别开生面的讲座："拍卖你的生涯"。外籍老师发给每人一张纸，其上打印着十数行字。

1.豪宅

2.巨富

3.一张取之不尽、用之不竭的信用卡

4.美貌贤惠的妻子或英俊博学的丈夫

5.一门精湛的技艺

6.一个小岛

7.一所宏大的图书馆

8.和你的情人浪迹天涯

9.一个勤劳忠诚的仆人

10.三五个知心朋友

11.一份价值50万美元并每年可获得25%纯利收入的股票

12.名垂青史

13.一张免费旅游世界的机票

14.和家人共度周末

15.直言不讳的勇敢和百折不挠的真诚

全世界的美事和优良品质差不多都集中在此了。

老师说，我手里是一只旧锤子，但今天它有某种权威——暂时充当拍卖锤。我要拍卖的东西，就是在座诸位的生涯。

课堂顿起混乱。生涯？一个叫人生出沧桑和迷茫的词语。我们大致明白什么是生存，什么是生活，但很不清楚什么是生涯。我们只是一天天随波逐流地过着，也许 70 岁的时候，才恍然大悟，生涯已在朦胧中越来越细了。

老师说，一个人的生涯，就是你人生的追求和事业的发展，它可以掌握在你自己手中。生涯从属于你的价值观。通常当人们谈到生涯的时候，总觉得有太多的不可把握性，埋藏在未知中。其实它并非想象中那般神秘莫测。今天，我想通过这个游戏，让大家比较清晰地看到自己的爱好，预测自己的生涯。

大家听明白了，都跃跃欲试。

我相信在每一个成人的内心深处，都潜伏着一个爱做游戏的天真孩童，成年以后的我们，远离游戏，以为那是幼稚可笑的玩闹。其实好的游戏，具有开蒙人的智慧，通达人的思维，启迪人的感悟，反省人的觉察力量。当我做游戏的时候，就更接近了真诚。

老师说，我现在象征性地发给每人 1000 块钱，代表你一生的时间和精力。我会把这张纸上所列的诸项境况，裁成片，一一举起，这就等于开始了拍卖。你们可以用自己手中的积蓄，购买我的这些可能性。100 块钱起叫，欢迎竞价。当我连喊三次，无人再出高价的时候，锤子就会落下，这项生涯就属于你了。

这游戏的分量举轻若重，它把我们人生的繁杂目的，约分并形象化了——拼此一生，你到底要什么？

老师举起了第一项拍卖品——拥有一个小岛。起价 100 元。

全场寂静。一个小岛？它在哪里？南半球还是北半球？大西洋还是太平洋？面积如何？人口多少？有无石油和珊瑚礁？风光怎样？

老师一脸肃然，坚定地举着那个纸片，拒绝做更进一步的解说。

于是，我们明白了。小岛，就是小小的平平凡凡的一个无名岛。你愿不愿以一生作赌，去赢得这块海洋中的绿地？

终于，一个平日最爱探险、充满生命活力的女生，大声地喊出了第一个竞价——我出 200！

一个男生几乎是下意识地报出：500！他的心思在那一瞬很简单，买下荒凉岛屿这样的事件，就该是男子汉干的勾当。

但那名个子不高但意志顽强的女生志在必得了。她涨红着脸，一下子喊出了……1000！

这是天价了。每个人只有 1000 块钱的贮备，也就是说，她已定下以毕生的精力，赢得这个小岛的决心。别的人，只有望洋兴叹了。

那个男生有些悻悻的，说，竞价应该一点点攀升，比如她要出 600，我喊700……这样也可给别人一个机会。

老师淡然一笑说，我们只是象征性地拍卖，所以可能不合规矩。大家要记住，生涯也如战场，假如你已坚定地确认了自己的目标，就紧紧锁定它。机遇仿佛闪电的翎毛。

大家明白了竞争的激烈，当时静中有了潜藏的紧迫和若隐若现的敌意。

拍卖的第二项是美貌贤惠的妻子和英俊博学的丈夫。

我原以为此项会导致激烈的竞拍，没想到一时门可罗雀。也许因为它太传统和古板，被其他更刺激的生涯吸引，大伙不愿在刚刚开场不久，就把自己的一生拴入伴侣的怀抱。好在和美的家庭，终对人有不衰的吸引力，在竞争不激烈的情形下，被一位性情温和的男子以 700 元买去。

拍到"取之不尽用之不竭的信用卡"时，引起空前激烈的争抢。聪明人已发现，所列的诸项，某些外延交叉涵盖，可互相替代。有同学小声嘀咕，有了信用卡，巨富不巨富的，也不吃紧了，想干什么，还不是探囊取物？于是信用卡成了最具弹性和热度的饽饽。一时群情激昂，最后被一奋勇女将，自重围中掳走。

其后的诸项拍卖，险象环生。有些简直可以说是个人价值取向甚至隐秘的大曝光。一位众人眼中极腼腆内向的男同学，取走了免费旅游世界的机票，让人刮目相看。一位正在离婚风波中的女子，选择了和情人浪迹天涯，于是有人暗中揣测，她是否已有了意中人？一位手脚麻利助人为乐的同学，居然选了勤快忠诚的仆人，让全体大跌眼镜。细一琢磨，推算可能他总当一个勤快人，已经厌烦，但又无力摆脱这约定俗成的形象，出于补偿的心理，干脆倾其所有，买下对另一个人的指挥权吧。一旦咀嚼出这选择背后的韵味，旁观者就有些许酸涩。

一位爱喝酒的同仁，一锤定音买下了"三五个知心朋友"，让我在想象中，立即狠狠捆了自己一掌。从前，我劝过他不要喝那么多的酒，他笑说，我喜欢和朋友在一起。我不死心，便再劝，他却一直不改。此番看了他的选择，我方晓得朋友在他的心秤上如此沉重。我决定——该闭嘴时就闭嘴。光顾了看别人的收成，差点耽误了自己地里的活计。同桌悄悄问，你到底打算买何种生涯？

我说，没拿定主意啊。我想要那座图书馆。

同桌说，傻了不是？我看你不妨要那张价值 50 万美元且年年递增 25% 的股票，要知道这可是一只会下金蛋的火鸡。只要有了钱，什么图书馆置办不出来呢？你要把图书馆换成别的资产，就很困难了。如今信息时代，资料都储藏在光盘里，整个大英博物馆也不过是若干张碟的事。图书馆是落后的工业时代的遗物了……

他话还没说完，老师举起了新的一张卡片。他见利忘友，立刻抛开我，大喊了一声：嗨！这个我要定了。1000！

我定睛一看，他倾囊而出购买回来的是——一门精湛的技艺。

我窃笑道，你这才是游牧时代的遗物呢，整个一小农经济。

他很认真地说，我总记着老爸的话，家有千金，不如薄技在身。

我暗笑，哈，人啊，真是环境的产物。

好了，不管他人瓦上霜了，还是扫自己门前的雪吧。同桌的话也不无道理。有了足够的钱，当然可以买下图书馆或是任何光碟。但你没有这些钱之前，你就干瞪眼。钱在前？还是图书馆在前？两者的顺序便有了原则的不同。我愿自己在两鬓油黑耳聪目明之时，就拥有一座窗明几净汗牛充栋庭院深深斗拱飞檐的图书馆。再说，光碟和图书馆哪能同日而语？我不仅想看到那些古往今来的智慧头脑留下的珍珠，还喜欢那种静谧幽深的空间和气氛，让弥漫在阳光中的纸张味道鼓胀自己的肺……这些，用钱买来的新书和光碟，仿得出来吗？

正这样想着，老师举起了"图书馆"，我也学同桌，破釜沉舟地大喊了一声：1000！

于是，宏大的图书馆就落到了我的手中。那一刻，虽明知是个模拟的游戏，心中还是扩散起喜悦的巨大涟漪。

拍卖一项项进行下去，场上气氛热烈。我没有参加过实战，不知真正的拍卖行是怎样的程序，但这一游戏对大家心灵的深层触动，是不言而喻的。

当老师说，游戏到此结束。教室一下静得不可思议，好像刚才闹哄哄的一干人，都吞炭为哑或羽化成仙去了。

老师接着说，有人也许会在游戏之后，思索和检视自己，产生惊讶的发现和意料外的收获。有一个现象，不知大家发现没有，有三项生涯，当我开价100元之后，没有人应拍，也就是说不曾成交。这种卖不出去的物品，按规矩，是要拍卖行收回的，但我决定还是把它们留下。也许你们想想之后，还会把它们选作自己的生涯目标。

这三项是：

1. 名垂青史

2. 和家人共度周末

3. 直言不讳的勇敢和百折不挠的真诚

同学们大眼瞪小眼，刚才都只专注于购买各自的生涯，不曾注意被遗落冷淡的项目。听老师这样一说，就都默然。

我一一揣摩，在心中回答老师。

和家人共度周末。

不曾购买它以作自己的生涯，原因可能是多方面的。有人以为这是很平淡的事，不必把它定做目标。凡夫俗子们，估摸着自己就是不打算和家人共度周末，也没有什么地方可去。一件被迫的、几乎命中注定的事，何必要选择？还有的人，是一些不愿归巢的鸟，从心眼里不打算和家人共度周末。现今只有没本事的，才和家人共度周末。有本事的，是专要和外人度周末的。

青史留名？

可叹现代人（当然也包括我），对史的概念已如此脆弱。仿佛站在一个修鞋摊子旁边，只在乎立等可取，只在乎急功近利。当我们连清洁的水源和绵延的绿色，都不愿给子孙留下的时候，拥挤的大脑中，如何还存得下一块森严的石壁，以反射青史遥远的回声？

勇敢和真诚？

它固然是人类曾经自豪和骄傲的源泉，但如今怯懦和虚伪，更成了安身立命的通行证。预定了终生的勇敢和真诚，就把一把利刃悬在了颅顶，需要怎样的坚韧和稳定？！我们表面的不屑，是因为骨子里的不敢。我们没有承诺勇敢的勇气，我们没有面对真诚的真诚。

游戏结束了，不曾结束的是思考。

在弥漫着世俗气息的"我"之外，以一个"孩子"的视角，重新剖析自己的价值和生存质量，内心就有了激烈的碰撞和痛苦的反思。

在节奏纷繁的现代社会，我们一天忙得视丹成绿，很难得有这种省察自我的机会。这一瞬让我们返璞归真。

人生的重大决定，是由心规划的，像一道预先计算好的框架，等待着你的星座运行。如期待改变我们的命运，请首先改变心的轨迹。

严歌苓

潘妮

潘妮是一只猫。

我见到潘妮时，它正处于风韵犹存的徐娘年代。那时它身材匀称、肥瘦适中，一身红铜色的皮毛，带有些许虎斑。在我刚进大门时，它高冷地瞥了我一眼——它蹲坐在楼梯上，地理位置高于我，社会地位似乎也高于漂泊他乡的我。西方人觉得，女人若长一张似猫的脸，一定是一个漂亮女人，因而我想，潘妮若是一个女人，肯定是绝代佳人。

潘妮的全名是 Penelope（潘尼洛普），好名字，源自《荷马史诗》中奥德修斯王那美丽又忠贞的妻子——在丈夫征战特洛伊失踪后，她以"为公公织完一匹做礼服用的布料后，就改嫁给他们中的一个"为借口，婉拒了各国王孙公子的求婚。为了使这匹布永远无法织成，她白天织、夜里拆，进一步、退三步，成功地使这匹布拖了三年仍未织成，直到奥德修斯归国，把所有骚扰者赶尽杀绝。从此，潘尼洛普成为"忠贞"一词的注释。

在潘妮高冷目光的检阅下，我拎着箱子入住了沃克家的宅子。沃克夫妇是我的公婆，都是教授，而且都热情得不得了。但头一回见公婆的我，却拘谨得肩胛骨生疼、消化功能减弱，更有甚者，在两位沃克教授面前一开口，我就严重口吃。好在有潘妮，我假借逗弄它躲过许多对话。假如潘妮一抽身跑了，更好，我便有借口离场：追猫玩儿啊。可我很快发现潘妮不是无故抽身，而是为了照顾家里另一个宠物，老态龙钟的 Canebie——也给它起一个汉语音译名字吧，坎那贝尔。坎那贝尔是一只狗。

初遇坎那贝尔时，它已经是一个老爷爷，我姑且叫它老坎。老坎犬龄十八，算起来等于人类近百之龄，所以耳聋眼瞎、腿脚关节退化，没有潘妮助力，它无法站立，更无法把自己挪到后院去解手。无论人还是畜，老了都尿频，潘妮每隔几十分钟就要用肩膀抵着老坎从厨房的后门出去，到后院去小解。这种协助很有趣，潘妮先在左边扛老坎一下，老坎向前挪一两步，潘妮再蹿到它右边，又那样用肩膀一扛，老坎再迈一两步。如此一来，老坎不仅借着力迈步向前，行走路线也基本是直的，不至于撞在墙上。

在搬到盐湖城之前，我的公公沃克教授在中西部的一所大学任教。那时，家里的后房门到院子之间有七八级台阶。每次去后院解手，潘妮都用身体挡在台阶一侧，以免老坎从台阶上掉下去——那时候就开始形成猫狗相濡以沫的局面。潘妮那时还年轻，相貌又那么出众，方圆几里地的求爱者每晚都有唱不完的小夜曲，不知道它用什么借口婉拒了骚扰者，忠贞地守护着又老又残的异类伙伴坎那贝尔。老坎血统不明，深黄色，两片薄薄的耳朵耷拉着。老坎和潘妮的妈妈汉娜都是格里格捡回来的流浪动物。格里格是我丈夫莱瑞的弟弟，兄弟俩相差六岁。格里格十岁那年，在一个下着瓢泼大雨的夏日傍晚，抱回来一只浑身湿透的小猫，一脸心虚地对父母说，他要收留这只迷路的小东西。从他抱回猫崽汉娜的大雨之日起，格里格收养流浪动物的美名就在邻里间流传开来，动物世界大概也听说了十岁男孩格里格的侠骨柔肠，于是常有落单的小动物出现在格里格放学或玩耍归家的路上。他总是把这些动物流浪汉带回来，一脸愧色，以辩驳开口："But she（or he）is lost.（但是它走丢了。）"令格里格羞愧的是自己身为十岁男儿，竟有这种心太软的弱点。汉娜在沃克家落户不久，格里格便碰到了无家可归的幼犬坎那贝尔。父母对格里格既恼火又无奈，最终只能屈服于格里格天使般的弱点。

到我见公婆那天，家里就只剩下潘妮和老坎，其他动物都送了朋友，或者被早于哥哥成家的格里格带到了新泽西。潘妮对老坎疼爱有加，时不时还伸出舌头，舔舔老坎的毛。听说这对跨物种伙伴年轻时互相看不顺眼，不是你偷我的食，就是我占你的窝，还常常干架。猫科动物在快捷灵敏方面优于犬类，所以挑事的往往是坎那贝尔，潘妮几爪子挠出去，亏也总是老坎吃进去。那都是前嫌，此刻老坎肚皮贴着厨房地面的瓷砖，享受着潘妮的舔毛服务，一双视力微弱的眼睛晕晕然，嘴巴吧唧一下，又吧唧一下，十分享受，那些潘妮挠出来的疤痕藏在它皮毛深处，似乎统统被潘妮舔平了。

老坎大部分时间在昏睡。老坎睡着的时候，我有时会摸摸它，似乎是怕它睡着睡着就进入了永恒。当我把它摸醒，老坎会侧过身，亮出大半个布满老年斑的肚皮，邀我也摸摸它的肚子。看来很久没人抚摸老坎了，它很欠抚摸，这让我有些不忍心——动物也好，人也好，老了都免不了会招致一些嫌弃。老坎的乞怜、感恩，都在它贱兮兮的姿态中。什么姿态呢？舌头伸在齿间，从舌根处发出微微的哼唧声，尾巴快速摇动，前爪缩在胸前——垂老，真是一件令人心碎的事。我抚摸老坎之后，总会来到厨房水池边，用洗手液使劲搓洗双手。老坎身上有一股不洁的气味，让你怀疑它虽然便溺频频，却排泄不尽，总留有一部分便溺浸泡着它自身。在我狠搓双手的时候，总能感觉到两道冷冷的目光——潘妮的目光。潘妮半睁着眼睛，卧在橱柜上，把我多半嫌弃、少半怜悯的心看得透彻。在家里，我是唯一肯抚摸老坎的人，老坎越来越依赖我的抚摸，每次我从它身边经过，它脸上就浮起一层期待，它不知道之后我会那么用力地洗手，而潘妮是知道的，因此潘妮对我给予老坎的施舍，不那么领情。潘妮就那样，一直守候到老坎咽下最后一口气。想必老坎的离去，给潘妮心里留下了无法填补的空白。

再见到潘妮时，它神情中就有了一丝落寞。它爱独自卧在阳台的护栏上，阳台下是一条路，常有人、车往来，也有野兔、松鼠穿行，偶尔还会有几只麋鹿一跃而过。从这里还能看见遥远的山脉，和一点点坠下去的落日。这些美景，潘妮全都收入眼底，心里怀想的也许是去了霞辉深处的老坎。我觉得，失去老坎的潘妮也老了。我婆婆是心理护理学教授，心理护理系拥有一大帮女教授，其中常来沃克家做客的是凯润——她笑起来像《聊斋》里的婴宁，天真烂漫，音色清亮，"咯咯咯咯咯"。潘妮喜欢乐天的凯润，听到笑声就凑近她。

老坎走了，潘妮落了单，它似乎想从凯润身上沾些喜气，沾些温度。凯润来，大多数时候要带来大半个心理护理系，她们总在沃克家聚会。六七个女教授浓妆艳抹，每人带一份菜肴或一瓶酒水。

女教授们喜欢围坐在客厅里，每人拿一个自助餐托盘，边吃喝边侃大山。潘妮自认为也是应邀出席聚会的一员，也该凑个份子，于是把一只田鼠放在人群中央，表示它也不白吃白喝，跟大家一样对聚会做了自己的贡献。女教授们先是发出少女般的惊叫，接下去就"咯咯咯咯咯"地扑倒在沙发上、地毯上、同伴身上，笑声最好听的，当然是凯润。凯润的笑，在潘妮听来就是钢琴曲，就是歌，就是听觉的玫瑰。因此，只要凯润笑，潘妮就无语地、艳羡地、爱慕地、不可思议地冲她瞪着深褐色的大眼睛。若是潘妮能说话，此刻的言语就是：啊，生命如树，而欢笑如花！

但最终，也是凯润把潘妮笑跑的。

有一天，潘妮在桌上发现一颗极小的白色药片，舔了舔，一不小心把药吞了下去。它不知道这是一颗抗焦虑药，二十分钟之内就能令它浑身酥软、举步维艰。到药效初显时，潘妮仍浑然不觉，还一纵身要从一张椅子往一张条几上跳跃，椅子和条几之间相隔不到一米，平时闭着眼、打着盹都能完成这条抛物线，但这次潘妮的跳跃抛物线在中间突然折断，它跌在椅子和条几之间的"深渊"里，挣扎了一下才站立起来，一脸莫名其妙。这是一次很滑稽的跌落，凯润正好看见，"咯咯咯咯咯"，笑得不亦乐乎。其他客人也被凯润感染，跟着起哄大笑。潘妮"哧溜"一下就不见了。等到客人散尽，潘妮仍未出现。沃克家全体出动，到处找，声声唤，最后莱瑞在车库角落里找到了它。它卧在旧物堆里，缩成小小的一团，仿佛希望自己永远不会被人找到。莱瑞觉得，潘妮此刻的样子就是"无地自容"的活诠释。它认为自己丢了全猫族的脸，在人类面前出了洋相。它的自尊心被凯润的笑声割得血淋淋的，疼啊！或许它也在自省：老坎走了几年，自己真就老了这么多？莱瑞轻轻摸着它的脑袋，劝它想开点，谁又不曾失误过呢？最后莱瑞连哄带劝，把它抱回家里。此前莱瑞和潘妮的交情并不深，潘妮出生时，莱瑞已经到华盛顿的乔治城大学读书，每年只在假期回家小住，跟以主人自居的潘妮客客气气打几个照面。而且自从格里格领养猫狗，莱瑞就发现自己对猫毛过敏，所以对汉娜、潘妮母女唯恐避之不及。而此刻，莱瑞顾不得过敏的严重症状，把潘妮抱在怀里，让它相信，不是所有人类都喜欢看猫的笑话，直到潘妮受伤的自尊心得到缓解。此刻，女沃克教授发现给老伴儿预备的药片不见了，这才联想到事情的前前后后，大家恍然大悟，潘妮是吃错了药，万幸它只闹了一个笑话，而没成一出悲剧。

第二天，莱瑞从楼下卧室上到客厅，刚走到楼梯口，就看见潘妮在重复昨天那个跳跃动作——从椅子上跳到条几上，再跳回椅子。它大概在想：我有那么老吗？这不是还能跳吗？它似乎还在纳闷：我这条抛物线挺完美啊，昨天怎么就像一个泄了气的皮球，从空中垂直落下？莱瑞没有惊动它，就站在那里看着它来回练习，直到它确信自己又找回了绝技。从这一天起，家人都发现，只要潘妮以为没人注意它，就会练习这个跳跃动作——给凯润当了一次大笑话，以后可再也不当了。

之后凯润还是常来、常笑，但凯润一来，潘妮就躲，生怕凯润记起那天的丑事，再笑它一回。不过女沃克教授已经轻声警告了凯润，潘妮面子太薄，远比大姑娘更爱面子，以后可不能再笑它。警告也是白警告，因为潘妮一听到凯润到达大门前，蹿得那叫一个快，绝不跟凯润待在同一空间里。与此同时，它发现了莱瑞的善解人意，总是躲到莱瑞脱下的衣服里或放在床边的鞋子上。从此，只要莱瑞回家探望父母，潘妮就与他形影不离。莱瑞从一开始不断打喷嚏到后来不再过敏，全家人都觉得很神奇，或许"以毒攻毒"是有道理的。后来莱瑞偶然看到一篇文章，谈猫毛过敏，问题原来出在猫的唾液上。猫爱美、自恋，没事就蘸着唾沫给自己的皮毛做美容，唾沫就是它的发胶。随着老坎去世，潘妮失去了悦己者，美不美就那么回事了，而且它一年年上了岁数，眼看过了猫龄二十，也彻底豁达了，停止以唾沫美发。所以无论莱瑞与它多亲近，由于变应原的消失，过敏反应也消失了。

潘妮长寿得出奇，到了二十三岁这年，终于出现老弱的症状。一天，女沃克教授从学校回来，发现潘妮不见了。四处都找过，一点儿影子都没有。沃克家的房子依山势而建，进大门要爬坡，房子的后院地势也很高，整个房子好比斜挂在山坡上。沃克夫妇猜想，也许潘妮从后院栏杆钻出去，跑到山林里玩去了。等到天黑，潘妮仍没有回来。他们这才想到，可能潘妮再也不会回来了——它预感到自己生命的终点将近，便主动向山野走去。千百年前，它的祖辈就从那里走来；如今，它愿意独自走回自然，悄悄地走向自己的最后归宿。从它的性格推断，这是合乎逻辑的，生性要强的潘妮极爱体面，不愿意任何人看见它由强到弱、由生而死、由完整至腐朽的过程，像老去的大象一样，在生命最后一刻离开群落，躲得远远的再倒下，慢慢化为一堆枯骨。

潘妮到底是怎样走向永恒的，我们永远无法得知。但我相信我们的推测，那很符合潘妮的性格。潘妮自尊自爱到极点，连一次吃错药失足，都给它的自尊心留下那么深的创伤，彻底改变了它的敌友取向，何况死亡这样神秘未知的事物。它笃定不要任何见证者，万一死亡是丑陋的，万一死亡是痛苦的，而痛苦必将带来扭曲变形……潘妮心里装着一个大写的"NO"，缓缓地、从容地向山坡上的松林走去。在高处，它回过头，看看那承载着它幸福时光的房子，然后转过身去，面向大山，义无反顾地离去。迎面吹来带有松节油香味的山风，风儿吹拂着它稀疏柔软的红铜色皮毛，潘妮眯上它美丽的眼睛。死亡，也可以这么美。

你这辈子大概会有150个朋友

　　我生长的县城里，有一家门面特别小的理发店。理发师是一对小夫妻，我每年回到那个县城都要找男理发师理一次发。一般来讲，话少的理发师是最受欢迎的，但是这位理发师不同——每一位客人进来，他都能叫出这个人的名字；坐下开始剪头发之后，还能随口问出人家家里的情况怎么样；女儿有没有结婚，老人出院没有……好像这个县城里所有人的故事他都说得出来。大家喜欢听他说话，大部分是因为羡慕他有这种记人的能力，平常人很难做到这一点。

　　早在20多年前，牛津大学进化人类学教授罗宾·邓巴根据人类大脑新皮质的厚度，推断出了著名的"邓巴数"：人类在生理层面的认知能力，决定了一个人的"朋友圈"在80人到230人之间，平均下来大约是150人，这种规律现在也被称为"150人定律"。而这个数字恰好也是一个典型人类小群体的数目。

　　可以从古往今来的各种人类组织中验证这个数字：新石器时代的村落规模是150人到200人之间，罗马军队每个小队的人数在120人到130人之间，18世纪英国村庄的平均人口规模是160人，Gore-Tex（做冲锋衣面料的公司）工厂人数是150人……现在很多企业也都意识到，一旦企业的人数突破150

人，就会开始出现管理危机，非得重新架构管理模式才行。

归结到个人身上，也就是说，能和你稳定交往的人数在150人左右。后来这个理论还在推特等社交网络上得到验证，比如 Facebook 社区用户的平均好友人数就是120人。

然而150这个数字并不是铁板一块，因为人类的交际圈子可以按照亲密度的不同而呈现不同的层级。邓巴通过研究发现，每一层的大小都是内层的3倍——一个奇妙的比例系数。

比如，150个朋友里，不错的朋友占其中的1/3（50人），其中要好的朋友又约占1/3（15人左右），最里层的亲密朋友只有5个人左右——他们能在你遭遇重大打击的时候，提供最重要的支持。

如果向外扩展，就是一些你随机认识的人了，比如500人可能只是你的微信朋友数目或者微博的关注数目，又比如有1500个你看见过ID但永远叫不出名字的人。

有人说，我们就是在利用网络的便利一刻不停地添加好友，微信联系人里称得上朋友的其实也没有那么多。但如今的互联网已经偏离原本的去中心化思想，变得越来越集中制了，连微博也对"不重要"的关注者限流，让备受瞩目的人更加突出，不被关注的人永远处于"沉默的螺旋"之中。也许这个"150人群"，反而会越来越容易地被划分出来。

科学是玩出来的

老多

很久很久以前，有一个很老很老的老头，叫亚里士多德，他认为，科学的产生需要具备三个条件：惊异、闲暇和自由。贪玩的人需要这些，而科学更需要这些贪玩的人。

这年头，要是电视广告上说奔驰公司新推出一款百公里耗油不到 5 升的新车，或者苹果公司又推出一款全新的 iPod，当然也包括游戏公司推出的全新电玩"植物大战僵尸"，这简直太棒了！邻居家的坏坏看见这些广告肯定马上就疯了，恨不得第二天就把套牢半年多的股票全都变现。

除了奔驰、苹果、最新电玩游戏，NASA 在大西洋边上支起了一个几十层楼高的大家伙，冒出一股白烟，"呼"的一声就飞上了天。而且这个大家伙能在几个月以后"咯噔"一声落在火星上，还从里面爬出一个瞪着俩大眼睛的机器人。这就是"机遇"号火星探测器。知道地球和火星之间的距离有多远吗？最近的时候是 5500 万千米，最远的时候有 4 亿千米。坏坏去年带着老婆开车去了一趟青藏高原，来回用了将近一个月，那叫一个爽。可满打满算这一趟也没超过 15000 千米，比火星离咱们最近的时候还差了几千倍。

这是大的，还有小的。一个用最时髦的纳米技术造的机器人，能在你的血管里到处跑，还能帮你把血管里的什么血栓之类的脏东西给弄下来。

这些听了就能让人浑身是劲、令人疯狂的玩意儿都是靠啥整出来的呢？大家也都明白得很，是靠科学。不过，尽管这些新产品新游戏的推出全得仰仗科学，可要是提起科学或者科学家啥的，肯定不会有人为之疯狂，估计好多人还会觉得浑身不自在，尾巴骨发凉，马上躲得远远的，避之唯恐不及。

为什么呢？这是因为大家都觉得，科学太神奇、太厉害了。这么神奇、这么厉害的科学，肯定不是咱们这些草民可以关心的，所以大伙儿一听见科学二字，不赶快跑还等啥？

不过话又说回来了，科学根本没那么玄乎，很多时候，科学是玩出来的！

"50后"或者"60后"应该还记得，小时候没有半导体收音机，只有一种叫矿石收音机的小玩意。这是在半导体二极管发明以前，一种用天然矿石晶体作为高频检波器的非常简单的收音机。那时候很多小朋友都特别爱玩这种矿石收音机，跑到北京当时著名的无线电爱好者圣地——西四丁字街花一两块钱买一个矿石和可变电容器（也叫单联）。回到家里自己用漆包线绕一个大线圈，再弄一根长长的天线，另一根电线接在暖气管上。然后戴上耳机，趴在桌子上扒拉那个矿石的接触点，突然耳机里出声音了，"……小喇叭开始广播啦……"一台矿石收音机就这样制造成功了。为此，这些现在已经是60岁上下的"小朋友"会高兴得满地打滚。

不过玩矿石收音机只是小朋友课余时间的业余爱好，真正的科学家也爱玩吗？

没错！

就拿飞上天的火箭来说吧，发明火箭的那个美国佬——高达德就是一个大玩家，现在叫"发烧友"。16岁的时候高达德看了一本叫《星际战争》的书，这本书让高达德如痴如醉。在大学毕业当上教授以后，这位超级发烧友有点闲钱了，就自己花钱玩火箭，因为他想把自己送到某颗星星上去当国王。可那时候飞机才发明没多久，根本没人知道怎么才能飞到星星上去，更别说参加星际战争了。不过高达德不管这些，他发明了一套能在真空里干活的发动机，然后造了一个又细又长的大鞭炮，大冬天的给支在了雪地里。电钮一按，"轰"的一声大鞭炮飞了出去。这个大鞭炮就是现在大名鼎鼎的火箭的雏形。不过老高的这个"火箭"和咱们春节放的二踢脚差不多，飞了几十米高就掉了下来。可你知道吗？高达德这么一玩结果就让自己成了"火箭之父"。

还有那个提出相对论的物理大师爱因斯坦，他也喜欢玩，也是玩出来的科学家。爱因斯坦5岁的时候就喜欢玩罗盘，其实就是指南针。那上面的小针总是指着南北两个方向，太神了。不过爱因斯坦和高达德玩的方式不太一样，他喜欢在脑子里玩，爱琢磨好玩的事。那时候，大家都对光的速度很感兴趣，并且计算出了光的传播速度是30万千米/秒。这可让爱因斯坦乐坏了，心想：这下可有的玩了。他想如果人要是能以光速运动，那这个世界会咋样呢？没想到这个想法成了他研究相对论的根，那时他16岁。

善于用脑子玩的还有一位，他就是英国科学家霍金。霍金小时候没有残疾，喜欢自己造玩具，而且会造很复杂的玩具。不过很不幸，霍金得了一种很奇怪的病，会使肌肉萎缩，后来连话都不能说了。于是他只好在想象中生活，想象中玩。他玩的东西，啥宇宙弦理论、膜理论没几个人能弄明白。可是他写的书《时间简史》《果壳里的宇宙》卖得很火，因为大家都觉得霍金很神奇，都想看看他在玩啥。

也许大家会问，这该不会是胡扯吧，科学怎么是玩出来的呢？那些满脸严肃的大学教授，还有中学里分判得挺严、眼镜片挺厚的物理老师可绝对不像会玩的人啊！

这一点儿都没错，如今有些科学家确实有点儿像外星人，差点儿人情味儿。而且见着不太懂科学的人他们就更牛了，摆出一副自己啥都明白的样子，大棍子抡圆了把你教训得没地方躲。好像除了他谁都不懂科学，科学只有他知道似的。此外，很多科学家写出来的所谓科普文章，看一眼就不会再想看第二眼。

那错在哪里呢？错就错在现在大伙把科学看得太神秘、太玄乎、太"金字塔"了。难怪美国有位先生写了一本书《科学是怎么败给迷信的》，注意书名：科学是怎么败给迷信的——失败已经是结论。其实，现在科学在大众的心里已经和算命先生、周公解梦、跳大神啥的有点类似了，心存敬畏，无法接近。到底这是为什么呢？

原因很简单，那就是大家忘记了，而且连科学家自己也忘了：科学其实是玩出来的！

　　科学绝不像算命先生、周公解梦、跳大神那样无趣又诡秘，科学是非常美妙的。美国著名的物理学家、诺贝尔奖得主，贪玩的费曼在他写的物理书中告诉他的学生们："我讲授的主要目的，不是帮助你们应付考试，也不是帮你们为工业或国防服务。我最希望做到的是，让你们欣赏这奇妙的世界。"

免费的救命药

Andy Coghlan

现在是早上 9 点，我在办公室——是时候开始我一天的服药了。像往常一样，我溜到消防通道，开始我的治疗。20 分钟之后，我又回到办公桌前，充满活力和热情地开始工作。

从 45 岁血压升高开始，我定期服用这种药已经快 8 年了。听说它可以帮助降低血压，改善血液循环。果然如此，高血压已经远离我很久了。

更奇妙的是，对这个星球上的每个人来说，这种药都是可以免费得到的，吃不吃，吃多少，都完全取决于你自己。正如现在的研究所揭示的，这种药你吃得越多，你就会变得越健康。

不运动的代价

最近有太多的研究表明，运动可以保护我们免于心脏病、脑卒中、糖尿病、肥胖、癌症、阿尔茨海默病和抑郁症，甚至能增强记忆力，而且可能比任何一种单一疗法更好地预防早亡。在丹麦哥本哈根大学从事糖尿病研究的埃里克·里赫特说："这是一种神奇的药物，身体里也许没有一个器官不受它的影响。"

在进化过程中，我们的祖先追逐猎物，躲避捕食者。更近一点，他们在农场和工厂里劳作。但随着农业和工业劳动的减少，以及汽车等大量节省体力的设备的出现——最有害的是电视、电脑和电子游戏——我们都被困在了灾难性的静止不动里。

我们正在付出代价。2009年，哥伦比亚南卡罗来纳大学的运动研究员史蒂文·布莱尔发表了一项针对超过5万名男性和女性的研究，表明心肺功能不好是早亡最主要的危险因素。在研究中发现，16%的死亡是由心肺功能不好引起的，超过了肥胖、糖尿病、高胆固醇导致的死亡总和，也是吸烟导致的死亡的两倍。

当我们不好动的时候，那些曾经一度罕见的疾病死灰复燃了。根据英国糖尿病协会的一份报告显示：1935年，当全球人口总数只有20亿出头的时候，估计1500万人患有Ⅱ型糖尿病；到了2010年，全球人口总数是那时的3倍多，患糖尿病的人口大幅上升到2.2亿，预计2025年将增加至3亿人。类似地，2012年早些时候发表在《美国医学会杂志》上的研究结果表明，超过1/3的美国成年人肥胖，儿童中的肥胖比例也达到了17%。

惊人的发现

到目前为止，最为有力的证据来自印第安纳波利斯的美国运动医学学院开展的"运动即药物"项目。研究人员整理研究了过去10年间那些听从美国政府给出的运动建议的人们的健康状况。该建议倡议：每周做150分钟的中等强度有氧运动，比如快走、舞蹈或者园艺，抑或是75分钟更为剧烈的运动，比如骑车、跑步或者游泳。

"运动即药物"项目的研究结果表明，按照这个建议来进行每周中等强度的锻炼可以减少40%由心脏病导致的早亡，效果跟服用他汀类药物大致相同。

来自台湾竹南的"国家卫生研究院"的温启邦针对运动如何预防心血管疾病提出了一些见解："运动能够促进血液循环，清除血管壁上的脂肪沉积，扩张小血管，从而预防心脏病和中风。"2012年4月，他发布了一项针对43万台湾成年人的研究结果，该研究表明运动能够使心脏病风险减少30%至50%。

运动也能疏通血管，保持血管干净，帮助摧毁那些最危险的脂肪。2012年2月发布的一项研究揭示了运动可以改变血液中一种叫作甘油三酯的脂肪微粒的结构，让酶在它们堵塞血管前更容易将其破坏掉。很多循环系统的风险来自这些脂肪微粒。

"运动即药物"项目最惊人的发现是：每周中等强度的运动量能够使患 II 型糖尿病的概率降低 58%，预防效果是广泛用于糖尿病的药物二甲双胍的两倍。

从抑制癌症到提升智力

此外，"运动即药物"项目的研究结果表明，遵照美国政府推荐的每周运动量，能够让女性罹患乳腺癌的风险减少一半，也能让患肠癌的风险降低大概 60%。这跟每天服用低剂量的阿司匹林所产生的预防效果相当。

北卡罗来纳大学教堂山分校的劳伦·麦卡洛说："运动降低了体重，而体重是已知的更年期罹患乳腺癌的风险因素。"

她还认为，减少脂肪在体内囤积可以减少细胞暴露于循环激素、生长因子和炎症物质的风险。她说："这些物质都已经被证明会增加患乳腺癌的风险。"

另外一条线索来自西雅图弗莱德·哈钦森癌症研究中心的安妮·麦克蒂尔南，她是研究肠癌的。来自 200 名健康的志愿者的活检结果表明，跟运动者相比，不运动的人有更多结肠隐窝异常的迹象——结肠隐窝是结肠内壁的凹陷处，它是吸收水分和养分的。不运动的志愿者的隐窝里分裂细胞的数量有增加，这些细胞还会爬到隐窝内壁高处，在那里它们有可能发展成癌前息肉。

另一个运动预防癌症的有力证据是，得克萨斯大学达拉斯西南医学中心的贝丝·莱文在其近期的一个研究中发现，运动刺激细胞寻求额外的能量来燃烧掉不需要的垃圾，包括那些可能引发癌症的错误的或者突变的 DNA。此外，莱文发现脑细胞也有同样的机制，表明运动可能有助于预防痴呆和神经退行性疾病。

早在 1999 年，美国国家老年疾病研究院的亨利埃特·范·普拉格就发现，使用跑轮的老鼠海马体内长出了新的神经元，海马体是大脑里对记忆至关重要的部分。她说："它们每天跑步，跑了大概一个月之后，我们发现它们的神经元增加了一倍到两倍。"

十几年前，伊利诺伊大学厄巴纳－香槟分校的阿尔特·克莱默带领的团队通过对 120 个长者脑成像的研究，证明运动可以让海马体的体积增加大约

2%。用标准测试来衡量，运动能够提高他们的记忆力。克莱默说："我们看到的体积增加能够弥补大概两年的正常老化引起的疾病。我们发现，即使最温和的运动量增加也能够将记忆力提高 15% 至 20%。"

运动带来的好处不仅局限于成年人。克莱默和他的同事们发现，青春期的孩子通过运动也能拥有更大的海马体。

绕着沙发散步

那么，运动如此有益，为什么人们不运动呢？布莱尔说："人们最常给出的借口是他们没有时间。"而根据 2008 年的一项研究，美国公民每天平均花大约 8 个小时看电视。

对于那些像我一样嫌去健身房麻烦的人，在家里或者办公室根据自己的时间和节奏都有很多运动可以选择。布莱尔援引了一项研究，研究人员让一半的电视迷每到电视广告时间就绕着他们家的沙发散步。他说："这样一来他们每小时可以多燃烧 65 卡路里的热量，4 个小时就是 260 卡路里。"像这样坚持一个星期，他们也能达到美国政府推荐的运动量。

布莱尔指出，体重超重的人即使不减肥也能从运动中获益良多。他进行的其中一项研究表明，强壮而运动的胖子早亡的风险只有强壮而不运动的瘦子的一半。

《柳叶刀》杂志在 2012 年 7 月公布的一些数据支持了他的观点，除了戒烟之外，没有任何行为能像运动一样给人体健康带来那么多的好处。这项研究也解释了为什么不运动每年会导致全球 500 万人死亡，跟吸烟导致的死亡人数相当。

至于我，跑楼梯似乎有效果，尽管我并没有 8 年前的健康数据来对比确认我的进步。上个月的扫描和测试显示我的血压和骨密度正常，而且我身体的脂肪含量还比这个年龄的平均水平低 6%。此外，我身体的脂肪只有 20% 是那种在腹部器官周围的有害脂肪，而我的同龄人则有 30%。我的心脏健康，通过跑步机测试，好于平均水平，目前我也没有慢性疾病。现在，想象你得到了一种药丸能够有如此好的效果，你难道不打算吃吗？

逃离『时间黑洞』

李睿秋 Lachel

什么是"时间黑洞"呢？它指的是，在每一天的日常生活中，你无意识地、习惯性去做的事情。尽管这些事情看起来都很小，但累积起来，就可能吞噬我们的时间资源。

这些时间开支一般包括两种。一种是日常琐事，例如家务。如果把生活比喻成一个瓶子，它们就像瓶子里的沙子，细微而不起眼，却散落在我们生活的方方面面。

如何处理这些事情呢？首先要考虑的是，能不能尽可能缩短处理它们的时间？比如，请人帮忙打扫卫生，用洗碗机等现代科技节省劳动力，一次性购买一周所用的食材并简单预处理……避免把自己宝贵的时间，空耗在这些维持日常运转的琐事上。

如果实在难以缩短，也可以考虑另一种方式，那就是把这些时间黑洞，转化为我们的能量仓库。一个有效的做法是，把这些琐事转化为日常生活中的"仪式感"，让它们成为自己休息和疗愈的契机。你可以把做日常琐事的时间、步骤甚至场景，固定下来。重复的行为能够带来一种奇妙的力量，它能增强我们对生活的掌控感。比如，在下午 4 点散步，做一下拉伸；午饭后泡杯茶，读两页书；每工作半小时，听一会儿音乐。

什么样的仪式才能起到作用呢？答案非常简单：只要它足够精确，经常重复，并且遵循严格的顺序。关键是把它内化到每一天的生活轨迹里。这种方式，可以让自己重新找回对生活的掌控感。

另一种时间开支，就是当我们感到无聊、无所事事时，下意识地去"打发时间"，填充生活间隙。比如，看低俗小说、上网"闲逛"等。这些事情有价值吗？价值很低。一个有用的建议是，为这些事情设定一个明确的边界。

我自己的习惯是，为所有这种"打发时间"的行为设定一个明确的时间点。比如，我现在想看一会儿网络小说，那么我就定一个 20 分钟的闹钟，时间到了，就让自己停下，以此避免自己长时间不由自主地沉浸其中。一旦习惯了这种做法，你就不需要定闹钟了。你可以在脑海中培养起一个时间观念，不论你在做什么事情，都能够估算一下：现在大概过了多久？我已经做了多久？那么，你就可以及时提醒自己，是时候停下做这些低价值的"打发时间"的事，而去做更有意义的事情了。

为什么晚上的天空是黑的

李旻

这个问题说起来还真的奇怪，因为晚上没有太阳啊。但如果我们再想想看，晚上有星星啊。星星的数量不是很多吗，为什么不是满天星光呢？因为星星太远了，所以我们看不清啊。但是，星星如果是无穷多，就应该看起来亮闪闪的一片啊！

这么一圈绕下来，是不是觉得这个问题很无厘头？

这个问题，实际上是著名的"奥伯斯佯谬"。奥伯斯是德国 19 世纪著名的天文学家，他在 1823 年提出了这个问题。这个问题比较文绉绉的表述是：如果宇宙是稳定的，无限大的，而且发光的星球是均匀分布的，那么无论向天上哪个位置看去，都可以看到一颗星球的表面，所以就不会有黑暗的位置存在于星星之间。因此黑夜时，整个天空都会是光亮的。事实上，在上述前提下，用严格的数学进行推导，结果更让人吃惊，那就是晚上的天空是无限亮的。

从逻辑的角度来分析，如果论证过程无懈可击，结论荒谬，那只可能是前提错了。而这个结论显然是错的，因为我们都看到了黑夜的黑。

所以，我们要来看看这个前提"如果宇宙是稳定的，无限大的，而且发光的星球是均匀分布的"。星球均匀分布这个问题不大，因为总体上我们的观测结果告诉我们，星球整体上是均匀的。那就只有"宇宙是稳定的，无限大的"

这个前提出问题了。是的，你没猜错，现代宇宙学确实认为，宇宙不是稳定的，宇宙也不是无限大的。

宇宙不是稳定的，因为我们知道宇宙从诞生开始，就不断膨胀，而且是加速膨胀。宇宙也是有限的，现代天文学的观测、计算结果认为，宇宙大概是138亿光年这样的一个尺度。

所以，"奥伯斯佯谬"现在反过来，成为支持现代宇宙学的一个重要证据。而奥伯斯当初也没有想到宇宙是变化而且是有限的，他仅仅从"星际雾霾"，也就是星际间的气体、尘埃会对光线产生遮挡来解释黑夜现象。

精细的物理及数学模型证明，哪怕有大量星际气体与尘埃存在，天空也不是黑的。我想雾霾天我们的感觉也能证实这一点。

事实上现代宇宙学的进一步观测还证明，宇宙中的物质都不是均匀分布的，而是有着一定的结构。天文学家在1989年发现了宇宙长城，它是由星系组成的长5亿光年、宽2亿光年、厚1500万光年的结构。另外在2007年又发现了近10亿光年大小的"空洞"结构。也就是在这个范围内，几乎什么都没有。更有趣的是在1亿光年这个尺度下，天文学家发现星系组成类似纤维状的结构，弥漫在宇宙中。

有时候天文学就是这么有趣，一个很小的问题，就开启了一扇大门。黑暗的夜，背后那神秘的宇宙会让你心惊还是心动？

一张自拍照能泄露多少隐私

李木

随着人们隐私保护意识的提高，在晒图时我们越来越小心，以避免泄露重要的个人信息。可是你知道吗，哪怕一张毫不起眼的自拍照，也隐藏着许多信息。

背景暗示地点

一部美国老电影《空中飞龙》讲述了这样一个故事：一伙恐怖分子绑架了一位美国富商的妻子和子女，以勒索巨款。绑架者将一张受害者的照片寄给了富商，照片中，富商的妻儿被绑在一个空无一物的石头房间里，除了昏暗的阳光什么也看不见。可是这张看起来没有透露任何背景信息的照片，却泄露了绑架的地点，富商根据妻儿瞳孔里的倒影、阳光照射的角度、石头的材质和建筑风格等信息，推断出妻儿被囚禁在英国的一个百年古堡里。最终，他和友人驾驶着简易滑翔机飞越大海，勇闯古堡，成功解救了妻儿。

你觉得这个故事很神奇？其实相似的故事在生活中已经发生过很多次。美国空军有一个专门负责跨地域目标定位和分析的情报侦察小组，叫作361号小组，其成员的一项重要工作内容就是在社交媒体上收集信息。

有一天，361号小组成员在推特上发现了一张特别的自拍照，一名恐怖组织成员站在其指挥部前得意扬扬地笑着。该小组根据自拍照提供的环境信息迅速进行坐标定位，确定了恐怖组织在伊拉克的总部大楼的位置，并发射了3枚导弹直接摧毁大楼。从恐怖组织成员发布自拍照到美军实施军事打击，整个过程只用了22小时。

定位方法并没有那么神秘，在大数据时代，普通人也可以轻易定位他人。在网上随意搜索一张可以隐约看到背景的自拍照，找出一到两个建筑物的名称，比如"××公司"或"××商城"，然后在搜索网站中搜索相关建筑物，在实景地图中查看周边环境，再逐一比对照片的其他细节，比如光照角度、室内布置等，就能找出拍照地点。

人体自带信息

如果没有背景，整张照片只有自己的脸，是不是就是安全的呢？恐怕未必。

2019年，日本一名男子因袭击一名女星而被捕。

被捕后，嫌疑人交代了犯罪过程：他放大了女星在车站的自拍照，从其瞳孔倒影中获知了大致的街景轮廓，再用地图软件的街景功能逐个排除，找到了疑似车站。随后他到车站蹲点跟踪，进一步锁定了女星居住的公寓。接着，他又找到女星在家里拍的自拍照和短视频，经过对光照角度以及窗帘颜色等关键信息的仔细分析，最终成功推断出女星住所的具体房号，上门实施了犯罪。

除了瞳孔，拍照时常摆的"剪刀手"也很危险。现在，智能手机摄像头的分辨率越来越高，通常都在千万级像素以上，一张对焦完美的照片放大后能看清手指细节。这时可就要小心犯罪分子找上门了。从自拍照中得到了你的身份信息和指纹后，指纹支付盗刷、伪造文书签订以及自由出入指纹门禁系统等"灾难"可能会接踵而至。

自拍照被盗用

如果说从自拍照中"偷盗"信息还不算普遍的话，那么他人直接使用自己的自拍照就让人防不胜防了。

2019 年 8 月，重庆无业男子李某窃取了某位主持人的照片，伪装成飞行员，并在网上交到 7 名"女朋友"，之后向她们"借"了一笔不菲的金钱。一段时间后，受害者突然发现她们的"男朋友"看起来和某主持人一样，这才意识到自己被骗了，报警后最终揭开了李某的真面目。

别人利用你的自拍照还能成功刷脸。2019 年，某快递柜推出了刷脸取件的服务，杭州的几名小学生用打印出来的父母的自拍照成功取出了他们的快递。后来，快递柜的这项服务就被取消了。

不仅是快递柜，就连网站上的真人认证也可以用他人的自拍照完成。网站的真人认证环节通常要求用户对着摄像头做一些简单的动作，比如眨眼、点头和张嘴等，其初衷正是为了防止不法分子拿他人的照片来蒙混过关。不料道高一尺魔高一丈，不法分子运用特殊软件"活化"照片，就能让照片上的人"动"起来，完成认证动作。这些软件通过人工智能算法提取照片的特征值，然后调整其中一些参数，就能改变脸部的角度和五官的形态等特征，从而实现诸如挑眉毛、摇头、点头和张嘴等动态效果。

不过，相似的技术反向运用一下，也可以造福广大热衷自拍的人。加拿大多伦多大学的教授曾设计出一种算法，同样通过更改照片的一些参数，对照片进行了肉眼不可见的改变，却能使不法软件再也无法提取识别照片的特征值，从而保护了用户的脸部信息。美国芝加哥大学的研究者也设计了一种类似的算法，并将其分享在了软件代码网站上，用户们可以免费获取他们设计的算法。

美美的自拍背后隐藏着这么多风险，下次，你在上传精心拍摄的自拍照前，一定要再慎重考虑一下这样做的风险。

『鳄鱼的眼泪』可以喝吗 Skin

在蝴蝶、蜜蜂和飞蛾界，流行着一种"网红饮品"，让人意想不到的是，这种饮品就是动物的眼泪。

几十年来，不少生态学家发现了这些昆虫喝眼泪的行为。在亚马孙热带雨林中，一群蝴蝶享受着黄斑河龟提供给它们的眼泪自助餐。在哥斯达黎加的一处生物站，一只眼镜鳄正在懒洋洋地晒着太阳，而蜜蜂和蝴蝶凑在它的眼前大口喝泪……

而人类的眼泪也没有被排除在外。在荷兰的一则报道中，一只蝴蝶停在一个女孩的脸上，用它长长的触角戳着她的眼睑。蜜蜂也很过分，它们十分喜欢喝人的泪水。

汗蜂是一种隧蜂科昆虫，不过它们有着神奇的习性，就是喜欢爬到哺乳动物和人身上吸食汗水和泪水，这也是它们名字的由来。

还有一种隧蜂科昆虫，不仅自己大喝一顿，还会分泌出一种信息素，召唤它的同伴一起来享用泪水。

泰国研究者班齐格发现，当他有一次正在花丛中观察授粉过程的时候，那些蜜蜂并未落在花朵上，而是选择落在他的眼睛上。

可是，眼泪到底有什么好喝的？

眼泪是咸的，因为泪水中不仅有水，也有钠、钾、氯化物等离子。这种盐水溶液能够让我们的眼球表面保持湿润和清洁，维持正常的细胞功能。

事实上，蝴蝶和蜜蜂正是通过喝眼泪来补充盐分。科学家托雷斯说，对飞舞在亚马孙热带雨林西部的蝴蝶来说，钠是一种很稀缺的矿物质，它们很难通过日常饮食获得，所以需要额外补充。毕竟对生物体来说，钠是生存和繁殖所必需的营养素。

其他动物却能通过更丰富的饮食或肉类获得足够的钠，所以牛、马、大象都是昆虫们的"自助饮料站"。

鸟的眼泪也成了它们追逐的目标。一位生态学家观察到，当夜幕降临亚马孙热带雨林时，一只飞蛾偷偷靠近了一只熟睡的鸟，并且将它的管状口器插入鸟的眼睛，就像用吸管喝水一样，而这只鸟似乎一点儿也没察觉。

为了追求钠，昆虫们不仅会被眼泪吸引，还会做出让人迷惑的行为。研究者们将这些行为叫作"玩泥巴"。

除了将体液作为食物，以蝴蝶为代表的一些昆虫还会从泥浆、腐烂的植物，甚至是粪便和腐肉中获取盐分和氨基酸。

有一种蝴蝶会趴在泥水边大喝一顿，边喝边吸收钠，然后再将多余的水排出体外。它们一次可能就会喝下比自己身体重 600 倍的水。

还有一种雄性蝴蝶为了顺利繁衍后代，甚至将富含钠和氨基酸的营养物质作为"彩礼"送给雌性蝴蝶，而这也的确让它们后代的成活率大大提升。

有些蝴蝶甚至会对血液、新鲜的粪便和腐肉感兴趣。虽然它们是素食者，而且也不会真的吃肉，但是腐食似乎能带给它们丰富的钠离子和铵离子。喜欢腐烂水果的动物还会吸取其中的糖类和有机化合物。

所以，当我们看到蝴蝶聚集在泥地里、树叶上或粪便上，它们可能正在贪婪地吸收着这些"营养加餐"。

事实上，被昆虫喝眼泪这件事情本身对哺乳动物来说没有什么害处，甚至很多动物都很难察觉。

不过这件事情也存在风险，专门研究蜜蜂喝眼泪的班齐格就自愿成为实验的"小白鼠"。为了观察蜜蜂喝泪行为，他让 200 多只蜜蜂飞到他的眼睛附近，喝他的眼泪。他发现有些蜜蜂为了顺利喝到眼泪，会抓住他的睫毛，然后把口器放入眼球和眼睑之间的凹槽中。

这个过程并不痛，也并未造成严重的伤害，只不过由于有太多的蜜蜂连续喝眼泪，班齐格的眼睛有一天发炎了。

但另一位何小姐就没有这么幸运，4只喝眼泪的汗蜂直接寄生在了她的眼睛里，让她的眼睛十分刺痛，甚至发生了溃烂，这也导致了一定的视力障碍。

况且，就算它们不会产生实质性的伤害，也可能会感染其他细菌。研究发现，喝眼泪的苍蝇会在奶牛之间传播红眼病，而且就连"身经百虫"的班齐格本人也提醒大家，要小心携带传染病病原体的昆虫。所以在野外还是要做好保护措施。

你吃的蛤蜊也许已经好几百岁了

berlika

2006 年，一些英国科学家在冰岛海域开展研究性巡航。当这艘船放下的大网从海底划过，栖息在海床上的生物也随即被带离。其中就包括一只已知寿命最长的软体动物——北极圆蛤"明"。

蛤蜊也有"年轮"

这只蛤蜊看起来很普通，8.7 厘米长，和其他大蛤蜊似乎没什么不同。但细数过它壳上的生长轮后，所有人都吃了一惊。

像树木一样，蛤蜊壳上也有一圈圈的"年轮"，每生长一年，年轮就多一圈。为了弄清楚"明"的年龄，科学家决定打开它，用显微镜来观察它韧带上的生长轮。得到的答案是，它 405 岁。由于推测出它出生的时间正处于中国的明朝，科学家便赋予它"明"这样一个浪漫的名字。

几百个年轮挤在一个不大的壳上，这就导致一些生长轮的位置贴得过近，或被压得太扁，容易造成观测上的误差。2013 年，科学家决定再次评估"明"的年龄，这次他们使用了碳 -14 年代测定法等更为先进精细的测量方法。结果，新的计数上升到了 507 岁，比之前大了一个多世纪。

蛤蜊的"长寿秘诀"

比"明"更老的蛤蜊很可能仍然潜伏在海洋深处的某个地方。年龄超过100岁的北极圆蛤并不罕见，在爱尔兰海、北海等海域都发现了百岁以上的蛤蜊。北大西洋的海洋蛤蜊一直是蛤蜊浓汤中常见的食材，也许世界上已有不少人在不知不觉中吃掉了这些数百岁的老蛤蜊。

为何北极圆蛤能够如此长寿？有人认为，因为它们的耗氧量非常低、新陈代谢非常缓慢，所以它们拥有"冻龄"的超能力；还有人提出，北极圆蛤极高的蛋白质稳定性、细胞更新率的特异性也可能是它们长寿的秘诀。

海洋环境的"记录簿"

北极圆蛤很容易就能长到100岁，而它们的生长轮就像一张微型唱片，随着时间的推移，整合着水温、食物等信息，因此，可用于推演它们生长过程中的气候与环境变化。例如，通过检测年轮中的各种氧同位素，科学家就可以确定贝壳形成时的海水温度。因此，一只蛤蜊就是一本海洋环境的"记录簿"。

自工业革命以来，大气环境的变化正在推动海水温度和洋流的变化，这些重要发现将帮助我们更好地了解气候变化带来的后续影响。有许多方法可以绘制陆地气候的变化表，但在海洋里，我们能获得的数据十分有限。北极圆蛤由于自带长寿属性，可以有效帮助我们填补这一空白，给我们提供非常准确的海洋气候变化数据。

尽管"明"的生命因一场科学研究戛然而止，但它的出现给了全世界一个提醒——海洋中还隐藏着许多人类尚未发现的奥秘。

其实你可以不生病

曾志锋

　　健康就像幸福一样，对我们来说是非常珍贵的东西，但却经常被我们在不知不觉中忽略了、牺牲了。得知健康不再时，你是否想过，到底健康去哪儿了，是谁悄悄地偷走了你的健康？

垃圾食品新解

　　对于人体来说，所谓的垃圾就是人体没法利用的东西。这些无法利用的东西有两种来源，一种是身体无法排泄的东西，另一种是被我们津津有味地放进嘴里的垃圾食品。

　　很多食物放久了我们都会把它们当成垃圾扔掉，但奇怪的是，当它们变成另一种形式，我们却经常不能把它们认出来。例如变成速冻水饺肉馅的猪肉、变成火腿肠的鸡肉、变成果脯的蜜枣等等，我们忘了去想想这个猪肉、那个鸡肉在被我们吃进肚子的时候，到底在货架上、在贮物室中放了多久。难道仅仅是因为它们利用先进的食品加工技术，如防腐技术等处理后，看起来还新鲜、吃起来没有怪味，我们就认为那依然对我们的健康有益吗？显然不是，对于我们的身体来说，防腐剂更是一场噩梦。

　　此外，不当的食物摄取、药物使用、缺乏运动、情绪低落等，都会使毒素以某种形式在体内积累起来，导致基因的异常表达，产生疾病，这些你都得保持警惕。

糖带来的浩劫

很多人并不喜欢糖，也不吃甜食，在并没有觉得自己摄入了过多糖的情况下，怎么还会因为糖而影响健康呢？事实上，糖在我们生活中几乎到了无孔不入的地步，它很少是以单一形式存在，大多以食品添加剂的形式被添加到各种食物当中，使我们不知不觉摄入了大量的糖。所以，不妨好好地看看你放进嘴里的各种食物，是否含有过多的糖分。

食用油：美味的陷阱

和米饭一样，今天有另一样东西比过去任何一个时期吃得都多，那就是油。无论是在自家做菜，还是在饭店吃饭，每道菜必然是油多才能味美。但是问题来了，当我们享受着油带给我们的美味时，大量的油脂也涌入了身体。而身体进化的速度，远没有人们吃油的习惯改变得那么快。如果我们每天都在摄入这些身体不需要的脂肪，积累在体内无法排出，便会成为威胁健康的又一重要因素。

那么我们该如何避免这种伤害呢？最好的做法就是从现在起，清理一下厨房和冰箱，尽量选用高质量的橄榄油或亚麻油。同时，生的植物种子，生的坚果，高质量的蛋类、肉类和鱼也是很好的脂肪酸来源，不妨多摄入。

剩饭剩菜惹的祸

不知道有多少人还保持吃剩饭剩菜的习惯。我父母那辈人，因为年轻的时候穷过，受过苦，所以他们非常珍惜每一粒粮食，因此吃剩饭剩菜便成了他们那辈人的"优良作风"。当然，现在很多年轻人也吃剩饭剩菜，多是因为时间太少或精力有限，通常晚餐做够第二天早餐和中餐的饭菜。无论是"优良作风"，还是节约时间，假如坚持吃剩饭剩菜，那么最终我们只能沦落成为"垃圾桶"。

剩饭剩菜里面有什么？就营养成分来说，最多的是糖分，然后就是反式脂肪酸、少量不完全蛋白，然后就是大量亚硝酸盐、细菌，几乎没有维生素和消化酶。大部分人都知道这是垃圾，但因为这些东西吃下去之后，似乎不会马上出现一些不良状况，所以并不在意。不过，其实身体是有信号给你的，只是你没有注意，比如说味觉退化、体型走样、脸色异常等，这些都是经常吃剩饭、吃小吃、下馆子的人的基本特征。

有一种毒物叫街边小吃

在中国，小吃因为它诱人的美味而无处不在。但在美味的背后，却可能隐藏了许多危害健康的因素。

出于对最大利润的追求，许多商贩为了降低成本，千方百计地寻找最廉价的原材料，而这些廉价的材料，往往都是劣质的、对健康有害的。举个烤红薯的例子，很多小贩也许不知道用废油漆桶来烤红薯对身体不好，煤球也不适合用来做燃料。烤红薯最好用木炭做燃料，但是使用木炭的成本要比煤球高好几倍，他们自然会想到用煤球。再例如八成以上的街边小吃使用的油都是有问题的油，像麻辣烫、油条、油饼、煎饼果子等小吃，部分经营者都使用二次油，这些劣质油对食客的健康伤害是非常大的。地沟油含黄曲霉毒素、苯、砷和铅等数不清的有害物质，其中，黄曲霉毒素是头号肝脏杀手，可以导致肝癌。

有一种慢性自杀叫下馆子

也许是生活和工作节奏变得越来越快，一日三餐，很多人有两餐不在家里吃，即使在家里吃也是胡乱地吃。条件差点的人在街边找个快餐店，条件好点的人则根据自己的喜好，或去中餐馆或去西餐厅；有些人则出于各种应酬，穿行于各式的吃饭场所；有些人逢年过节或者是在一些特别的日子，总要特意请家人或同事选个地方聚在一起吃吃饭、聊聊天以联络感情。

然而，对于个人健康而言，把胃交给一个陌生人负责，却是非常冒险的行为。到饭店吃饭，有许多环节我们都无法掌控，我们不知道端上来的香脆的松子鱼是否由新鲜活鱼炮制而成，无法确认美味的红烧肘子是否添加了一些有损健康的调味料，也无法知道青菜是否洗得干净。我们甚至无法确定免费茶水是否为劣质的茶叶冲泡的，无法确认餐具到底有没有消过毒。

　　"把胃交给别人，把健康留给医院"的潇洒生活，无异于在打仗的时候，把自己的粮草仓库献给敌方军队，把自己的军火仓库交给了敌人。这种情况，不是很像在自杀吗？

香蕉式淘汰

王昱

当你走进水果店，面对琳琅满目的水果，是否设想过有一天你会和其中一种水果永远绝缘呢？最近，英国《自然气候变化》杂志的一篇报道称：英国埃克塞特大学的研究人员进行的一项研究发现，在全球广泛种植的香蕉正面临"香蕉枯萎病菌4号种"的困扰，而且正持续加重，最坏的可能性是在2050年全部灭绝。

再过30年咱就吃不上香蕉了？这个说法听起来有些耸人听闻。但你知道吗？在历史上，香蕉其实已经"灭绝"过一次了，我们现在吃的香蕉，只是"正版香蕉"的替代品。

如果你能穿越回20世纪50年代的美国，并吃到当时的香蕉，肯定会惊奇于那时的香蕉怎么那么好吃。作为一种出身于观赏植物的水果，香蕉的种类繁多，但真正好吃的其实只有有限的几种。近代，人们对这些品种进行挑选，最先被选中的，是一种叫作"大麦克"的香蕉。自19世纪初开始，"大麦克"香蕉的种植就已经遍布美洲、非洲以及欧洲，并向世界各地广泛出口。它与我们今天所吃的"华蕉"是近亲，但由于"大麦克"比"华蕉"好吃太多，在它存在的那段岁月里，"华蕉"只能屈居观赏蕉类。

"大麦克"的味道今天仍能尝到：你在超市买到的香蕉牛奶，最初就是20

世纪 50 年代美国厂商以"大麦克"的口味为模板,通过调制食用香精配出来的。你是否也觉得香蕉牛奶比香蕉本身味道好太多呢?

到了 20 世纪中期,"大麦克"已经风靡全球,很多南美国家单纯依靠种植香蕉就能支撑整个国民经济,"香蕉共和国"所言非虚。

然而,作为一种美味的水果,香蕉有一个致命的软肋,它是一种"多倍体植物"。多倍体是植物在特殊环境下发生染色体加倍的现象,细胞内原有的全部遗传物质(统称基因组)都多了一倍甚至两倍。对这些植物而言,由于控制生长、营养及糖分合成的基因多了一倍以上,植株的茎秆往往更加粗壮,叶片、果实和种子更加巨大,果实也更好吃。但多倍体植物是无法正常繁殖的(所以香蕉是没籽的),只能扦插繁殖。从这个角度来说,同一种香蕉的不同个体,其实只是一棵母株的不同枝干。

这种特性导致香蕉在维持品种稳定性的同时抗病性却极差。如果一种香蕉只在小范围种植,疾病大规模扩散的概率也许还小一些,但如果把某种香蕉种植得田连阡陌、遍布全球,其遭遇克星的风险几乎无法避免。这个道理就跟生活在大城市的人更容易得流感一样。

果然,自 1927 年起的 30 年里,一种叫"香蕉枯萎病菌 1 号种"的疾病缠上了"大麦克","大麦克"香蕉陆续在美洲、非洲绝迹,导致无数农场主破产。美国人民一度没有香蕉可吃,只能靠喝人工调制的香蕉牛奶回味一下当初的美味。

而"大麦克"香蕉的绝迹还导致巴西等国家的种植业遭遇毁灭性打击。说起来,这场灾难要对 20 世纪后半叶拉美经济的步履蹒跚负一定责任。

在"大麦克"被"团灭"后,育种学家不得不加快寻找可代替的香蕉品种。我们今天吃的"华蕉"便是当时作为"替补"上场的香蕉品种。"华蕉"虽然口味比"大麦克"稍差,但"香蕉枯萎病菌 1 号种"拿它没办法,可以在被病菌孢子污染后的种植园中继续种植,于是人们只好退而求其次了。

然而,出来混迟早是要还的。如今,随着"华蕉"越种越广,它终于也遇上了自己的克星"香蕉枯萎病菌 4 号种",并且出现了与当年"大麦克"十分相似的产量衰退。如果未来没有新技术扭转乾坤,"华蕉"也会重蹈"大麦克"

的覆辙。届时，人们也许会再从其近亲中选择另一种替代品，以满足全球香蕉爱好者的口腹之欲。

从香蕉的演变史，我们发现了一个有趣的现象：香蕉种植似乎在进行一场"劣币驱逐良币"的竞赛，在不考虑技术出现突破的背景下，越好吃的香蕉越先被选中推广至全球，也越先因为遭遇致命疾病而绝种，继而人们不得不选取差一点的替代品。

其实，这种"香蕉式淘汰"在社会生活中也很普遍。比如你是否经常觉得新歌不如老歌好听？在艺术界，那些最经典、最好的诗歌和乐曲往往最先被发现、被推广开来，也最早被人们所习惯，不再能成为潮流，取而代之的则是一些如"梨花体诗歌"的"怪腔怪调"。再比如在一些公司中，某些最有活力的年轻员工可能率先被发掘，但如果公司机制不成熟，他们也会最早遭遇挫折，负气出走，留下来的则是一群平庸之辈。若真是如此，也许你正陷入一场"香蕉式淘汰"。

喝什么水好

寿柏泉

目前饮用水的种类较多，有纯净水、蒸馏水、矿泉水和天然水等。由于来源和制作工艺不同，它们对人体健康的影响和功效也各不相同。那么，究竟哪种水对人的健康最有益呢？纯净水对儿童健康有何影响？

纯净水的制作工艺来源于太空技术。宇航员为了节省能源并减少占用航天器的空间，将尿液经过层层过滤，去掉尿液中的废物、杂质，剩下纯净的水，达到一定标准后饮用。目前市场上的纯净水，一般取之于江河湖泊或一般地下水、自来水，运用过滤法、蒸馏法、离子交换法、电渗析法、反渗透法等技术处理制得。其优点是去除了水中细菌、原虫等微生物和有机污染物等有害物质，但同时把水中对人体有益的多种矿物质和微量元素，如钙、镁、锌、铁、锡、碘等也去除了。这种纯净水，实际上成了纯净的软水。我们知道，饮用水必须有一定的硬度，也就是要有一定量的矿物质，水质过软对健康不利，长期饮用软水，会影响儿童的生长发育和健康。有研究表明，饮软水的人群，心血管疾病的发生率和死亡率均高于饮硬水的人群。因为水中的钙、镁对于维持心肌内离子的平衡有着重要的作用。故纯净水不宜长期、大量地饮用，儿童尤其不宜多饮。

蒸馏水就是水煮沸后的蒸汽凝结而成的无菌、无杂质的水。因为煮沸过程是消毒净化的过程，也是去除水中矿物质和微量元素的过程，因此蒸馏水也是纯净的软水。这种水成本高，多用来配制医用药液、注射针剂、保健口服液等。饮用这种水不能得到营养，还可能引起疾病，影响人体健康。

矿泉水是指未受污染、从地下深部自然涌出或人工开采所得的天然地下水，并经过滤、灭菌、罐装而成。矿泉水富含人体所需的矿物质和微量元素，对人体生理功能有积极作用，这种水里的矿化物（钙、镁等）多呈离子状态，因此容易被人体所吸收。

天然水是指以江河湖泊或地下水为来源，经沉淀、过滤、消毒处理的自来水。此水如果既符合国家饮用水的卫生标准，又具有有益于人体健康的多种一定量的矿物质和微量元素，那就是活性水。根据不同的工艺和附加功能，目前已上市的产品有矿化水、磁化水、电解离子水、自然回归水等，但最普通、人们最常饮用的还是煮沸后的白开水。

有关专家指出，白开水是最符合人体需要的"天然饮料"。白开水既洁净，又无细菌，还能使硬度过大的水质变得适中（因为过多的矿物质煮沸后会沉淀），并含有多种微量元素等营养物质。尤其是温的或凉的白开水，能很快被人体吸收，补充机体所需的水分，增加血容量，减少血液黏稠度，促进新陈代谢，加快体内养分的运转和分解；同时加速体内废物和毒素的排泄，增强人体免疫力，还能增加肠道蠕动，清除肠道垃圾，增强肠道的生物活性，使人精神振奋，食欲增加。所以，营养学家建议人们，每天早晨起来，喝一大杯"生命之水"，并且每天的饮水量不能少于700毫升。喝白开水对美容十分有益，能够使皮肤保持充足的水分，肌肤更显光泽而且富有弹性，并能延缓衰老。对于普通人来说，每天喝白开水是一种方便简捷的美容和养生之道。

科学家披露挠痒痒逗笑的奥秘

乔扬

为什么挠痒痒既使人乐又令人害怕？科学家新近对人体这一最奇怪的现象作出了解释。

德国古老的民间传说谈到，早先女妖和小精灵常常钻进农家饲养场抓挠牲口，激得牲口发怒，不得安宁。人们还说，相爱的人彼此伸出手指头"挠痒痒"，有助于增强性爱激情。罗马尼亚北部特兰西瓦尼亚山区的民俗则认为，不可过多地挠痒吃奶的婴儿，逗婴儿哧哧地笑。如不注意，婴儿长大了要说话结巴。

通观人类的各种行为举止，数挠痒痒特别奇怪。为什么挠痒痒会使人既笑个不停，又感到受折磨吃不消呢？为什么自己抓挠自己不会痒得发笑呢？这种叫人不太好受的咯咯或哧哧笑声中，包含着什么样的生物学意义呢？20世纪末最后几年中，一些科学家自信已探究出了有关这方面的秘密。他们自行设计研制成挠痒痒机器，对愿意接受试验的人进行测试，引起测试对象扑哧一声突然发笑。他们细心绘出测试对象脑功能兴奋的过程，记下笑声持续的时间，用来解开这个千古之谜。

"挠痒痒起源于发现身体上粘附着某种异物。"美国马里兰州大学心理学家罗伯特·普罗文说。他以长毛的蜘蛛和有毒的蝎子为例，即使最低级的哺乳动物，遇到蜘蛛或蝎子爬在脖子上，挠得发痒，也会赶忙设法将它除掉，否则自己的性命难保。对人类来说，蜘蛛爬在身上自然没有多大分量，属于"轻微抓挠"。反之"狠劲抓挠"则需要加大刺激力度，要选择恰当时机出其不意地用食指抠戳对方身体上敏感的部位。

受到突然袭击的一方作出的反应是十分迅速和不自觉的，不由自主地抽搐，内脏和横膈膜震颤性痉挛，放开喉咙发出咯咯笑声。不久前英国科学家公布研究成果，指出这种反应纯粹属于自动反射，同时并阐明自己抓挠自己不会痒得笑出来的原因。

英国科学家挑选一批触痒不禁的人进行试验，让他们躺在无靠背长榻上，系上皮带扣紧，拿一小块海绵挠他们的手心，记录下他们的脑电流变化情况。如同预料的那样，这些自愿接受试验者一个个轻声哧哧地笑，他们的脑细胞对受到的刺激作出反应。但如果叫他们自己抓挠自己的手心，则谁也不再笑了。这是中枢神经系统小脑发挥了控制协调作用，使身体保持平衡。伦敦神经病学家克里斯托弗·弗里斯解释说："在这种情况下，痒的刺激已不再成其为突然袭击。"

然而许多研究工作者认为，运用反射论解释如此奥秘的行为举止，未免太过于简单化了。他们相信关键在于一种强有力的社会性因素。普罗文指出："挠痒痒是体现出母爱和增强母子感情的首要行为举止，它构成肉体之爱的一个基本内容。"性爱和挠痒痒，喜悦和苦楚，至迟从法国作家马尔基·萨德介绍的做爱方式起，便相互依存，不可分开。

心理学家普罗文同样致力于研究有关笑的奥秘。为了证实挠痒痒具有社会性内涵，他还用黑猩猩做试验，发现黑猩猩在触到痒处时，高兴得哄然大笑（发出"急促喘息的笑声"）。他得出结论说："猿猴是挠痒痒大师。"如同做捕猎或搏斗等游戏一样，挠痒痒也被用来作为训练社会行为举止的科目。普罗文根据试验和观察得出的结果认定，人类同样如此，伴侣、朋友和亲属之间几乎经常相互挠痒痒："其唯一的目的就在于爱。"此外，他还作过一次问卷调查，证明他的这一论点。接受调查者中，70%的人承认："别人抓住我挠痒痒是表示对我有好感。"不过也有64%的人写道："挠痒痒多数情况下使人不好受。"

其中一半人甚至表示"有时候难受得叫人气恼"。

既承认出于"表示好感"但又感到"叫人难受"，这是使研究工作者最难以理解的地方。虽然挠痒痒总会引起咪咪的笑声，不同时代的儿童却不断想出新招，三五成群恶意捉弄某个小伙伴，对小伙伴极尽折磨摧残之能事。例如在中世纪，几个孩子抓住一个小伙伴，捆住他的脚，往脚心擦上盐，牵来一头山羊，让山羊将盐舔食干净。小伙伴经受不住奇痒，笑得喘不过气来，几乎活活给折腾死。

加利福尼亚州大学女心理学家克里斯廷·哈里斯说："许多人坚信挠痒痒逗乐妙不可言。其实被挠者一方多半是不得已逆来顺受，有苦说不出。持续不断挠抓会弄得人家痛苦异常。我讨厌别人乱挠我。"不过哈里斯相信，被挠者一方产生的矛盾心理能用来训练人的体质，促使人们在同野兽或某种残酷嗜血的生物进行搏斗时成为强者，战而胜之。因为"身体上最怕触痒的部位也就是最容易受到伤害的部位"，哈里斯说得很清楚：父母亲伸出手指头抓挠孩子，孩子突然间感到不好受，本能地鼓起勇气自卫。由于孩子同时发出快乐的笑声，父母亲便一个劲儿地继续乱挠，孩子不停地挣扎抵抗。这样，孩子体质就受到了锻炼，能收到最佳自卫训练效果。

从小接受搏斗训练的男孩子多于女孩了。这一点也可说明，为什么男性比女性更害怕挠痒痒。不过俄克拉何马州大学生理学家罗伯特·福尔曼强调指出，就人体皮肤上记录挠痒刺激的感受器而言，其数目多少无分男女几乎每个人都相同。有一些人特别敏感，甚至听到别人说挠痒痒，自己都会"神经质地咪咪傻笑起来"。对于这些人，福尔曼认为只能提出一点忠告："注意锻炼，使自己意志坚强。"

七十三与八十四

广珍

我国民间有一种说法："七十三、八十四，阎王不接自己去。"生活中年届七十三、八十四岁的老人辞世的的确不少，这是巧合，还是一种规律呢？

前苏联科学家经 20 多年的研究发现，人的生命运动有周期性的规律：生命活动高潮和生命活动低潮。这个节律以平均 7 年或 8 年为一周期。在每一周期中，生命活动高潮和生命活动低潮是交替进行的，即"健康稳定年龄"和"健康减弱年龄"。7 年周期为 7、14、21……84；8 年周期为 8、16、24……72。由于各人身体状况各异，"健康减弱"状态持续长短也就不太相同。一般这种减弱状态平均持续一年时间或者更长些。研究还表明，度过"健康减弱年龄"后的头一年相当困难，这是因为经历了健康状况减弱年份后，激情开始回升，成为神经系统的沉重负担。这一时期表现为易激动、神经过敏，有时导致悲剧后果。这种现象当人年轻力壮时，表现尚不明显，但在 30 岁以后，尤其是 35～50 岁要明显得多。

那么，如何掌握生命运动周期规律呢？说来也很简单，就是如果按 7 岁为一周期算，即第 8 年起的那几年就要注意防治；如你过了 5 个生命运动周期，即你已年届 35 岁，那么在 36 岁及其后一两年内就要开始注意。这不是算命，是一般生命周期规律。又如按 8 岁为一周期，则从第 9 年起的那几年内就要注意防治；如果你活了 9 个周期，即已 72 岁，"健康减弱年龄"已过，73 岁新的周期开始了，激情要回升，身体各部分负担会加重，稍不注意，不是发生疾病就是旧病加重，甚至沉疴不起。

　　总之，生命活动有周期规律可循，掌握了这个规律并认真对待它，你就会健康长寿。

我们身上那些没用的玩意儿

Nunatak

为什么我们会长智齿？为什么我们有阑尾？因为进化是一种草率而又随意的过程。细看一遍你的全身，你会发现一些没用的残留物，比如，鸡皮疙瘩、第三眼睑、耳郭肌。

想象一下，黑暗中一个小女孩站在你身后，眼窝深陷、面如僵尸，直勾勾地盯着你的后脑勺等你转过身来陪她玩耍。你是否感到后脖颈一阵发冷甚至四肢发麻？

你应该知道"鸡皮疙瘩"，它们不仅在我们感到寒冷时出现，当我们不寒而栗时也会出现—比如听一首悲伤的歌曲或目睹一场惨重车祸。

人为什么会起鸡皮疙瘩呢？鸡皮疙瘩使动物毛发竖起的主要作用有二：一是让其身形看上去庞大，以使捕食它的动物因此而退却；二是御寒，当我们的祖先感到寒冷难捱时，他们的毛发就会竖起，阻止冷空气靠近皮肤，所以鸡皮疙瘩相当于一种隔离装置。

大多数全身长毛的哺乳动物仍然具备这种能力，可它们对我们来说已经没用。

没错，你还有第三层眼皮，这也是一种进化遗迹。看到内眼角里那点粉红色没有？找个镜子照照看吧！

实际上，这被称为"瞬膜"，是鸟类、爬行动物、两栖动物、鱼类和一小部分哺乳动物都有的一种半透明眼睑。

它至少有一部分是透明的，不仅可以随着眼球转来转去并对其起到保护作用，还可以使其保持湿润。这也就是汽车为什么有挡风玻璃的原因。

要是你想亲眼看看这第三层眼皮是怎么起作用的，去观察一下小猫、小狗吧，它们在睡觉时有时就会露出第三眼睑，附着在眼球上起到挡光的作用。

至于我们人类嘛，膜一类的东西显然都已无用。自我们开始丧失这一功能时起它就只被用来排眼屎了，还有就是在比试谁不眨眼时间最长时能起点儿作用。

你能动耳朵吗？如果能，那么你就拥有了85%的人都不具备的能力。

控制耳朵摆动的肌肉是位于外耳周围的耳郭肌，除了能让你在朋友面前一显身手外，它们基本没多大用处。

但也并非一直如此。早前多亏有了耳郭肌，人类的耳朵才会有众多难以置信的功能。

原始人曾习惯靠耳朵辨识声音的方位，但由于后来人类更倾向于群居，便逐渐丧失了这种能力，打那以后集体视线成为主要防线。

如果在你身上还能找到阑尾和智齿，那你就算是个幸运儿了。人一生中患阑尾炎的几率为7%，拥有至少一颗阻生智齿（智齿因长不出来挤到外边的牙齿）的几率高达85%，而这两种情况都需要动手术才能解决问题。

那么，人为什么会有智齿和阑尾呢？其实二者同为人类的退化器官。

原始人类多以绿叶植物为食，咀嚼树叶相比咀嚼肉和面食要困难得多，需要更多的牙齿分担负荷，尤其是在原始人饭量又很大的情况下。

阻生智齿引起牙列不齐和牙周发炎的原因在于，随着人类食物的日益精细，人类的下颌骨慢慢退化，从而造成牙齿生出的空间不足。

而阑尾则被普遍认为曾有助于原始人类对所食用的绿色植物进行消化。它是盲肠的延伸部分，食草动物的阑尾比食肉动物大得多的原因就在于，食草动物需要阑尾对摄入的大量纤维素进行分解。

由于我们不再需要这部分功能，因此阑尾已退化成形如蚯蚓的细长条。不过这个看法只是诸多解释之一。

　　实际上，人们未对阑尾做过太多研究，原因还用说吗——根本没有人在乎它的作用。

你为什么喜欢靠边坐

北青

　　为什么大多数人在餐厅用餐时会选择靠窗、靠墙的位置？在一个开放的环形广场，为什么大多数人会选择坐在环形周边而不是中间？人多嘈杂的派对，为什么人们也会首先选择靠边的位置坐下或站立？

　　这是因为人的安全心理需要，要求自己要与他人保持距离，这在心理学上被称为"边界效应"。"边界效应"从何而来？那就要从我们的祖先那里寻找答案。远古人以狩猎为生，是天生的猎手，同时也是其他人的猎物。为了在狩猎的同时不被其他猎人发现，他们绝对不可以将自己暴露在一个空旷的环境中。如果背后靠着一座山、一棵大树，就不会从后面被偷袭，也有了一个看到猎物可以立即出动的据点。因此，"边界效应"在人类进化前就已经形成，这也是人类的一种生存本能。

　　"边界效应"理论在环境心理学中应用很广，特别是在建造广场等建筑物时，人的"保持距离"这个心理需求是要首先被满足的。满足了这个需要，人们才可以在有安全感的前提下放心就餐、游玩。"边界效应"还驱使我们坐在场地边缘，这给我们提供了纵观全场的视角，完美地满足了人们的"搜索"需求和"偷窥"欲望。人是天生的观察者，坐在公园的长凳上，我们总会不由自主地看走过的行人，不由自主地观察他们的谈吐、举止，观察他们与他人交流的方式，"搜索"并欣赏远处的帅哥、美女。不停地寻找另一半也是祖先交给我们的任务，这也是"边界效应"产生的另一个重要因素。

鼻子不说谎

陈 璇

　　匹诺曹的鼻子可能是很多人小时候的魔咒。多年后，我们嘲笑儿时的自己竟然会对童话故事信以为真。不久前，西班牙格拉纳达大学实验心理学系的研究人员认为，撒谎时，鼻子虽然不会变长，但是鼻尖会变热。

　　一个内心世界的"情报"密码，很容易通过身体特征被别人破译。研究者用热成像仪记录下志愿者的面部温度。数据表明，人在说谎时，鼻尖部位的温度会上升，志愿者自己也能感受到鼻尖的灼热；当志愿者尽力进行心理暗示，告诉自己并没有撒谎时，他们的鼻尖温度会逐渐回落至正常水平。

　　研究者对此的解释是："人在说谎时产生焦虑感，此时负责调节体温的大脑岛叶皮质被激活，导致包括鼻尖在内的整个面部温度都会上升。"

　　怪不得有人在说谎时容易面红耳赤，鼻尖冒汗。由此猜想，《木偶奇遇记》的作者科洛迪是否早就在亲身体验中发现了鼻子的秘密？西班牙的研究者用实验证明了一个生活中的常识，它会像当年的童话一样再次成为魔咒，提醒人们：一旦说谎，鼻子有可能暴露你内心的秘密。

扑克牌中的秘密

善遥

　　扑克牌是人们日常生活中最常用的娱乐工具之一。然而，也许很少有人知道，作为西方纸牌的一种，扑克牌的设计也包藏着无尽的学问。在某种意义上，扑克牌是人类天文历法的缩影，因为它是按照历法设计的。这不知是有意为之，还是一种无意间的巧合。

　　在一副扑克牌里，大王和小王是副牌，分别代表太阳和月亮。如果不计大王和小王的话，每副扑克牌有 52 张正牌，代表了一年中的 52 个星期。一副扑克牌中分别有黑桃、红桃、梅花、方块这 4 种花色，他们分别代表了一年中的春、夏、秋、冬 4 个季节。这 4 种花色还有另一种寓意，其中黑桃象征橄榄叶，代表和平；红桃代表智慧；梅花象征三叶草，代表爱情；方块象征钻石，代表财富。

　　这样看来，这 4 种花色就是分别表达了人们对和平、智慧、爱情和财富的美好愿望。从颜色上看，每副扑克牌分别有红、黑两种颜色，其中红色的红桃和方块代表白昼，黑色的黑桃和梅花代表黑夜。

　　除了扑克牌的张数代表历法之外，扑克牌上还有很多鲜为人知的故事。

　　大家都知道，每副扑克牌中的 K、Q、J 三种共 12 张扑克牌上，都印有历史人物的画像，但是恐怕很少有人知道，这些人物并不是随意画上去的，他们每个人都有一段鲜为人知的故事。其中，扑克牌 K 上画的都是国王，Q 上画的都是皇后，而 J 上画的是国王的卫士。

先说 4 张 K 上画的国王的故事。黑桃 K 上画的国王是以色列王国的戴维，这张扑克牌上通常都有竖琴的图案，这是因为他善于演奏竖琴，而且技艺高超，为世人所知；红桃 K 上画的国王是查理曼帝国的查理大帝，他是 4 位国王中唯一一个没有胡子的人，因此没有画上胡子；梅花 K 上画的国王是亚历山大一世，他一手缔造了地跨亚、非、欧三大洲的亚历山大帝国；方块 K 上画的国王是古罗马的恺撒大帝，尽管恺撒并没有得到国王的称号，但世人仍称他为恺撒大帝。

黑桃 Q 上的皇后是希腊智慧和战争女神帕拉斯·雅典娜，由于是战争女神，她手持武器——4 位皇后里，只有她的画像上有武器；红桃 Q 上画的皇后是英国国王查尔斯一世的妻子；梅花 Q 上画的也是一位英国的皇后，我们还可以看到，她手里拿着一朵玫瑰花，这其实代表了一个历史事件：英国王室本来分为约克皇族和兰开斯特皇族两支，他们相互仇恨，并为此进行了一场"玫瑰战争"，但后来因为共同的利益而和解，于是就把两族的徽标合在一起，以玫瑰花寓意和解，因此，梅花 Q 上才画有玫瑰花。最后一位皇后是方块 Q 上的莱克尔皇后，她是《圣经·旧约》中约瑟的同父异母的妹妹。

黑桃 J 上画的是侍卫霍吉尔，他是丹麦人，职责是侍奉查理一世；红桃 J 上画的侍卫是拉海尔，他是查尔斯七世的随从；梅花 J 上画的侍卫是兰斯洛特，他出自亚瑟王的故事；方块 J 上画的侍卫是查尔斯一世的另一位随从，名叫洛兰。

这些都是暗藏在扑克牌中的秘密，虽然知道它们的人不多，但这并不影响大多数人对扑克牌的喜爱。

细菌才是宇宙的主人

〔美〕托比·马尔科特

人类常常自诩为"地球之王"，但事实上，微小的细菌才是真正在幕后操控地球的主角。

增加维生素

人体的每个角落和缝隙都有数十亿的细菌滋生。这点让人很不舒服，不过细菌对人体的健康不可或缺。

就拿维生素 K 为例，这个维生素群有好几种，有些可以从食物中摄取，但其中一种关键的维生素 K2 主要来自细菌。我们的肠道里有几种细菌会在代谢过程中制造 K2，如果少了它们，可能会出现维生素 K 缺乏症和凝血方面的疾病，以及骨质疏松之类的骨骼问题。

人类出生不久就必须获得这类有益菌，最早的来源是母体，之后则为食物。它们组成了人体微生物群系。

肠道保卫者

虽然"发酵乳制品饱含健康的胃肠道细菌"之说不见得完全正确，但确实有几分科学根据。这些胃肠道细菌的作用包括：增强我们的免疫系统；缓解乳糖不耐受症；有效预防腹泻与消化性溃疡，甚至大肠癌。

其实，一般认为保加利亚人长寿的原因之一就在于他们经常喝酸奶，而里面的有益菌——乳杆菌发挥了作用。

另一个有益菌的例子是，利用"粪便移植"治疗一种常见的人体肠道菌——"艰难梭状芽孢杆菌"。在健康人体的肠道内，这种细菌是无害的，但对因病服用大量抗生素的老年人而言，肠道内其他种种有益菌都被抗生素杀死了，独留艰难梭状芽孢杆菌称王，这会造成严重感染。

这时，医生可采集病人家属的一小块粪便样本，溶解在少量食盐水中，注入患者的肠道。在大部分个案中，只要注入这股新的肠道菌溶液，就能治愈肠道感染症。

散发爱的气息

细菌也能在爱情与婚姻的戏码里插上一脚。一般人到了青春期，胯下与胳肢窝的腺体就会开始制造功能类似性吸引剂的化学物质。但这些物质必须先经过皮肤上的细菌的处理，才能制造出我们所说的麝香味——所以说，拿破仑会要求约瑟芬在他到家前先不要洗澡，图的就是这味儿啊。

风味无穷

拿破仑可能曾经从世界各地带回美味点心送给爱人，而其中许多点心的复杂风味都是细菌的杰作。例如，可可豆发酵而成的巧克力，瑞士奶酪上平滑的小洞，以及香肠的浓郁香气。人类尽管聪明，却无法复制这些过程，只能拜托个头超小的细菌主厨来代劳。

最强者生存

在约640千米高的高空，有个锡罐装着一小撮人类样本，这个锡罐的名字叫"国际空间站"。这是工程学上了不起的成就，但人类其实很脆弱。有一小撮细菌在国际空间站外存活了553天，尽管它们被冻得硬邦邦，饱受强烈紫外线的照射，更要面对严苛的真空环境，却硬是活着。

这些细菌甚至没啥特殊之处，只不过是从英格兰南部沿海的石头上采集而来的。"地球生命源自外太空微生物"的观点很吸引人，但也很具争议性，而这项实验能让此种说法更具说服力。

移山碎石

信不信由你，有些细菌具备让地球四分五裂的能力。这些叫作"无机营养生物"的细菌会制造能啃食石头的化学物质，雕刻出种种地形地貌。事实上，一般认为细菌是岩石遭风化与侵蚀的最重要因素，它们能开凿洞穴、磨耗高山，并将矿物质养分释放到土壤里。

挖泥掘土

要是没有细菌在土里默默进行某些活动，我们恐怕都要饿死了。这类活动就是制造肥料，其中最重要的环节是从空气中捕捉氮的过程，这可能是世界上最重要的化学反应了。这种化学反应极为耗能，人类需要使用大量的化石燃料才能完成。然而，花园里的细菌做起这些事来，好像我们在园中赏花般轻松。

这种细菌存在于豌豆之类的豆科植物根部，它们帮宿主制造肥料，以回报收容之恩。要是我们能设法让它们移到其他作物（比如小麦或稻米）的根部定居，恐怕能省下数十亿美元的肥料费。对全球 70 亿（而且还在增加）嗷嗷待哺的人类来说，这项研究若能成功，就是改变世界的大功臣了。

天降甘霖

稍微再靠近地面一点，我们碰到的某些细菌具有人类梦寐以求的能力——操纵天气。雨滴在降落地表之前是云里的冰晶粒子，但没办法自行结晶成形，需要依附在诸如灰尘微粒的微小粒子上。科学家发现，某些特定的细菌更能有效完成上述过程，而且在全球各地的雨滴里，都能找到这些细菌。

看来似乎它们才是地球上真正的造雨者，能够影响云层和气候。正因为它们产生冰晶的能力不凡，天气不理想时，滑雪场甚至会在造雪机里放入这些细菌来帮忙造雪。

这些细菌通常存活于植物上，但这也使得农作物结霜，对农民来说可就麻烦了。另外，造雨能力也可能是它们搬家的好方法：端坐灰尘中，由风吹进大气，然后窝在雨滴里降落到遥远的新居。

『算命』怎么听上去这么准

木华

你喜欢得到他人的赞扬和仰慕。你有时对自己身上的一些小毛病比较在意。你有时也会怀疑自己是否在用正确的方法做正确的事情。你喜欢接触新鲜事物，喜欢迎接各种挑战，不喜欢生活在条条框框的限制下。你喜欢独立思考，不轻信别人的观点。你有时表现得很外向，待人和善，乐于与他人交往；你有时会很内向，做事谨慎、保守。你有时头脑中会冒出一些很有意思却不太靠谱的新奇想法。

OK，怎么样，上面说的像你吗？这是 1948 年美国心理学家培特朗·福瑞尔教授进行的一项实验。他让他的学生们做一份性格测试问卷，同学们辛辛苦苦地填完问卷后，福瑞尔告诉大家，老师会对各位同学的问卷进行分析，每个人都可以得到针对自己性格的分析结果。第二天，福瑞尔教授准备了一堆一模一样的性格分析报告来到教室，发给同学们，人手一份，然后让同学们对这份相同的性格分析报告与自己性格的相符程度打分。结果显示，平均符合程度竟然高达 85%！同学们纷纷表示：老师，您太牛了！

上述实验只是福瑞尔教授所做的大量研究中的一小部分。福瑞尔教授的研究发现，面对一个模糊的描述，人们往往会将它与自己的情况对号入座，然后就觉得很准。这种倾向被叫作"福瑞尔效应"。心理学家认为，"福瑞尔效应"

可以解释为什么有些人总觉得"算命"听上去那么准。

在心理学上，"福瑞尔效应"产生的原因被认为是"主观验证"的作用。主观验证的意思是，当有一条观点专门用来描述你本人的时候，你就很有可能会接受这一观点。

在我们的头脑中，"自我"占据了大部分的空间，所有关于"我"的东西都是很重要的。我们的车牌号码、手机铃声、电脑桌面、卧室的墙纸，自己都会精心设计，为的就是体现自己独特的个性。

从基因角度来看，每个人几乎都是一样的。相似的基因造出了相似的大脑，大脑中相似的机制引发每个人的思维。尽管不同的生长环境、不同的文化背景会对每个人在思维产生影响，但大体上来说，每个人在情感、个性上总有很多共性。

占星网站上有一段星座运势分析："在今天的某一个时段，你会觉得自己工作得不够努力，不足以达到自己的目标，因此你会感到焦虑。这种焦虑的情绪也许会成为你加倍努力工作的动力，但你不必给自己太大压力，只要把工作按部就班做好，一切都会很顺利的。"星座运势网还有一段给你的忠告："如果已经太晚，就不要逼自己继续伏案了，你应该去打打游戏、逛逛街。好好休息放松，明天才能充满能量地继续工作。"

星座运势基本上讲的都是我们每天经历的事情。于是，我们就会将星座运势与自己的实际经历联系起来。这样一看，星座运势上说的还真挺准。这一切，正是"主观验证"在起作用。

"主观验证"能对我们产生影响，主要是因为我们心中想要相信。如果想要相信一件事，我们总可以搜集到各种各样支持自己的证据。就算是毫不相干的事情，我们还是可以找到一个逻辑让它符合自己的设想。实际上，我们自己欺骗自己的能力强过任何江湖骗子。人类依靠希望才能生活，为了给自己希望，我们会只关注符合我们期望的一面，而忽略那些自己不愿看到的一面。

乘机常识

赵经验

坐飞机安全吗？

很多人认为，民航飞机一旦发生空难，机上人员的生存概率很低。其实这是一种误解。

一般来说，空难有 3 种形式，即高空解体、起飞失事和降落坠毁。其中，飞机若发生高空解体，旅客无论坐在飞机的哪一个部位，生还的希望都很渺茫。而如果飞机在起飞、降落阶段发生事故，在很多情况下旅客还是可以逃生的。换句话说，并不是所有的飞行事故都会造成机毁人亡。

根据一项对美国道格拉斯公司生产并投入商业运营的 446 架 DC-10 型客机进行的统计，人们发现在已发生的 27 起飞机报废的飞行事故中，有 69% 的机组人员和乘客得以生还，除 3 起恶性空难外，人们的生存概率实际上都在 90% 以上。

作为乘客，在考虑出行时，该如何选择安全系数更高、服务更好的航空公司呢？

除了查看一些机构对航空公司安全记录的排名外，机场和航空公司的正点率也可以作为参考。专事航空业信息统计的美国 FlightStats 公司，定期对飞行正点率高的航空公司和机场进行评选，2013 年 6 月份数据显示：日本东京羽田机场高居准点率排行榜榜首；而北京首都机场、上海浦东机场则垫底。

一般说来，乘客的首选应该是，有着良好的飞行安全记录和服务信誉且在相同航线航班密度比较大的航空公司。有实力的航空公司，除了有良好的安全记录和优质服务外，飞行员也训练有素，而且拥有更多的包括宽体客机在内的新型机队。

飞机上为什么不能打手机？为什么飞机起飞和降落时需要打开遮光板、收起小桌板、调直座椅靠背？为什么飞机降落前要调暗灯光？

飞机上禁止使用手机是因为手机信号会产生电磁波干扰，干扰飞机上的导航设备和操纵系统，这可能引发险情，甚至导致飞机坠毁。据统计，近年来世界范围内每年都会发生 20 多起因为电磁波干扰而导致的飞行事故。除手机外，使用笔记本电脑、游戏机时也会产生电磁波，因此，这些设备也不能在飞机上使用。

飞机起飞和降落前要打开遮光板、收起小桌板、调直座椅靠背，这些措施都是为了在飞机发生意外时便于机上人员逃生。打开遮光板是为了让营救的人确定机舱内人员的情况，也可以让机舱内人员了解机舱外的情况；收起小桌板、调直座椅靠背是为了保持应急通道的畅通。降落时调暗灯光后，人的眼睛会充分充血，这是为了使人熟悉黑暗的环境，万一飞机遇险，更能适应。

飞机遇到紧急情况时，撤离速度是以秒来计算的，一般来说，飞机失事后的 90 秒内是逃生的黄金时间。紧急撤离时千万不要携带行李，因为携带行李逃生不但会减缓撤离速度，还可能会阻挡其他人的逃生道路。

遇到雨雪等恶劣天气时，人们应该尽量减少乘机出行。这是因为空难的发生与不良天气状况密切相关。天气原因一直是影响航班正常运行的最大因素。

自然与生命

在温热的夏天，花落在温热的石阶上，院墙那边是萤火虫，和十一岁的欢笑。

——顾　城

花开也是花飞日，月亏且作月盈时。

——厉以宁

你瞧这些白云聚了又散，散了又聚，人生离合，亦复如斯。

——金　庸

命运不会是潺潺流淌的溪流，它会在经过某个山谷时就突然坠落成为瀑布，还可能在某个拐弯后就汇入大海，消失不见了。

——蔡崇达

湖水可以当药，青山可以健脾，逍遥林莽，欹枕岩壑，便不知省却多少参苓丸子。

——王太生

岁月停留在她那白色的宁静里，细数着爬满颓墙的蜗牛。日复一日地凝视着，一颗水滴穿透另一颗水滴。

——顾春芳

月到天心，风来水面，都有着清凉明净的意味，但只有微细的心才能体会，一般人是无法感知的。

——林清玄

低头看桥墩，桥墩也是旧时模样，桥下盯江水也仍是这样滚滚地来，被尖角劈开，再被卷入漩涡，最后淙淙流去，我心下顿觉安宁。山形依旧，流水潺潺，江月年年，星汉灿烂，原都不是为了要衬得人世无常的。

——饶平如

你看到的是白云，我看到的是白云的泪；你看到的是山，我看到的是山的倒影；你看到的是树和光，我看到的是根和乡愁；你看到的是落日的余晖，我看到的是旭日的圣洁。

——吴佳骏

对于季节的更替，鸟兽草木总比人敏感。这边人还围着火炉瑟缩着，那边河里的野鸭已知春江水暖了；这里春寒料峭，那里枯叶之下，新生的草叶已茁壮挺立。

——郗文倩

即使秋天霜叶红于染，如此绚烂耀眼，一到寒风乍起，万般繁华，离枝离叶，最后剩下的只是一片枯树寒林。宋人画寒林，是已经看尽了繁华吧！寒林间因此有一种肃静，一种瑟缩，一种凝冻，一种生命在入于死灭前紧紧守护自己的庄严矜持。

我就这样走啊走啊，思绪飘忽不定。突然间我抬起头，那条小路蜿蜒铺展在我面前。那里，在树木之间，我看见一座屋顶，看见小路绵延出甜美的曲线，看见两旁的灌木丛林和初秋的第一批落叶。

——〔土耳其〕奥尔罕·帕慕克

远景，好似初识。眼光或会上下游移，却还不好细细打量，只得看天望地，左顾右盼。于是，远景照片里，上为蓝天白云，中是高山茂林，下有绿水碧草，可就是没有重点。

——草　予

那些曾经紧紧依附于主人生活场景的物品，孤儿般被遗弃在主人离开后的出租屋中。换句话说，它们对主人而言已经不重要了，连被主人亲自丢进垃圾桶的必要都没有。

——陈思安

秋是成熟的季节，是收获的季节，是充实的季节，却也是淡泊的季节。它饱经了春之蓬勃与夏之繁盛，不再以受赞美、被宠爱为荣。它把一切的赞美与宠爱都隔离在澹澹的秋光外，而只愿做一个闲闲的、远远的、可望而不可即的，秋。

——罗　兰

一朵花之所以美丽，并非她给我们讲述了一个美妙动听的故事，而仅仅是因为她本身就是一种生命和呈现。

——〔美〕乔治·巴兰钦

大自然给了人一切，包括人本身，人却只想着利用它，甚至妄言改造它。人啊！

——钟叔河

我们望望天空，月亮是那么亮，四周的星星像火把一样排成一串，剧烈燃烧。我好像是第一次看到这么明亮的星星和月亮，看到银河里那些剧烈燃烧的火焰。

——张　炜

在梦里，我们一如水中的游鱼。我们不时游出水面，望一望世界的沿岸，随即又拼命地快速下沉……

——〔塞尔维亚〕米洛拉德·帕维奇

灶中的红薯，马桶盖上的花茶，都静静地散发着香味，一如岁月之河，在我们身边静静流淌，浸润，然后远去……

——曾　颖

世上的每一个人都在自己或简单或烦琐的故事里挣扎，敏感的心被岁月漂洗成或温暖或冰冷的颜色。像离去的奶奶，像苟活的爷爷，像稀里糊涂的自己。

人生一世，草木一秋！

——陈　慧

云不会死亡，它会变成雨或者冰，但不会消失，我永远不会死亡，尽管我的身体会消失，但那并不是我的死亡。

——杨　楠

我第一次听说器物也是有心的。在母亲的心里，它们就像一切有生命的东西一样，她不会轻易怠慢它们——这也是一种仁爱和慈悲。

——李良旭

生命的意义不在于人健壮时有多么辉煌，而是在它逐渐凋落时，有明白她的人在一旁静静地陪着她，不言，不语，屏息中交换生命的本真，任凭四周的嘈杂与纠纷。

——刘　同

生命的航行，本就是一组完整的轮回。幼时我们在母体内的"原始海面"上早就经历过滑翔般的无意识摇摆。那么，灵魂之船成熟后，在人生和知识的云层中航行时，装载着的也许是智慧、希望、信仰、勇气。若无波涛，它宁静、超然，像小钢珠滚过冰面。但是，说不准也有风雷、潮汐和寒暑的扯动，也会遇见幻觉、疾病与绝望。

——詹　湛

飞翔对鸟来说不像人们想象得那么有乐趣，只是为了生存。

——〔法〕雅克·贝汉

秋天的风，都是从往年吹来的。

——木　心

蒲柳之姿，望秋而落；松柏之质，经霜弥茂。

——月如钩

人们必须耐下性子，静静观察，才能发现令人惊叹不已的景象，那是顽强的生命力在春天的爆发，让人忍不住想要温柔轻抚，或奋不顾身地保护。如果仔细倾听，你还会听到绵延不绝的嫩芽军团发出的微弱的嘶喊声。

——〔捷克〕卡雷尔·恰佩克

冬天的树，很快就会吐出一片一片透明的、嫩绿的新叶，像一团一团火焰，飘动在天空中。很快，就会满树都是繁华的、丰盛的、浓密的绿叶，在丽日和风之中，兴高采烈，大声地喧哗。

——汪曾祺

无论什么植物，只要出现在旷野，它出现的地方就是最适合的，无论开花还是凋谢，无论生机蓬勃还是枯死腐朽，都是它至美的时候。地上没有一棵树是多余的，没有一棵草是多余的。树和草的生长从来不杂乱，雨露、风和阳光安排了它们最佳的生命姿势。

——傅　菲

荷花的香是苦的，荷花的坚强是柔软的。

——丹　萍

牡丹怎么会富贵呢？你看看，她的叶不及兰花的那么婀娜，她的枝不如梅花的那么劲挺，她的根不像松树的那么盘错，她的干不及竹子的那么轩昂，而且盛夏不见浓郁，严冬唯留枯枝。你如果说她富贵，那是就眼前所见的盛开的花朵而言，却没想到牡丹的一生。她是辛辛苦苦积攒了四季的营养，才有今天的繁花盛开。

——刘　墉

开花原本是为了结果，花开只是一瞬，果实才是恒久的。果实本也不可能恒久，之所以能恒久，是因为它成为种子。

——吴冠中

苹果树上开满了苹果花，那些苹果花，全都知道自己是谁。它们是受过的苦，是可能的收成，是一亩三分地上的求法僧。

——李修文

在大自然的无限生机里，花落只是一个变化；在落花随流水而去的所在，自有另一片美好的天地向你展开。

——骆玉明

大自然有这么多值得去听、去闻、去触摸的东西，但是大部分人只知道去看。

——〔美〕盖瑞·弗格森

在先民看来，惊蛰就像运动场上的发令枪，这一枪在天地间打响，那些还在冬眠状态、昏昏沉沉的昆虫与走兽都醒转过来，开始努力生长壮大。

——余世存

这个世界永远不缺潺潺溪水、盛开的鲜花。而且大自然把破碎利用得非常完美：乌云破碎才有降雨，大山破碎才有平原，积水破碎才有瀑布，土壤破碎才有沃土，果实破碎才有食物，胎衣破了才有婴儿降生。所以从这些自然现象中，我认识了不破不立的道理。

——〔英〕B.K. 曼苏里

有一种静默可以从没有生命的物体中散发出来，比如，从一把刚被使用过的椅子，或者从一架琴键积灰的钢琴，甚至从任何一件曾满足人们需求的物品之中，不管是为取乐还是为工作。这样的静默会说话。它的嗓音或许忧郁，却也并非总是如此，因为椅子可能是一个欢笑的孩子留下的，钢琴的最后几个音符曾经喧闹而欢快。

——李伟长

你知道在宇宙中生命诞生的概率有多大吗？就像有一堆金属垃圾，来了一阵龙卷风把它们卷上天，然后它们掉下来自动组装成一辆车……所以我们的存在就是一种奇迹，仅仅是活着就已经很了不起了。

——刘慈欣

一双小手，一粒扣子，并不是生活下去的绝对理由，但一天天的日子和一个个生命的延续，因它的存在而宽慰，而倍添欣喜。

——陆苏

美食作家韩良露曾说："人生和舒芙蕾一样脆弱，但只要接受生命的本质，不断地接受挑战，总有机会遇到完美的生活。"

所有破损的伤口都会在食物的贴心调理下，不知不觉地愈合。生命的本质固然是脆弱的，却能不断在采集能量中获得新生。

——于非让

有位哲人说，对生命的尊重由两部分组成，一部分是对美好的追求，一部分是对残缺的接纳。

——俞继东

一个人的生死，对宇宙而言，真的不算什么。总质量守恒，总能量守恒，角动量守恒。生命不过是一个熵减到熵增的过程。始于尘土，终于尘土。

——路　明

凡事都有偶然的凑巧，结果却又如宿命的必然。

——沈从文

也许每个人活着，都需要一场雾，把生活模糊下去，把简单到残酷的、吃喝拉撒的生活模糊下去，让我们对未来有一点好奇——虽然未来注定空空如也，但是这空洞外面，套着这么多盒子，一层一层，一层一层，我们拆啊拆，拆啊拆，花去一辈子的时间。

——刘　瑜

中华文明是一个巨大的意义系统。以苏轼为代表，中华文明把那种远距离的、客观的、永恒的、壮阔的，远远超越于我们生命的物象，用诗、用词、用文、用圣人之言，编织进我们的意义系统。我们中国人看月亮跟外国人看月亮当然不一样。我们每到中秋节会思乡，我们思乡的愁绪是吃一个月饼就能缓解的，但外国人无法体会这种意境。这个意义系统是几千年积累、编织出来的，在特定的物候，特定的所在，特定的情境，特定的心绪下，我们中国人都有解决方案。

——罗振宇

夜里不睡的人，白天多多少少总有什么想逃避掩饰的吧。白昼解不开的结，黑夜慢慢耗。

——〔美〕雷蒙德·卡佛

在生命的旅程中，永远伴随着高潮和低谷，就像马拉松中也有很多的挑战。有训练时的伤病、奔跑中的疼痛，当然还有在完成马拉松时发自内心的快乐，每个人要坚信自己体内的能量。马拉松就是生命。

——令　颐

我们浪费自己的健康去赢得个人的财富，然后又浪费自己的财富去重建自身的健康。我们焦虑地憧憬未来，忘记了眼前的生活，活得既不是为了现在也不是为了将来。我们活得似乎永远都不会死，我们死得也好像从来没活过。

——〔德〕莱　辛

终日奔波只为饥，方才一饱便思衣。衣食两般皆具足，又想娇容美貌妻。娶得美妻生下子，恨无田地少根基。买到田园多广阔，出入无船少马骑。槽头扣了骡和马，叹无官职被人欺。县丞主簿还嫌小，又要朝中挂紫衣。做了皇帝求仙术，更想登天跨鹤飞。若要世人心里足，除是南柯一梦西。

——（清）钱德苍

心境是自己的，可以狭窄得杀死自己、杀死别人，也可以宽广得容下世界、容下宇宙。是忧是乐，由人自取。

——明　川

时光与心灵

世态纷繁，民间许多节日已逐渐被世人淡忘、省略。人们有太多的束缚和责任，就连赏春的心情亦不同往日那样诗意纯粹。明媚艳丽的春光，就那么匆匆过去了，今日繁花满树，明日已是落红成雨。

——白落梅

当那些好吃的小蛋糕、好玩的小游戏带来的欣喜若狂，随着年龄增长消散不见时，我们会一面觉得那时候好无聊、好幼稚，一面又忍不住偷偷追忆当年那懵懂又雀跃的快感。哪怕，只是在孩子身上重温一下，解解馋也好。

——马　拓

窗外一片模糊，无边的黑暗包裹着车厢，我计算着时间与路程，却总也看不见熟悉的风景。

——李朝德

我们生在世上，本是乘着一艘船前行，从此岸到彼岸，有的人会提前下，有的人会坚持得久一些，但最终还是会下的。

——虹　影

大宋的骨子里，有消散不去的悲凉雪意。大宋的白雪中，有人夜过汴梁桥，有人风雪山神庙，有人在汴梁的巷子深处，喝一碗热气腾腾的羊肉汤，还有人白衣胜雪，一曲新词酒一杯。

——董改正

　　时间流逝的目的只有一个：让感觉和思想稳定下来，成熟起来，摆脱一切急躁或者须臾的偶然变化。

——〔意〕卡尔维诺

　　时间是一条匀速前进、均匀等质的直线，每一分每一秒都没有本质区别。不过在一个人的记忆中，它会逐渐变异，每一截原本相同的时间拥有了不同的体积、容量和质量。

——傅兴文

　　时间作为一种力量来讲，它应该是无往不利、无坚不摧的。因为有了时间，你才能够坚持下去，有足够的时间，同时能坚持做，就能做出很多开始时你自己不敢想象，别人也想象不到的事情，这就是时间的力量。

——杨　宙

　　逝水流长，追赶春天的人一身霜白。和风与朔风互为永恒，欢欣与悲伤互为永恒，生与死互为永恒。人在无数永恒之物间穿行，倏忽而过。

——陈年喜

　　一样的日出日落，一样的季节变换，一样的升沉生灭。我坐在这个位置上，所拥有的，却是不一样的年岁，不一样的人间与心境。

——刘荒田

　　时间承载着真实感。把人的一生比作电脑程序，在人世间运行数十年之后，你所留下的记忆既是数据，也是回不去的光阴。

　　时间确实是世界上最公平公正的计量单位，它至今不曾欺骗过谁。

——龙建雄

　　没有哪一块木板可以"永垂不朽"，但正是在每一块木板的坚守和老去中，在新木板的到来和更替中，人类之船才能长久远航。这大概就是生生不息吧。

——郁喆隽

　　风雪交加，我下山的时候，一步一滑，整座山只有我一个人的脚印。只有我一个人在一片巨大的白色背景里时，我突然有种存在的感动，那种觉得什么都没意义的不安一下子就烟消云散了。

——张二冬

　　如今，邮筒正在慢慢消失，说起来总令人深感惋惜。可是，如果让我们回到那个车马慢的时代，估计大部分人会拒绝。

　　在这个时代，人们不断往前跑，总会甩下一些东西，有得有失。

——张　恒

　　生活中那些大事不会显山露水，它们在平静而平常的时刻出现，通过一个电话，一封信，在我们毫不在意的时候出现，无缘无故、毫无征兆地出现，那也是它们让我们不知所措的原因。而我们需要用一辈子，漫长的一辈子，来接受事物的不和谐性，接受无关紧要的一刻会与至关重要的一刻比肩而立，并成为同一件事情的一部分。

——〔英〕蕾秋·乔伊斯

　　时间的流逝在我们看来不应该说是像一把沙子，在磨损我们，在消耗我们，而是在完成我们。

——〔法〕安托万·德·圣－埃克苏佩里

　　任何一段记忆，不论多么久远，每当被回忆起的时候，都换上了"现在"的标签。一段记忆被想起的次数越多，大脑越有机会修改原本的经历，因为每次回忆都是一次再创造，而并非简单回放。

——〔美〕大卫·马祖凯利

　　人们总是用笑中带泪的方式谈论他们的昨天，从记忆中挑出一帧帧画面，每一帧都是属于过去的，充满爱意地检视，直到那画面再次消失在回忆的迷雾当中。回忆是永远存在的。即便时间流去，悲伤的记忆依然令人悲伤，只是快乐的记忆再也无法重现——不会再有相同的快乐了。记忆用它独特的伤感来喂养自己。

——〔加拿大〕罗欣顿·米斯特里

　　回忆的动人之处就在于可以重新选择，可以将那些毫无关联的往事重新组合起来，从而获得全新的过去，还可以不断地更换自己的组合，以求获得不一样的经历。

——余　华

人之所以相遇，从地理学角度来说，是时间和空间的双维同步，也是不易啊！可能城市和空间也是有人格的，你被一座城市完全接纳后，也许就很难再轻易地移情别恋。好的城市不只是设计出来的，也是由旧时光和原住民们创造出来的。

——李　昊

关于人我早已听说过：是上帝创造的杰作，魔鬼或是梦境。如今我觉得，他只不过是一个善于独立思考的伤口，搏动着，被时光刺穿。

——叶莲娜·施瓦尔茨

文明把黑夜弄脏了，黑色是一种极娇贵的颜色，比白色更沾不得异物。

——张晓风

爱美，无疑是人的天性，可在美的启蒙年代，也是少女忐忑的秘密。

——草　予

"夫天地者，万物之逆旅也。光阴者，百代之过客也。而浮生若梦，为欢几何？"生离死别是不可避免的过程，那就在分离之前去紧紧拥抱我们所爱的。

——李峥嵘

岁月流逝，物是人非，无数美好的过去是再也不能唤回了。只有拼命工作，只有永不休止地奋斗，只有创造新的成果，才能弥补人生的无数缺憾，才能使青春之花即便凋谢也是壮丽的凋谢。

——路　遥

我认为不知老之将至已经算得上是一种幸福人生。起码一个人有值得继续前行的理由，并且知道自己的惊人无知，像个孩童那样还对世界充满了好奇。

——和菜头

年轻时有一次去养老院探望一位长者，在他的案头贴着一张字条："钥匙、钱包、眼镜、雨伞、关灯、关门。"那该是出门前的备忘录，看得我心酸又同情。然而一眨眼，自己也差不多到了该随时记下些什么的年岁。

——朱天衣

为什么说中年是人生中最美好的年华？就是因为我们的人生刚刚过半，我们已经体验了童年的天真，少年的懵懂，青年的绚烂，已经或即将迎来人生的巅峰，以及无法逃避的迟暮之年。

——孙道荣

命运曲折，生死折磨，会使一个人的心房像层叠的蜂巢，只是一格一格储存的不是蜜，而是苦楚的沉淀。

——陈义芝

过往一切像雾像烟像风，又像春日浅浅的梦。

——胡竹峰

我们已经走得太远，以至于我们忘记了为什么而出发。

——〔美〕纪伯伦

人之所以为人，只是因为他能够做出选择。

——张　恒

有人说，如果没有酒，唐诗宋词将少一半韵味。我要说，幸好有酒，可忘人间千愁。

——物道君

神驰于火车上，一幕又一幕的风景飞逝，啃着十分甜腻的面包，突然也很想尝一尝小说中染着阳光般温暖颜色的橘子。

——徐国能

房子实际上并没有这么大，使她显得大的是阴影、对称、镜子、漫长的岁月、我的不熟悉、孤寂。

——〔阿根廷〕博尔赫斯

"物竞天择，适者生存"，在冰岛这样独特的自然环境中，千百年来，羊儿早练就了超强的耐寒抗病能力，羊毛非常厚、非常软、非常好，织成羊毛衣，御寒功效超强。冰岛人穿着这种羊毛衣，安然地度过了一个又一个冷透骨髓的冬天。

——尤　今

记得住的日子，是生活；记不住的日子，也是生活。

——肖复兴

那些一路从泥泞里走来，面带微笑的人，身体里一定装满了美妙的音符。

——麦淇琳

每一代人在上一代人眼中，大概都有过不像话的时候。其实，每一代人都曾为这个社会默默奉献，艰苦有艰苦时的顽强，富足有富足后的奋斗。

——李松蔚

在我们身边，那么多生动的人曾经从眼底滑过，其实，他们都很珍贵。

——姜伟婧

任何时候，你都不能说那些陌生人与你没有关联。没准儿哪一天，他们就带着生命中的秘密出现在你的面前——这些秘密，正是生命的魅力所在。

——裘山山

知交零落实是人生常态，能够偶尔话起，而心中仍然温柔，就是好朋友。

——三　毛

遇到时我们彼此陌生，道别时我们还是陌生人，却在不经意间，留在了彼此的记忆中。我不知道对方的姓名，可我愿意用余生去怀念，怀念那些曾经熟悉的陌生人，和那一段段短暂而温暖的时光。

——章　珺

语言像树，一枝动，百枝摇。它是"活"的。

——汪曾祺

语言是行动的开路先锋，是引起大火的火星。

——〔奥〕卡夫卡

世上所有的饵都是香甜的，否则就不能吸引人上钩。道理都可以反过来：所有香甜的东西后面，都有着一个钩——或软性的，慢慢侵害；或刚性的，一下子就把人刺得鲜血淋漓，置人于倒悬之地。

——庞永力

泥沙俱下、并不完美的生活，正是组成宝贵生命的原材料。

——毕淑敏

重要的不是眼光，而是态度。当你以认真庄重的态度对待一件物品时，它本身就是珍贵的。

——乔凯凯

人类的艺术和历史是由伟大的人物在某一刻创造的，尽管我们记住的只是一小部分人，但人类的历史是无数人互相借鉴而创造的。正是由于群星闪耀，才有了璀璨的人类文明。

——岑嵘

很多经典之所以成为经典，是因为它们是超前的，"并不是时间造就了经典，而是普通人多年之后终于抵达经典面前"。

——鞠志杰

大家都说文学是生活的反映，其实这句话是错的，如果文学是生活的反映，那就不需要文学了。恰恰是在生活停止的地方，文学出现了。

——刘震云

诗是文学的核心部分，整个文学也许还有艺术，由此往外，一点点扩大，到了最边缘的地带，就是比较通俗的东西了。诗是人们用来抵抗生命存在的荒谬和荒芜的一个最有力的武器，它在瞬间闪光，像电光一样，其强度可以照彻最幽深的黑暗。

——张炜

我为那些头下枕着一本书睡觉的年轻人所感动。书是世上最好的枕头。

——〔智利〕罗贝托·波拉尼奥

一本书，应该有烟火气。俗世烟火，是书中喜怒哀乐的源泉。有了烟火气，才能与读书的人产生共鸣。但仅有烟火气，文字不免流于琐碎，这当然不够。一本好书，有烟火气，也得有高于烟火气的东西。烟火之上，总得有那么一些人和事是超脱于俗世的。高于烟火气的，是书的精髓，而烟火气则是书的基本，二者缺一不可。

——郭华悦

读书就有这么一点好处：它能让生活中一件看上去非常平庸的事情变得不平庸，让一件非常灰暗的事情变得富有光亮，也能将一件令你感到非常尴尬的事情，在瞬间转化成一个很有境界的事情。

——曹文轩

世俗地看，所有的阅读都是无效的，只有个体的生活和命运到了那些逼仄处，与内容产生了对应，那个"效"才会显现，有时如春光乍泄，更多的如清风无声——集合起来，所推动、影响的就是时代与历史。

——陈年喜

没有一艘船，能像一本书；也没有一匹马，能像一页跳动的诗行，把人带向远方。

——闫双艳

这就是我认为读书的四个境界，我们在书籍中逃避世界、营造世界、理解世界、超越世界。

——罗　翔

书不是生活，而是生活的灰烬。

——〔法〕玛格丽特·尤瑟纳尔

生活与人生

月光下饭，连一丝榨菜也没有，慢慢嚼着。日子就是这样，慢品就有滋味，这滋味还带给我们无尽的想象。

——李丹崖

我们面对这些小小的容器，体会着古人历经千辛万苦的发明。我们不一定能够充分理解古人的意图，我们看到的往往是表面的华丽，体会到的却是多年之后的世俗快乐。

——马未都

原来厨房不只是一个烹调空间，更重要的是它维系着人们对家的情感与记忆。平凡的人间烟火无可取代，正是因为幸福真正的滋味就在其中。

——徐国能

人须有生趣才能有生机。生趣是在生活中所领略的快乐，生机是生活发扬所需要的力量。

——朱光潜

我们的大脑生来渴求意外之喜，也因此期盼未来，从多巴胺的角度来说，拥有是无趣的，只有获得才有趣。

——〔美〕丹尼尔·利伯曼；迈克尔·E. 朗

人生虽无常，但人生的有意思之处，不正在于，有那么一些时刻，让我们感觉到接近于永恒永生的喜悦，就像张爱玲说的，"漫山遍野都是今天"。

——闫　红

想想刘、关、张也都是冒寒而来，刘备却闭口不提，只说人家的不易，世故人情与钦慕关怀都在里边。何须小菜下酒，只一句"先生冒寒不易"，就足够滋味深长了。

——秦淮桑

生活自会消化一切，既不要人帮忙，也不要人同意。

——〔俄〕契诃夫

只要你往前走，一定会有人从你身边掉队，走出去；还会有人加进来，跟在你身旁。

生活都是这样。从你身边悄然离去的，总是不知不觉；不断加进来的，总是光鲜、新奇、切身，充满魅力。

——冯骥才

没有一点儿疯狂，生活就不值得过。听凭内心呼声的引导吧，为什么要把我们的每一个行动像一块饼似的在理智的煎锅上翻来覆去地煎呢？

〔捷克斯洛伐克〕米兰·昆德拉

受到痛苦，我就用喊叫和泪水来回答；遇到卑鄙，我就愤慨；看见肮脏，我就憎恶。依我看来，说实在的，只有这才叫生活。

——〔俄〕契诃夫

我发现，你无话可说的时候就别说话，在你不知如何回答别人的话的时候就保持沉默，这是生活中一个很好的策略。

——〔英〕毛　姆

舞台上的悲剧生于冲突得以解决，而人生的悲剧则多生于冲突不得解决。

——朱光潜

我们曾如此渴望命运的波澜，到最后才发现，人生最曼妙的风景，竟是内心的淡定与从容。我们曾如此期盼外界的认可，到最后才发现，世界是自己的，与他人毫无关系。

——杨　绛

人生好像一盒火柴，严禁使用是愚蠢的，乱用是危险的。

——杨无锐

人的一生真像一局棋，进不一定赢，退不一定输。该得的时候不要犹豫，果断拿下；该失的时候当让则让，绝不可惜。用大气派谋篇布局，细节处头脑清醒，小心收拾。如此，倘遇天时、地利、人和，人生便有了大成功。

——马寒松

我们感受到的现实世界到底是不是别人创造的元宇宙，似乎对我们的存在并不重要。是或不是，我们所思、所想、所选、所做的每时每刻都无比珍贵。从这个意义上来说，我们在元宇宙中的生活也同样如此。

——〔韩〕金相允

有趣，把生活过得风趣幽默，把所有风霜雨雪变成心里的彩虹，含笑唱江湖，陶然自得，用有趣的方式过一生。

——雪小禅

要爱，就要爱得疯狂；要吓，就要吓得认真；要骂，就要骂个痛快；要杀，就要毫不留情；要吵，就要放开胆子；要罚，就要正儿八经；要饶，就要真心实意；要吃，就要酒肉丰盛。

——〔俄〕阿·康·托尔斯泰

我认为，人不该活得像机器一样。没那个必要。带点灵性，带点闲情，工作的成绩要好得多。

——〔美〕玛丽莲·梦露

人生有两种大书。一种是拉布吕耶尔式的，另一种是托尔斯泰式的。前者将一生综合在一本书中，后者用无数本书表达自己这一生。

——张　炜

人生本来就是一种较广义的艺术。每个人的生命史都是他自己的作品。这种作品可以是艺术的，也可以不是艺术的，正如同一块顽石，这个人能把它雕成一座伟大的雕像，另一个人却不能使它"成器"，这完全取决于天性与修养。

懂得生活的人就是艺术家，他的生活就是艺术作品。

——朱光潜

人生啊，如果尝过一回痛快淋漓的风景，写过一篇杜鹃啼血的文章，与一个赏心悦目的人错肩，也就足够了。

——简 媜

如果你热爱一个地方，那么，你会愿意在那里放上几本喜欢的书，最好是复本。这样，不管在哪里，你都有属于自己的小宇宙。

如果你热爱一座城市，愿意在那座城市终老，那么，你会愿意，在这座城市的某个角落，打造一个属于自己的房间，并且，用书籍装满它。

反之亦然。当你一心想要逃离一个地方，首先，你会搬走之前带来的书，哪怕最终只能妥协。当你感到书房是巨大的负担，那是因为你觉得自己因此而无法在一座城市里自由流动。

书籍是巨大的锚。而你的整个人生，就是一艘大船。你需要巨大的锚，来稳定自己的坐标，抵挡狂风和暴雨的来袭；你需要巨大的锚，来保持内心的静谧。

但是，一旦抛下这巨大的锚，你会发现，要收起它，是多么困难。

——黄 成

当你让自己的生活变得简单，宇宙的法则也会变得简单。

——〔美〕梭 罗

在人类生活中，心的价值意义，远胜于身的价值意义。

——钱 穆

闲暇是人生的精华。

——〔德〕叔本华

投身再大的事业也不如将自己的人生当作一份事业，聆听再好的故事也不如将自己的人生当作一个故事。

——余秋雨

前方的道路不可预知，有着各种可能，生命神秘莫测，希望大家都能不悲伤、不犹豫、不彷徨。

——罗 翔

"乐不在外而在心。心以为乐，则是境皆乐；心以为苦，则无境不苦。"人生一世，境遇不同，百味尝遍，但心乐心苦，在倏忽一念之间，只是念起则难止，恐将相伴一生、难解难分。心以为乐，才是逆境良药，久病良医啊！

——阿 蒙

贝多芬写的人生谈不上快乐，少有亲情，没有爱情，常常为出版受阻而烦恼，又罹患耳疾，很长时间活在压抑里，但是他拒绝将其定义为悲剧。他曾经告诉歌德，像他这样的人，需要的是掌声，不是眼泪。他用自己一生的作品赞美英雄。

——查 非

姹紫嫣红，那是幸遇了一个好春；若是五谷歉收，那是不巧赶上了一个坏夏。风调雨顺，有耕有耘，万事俱备，自有收成。人生也是如此。担当有余，自会茁壮；努力到位，也能晚成。

——草 予

人生就是一个荆棘接着另一个荆棘，最后那些荆棘才能变成一个花环。对于任何人，失败的荆棘是具有普遍性且经常会出现的。胜利者也必须经历失败，才华横溢者或命运的宠儿，或许可以提早将荆棘变为花环，而对于我们普通人，要经历更漫长的时间，走更漫长的路，才能够将荆棘变为花环。

——肖复兴

一个人可以在某个时刻深陷于一场大雪，但不应该在每个时刻都陷入一场大雪。即使在一场旷日持久的大雪中，也永远不要忘记欣赏触手可及的风景。即使面对的是呼啸而过的过山车一样的人生体验，你也要学会感受尖叫的与众不同。

——侯小强

现实世界如此错综复杂，完全不同于抽象的数学，是不能仅靠演绎法得来的。它更像一个大型的搭积木游戏，无数块积木一层层地堆垒，变成我们所见到的一切。

这些知识的模块中，有些是描述性知识的模块，有些是规定性知识的模块；有些是显性知识的模块，有些是隐藏知识的模块。只有兼收并蓄、配合使用，才堪当大用。

——采 铜

我们终究是一个社会人，与周围的世界息息相关，呼吸着树叶散发的气息，吃着他人制作的食物，为他人提供服务。当我们完全沉迷于自我，沉迷在手机屏幕上的小世界时，别以为那些短视频能带给你更广阔的世界。相反，那是一个靠着算法建立的时间牢笼，我们从来不会从中获得幸福。只有心中装着更广阔的世界，我们才能有更大的惊喜、更具韧性的人生。

——张 恒

高岩之下必有低谷，飞瀑之下必有深潭，高于此则低于彼，长于彼则短于此。人生亦然。平平者则平平，不平者则有凸凹；高出者必有不足，得意者必有遗憾。是知造物者心肠，并无别也。

——陈传席

一半圆满，一半空虚，人生便是如此。年轻时，用理想与汗水，将人生填得满满当当。然后，走到某个阶段，便得学会割舍与挥别，腾出空间，重新容纳新的事物，在空与虚之间，让自己步入另一段人生旅程。

——郭华悦

人生来是精神所附丽的物质，免不掉物质所常有的惰性。要克服惰性，我们必须动员坚强的意志力，不怕朝抵抗力最大的路径走。走通了，抵抗力就算被征服，要做的事也算是成功了。

——朱光潜

羞辱是拿自己与别人比出来的：别人坐头等舱，而你不能；别人吃外国牛排，而你不能；别人吃生蚝和龙虾，而你不能。物质当然是必要的，拥有物质才能蔑视物质，但是很多人有了物质却更崇拜物质。我认为，人生的意义如果落在这种"落差"上，羞辱就是自找的。

——虹 影

人活得累，不是人太聪明，而是人太愚蠢。绝大多数的人为活而活，而不是为生命而活，这是人的悲哀。多数的人，把自己的一生活成一个夺取的过程，而不是认识和体验生命的过程。

——傅　菲

大千世界，芸芸众生，由于各人禀赋不同，基因不同，生活环境不同，所以各人的人生观、世界观、价值观、好恶观等，都不会一样，都会有点差别。在这种情况下，最好是各人自是其是，而不必非人之非。

——季羡林

如果有灵魂，不要误以为我们得到的是成品。灵魂需要一辈子的时间来成形。而活着无非就是为了这一漫长而痛苦的分娩过程。当我们为受苦造就的灵魂准备好了，死期也就到了。

——〔法〕阿尔贝·加缪

"撑过去一天，再撑过去另一天，这究竟算什么样的人生？"
"很多人的人生。"

——〔英〕A.S. 拜厄特

丰子恺有个"人生三层楼"的说法：第一层是物质生活，是愁多欢少；第二层是精神生活，主要指学术文艺，这一层是欢多愁少；第三层是灵魂生活，便是"只生欢喜不生愁"的境界了。

——陈大新

人的心底，有两方区域：一方善良区域，遇到真性情，自动会打开；一方戒备区域，遇到假恶丑，即刻拉警报。所谓因果，不过是场互动。你来我往间，传递了彼此的情绪。笑对生活，就不知不觉幸福着；苦对人生，便没完没了烦恼着。

——苏　芩

人生，其实简单。为人儿女时，不要拖累父母；为人父母时，不要拖累儿女。到了古来稀之龄，努力保持身心健康，让生活极致简化。当最后的约会来临时，挥一挥衣袖，不带走一片云彩。

——尤　今

生命除了死亡还需要休息，思考需要一个菩提树下的坐垫，梦想要求一张安居的床。

——周云蓬

幸福就是肉体无痛苦，灵魂无纷扰。

——〔古希腊〕伊壁鸠鲁

幸福是变幻无常稍纵即逝的，喜悦却是深刻而持久的。

——万维钢

幸福就是早上起来，泡一杯茶，坐在书香环绕的房间里，随意地看看这本书，翻翻那本书。看累了，就听听音乐，喝杯咖啡；看起劲儿了，就打开电脑，随手写上一段文字。

——裘山山

凡是幸福无法治愈的，任何药物也都无法治愈。

——〔哥伦比亚〕加西亚·马尔克斯

真正幸福的人，是那些认认真真而又快快乐乐地过完一生的人。他也许长寿，也许短命，但是，在活着时，每一天该说的话、该做的事，他都说了、做了，他死而无憾。

——尤 今

其实，任何人都不会知道自己正在经历一生中最幸福的时刻。

——〔土耳其〕奥尔罕·帕慕克

DUZHE

读者®

伴你阅读2

读者杂志社 编

读者出版社

目 录

名言佳句

拉大锯

焦波

　　我第一次拉大锯是在 12 岁时，爹说他比我还早一年。

　　那是一个假期的早晨，爹给一段最好锯的梧桐木放上墨线，让我跟他一起锯。我从小见别人锯得轻轻松松、欢欢快快，但我第一次把大锯端在手中，却不知怎么拉下第一锯。爹在大锯另一头告诉我，两肩放平，两手端平锯梁，往怀中平拉就是。锯是带齿的，只要移动，自然就越拉越深。爹轻松地拉过去，轮到我拉过来时，不是锯条弹起来落不到墨线上，就是锯齿被卡住拉不动。

　　爹说："锯条弹起来，是用力小了；锯齿卡住拉不动，是用力大了。应该两手放松，不要死死攥住锯把，这样，心也会放松，锯条才能轻松地拉过来，送过去。"

　　我照着他的说法试了几下，还行，锯条开始进入木头了。梧桐木木质软，好拉，但锯条也容易走墨。锯条偏右了，我就狠狠抬左臂，右臂使劲往下压，想把锯条折回来走正墨，但越用劲，越不行，锯条离墨越远。爹在另一头知道我拉走墨了，就跟我换过位置来，告诉我不要心急，不要用力太大，要把锯抬起，轻飘飘地往正墨上靠，这样锯条便走正道了。另外，初拉大锯，要目不斜视，才看得准，拉得准。我按爹说的话去做，虽说拉得好了一些，但还是"飞龙走蛇"，锯条弯来弯去。这一天，把两厘米厚的板子，拉得厚薄不平。

第二天再拉，我不紧张了，锯也拉好了。那时我个子矮，大人站在地上，我得站在矮凳上。到了十六七岁，我才能和爹站着平拉。但遇到长木头，两个人都须站到长凳上。我喜欢拉更长的木头，如果在两米以上，凳子就要搭得很高，站在上边，虽晃晃悠悠有些不稳，但居高临下看四周，很神气。后来，我不但学会了拉一抽锯，还学会了拉三抽锯。三抽锯就是拉过一段长的，再带两段小的，锯条的声响便由一抽锯的"嚓、嚓"变为"嚓、嚓嚓"，十分欢快。爹给拉三抽锯起了个挺有诗意的名字，叫"凤凰三点头"。爹说："名字虽好听，拉起来也欢快，出活却少，不如一抽锯，一下是一下，送拉的锯条长，出活多。"

拉大锯，拉个一天半天还耐得住劲，若拉时间长了，就觉得音调乏味了。记得上初中时有一个暑假，我拉了 20 天大锯，便想打退堂鼓。

爹看我不高兴，就对我说："学木匠要先拉三年大锯，你知道为啥？不是说拉三年才能学会，是三年中让你悟两个理：一是懂得两个人配合才能完成一件事，不论干啥事，都要讲合作；二是磨磨性子，干事不图虚，要脚踏实地、一心一意。这两个理悟通了，即使这辈子不干木匠，你干啥都能干好。"

真没想到，在平平常常的拉大锯上，爹还讲出了这么多的道理。

当然，那时我还不完全懂。等我走上社会，经过了许许多多的坎坷以后，回过头再回味一下爹的话，才理解了其中的含义。

搞摄影，干事业，还有做人，我何尝不是像拉大锯那样，目不斜视，照着墨线，一锯一锯地"拉"呢。

窥见半生

白羽摘雕弓

　　大概 5 年前，偶然间，我看到一个微博用户。和别人不同，他从不转发，不发照片、视频，也不会参与抽奖等，每一条微博都是纯文字，写得很长，标点符号用得很对，表现出上一代人在对待书面语时特有的郑重。

　　我点进去，果然，这个没有什么粉丝的用户是 20 世纪五六十年代生人，算算年纪已到知天命之年。每天他都在微博上流水账式地记录自己一天的生活，做了什么，见了谁，谁来做客，说了什么之类，事无巨细。通过这些文字，我了解到，他老婆在多年前因病瘫痪，失去神智，生活不能自理，需他照顾；母亲瘫痪，兄妹几人轮流照顾；父亲年迈，常露悲色，他得时不时地去看看；女儿在上学，平时忙碌，成绩不错，他提起时总是很骄傲。

　　被陌生人完全不同的生活状态所震撼，我鬼使神差地关注了他，没有做任何打扰。5 年来，每当我觉得非常痛苦时，就会去看看这个博主的日记，同样不做任何打扰。看完后，我常常对眼前的一切苦恼释然：因为无论多么苦的一生，都有人在认真地坚持着，用力"熬"着。

　　他还在日复一日地记录着自己平淡的生活，很少显出悲苦和埋怨，相反，文字里总是记下别人对他的帮助：老同学拜访，提了一箱牛奶，这个牛奶很贵，他反复推辞后还是收下了；小妹上门，把自己的旧衣服送给他们，担心他觉得旧，他说"这么好的衣服哪能不要"；还有前同事、朋友拜访，给了100元、200元，买点东西；妹夫快递寄来两瓶蜂蜜……他连邮费都一一记下。

5年的日记里，他平淡地记录了很多死亡。谁谁谁去世了，怎么死的，和亲人谈论时，都说了些什么。没有太多的悲怆，也少有恐惧，带着一点惋惜，照常过着日子。年过半百，离别成了生活最普通的部分。

最多的还是照顾妻子的日常，行文间，他把妻子称为"妻"，"妻"出现在每天的流水账中：病后的妻像只大猫，总是白天困倦，晚上兴奋，经常半夜将他吵醒；有一天夜里闹钟没响，他忘记抱妻去上厕所，结果妻尿了一床，他起来拖了半天地，床也不能睡了，而妻坐在一边，精神亢奋，高谈阔论；从前的同事聚会，他不愿意去，酒已经戒了，还想多陪陪妻；每周他陪瘫痪在床的娘说说话，为她擦擦嘴唇，就匆匆与小妹交接，因为病妻离不了人。

博主是典型的中国式父亲，女儿忙于读书，他很少让她插手家务事。几年来，女儿毕业、结婚、生子，他只让女儿顾着小家。女儿升了学，发了论文，在他的日记里，也不过化作一句简单的"我为她感到骄傲"。在家里，仍然是他一个人守着病妻。妻子常常在夜里喋喋不休，他就在这种唠叨声中起床，记下日记。妻子早已没有正常神智，这种喋喋不休的唠叨，其实都是不明含义的嘟囔。也就是说，多年来，家里没有任何人能与他交流。

抱怨过吗？因为不明白妻的意思，偶尔会有，不过渐渐地，他已能很快地辨别出她什么时候要睡觉、说话和排泄，因而变得更平和。有一次，博主回忆起妻子生病前，对他说过的最后一句有意义的话——具体是什么话我已经记不清，只记得这句毫不起眼的话让我潸然泪下。那篇记载着一点回忆和感慨的日记，马上就被新的烦琐的日记淹没在时间的深海里。

从5年前个位数的粉丝开始，到今天，这个普通微博用户的粉丝数已超过1000，颇让人惊讶。不过每天的日记下面空荡荡的，并无转、评、赞，仍是他一人自言自语。

会是僵尸粉吗？

我一直这样以为，直到新年那天，博主祝大家新年快乐，下面竟然如雨后春笋一般冒出很多条留言："叔叔，新年快乐！""叔叔，过年好！新年祝您身体健康。""叔叔，过年记得好好休息！"每一条留言他都认真回复了："谢谢你！也祝你新年快乐，牛年大吉。"

过完年，新的日记下面没了转、评、赞，他又开始自说自话，记录着自己的生活，仿佛过年的热闹都是变出来的。

原来，这 1000 多个粉丝都是与他互不相识的年轻人，来自各行各业。他们同我一样偶然看见这个用户，旁观了别人的人生，收获了生活的勇气，却从来不忍打扰，只在特定的时候出来送上祝福。

从某种程度来讲，应感谢互联网为我们开了无数扇窗。天南海北的窗与窗相接，从窗中便能窥见一个人的半生。

一张捞纸帘，几许少年心事

明前茶

小朱至今记得自己学习编竹帘的起始：中考结束，他们这拨野马驹都兴奋得过了头，半月之内，小朱闯了两次祸。一次是削篾作剑，在竹林里玩侠客激战游戏时，竹剑不留神戳到小伙伴的眼角，小伙伴顿时血流满面，他差点把人家戳瞎；另一次是偷骑人家的摩托车，下坡时连人带车翻沟里去了，小朱倒没事，后座上的小伙伴小腿骨折。

两次事故，赔掉了父亲一整年做捞纸帘赚的钱。加上小朱中考成绩不理想，上不了高中，父亲整整一个礼拜，脸沉得像黄梅雨天的一大块生铁。小朱的心也足足绷了一个礼拜，最后，他听到父亲淡淡地说："跟我学手艺吧，如今泾县的宣纸有一半都出口到国外，捞纸帘不够用，我跟你妈忙不过来。"

惩戒来得如此之轻，小朱简直不敢相信自己的耳朵。不过，倔脾气的他还是犟了一句："我可不学织帘子，坐在织机前屁股一天都不能抬，闷都闷死人了。"

父亲呛他一句："你暂时还没资格上织机。你这毛躁性子得打磨，先抽竹丝，再学着在成品帘子上抹漆吧。"

朱家世代做捞纸帘，一副细密的竹帘，四周钉上木框，就可以在纸浆池子里来回搅荡，让纸浆在竹帘上薄薄地附着。竹帘倒扣，轻轻掀起，一层湿纸便留了下来。捞纸帘的质量是否过硬，是手工宣纸是否匀、平、光的第一步。

跟着父亲学做捞纸帘，一开始，小朱只做一件事：父亲剖好竹丝，他把竹丝从铁板上一个直径不到 2 毫米的圆孔里穿过去，左手穿，右手拔，只听"刺啦"一声，一团竹绒就在铁板左侧浮现。穿过孔洞的竹丝，横截面就由方形变成圆形。这个工作虽然单调，却考验人的利落程度，如果抽拔的速度不够快，竹丝不是半截断掉，就是抽到一半便卡在孔洞里。抽拔竹丝的工作做了两天，小朱的手就开裂了，涂护手霜也不管用，那些升腾的竹绒，把手上的油脂都带走了。

不过，他好像不反感这项工作，空气里充盈着新鲜竹汁的味道，涤荡肺腑。父亲偷偷瞄看儿子，看着他将一小束抽拔成圆形的竹丝举起来，迎着阳光观瞧，脸上有微微的惊讶与得意，父亲就安心转过脸去织竹帘了。

抽拔竹丝，是为了让编好的竹帘紧密匀实。如果竹丝的横截面是方的，编织成的竹帘在捞纸过程中，竹丝的棱角就会翻滚，帘上留下的纸浆就有厚有薄。

竹丝从圆孔中穿过去，就像穿过自己曾经无穷无尽的少年时光，无穷无尽的白日幻想。动作熟练后，小朱居然经常想起他初三时喜欢过的一个女孩，她甩着高马尾，去上县一中了。小朱知道自己今生可能不会再与她有任何交集……糙小子心里，浮上了一点怅惘。这点怅惘像竹绒一样，"刺啦刺啦"地在他心头升起来，越聚越浓，赶也赶不走。

小朱知道，他必须在工匠之路上继续向前走，他将与大部分同龄人分道扬镳，他将留下来与老家的青山绿水发生永久的关联。他脸上的青春痘迅速消隐了，脸庞长开，眉宇间长出沉静之色。他学会了为捞纸帘上漆。漆是从树林里割来的土漆，用揉成团的丝绸在竹帘上抹匀。如果用棉布蘸漆来抹，会在竹帘上留下很多细小的棉花毛，很难处理。涂完漆之后，再用猪鬃刷子刷匀，摊晾在太阳下，等着漆面氧化成膜。

最后，小朱终于学会了编织捞纸帘。小朱跟父亲说，他亲手制成的第一张帘子不要卖，他要留个纪念。父亲只答了一个字："成。"

小朱卷起那张帘子，就出门去了。他去了女孩家。大门紧闭，透过大门的缝隙朝里望，里面荒草过腰，一棵巨大的柿子树已经开始落叶，显露出那一树娇艳甜蜜的果实，像小灯笼一样明亮。问过邻居，邻居说，自打女孩考上县一中，家里就把宣纸作坊转手给女孩的舅舅，全家搬到县城去了。

小朱推了推门，发现大门竟然虚掩着，他进去，惊飞了草丛里的宿鸟。他把捞纸帘挂在女孩家的门廊上，四下里静悄悄的，只有西风扫落柿叶的轻响，以及风势催动白云的轻响。天那么蓝，云那么浓，帘子筛下的光影那么齐整。一个少年的心事，在这里有了安静的交代。

那一刻，小朱知道，自己桀骜不驯的少年时光已经流过。

最后一只狍子

薛涛

过去，在我故乡冬天雪白的旷野中，偶尔还能看见狍子奔跑，它们跃动的影子为旷野边际太阳的红色光轮增添了神性的光辉。可是到了我父亲这一辈，想见到狍子已是一件相当奢侈的事情了。

那是一种挣扎在雪白地平线上的真诚的生命。我的先辈们称这种可爱的生命为傻狍子。我们的孩提时代与狍子一样愚蠢悲壮。

故事大略就是从这地方开始的。

这些故事都是那只生着三叉角的狍子引起的。当然，同时这是一个冬天里的故事，白白的雪，略有起伏但尚可视为平坦的旷野。在起伏的旷野上行走，能看见一排蹄印，随着雪白的旷野起起伏伏，延伸出去。仔细一看，这就是狍子，那只三叉角的狍子留在旷野上的印迹。这一行远去的印迹为单调的旷野增加了诗意，也增加了北方冬天的诗意。

它第一次出现，是在我家栅栏外面的谷草垛旁边。它从遥远的旷野尽头跑来，惊奇地往栅栏内的院落张望，然后开始香香地咀嚼谷草垛上的谷草。

狍子！我爸翻身坐起，从炕头跳了下去，踢翻了炭火盆。那时我还没明白发生了什么事，只是意识到，这是我爸在这个静谧冬天里的第一个激动的表现。以前他只是围着炭火盆悠闲地烤火，用柳条翻里面滚烫的土豆。我爸盘算好了，明年春忙一过，就新盖一幢房子。我爸曾神秘地向我透露，房子就盖在旷野的边缘。

村落在向旷野里疯长。

我爸从门后拎出一根木棍，一脚踹开门冲了出去。

狍子发现我爸来势汹汹，但它没有立刻明白即将发生什么。它新奇的目光迎向扑来的我爸，它把我爸看成了淳朴善良的大爷。

换成狐狸，早就逃了。可是它实在太单纯了，不懂得这个雪白纯净的旷野中会发生复杂的事情。

可是，木棍不打折扣地落了下来。狍子意识到一些不妙，闪开了几步，但并没有跑开，还回过头疑惑地看着我爸。在它看来，这一切太不可理解了。它大概还不愿意相信这个大爷的恶意。

另一记重棍还是落了下来。这回它坚决地跳开了，跑得远远的，消失在旷野中。

我爸掂了掂手中的木棍。两下没打中，他以为木棍出了毛病。我看着他，感到他很陌生。

"傻狍子，回去！还傻冻着干什么？"我爸向我挥了挥棍子。

我灰溜溜地跟了回去，走进栅栏时又忍不住回头看了看栅栏外的旷野。

狍子就在旷野上的某个地方。一定的！

晚上，我爸也这么说，跟我想到一块儿了。

我爸喝了酒，踌躇满志的样子。陪我爸喝酒的还有二叔、三叔。他们都是闻风而来的，合伙打狍子是一件令人兴奋无比的事情。喝到兴头上，我爸又抄起那根木棍，比画了两下，说："今年打的狍子不吃了，扛到集市卖掉，攒足钱明年盖房子。""狍子肉香，狍子皮暖和！"二叔、三叔吵嚷开了。"真的吗？"我拽了拽二叔的衣角问道。那时我还是个无知的小孩，父辈们的议论把无知的我引向了歧途，狍子是一种有用的动物：吃肉，做皮垫子，值钱，盖房子。我琢磨着。

我站在栅栏外向旷野中张望。我希望旷野中能出现一个黑点儿，那一定是狍子。我特别希望它出现，说不清为什么，但肯定不是因为它有用。

夜里又扬了场雪。雪盖住了狍子逃走时留下的蹄印。本来我爸他们已经准备出发了，但望了望新鲜的雪，没有进入旷野。他们说，雪又加厚了，狍子找不到吃的，还会跑进村子，那么就不愁打不着狍子；狍子是成群的，就不愁打不着两三只。我对父辈们的精明惊诧不已。

为了我的冰车，我和祥闹翻了。我背上被撞坏的冰车离开冰场，冰场上的笑声渐渐离我远去。我形单影只，又想起那只独来独往的狍子，它一定也已失去了伙伴……我踏上了旷野。

"原谅我。"祥跟了上来。

这事怪祥。祥的冰车从后面撞坏了我的冰车。冰刀要掉下来了，不钉一下就不能玩了。那样，整个冬天就要白白交代了。

"我爸发现了狍子。他一定能抓住它。"我没理会祥，只顾说着自己想说的话。我认为这是对祥的一种蔑视。"什么？狍子……"祥又从背后跟了上来。"对，狍子。它跑进旷野了。不过它跑不掉。"我重复了刚才的话。这时我把那只狍子想象成了祥。

祥听罢显得特别激动，冰车掀落在雪地上。"你们要杀狍子？"祥问。"对。"我望着起伏的旷野，没有看祥。"你……狍子是善良的动物。要是人们在野外冻麻了身子，遇上狍子，它会舔醒你，还把皮毛贴在你身上……爷爷讲的。"祥讲了他爷爷 1932 年的经历。祥的爷爷穿过大旷野，到镇上跑买卖，途中遇见了土匪。"胡子搜去了爷爷身上的大洋，还扒走了爷爷身上的羊皮袄，然后把爷爷扔在旷野中，打马而去。那是冬天的早晨，爷爷的腿受了枪伤，倒在雪地上渐渐失去了知觉。嗒嗒声从旷野深处传来，不久一股暖流荡遍了爷爷的全身。一群觅食的狍子救了爷爷……"不知不觉中，我把冰车掀落在雪地上，扑嗒声在旷野上回荡。

"那，咱们应该帮帮那狍子……"我呢喃着。我彻底忘记了刚才在冰场上跟祥发生的不愉快。

我爸、二叔、三叔各自拎着棍子守候在屋里，死死盯住窗外。栅栏外，那垛金黄的谷草上面换了一顶厚厚的白帽子，特别好看。这是诱引狍子的天然饵料。

一整天就要过去了。二叔、三叔挺直的腰板松垮下来，偎在热热的炭火盆旁打盹儿。我爸也有些打蔫儿。

"看着点儿……"我爸说完也眯上了双眼。他把任务交给了我。

"狍子不会来自投罗网的。"我长长地松了口气。可祥说还不能太早下结论。我们俩蹲下来，看着时间在不知不觉中又过去了很久。我打起了瞌睡。"看！"祥捅了我一下。

狍子！那只狍子！它正立在谷草垛旁安静地嚼着谷草。幸好那时我爸他们还歪倒在睡梦里。

"怎么办？"我呼吸急促，大口呼着白气。"赶走它。"祥低声说。

我和祥坐在各自的冰车上，制订了一个美好的计划。我们击掌发誓：同甘苦共患难。我们又是朋友了。

我和祥走近了狍子。狍子闭上嘴巴，停止了咀嚼，天真地看了看我们，然后眨眨眼衔起一根金黄的草梗，继续咀嚼。它吃得很有耐心，很香。我忍不住咽了口唾沫。

"快走吧，走啊。"祥朝狍子挥了挥手臂。狍子没有明白祥的意思，又天真地望了望我们。我只好从雪地上拾起一根柳条向它挥去。狍子腾地跳开了，回头看了看我们，向旷野中走去。祥又掷去一块石子，狍子这才改成小跑，蹬起一路雪末儿。我和祥慌忙又抓起一把谷草，扫掉狍子留在附近的蹄印儿。

"咱们还得扫下去。"祥站了起来，望了望延伸出去的蹄印，"它可能是失去了伙伴的孤狍。让他们发现蹄印追下去，它肯定就没命了。"

"它的伙伴呢？"我问。"不知道……"祥悲愤地说。

我和祥商定吃罢晚饭沿着狍子的蹄印儿扫下去，顺便为它背上两捆谷草。

事实上，后来我没有去泥泞洼。在那个冬天的傍晚，祥一个人背上谷草，一个人蹬进了雪白的旷野。祥一个人走向旷野深处的时候，我正躲在暖烘烘的小屋里围着火盆烤火呢。我爸说了，天这么冷，不准到外面玩，何况天又黑了。爸爸还说，更不能与祥一起玩，去年祥家的驴子啃了我家的庄稼，他打瘸了祥家的驴子，祥爸一定记了这个仇。我这才知道，在我爸和祥爸之间还有过这么一段插曲。大人之间的复杂令我在暖烘烘的屋里打了个冷战。

我的冰车就挂在墙上。祥撞坏的。我可以安心地待在家里了，没有什么可歉疚的。很快，我听见猫叫了。那是祥在叫我。

　　最后一声猫叫渗透着失望。祥爸为了他心爱的驴子，我为了自己心爱的冰车。这样做值，我残忍地想。

　　那夜我没有睡着。我爬起来向窗外望去，月亮正从旷野深处爬上来，向灰茫茫的高空爬升。

　　月亮是从泥泞洼那片林子中爬出来的，我想。祥一定累坏了。月光一照在我身上，善良的想法又统治了我。我对不起祥，我想。

　　"哗啦！"有人跳进了我家的栅栏。"砰砰！"来人急急地敲着窗子。

　　"祥来过没有？快半夜了他还没回家！"是祥爸的喊声。我爸也听出了是祥爸，慢腾腾去开门。一股冷气扑来，我打了个寒战。

　　接着，我全盘泄露了我和祥的计划——祥一个人去了泥泞洼，但我没去。父辈们松了口气，流露出对我的赞许。

　　我只顾带着父辈们顶着月亮向月亮升起的那块地方奔去。父辈们一路跑，一路骂着："傻狍子。"他们骂祥。

　　跑了很久很久，前面出现了黑乎乎的一片林子——泥泞洼，月亮升起的地方。我抢先冲进了林子。

　　那只狍子！借助月光，我第一次真切地看见它眼睛中的美好与善良。它受了惊动，惊讶地望着我们，但没有站起来。它身旁倒着祥，祥是累的。狍子用身子从北面挡着寒风，紧贴着祥。

　　狍子看了看我，然后垂下头默默地嚼着一根谷草，顿时缕缕香气从它嘴边飘过来。那是祥背来的谷草。

　　父辈们相互望着，手中的木棍相继垂落下来。我爸高扬的木棍掉在了雪地上。

　　眼前的情景，让我想起祥爷的故事……

　　我扛着冰车，在祥家院外立了很久，没有喊祥。其实我并不想去滑冰车，我只是想见祥。

　　我只好走上旷野中的小路。小路的尽头就是那条冰冻的河，一块冰场。

远处，一个黑影映在雪白的旷野上，正向我挥手。是祥！

"祥，我……有时候人还不如狍子。"我垂下头，干脆地说出了我的想法。这想法折磨了我一夜。

"别说了。"祥看着我，那样子让我想起了狍子。沉默。东方由白变红，一团火沉没在那片遥远的林子中，林子要着火。

"看！看哪！"祥打破了沉默。

旷野中扬起一团团雪末儿，是那只狍子在奔跑。它是从月亮升起的那块洼地里奔出来的，正贴着雪白的地平线飞驰，在红色的晕圈里跃动。

狍子居然发现了我们，停下跃动的脚步，回头望着。雪末儿落下，那道清朗的影子正好立在太阳红色的光轮里。它像一头神鹿！

旷野中最后一只狍子，永远地消失了。

阿嬷的手尾钱

秦嗣林

　　这天一如往常，清晨六点多我便起床到公园去遛狗、运动，回到当铺才七点多。当时天刚微亮，正当我准备开门时，手上的狗链突然一紧，只听到小狗发出阵阵低吠声，我顿时警觉起来。

　　我紧张地四处张望，发现骑楼下的柱子后面竟有个畏畏缩缩的人影，直觉以为是歹徒要来行抢，便大声喝问："你要干吗？"没想到对方却怯生生地回我话："老板，我是来当东西的。"

　　原来是赶早的客人，看他的样子，听他说话也不像是个恶人。于是我松了口气，边掏钥匙边说："你不要躲在那边嘛！先生贵姓？请进，请进！"

　　我把他迎到铺子里，对方自称姓陈。我问他："陈先生想当什么？"他从怀里掏出一个铁制的饼干盒，打开铁盖，里面放着一个手提包，待拉链拉开，里头竟然满满的都是现钞。

　　我以为自己刚刚听错了话，误听成陈先生是来典当东西的，没想到他是来赎当的，因此赶紧改口道："陈先生，原来你要赎东西啊！麻烦你把当票一起给我。"但陈先生却摇了摇头，口气肯定地说："不是赎，我是来当东西的。"

　　我一时没反应来，因为没看到任何可以当的东西啊！难道要当饼干盒？于是我又问他："那你要当什么？"他指了指饼干盒说："我要当这包钱。"

这可有点意思，我开当铺这么久，客人带着各种宝贝上门，无非是为了换钱，但生平头一次遇到带着"钱"来当"钱"的客人。

我百思不得其解，只好问他："你都有钱了，为什么还要当钱？"他听了一脸尴尬地搓着手说："唉！这个，总之这笔钱不能用啦！"我听了更加一头雾水了："不能用？难道这些钱是假钞吗？如果是假钞，你赶紧拿走，我绝对不能收。"他急忙解释："不是假的啦！我不知道要怎么跟你讲，但是这笔钱我真的不能花掉。"我继续追问："如果是真钞为什么不能用？钱就是钱啊！"没想到我这一说竟逼出了他的眼泪，他万分为难地说："因为这是……这是我阿嬷给我的手尾钱。"

在台湾民间有个风俗习惯：老人家若意识到自己将不久于人世，便会像过年包压岁钱一样，发给每个晚辈一笔数额不大的钱，除了留给子孙当纪念，还有保佑后辈财源滚滚之意，是谓"手尾钱"。这与现在出殡做法事时，师父发给家属的一块两块钱不太一样。

我被这笔钱的来历吓了一跳，示意陈先生继续往下说。只见他眼眶里泛着泪水，幽幽道出了尘封已久的往事。一听之下，才发现原来他与在基隆名号响亮的颜氏有着血亲关系。

台湾北部的雨都基隆有个望族颜氏，在当地赫赫有名。族中有一位颜老太太，年轻时嫁入豪门，生活优渥，瓜瓞绵绵。虽然儿孙众多，但她独独宠爱身为外孙的陈先生。只可惜陈先生从小不学无术，长大后竟沉迷赌海。

为了赌博，陈先生将家里可以变卖的东西全换成了赌本。俗话说"久赌神仙输"，几年赌下来，自然落得个负债累累的下场。一开始亲戚朋友还会苦口婆心地劝他，但他始终执迷不悟，因此众叛亲离也在意料之中，最后只剩下颜老太太始终护着她的宝贝外孙。

不论何时，只要陈先生开口，颜老太太一定会给他钱。即使手头不方便，她也会借口自己需要花费，设法跟其他儿孙要钱。后生晚辈自然知道颜老太太的目的，每次总会劝她别再理会陈先生，只是阿嬷疼爱外孙的感情大过理智，颜老太太还是一次又一次地资助了陈先生。

任何人都敌不过时间的摧残，颜老太太也快走到人生的终点了。临终前，她特地把陈先生叫到病榻前，用布满皱纹的手抚着他的头，苦口婆心地说："乖孙子，别再赌了，阿嬷在世的时候还能照顾你，等我走了，还有谁能护着你？你也不小了，赶紧找一个正经工作，安定下来，好让我放心。"颜老太太将晚辈给的钱省了下来，包了一份二十万的手尾钱给陈先生，也就是现在放在饼干盒里的这笔钱。

可惜的是，陈先生当时并未听从外婆的教诲，加上游手好闲已久，因此在颜老太太过世后，始终没有改过自新。

又过了几年，陈先生才终于戒了赌，并打算在林森北路摆摊卖小吃，重新步入正轨。可是摆摊需要本钱买摊车和基本食材，由于年轻时恶名昭彰，纵使他拍胸脯保证自己已改过自新，亲友们依然认定这只是他再一次骗赌本的表演，最后竟落到连买餐车的基本费用都借不到的窘境。不得已，只能上当铺周转。

他尴尬地告诉我："这笔钱不能存进银行，因为存进去再领出来就不是原来的钞票了！现在我手上没有创业的资金，也没人愿意借钱给我，这笔手尾钱是阿嬷对我的期待，我绝对不能花。想来想去没别的办法，所以想请你帮我保管，借我一笔做生意的本钱。"

事情的前因后果把我听傻了，原来这一笔钱不只是钞票，还包含着阿嬷对孙子最后的嘱咐。听完故事，看着面前的人，再看看眼前的钞票，我深刻体会到陈先生重新做人的决心，于是暗下决心帮他这个忙。他会找上我，或许也是冥冥之中颜老太太的指引吧。

我低头随意检查包里的钞票，发现里头有些已经是现在市面上不再流通的旧钞了，但我还是问陈先生："这里面有多少？"他答："总共二十万。"

一般当铺收取物品一定都是以低于市价好几折的价钱支付，而这个"商品"虽然不同于其他，但也不能以原价计算。我一沉吟，最后算了十九万给他。

一旦决定收下，问题就来了。一般的典当品通常都要收入库房，但是手尾钱毕竟代表了阴阳两隔，意义也不相同，要是入库似乎不太妥当。左思右想后，我决定把"它"放进冰箱，既不会被虫咬，也不容易变质。陈先生直说没关系，只要好好保管就行。

之后，陈先生带着创业资金先是开了间海鲜小炒店，因为用心烹调、认真经营，很快就在地方上打出了名号。只过了一个多月，他就来赎回了手尾钱。据说创业成功之后，他还涉足士林的餐饮业，为自己的人生重新燃起了希望。

俗话说"浪子回头金不换"。当初我看到陈先生将饼干盒自怀中拿出来时的眼神，已非昔日那个"今朝有酒今朝醉"的纨绔子弟了。过去的荒唐让他失去了优渥的物质生活与亲友的信任，但是始终没放弃他的阿嬷，借着离开人世前的手尾钱，换回了陈先生的大彻大悟和回头是岸的人生下半场。

每个人一生当中都会受到许多人的照顾，不管是来自亲人还是朋友，但我们却往往不知不觉，甚至习以为常，等到失去时才懂得珍惜。人的一生虽然有许多事情能够有重来的机会，比如金钱、事业等，但只有情感是一旦失去就无法重来的，尤其是那些来不及回报的情感，这也是人生最珍贵的东西。不要让这些来不及变成人生的遗憾。

不要把贫困的痛苦传给你的孩子

一 哲

　　杰斯出生在圣彼得堡一个书香门第，父亲是大学教授。虽然父亲的薪水不低，但一家老老少少十几口人都依赖于父亲，所以，他的家庭并不富裕，虽不至于挨饿，但也常常捉襟见肘。他至今都记得在他16岁生日的时候，父亲对他说了句"杰斯，生日快乐"，所谓的生日礼物也只是一支很普通的钢笔。而在他生日来临的前一段日子，他有意无意地向父亲透露想买条牛仔裤的愿望，并在各方面都尽力表现得很好。他本来以为父亲会送给他一条牛仔裤作为生日礼物，可是，事实却让他倍感失落和痛苦，甚至愤怒。在圣彼得堡，男孩子16岁就意味着是成人了。而16岁生日这天，父母一般都会送孩子一份他渴望的礼物，来作为成人贺礼。父亲给杰斯的解释是：一条真正的Levi's牌牛仔裤价格高达500卢布，而他的月工资只有200卢布。如果买一条牛仔裤给杰斯，全家人都会因此受穷受苦一段时间。而他又不愿意去买一条价格便宜但质量低劣的冒牌牛仔裤送给杰斯，尤其不愿意在杰斯16岁生日这个重要的日子里当做生日礼物送给他。

　　对于父亲的解释，杰斯根本无法理解，也不愿意去理解。他用眼泪和无法掩饰的失落无声地表达着自己的抗议。父亲并没有安慰他，反而很严肃地对他说："我知道你此时的心情，但别指望我向你道歉。我没有错，只是没有能力满足你的愿望而已。或许你认为我不是个称职的父亲，那我希望你以后做一个出色的父亲，不要把你现在所承受的痛苦传给你的孩子。"

"我一定会比你做得好，将来我要是做了父亲，我会送我的孩子无数条牛仔裤，会满足他所有的愿望，我会让他因为我而感到骄傲。"性格倔强的杰斯几乎是一个字一个字地说出这些话来。

"很好，我愿意将你说的这些话看成是你的成人宣誓，但愿你不要忘记它。你最好铭记在心里。"父亲说完这句话，就去上班了。杰斯站在原地，久久地咬着自己的嘴唇。

高中毕业后，许多要好的同学去工厂做了工人，而杰斯却执意要去读大学。在他看来，要想改变命运，有光明的未来，读大学是他唯一的捷径。杰斯从来都没有忘记自己的誓言，要做一个有成就的人。上大学时，杰斯经常利用暑期勤工俭学，到建筑工地打工，一个月可以挣到 300 卢布；而开学后，他则会找份清洁工的工作。靠着半工半读，他一直读到博士毕业。既要打工赚钱，又要使学习成绩出色，杰斯注定要比别人付出更多。从读大学开始，他几乎很少能睡个痛快觉。在他们那一届的博士生中，身高仅 1.62 米的杰斯被导师称为"最矮但最能吃苦的学生"。

这个叫杰斯的孩子现在的名字是：梅德韦杰夫。2008 年 3 月 2 日，他成功当选为俄罗斯新一届总统。在大选结果揭晓的当天晚上，43 岁的梅德韦杰夫像个调皮的孩子一样，给在圣彼得堡的父亲打了电话，幽默地说："你现在去问问我的孩子们，看看他们是不是为自己的父亲而感到骄傲。顺便说一句，我也和他们一样。"当年的杰斯早已经理解了父亲。在他看来，16 岁生日那天，父亲已经给了他最好的生日礼物——奋斗的最初动力。

出身无法选择，贫困不是抱怨的借口，也不是沉沦的理由。如果自己没有一个有成就的父亲，那就努力去做一个有成就的父亲。不把贫困的痛苦传给自己的孩子，足以成为一个人去奋斗的动力。

『揽过』与『揽功』

田单当了齐国的国相。某一天，他途经淄水，看到一名老人因为渡河受了寒，上岸之后无法走路，就把自己的裘皮袍子脱下来给老人穿上。

田单做了一件好事，但他这么做，有人看着不开心。谁不开心? 齐王。

齐襄王听闻田单"解裘救人"，很讨厌他这种做法。齐襄王自言自语："田单这样乐善好施，是不是想将我取而代之? "

齐襄王一说出这话来就意识到不对，他左右张望，生怕被人听到。他发现殿外有一名穿珠子的工匠。于是，齐襄王把他叫来问话："我刚才说的话，你听见了没有? "

工匠很诚实地回答："听见了。"

齐襄王没有因为自言自语被人听到，就立刻把这人杀了，竟然不耻下问："你觉得该怎么办呢? "

穿珠子的人回答得非常好。他说："您不如借机把田单的善举变成自己的功劳。您可以高调嘉奖田单，说田单替您分忧，您对他非常满意。"

穿珠子的人说："田单做了这样的好事，您嘉奖他，那么田单做的好事就相当于您做的好事。"于是，齐襄王赐给田单"牛酒"——牛和好酒。

穿珠子的人觉得不够，他对齐襄王说："您不能只给他牛和酒，您要在群臣上朝的日子，把田单请出来，当面予以表彰，然后在田单所做善事的基础上，把它变成一项法令，那么田单所做的一切就都是您的功劳了。"

计策很见成效，后来齐襄王派人查访，发现很多人都在议论，说田单之所以关爱百姓，是因为受了齐王的教导。

领导是战略的制定者，事情做得好，是员工的执行力强。作为领导，有时候需要推功揽过，有时候也可以把下属的功劳揽到自己身上。田单在茫然无知的情况下免去了一场杀身之祸；齐襄王则变不利为有利，变被动为主动，赢得了齐国百姓的爱戴。

命运的第二次机会

蒋平

1962 年，他出生在法国南部的一个小镇。从 7 岁那年开始，软骨病改变了他的一生。一直到成年，他身高不足 1.1 米，手足无力，生活无法自理，基本上形同一个废人。

7 岁那年，一次偶然的机会，父亲发现他对钢琴有浓厚的兴趣，让他开始学钢琴，13 岁那年便试着让他参与剧团的演出。当时剧团正需要一名丑角兼配角。剧团里有名的小号演奏家布鲁内，在跟他合作几次之后，发现他在钢琴方面有着特殊的悟性，就推荐给打击乐演奏家洛马诺重点培养。在两位音乐家的帮助下，15 岁那年，他推出了第一张个人专辑《闪光》，优美的曲子加上残疾人的身份，一举轰动了法国音乐界。

陶醉在乐声里，他忘记了身体上的不便与痛苦。钢琴越弹越好，名气越来越大，从 1987 年开始，不到 10 年时间，他的足迹遍及纽约、伦敦、米兰、东京、巴黎，成为名噪一时的爵士钢琴大家，他的名字叫米歇尔·贝楚齐亚尼。

有人问起贝楚齐亚尼成功的秘诀，他说了这样一句话："我是一个不幸的人，但幸运的是，我把握了命运的第二次机会。"

对这个"第二次机会"，贝楚齐亚尼是这样解释的："观众们第一次来看我演出，只是出于对我外表的好奇。如果不能用音乐征服他们，他们就不会再来看我的演出了。只有音乐，与众不同的音乐，才能让他们记住我，才能给我改变命运的第二次机会。"

为了把握好这个第二次机会，贝楚齐亚尼付出了常人难以想象的努力。每天，他拖着残疾的躯体，在钢琴旁一坐就是8个多小时。他的左手严重变形，手掌、手腕往内倾斜，视力、听力不健全，行动极为不便，即使在这样的情况下，他仍是几十年如一日地坚持练习。成名之后，他每年的演出超过180场，每天8小时的练琴从不间断，直到在钢琴上折断指骨，再也无法弹琴。

贝楚齐亚尼一生只度过了短暂的36年，然而，他的毅力、他的精神，他把握命运的第二次机会，足以让人们长久地记住他。

一对父女的两岸

在离开家的那一天，我看到他躲在七楼阳光下的阴影里，间或和我说一两句话。他的手里提着透明的塑料袋，里面装着他认为我上火车后必备的一切。袋子很鼓，可以看到方便面、水果、面包、矿泉水瓶的颜色及轮廓。他说不完、说不出口的话，也都在里面。

这个到最后关头，依然不会和我说什么的人，在阳光下眯起眼睛，沉默着，躲在楼层的阴影里。夏末秋初，日光依然炽烈。我看到他的 T 恤背后，已经有濡湿的痕迹。

这个我最亲近的人，和每一位经过这里的同事打招呼。但，我们不说话。

我不说话。超市里，我越过一排一排的货架，飞快地把食物装进红色塑料篮子里。和他在拐角处相遇，我看着他的篮子，把我已经盛装过的和我认为多余的物品挑出去。他并不是居家的男人。他不喜欢逛超市、百货公司、大商场，他不喜欢讨价还价。他缺乏这方面的经验，同许多其他的男人一样。

在家人的面前，他拙于一切温柔的表达。他只是把物品装满篮子，再看着我挑出其中的一部分。

他微笑着，很宽容地看着我的挑剔。他走到出口处，去结账。

很多时候，他扮演的是一个最后结果的执行者的角色。他不关心动机和过程。年轻的时候，这让他有时显得很残忍。冷漠和残忍伤害了他最亲近的人。

我们走上楼梯。他问我自行车的钥匙留下来了没有。"你妈妈上班可以骑你那辆车了。"我"嗯"一声，从他手中拿起一个袋子。"我先上楼，你可以去看看自行车。"我忘了具体把它放在什么位置了。

他似乎更关心我的自行车，而不是我。多年以来，一直如此。小时候，他关心别在我胸前的小朵纸制的红花。我上小学，他关心我作业本上满满的对号、考试卷上 100 分的红字。中学，他关心奖励、奖状，不要早恋，关心我开始偏科的成绩。大学，我从不告诉他我的成绩。大学的最后两年，周末回家，母亲常常对我说，他又下楼去和人打牌了。

他常常说我不再聪明。我越来越像个普通的孩子，脱离了他的期待。我的数学越来越糟糕。我越来越不知道一些事情的必要，不够聪明，也不再听话，沉默而倔强，懒散而不自知。偶尔我会和他顶嘴，摔门跑出去。在奔跑的路上，眼泪迅速地干了，我彻夜不归。他孩子气地抱怨我的母亲："都是你的错，都是因为你的娇惯和宠溺。"

照相簿的黑白照片上，上幼儿园的我和他依偎在一起，笑容干净而天真。那时，人人都说我聪明可爱。我是他的宝贝，他是我最亲的人。那时，他对我还没有如此多的要求和期望。我是他的女儿，有这个，就够了。在武则天的陵墓前、在有绿色梯田的原野上，他蹲下身，靠近笑容腼腆的、躲闪着镜头的我。有风，我帽子上的飘带和他的头发一起飞扬着。我们看着镜头，他抱着我，我不再羞涩，那是已逝的快乐时光。

只是后来，他抽丝剥茧地，一点一点抽离了我的自尊和骄傲。

这个男人，我和他在一起，23 年，互相依靠，互相伤害。不知道从什么时候起，他不再抱我，抚摸我的头。他的耐心也渐渐磨损了。我成绩不好的时候，他会一边让学校的老师——他的熟人——关照我，一边严厉地训斥我。甚至在某一次看了我的考卷之后，他还给过我一巴掌。他让我觉得越来越窒息，越来越想逃离。

18 岁以后，我们的隔阂明目张胆起来，我不打算对他友好。高考的第一志愿我填的是重庆。升作直辖市后重庆本地大学的分数线狂飙，我未能如愿。

结果我依然在西安上学，和别人一样住校，周末也不打算回家。我跟他说自己很忙，可我并没有参加学生会的活动，没有入党，没有在校园演讲里一鸣惊人，没有打算参加任何竞赛，没有教授承认我是他的得意门生，也没有恋爱，更没有理想和追求。我忙，只是忙着躲避他。

当然，那个时候，我不会告诉他这些，不会试图和他倾诉或交流。那都不是他关心的事。20多年和他相处的经验，让我在适当的时间、地点，适当地闭紧嘴巴。

我只告诉他我在学英语和电脑。这点理由足以使他相信。或者说，足以使他甘愿相信。

22岁，我即将毕业。他曾经竭力地让我考研，试图用周围好学生的例子说服我。这办法持久耐用，他已经用了许多年。而我明确地告诉他，我不会考。不会！我永远不会和他走同样的道路。在他铺排好的道路上，无论我如何努力，他都会认为，我本可以做得更好。说到底，我永远比他预期的愚蠢，这是他所不能容忍的。

后来我找了一份工作，不稳定，做了几个月便辞职，无所事事，靠看光碟和小说打发时间。在他的暴怒和劝导下我终于打算离开。23岁了，我来到北京。他曾经待过四年的北京。

让他骄傲的清华园，我终究没有能够进去。23岁以前，我对北京的所有概念，都来自于他的叙述：琉璃厂、北海、天安门、圆明园、水木清华；清晨悠扬的鸽哨，傍晚时分的炊烟；炸酱面、猫耳朵；窄小的胡同，宽阔的长安街；聪明人和聪明人的集聚地。

我逐渐对"聪明""学院""知识分子""精英"之类的词语产生反感。我用自己仅剩的任性来对抗他所缅怀的过去、他强加给我的期望的结局。在坚韧的对抗中，他日渐苍老，终于放弃了改造我的权利。

我偶尔打电话回去，总是母亲接电话。她告诉我，他在楼下找人下棋。空荡的房间里，总是只有她，可是她已经习惯了。

她已经习惯了。在黑暗里吵闹着要离婚的她曾经把我从睡梦里惊醒。我听着他们的话语，战栗得泪流满面，害怕得一言不发。他们摔掉手边一切可以摔的东西。第二天清晨，他们好好地去上班。我则好好地去上学。恐惧、残破和缺憾留在了我心中最隐秘的深处，成为抹不去的底色。

成年以后，我惊惧地发现自己继承了他的性格：他表面的爽朗和幽默，他骨子里的冷酷和不安。

他给了我最初的、最深刻的光明和黑暗。

那时，我唯一确定的是，要离开他，离开这个曾经最亲密的人，离开这个抱着我拍照的人。离开他的那天，我粗暴地将所有的行李扔到车上去。我看着这个人，不想克制。他已经放弃了对生活的所有梦想，显现在我面前的，是一个苍老、臃肿的普通男人。

他依然对我有所期待，虽然他不知道这期待的方向。他的女儿，在走一条连她自己也不清楚的道路。这道路的开始，就是一个转身的离弃。

我答应他们，照顾自己，好好工作，奋斗到可以买房子，就接他们来住。我心里在一阵一阵地嘲笑，冷酷而残忍。也许连我自己都没有那样的一天，我居然就这样承诺！

在车站，我们依然沉默。我和母亲说话。他四下看看，去买水。车站人潮汹涌，永远有不知道从哪里来到哪里去的人，在这里做短暂的停留，行色匆忙、神色恓惶。

火车要出站了。他买瓶装的矿泉水，还没有回来。母亲让我等他。我说，不等了，车就要开了。

我跳上车，冲她招手。我微笑着，冲这个要离开的城市微笑。这时我看到他，从人群里要挤过来的样子，冲我呼唤。从他的唇形我读出了两个字。这时，他呼唤着我的小名。他满头是汗，脸涨得通红，嘴里不停地说着什么，他甚至被拥挤的人群推搡着。

我坐在有空调的火车车厢里，因为不能打开车窗而不知道他到底还说了些什么，仿佛他在河流的对岸。我看着他急切的神情，突然鼻子酸了。这个给了我生命里最初的爱和伤害的男人，跑得那么吃力。他多不容易啊！他不管用什么方式，原来只是想靠近我，给我一瓶水，或者给我一份他笨拙粗暴的好意啊！

这是一年前的画面了。

24 岁之后，我一个人在北京，时常会想起这些镜头。我不知道是他的爱让我无法承受，还是我根本就误解了他的本意。但是我也慢慢知道了，在时间的两岸，起先弥漫着我们的误解，随后也渗透了彼此的理解与宽容。

我是北大穷学生

马超

我常常回忆起我初入北大时的情景。

1999 年高考，我成了县里的文科状元，被北大中文系录取。我成为母校建校 60 年来，第一位被北大录取的学生。1999 年 9 月 4 日的早晨，日如薄纱，我和父亲在北京站下了火车，顺着人群走出车站。父子俩坐着绿皮火车，挤了 16 个小时，从一片天大地大的皖北平原，来到了这高楼大厦之中，疲惫到了极点，同时又对自己格格不入的装束感到不安。我记得很清楚，那天我上身穿着白色长袖衬衣，上面沾满灰尘，领口黑黑的一层；下面是褐色起球的休闲裤，有些短，把人吊着；脚上是一双劣质的黄皮鞋。最让我放不下心的倒不是穿着，而是手中拎着的那个塑料行李箱，那是临出发前在集市上花 45 元买的。离家不到 10 里路，它就完全裂开了。父亲不知从哪里弄来几段零碎的绳子把它紧紧捆住，里面的衣服从缝隙中拼命往外挤，我担心它随时都有再裂开的可能。

来北京上学，是我第一次坐火车，按理，该是有些兴奋的，但我一点也兴奋不起来。在合肥站上火车后，我拿着火车票，在拥挤的人群里找到我的座位，发现座位上坐着一个孕妇。我怯生生地告诉她，座位是我的，她却一句话也不说，像个小说家一样深沉地望了我一眼之后，就开始像一个旅行家似的望着窗外。我想告诉她，我是北大的学生，我想告诉她，这是我第一次出门远行，可我最终没有说出口。在那拥挤的空间中，我觉得那么不合时宜，最后我离开了，挤到了另外一个车厢里。

就那样茫然地在人群里站着，16个小时，我连口水都没喝上。父亲比我更惨，他和一个同去的亲戚被挤到餐车里，花钱买了个茶座，因为随时可能要换地方，他不得不扛着那个裂开的箱子在人群里挤来挤去。我听着旁边的人说话，不知怎么插嘴，也根本没有想插嘴，就那样沉默着。这第一次火车旅行让我到现在为止都害怕坐火车。那感觉就像小时候吃腻的食品，一遇到再见的场景，便排山倒海一样从胃里涌出来。

那时，北大的一年级文科生是要到昌平校区的，校车拉着我们父子直接开到了那个偏僻的地方。我们家的经济条件不允许父亲在学校逗留很长时间，他必须当天就赶回去。一下车，我们就忙着报到、买被褥、买生活用品。父亲留下回去的车费，把剩下的300多块钱全给了我。中午，我们在食堂吃了顿饭，觉得饭菜很贵，也没舍得要什么菜，那算是我父亲来北京吃的第一顿饭。下午，父亲要走了，我们站在校区的那片槐树林里等校车。父亲说："你不要不舍得花钱，该买的买，该添置的添置。"又说了一阵诸如照顾自己，不是在家里，不要想家之类的话。接着我和父亲便陷入沉默。他慢慢地转过身，望着那长满野草的球场和球场远处的树林。我看见他抬起手去擦自己的眼睛，一阵悲伤的情绪从我心中不可抑制地涌出。说来好笑，那时我差点说出一句话："爸，我想跟你一起回去。"

几年后，我在《鲁豫有约》节目录制现场，再次回忆起这个场景，还是忍不住心酸落泪。

后来堂兄写信给我，说父亲是第二天下午赶到家的。那天正好是我堂兄考上安徽农业大学摆酒请客的日子。

父亲风尘仆仆地赶到酒桌上，众人端起酒杯，等他说话。堂兄说，所有的人都用期盼的眼神看着父亲，等他讲讲伟大的首都北京，讲讲千里之外风光的我。父亲还未开口，已经泪眼婆娑。他喝了杯酒，说：

"我们家的孩子在那里是最穷的一个，让他在那里受罪了。"之后，父亲泣不成声。

父亲走后的一个多月，我是靠着那300多块钱过活的。

我吃得很简单，夜宵是晚饭时从食堂买的一个馒头，简单但过得有滋有味，我像其他同学一样享受着自己的大学生活。每天早起到操场上读英语，白天上课，晚上看看杂书，有时也打打乒乓球。没有课的下午，我和球友们去踢球，我还记得"新生杯"上的第一个球是我踢进去的，我兴奋得满场狂奔。我幸福地过着自己的大学生活，不让人对自己的生活有怜惜之感，或者说我对于这些富与贫、乐与苦根本一无所知，无知者无畏。

不久，母亲写来一封信，错别字连篇。她在信里说，想跟着建筑队出去，给人家做饭，一个月有五六百块钱。那封信让我十分难受，我赶紧回信，说你要真去了，我就不上学了。母亲身体不好，怎么能做这种粗活呢？随后，我坐车来到北大的本部燕园，在家教公司找了一份家教，每周六教3个小时，共100块钱。这意味着我每月有400元的收入，我赶紧写信给家里人说我找了份兼职，生活不太紧张了。

从此，我每周六一大早就要坐校车往燕园赶，再从燕园坐车去西直门，走一段路，到学生家上课，中午在附近吃点饭，再上下午的课。回来时，赶不上坐校车，就只能从西直门坐27路，倒345路，到昌平，再坐小公共汽车到南口。从南口到校区是一段林荫路，从小公共下来后，天基本黑透了，我要摸黑走4里路，两边全是果园和庄稼，路上只有我一个人。每次看到校区门口的红灯笼，我的眼睛都有点模糊，那种疲惫后的熟悉让我感到一阵阵的温暖。我还记得第一次拿到100块钱的补课费时，在西直门复杂的立交桥上，我找不到北了。

回到燕园后，我有了第一份不错的工作，帮一家文化公司写畅销书。最悲惨的赶稿，是一周之内我们3个人需要写18万字。

那时不像现在用电脑打字，一切都是手写，稿纸一沓沓地写完，再一沓沓地买。白天写不完，晚上搬个板凳在楼道里写，6天我写了8万字，拿到了1800元的预付金。这笔"巨款"让我兴奋异常，那时手已酸痛得几乎拿不起筷子。慢慢地，我对这种坐在屋里就可以忙活的兼职情有独钟。

譬如帮人家写初中生阅读的稿子，我一夜写了12篇，篇篇通过。

从那以后，我辞掉家教，开始把更多的时间和精力用在看书和学习上，用在享受北大的生活上。我对很多课程有浓厚的兴趣。《东方文明史》的课，让我对楔形文字的起源感兴趣，北大图书馆查不到，我跑到国家图书馆去查。上白巍老师的《中国美术史》，我特意跑到故宫去看画展，跑到军事博物馆里去看中国油画展。是的，我像北大的其他学生一样，在学习，在努力，在收获。我开始学着写一些自己想写的东西。大二时，我的第一篇小说发表。我努力学习，每次期末考试前的一个月都不怎么睡，困了，咖啡粉直接倒在嘴里。早晨考试，买带冰的矿泉水让自己清醒。我拿过奖学金，评过标兵，体育得了奖，也获得了北大"优秀共产党员"的称号，我知道我的努力没有白费。

大三时，一位央视的编导来中文系男生宿舍找兼职，我当时是班委，给她介绍了几位同学。

她不满意，让我去试试。我带着浓厚的好奇心去了，那天恰好遇到了2002年北京那场恐怖的、突如其来的大雪。我下午6点从北大南门出发，坐车去北三环的静安庄，平时40分钟的路，到晚上12点半才赶到。整条马路上都是车，都是人。我们是推着车往前走的，从人大一直推到了静安庄。那个夜晚的北京城混乱而有秩序。等我凌晨3点半从编导家里谈完出来的时候，马路上的车已经可以开动了。我们谈得不错，我开始在央视十套、四套的几个栏目做文案的写作和策划，几位电视人对我评价挺高，收入也还可以。后来，我对文案写作已经很熟悉了，干起活来也如鱼得水，我决定退出来不干了。这个决定大大出乎编导的意料。她挽留我，我笑着说："我还想做些别的。"

从大二下学期开始，我不再向家里要钱；大三下学期，我开始帮姐姐支付一部分生活费和学费。在北大读研究生时，我开始写剧本。妹妹上大学，上的是第三批录取的本科，家里打电话来说学费很高。我说没事，让她去吧，有我呢！暑假我送妹妹去上学，前后给她交了1.7万元，还留下3000块钱生活费。

是的，这就是北大的生活：它让我感激，让我留恋。这里不会因为贫穷而让你止步不前。我的两位好朋友，家境很好，现在一个在美国读书，一个在新华社工作，再相聚，依然笑声不断。我们没有隔阂，我们谈论的是快乐和幸福。谁也不会因为你困苦对你照顾有加，一切需要你自己去实践。这里是北京，这里是北大，这里有无数的年轻人，这里有无数的脚步。他们来来往往，有过陌生和熟悉，有过泪水和笑脸，有过朋友和异己，有过丑陋和美丽。当你把其中一个脚印放到镜头前，放大，放成 8 英寸，放成 12 英寸，放成毕业照一样大的 20 英寸，你从中发现的是自己身上的一种坚韧和力量，更重要的是，从那个脚印里，我们欣然发现了自己悄悄遗忘的微笑和幸福。

十五元硬币

王君慧

从家里离开的前一晚，我问母亲有没有硬币，好坐公交车去学校。她打开抽屉，从一个旧的麻布包里倒出来一堆硬币，"哗啦啦"铺满了小桌子，大概有几百枚。看着这些硬币，我想起很久之前的一件小事。

十岁那年，我在乡镇小学读五年级。当时，班主任说，我们每个人需要交十五元来购买学报——这是一个坏消息，我害怕因为要钱被父亲批评，也害怕因为交不了钱被老师批评。

这种窘迫始于母亲的一场病。

我已经不记得是怎么知道母亲生病的。明明她一直避免露出痕迹，我却敏感地察觉，母亲的身体虚弱起来，父亲也整天愁容满面。某个早晨，我起床后发现父母不在家，祖母说，母亲去看病了。我生平第一次感到离别的恐惧，我害怕母亲回不来了。彼时我还不会写"癌"这个字，但在我浅薄的认知里已经明白这病的严重性。

半年后的一个夜晚，屋外的狗叫声将我惊醒。我跑到门外，看到戴着白帽子，披着军大衣，笑着喊我的母亲。我的心有了着落——母亲，回来了。

因为给母亲治病，家里变得拮据起来，我常常看到母亲翻着账本叹气。每个人名后面都有几千元，有的名字上会画上横线，代表钱已经还清。

母亲的头发渐渐长出来了，她摘掉了那顶白帽子。有一天，我看到母亲换衣服时露出的伤口，小心翼翼地问："是从这里开的刀吗？"母亲牵着我的手去触摸那片红色的疤痕，然后揉了揉我的脑袋说："还好活着回来了，我的孩子还这么小。"

那时候我已经不敢再要零花钱了，我心中总记挂着那个账本，期盼有一天所有的名字都被画上横线。

那天，老师在讲台上严肃地说："所有人都要交，这报纸有益于学习。"对学习是否有益我不清楚，我清楚的是，这对我父亲来说，是一笔不必要的支出。

我想起我的存钱罐，一个陪伴我很多年的陶瓷猪。我从里面得到了十三元五角钱——去年陪父亲卖破烂得了十个硬币，其余是我平日里省下来的。

我想起收破烂的院子里堆着几双胶鞋——那时为了防止弄脏裤子，每家都有几双胶鞋给小孩子雨天上学穿。我从家里放杂物的角落里找出两双已经破损得不能再防水的旧胶鞋，跑去收破烂的地方，竟然换了两元钱。我高兴极了，这样一来，我既不用因为向父亲要钱而挨骂，也不用害怕被班主任批评。一瞬间，我觉得自己解决了一件大难事。

周一上学，我揣着十五元硬币，心跳加速，有种莫名的激动。我的小手握着热乎乎的硬币，看了看周围，好像只剩下几个平时爱捣蛋不服管的学生没有交。班主任继续询问："还有没有人交？"我惴惴不安地上了讲台，将手里握着的十几个硬币递过去时，老师似乎愣了一下。我以为他嫌弃我的钱太零碎——一堆硬币中还掺杂着一张五角的纸币。老师举着那一堆硬币说："你们看看王同学，她母亲得了绝症她都能交，你们为什么不能交？"周围都静了下来，那一瞬间我仿佛被定住，冷气从我脚底蔓延至全身。我不记得自己是怎么下了讲台坐回座位的，只记得大家好奇、怀疑的眼光落在我身上，让我十分难堪——大人听到悲惨的事会喟叹，但小孩子不知轻重，他们会恶意揣测，问我"你母亲得了绝症你怎么还有钱买报纸"，这种声音比之前邻居家的男孩子传出的"她母亲是光头"，更让我难堪。

现在想来，或许班主任并没什么恶意，只是随口一说，可他不清楚的是，小孩子的自尊心更脆弱，更需要被呵护。

我一直记挂着家里的债务。读大学要交学费时，我小心翼翼地问母亲："我们欠的钱还完了吗？"她惊讶道："两年前就还完了，你还记得这事呢，你那时候才几岁啊！"我这才知道，我的十五元只让我花费了两天，但那些欠债让父母花费了将近十年。

现在，我已经不会为了十几元钱而辗转难眠，母亲也不会再翻着账本叹气，所有难挨的日子，都在不知不觉中过去了。

我在稚嫩的年纪握紧的自尊和勇气也伴随着难堪的时刻，一同埋进我的心底。

女子不俗

芷焉

一

在杭州住了两晚，认识了两个不俗的女子。一个女子名字叫静，大三学生。那晚在西湖边一家饭馆吃饭的时候，我坐在她对面，距离不到两米，一直举着相机想捕捉她脸上那种安宁的神情，但拍了很多张都不满意。或是我摄影技术差？反正脸对脸看就有感觉，但一举起相机就不行了。古人也说"意态由来画不成"啊。

她小小年纪就已进藏两次，游过柬埔寨，且都是只身一人，也能够自夸经历不凡了，她说起来却是淡淡的。其中有两句话给我留下比较深的印象。一句是说柬埔寨孩子问她："中国人都到哪里去了？"

她说，现在有不少外国人到柬埔寨贫困地区做义工，美国、英国、日本、韩国的都有，但没有中国人。

静是去旅游的。她应该在那里受到了很大刺激和震动。听到孩子天真的提问，连我都感觉到一股冲上来的热浪。

另一句是我听她说想以后投身 NGO（指非政府组织），我问她："同学中有跟你一样想法的人吗？"她回答："没有。"

投身 NGO 就意味着只奉献不索取或多奉献少索取，在国内有这样想法的人应该不多。

我很被她的话打动。

在杭州短短两天，她帮了我们好些忙。帮我们订旅馆，陪我们游西湖，把照片存盘……所有的一切，她都做得自自然然。我很感激也很欣赏她。

女子不俗。

回到东京，旅游中愉快的情绪平静下来，想起静，竟渐渐有些疑惑。她的与众不同对我们来说很好，我们欣赏她，如同欣赏西湖美丽的风景，可对她自己呢？说实话，我越想越觉得她的前景模糊不清，甚至堪忧。

当然哪一条路都会有坑坑洼洼，但不同之处在于，普通的路、走过的人多的路，前面的人知道坑在哪里、洼在哪里，后面的人走起来就容易了。可走在很少有人去的地方，掉进陷阱摔得头破血流的可能性就大多了。

我想这就是不俗的代价吧。

二

另一个女子叫宁。想起她，就像又看到她那双眼睛，连一圈睫毛都带笑，亮晶晶的，透过镜片发光。

我走过的地方也算不少了，仔细回忆，不管在国内、国外，还没有见过成年人有这样的眼睛——干净清澈，充满了童稚的依赖和顽皮。

都说眼睛是灵魂的窗户，可宁活得并不好。

宁属于"晚熟"的成人，完全不是智力问题。她曾是北京一所名牌大学的教师，多少人梦寐以求的职位，她却主动把它放弃了。人往高处走？不，她就没有。

她不喜欢北京，评价北京的话说得十分决绝。

宁住在风景秀丽的西湖边上一家经常客满的小旅舍里。她每天有两件大事：上教堂和给猫喂食。

我看过她喂猫。晚饭时间，坐在小旅舍的庭院里，她把饭倒在地上的盘子里，叫几只猫来吃。猫争食时，她就很慈爱地把强的那只推开，训斥了它两句，回头对我说："我真不懂它们为什么要争食。"她脸上露出真诚的烦恼。

我们相识刚一天，她就主动陪我游西湖；吃饭的时候，她忙上忙下格外周到。可是，这孩子，连猫争食物都无法理解、无法接受，那人呢？难道她真认为，所有的人、所有的猫都应该为对方着想、向对方让步？

她说她想留在这家旅舍当保安，照顾这几只猫。为什么她的爱不想给她的亲人、朋友、熟人或者穷苦人，而是给猫？

她真的这样爱猫，离不开猫吗？有真爱动物的人。我看过介绍南非著名的驯兽师、动物学家凯文·理查德森的纪录片。其中一组镜头是，两只身体比他大得多的成年狮子在草地上扑向他，爪子搭在他身上，他们滚到一起拥抱、亲吻，还有他抱着刚出生不久的狮崽用奶瓶喂它。解说词里说，动物园里有许多动物都是他从几个月大开始喂养的。"我从不用棍、鞭或铁链，只靠耐心。这活也许危险，可对我，是一种激情……"

凯文学的专业是人体生物学，当过病人术前、术后的心理咨询师，十年前开始做驯兽师，理由是"你永远不用担心狮子会在背后对你猛捅一刀"。凯文有未婚妻，这表明他跟人相处得似乎还不错。

比凯文更极端的，是世界著名的大猩猩保护人戴安·弗西。她在《薄雾中的大猩猩》一书中谈到的两件事给我留下很深的印象。一件事是第一次见到大猩猩时，"我们从树丛的间隙中偷偷望去，几只同样好奇的灵长类动物也在偷偷地望着我们。它们有着黑色皮革般的面孔，庞大的身躯甚为壮观，我被深深地打动了"。

另一件事是一个下雨天，弗西在丛林里感到又冷又孤独，突然，蒂吉特（跟弗西最亲的一只猩猩）用手臂搂住她。她抬头看到蒂吉特温和的褐色眼睛。它轻拍她的脑袋，坐在她身边。弗西说："每次离它们很近的时候，我都会心花怒放。""我真的希望自己能够给予它们什么作为回报。"

这才是缘分和真爱。凯文和弗西的不同只在于凯文的眼睛看人也看动物，而弗西的眼睛只看动物。

可宁呢？我还没有听说有中国人自愿长期进入丛林、沙漠，与动物为伍。宁也不可能成为第一个。并非仅仅因为不喜欢某个城市，就能在那种艰苦、寂窦、孤独、无助中坚持下去。

　　她从北京逃到杭州，从课堂逃到教堂，还想逃吗？还能逃到哪里去呢？

　　既无法彻底逃避人群，也无法彻底走近动物，能就这么一辈子徘徊在人和猫之间吗？

　　真能，就好。

你是正常的傻瓜吗

奚恺元

先出一个题目：某日，你下班后等公交车，半个多小时过去了，它还没有来。这个时候，你的同事小白也过来等车。他看到这种状况，就提议你们一起打车回家。你觉得这是个好主意，但是，细想下来才发现，自己的方向和小白的恰好相反，一起走是不可能了。小白自己打车走了。你呢？如果从这里打车回家要花30元钱，乘公交车只需要2元钱，你会如何选择？

通常，大家会计算，我既然已经等了很久，也不差这一会儿，所以，继续等下去。也许真的10分钟后，车来了。你和一起等了很久的人拥挤地回到家里。虽然时间很晚，你也被挤得比较疲惫，但是，你仍然为自己节省了28元钱而感到高兴。

你的答案是这样的吗？如果是，那么你就是"正常的傻瓜"。你遵循着自己非理性的感受，却忘记了理性地对待自己的生活。

别不服气，先介绍个概念给你——沉没成本。沉没成本是指那些已经发生、但又不可收回的支出，包括金钱、时间、精力等。行为决策理论专家发现，人们在决定是否做一件事的时候，不仅要看此事对自己有无好处，还要看过去自己在此事上是否有过投入，这被称为"沉没成本误区"。

常见的例子是，一个家庭希望孩子学钢琴，花了不少钱给孩子买钢琴，可没几天小家伙就厌倦了。家长看到投资要成为废品，很焦虑，于是找来家庭教师，同时，又给孩子报更贵的班，并且使用逼迫手段。到了最后，孩子对钢琴的态度变成了反感。我们看到，家长们因为冲动地投入，陷入了沉没成本的深渊，甚至不惜牺牲孩子的兴趣和快乐，沉没成本误区让他们完全忘了自己当初买钢琴的初衷——让孩子快乐地成长。

再想想上面的乘车问题，既然前面已经投入了那么多不可收回的时间，你完全可以结束这样不确定的等待，让自己舒服地尽快回家去。只不过，你和小白不同的，偏偏是前面的付出。所以，你更容易因为前面的等待而继续等待。

当然，我也是"正常的傻瓜"之一。前段时间我去做名片，为了图方便，就在附近找了一家店。结果印出来一看，背面色彩花成一片。老板一再道歉，表示可以帮我重印。我对这家店的服务已经很怀疑，但想到自己已经在这里印了，也就同意了。等了两天，去店里看，老板说印刷机坏了，很快就修好。我心里不高兴，但想到已经到了这一步，就等下去吧。又过了两天，我再去问，老板说，机器修好了，但刚刚又坏了。我火冒三丈，却也没有办法，只好再等。终于，在我忍无可忍的时候，名片印好了。虽然看起来还是不那么让人满意，不过我已经不打算再耗下去了。就这样，我拿着一盒别别扭扭的名片，结束了我的"沉没成本"噩梦。

前一段时间，股票狂跌，一个朋友坚持不住，终于在低点清仓。他卖完之后不久，股市又出现回暖的迹象，他懊悔不已，又买回原来的股票。我很奇怪，问他为何又投资原来的股票，他说自己很看好这支股票，只是当时下跌太快。

损失给人们带来的痛苦，往往比因等值收益而获得的快乐更大。"损失规避"使我的股民朋友在面对损失的时候，失去了理性，放弃自己本来看好的股票。虽然他常常宣讲长线投资，但是，在损失面前，他仍然没能保持理性。

人生中这样的故事太多，有时候，人生本身就是这样的一种投资决策。一个大学同学，上学的时候就不喜欢自己的专业，就业时迫于压力还是从事了相关工作。从上班的那一天起，他就在说跳槽，可是至今，8年过去了，他还在那个职位上痛苦着、抱怨着。每当我问起他为什么不走的时候，他的理由都会是"已经做了这么久了""年龄大了"！

人们总是会把注意力放在直接的损失上，却常常忽视自己的机会成本。在等待的岁月里，其实许多机会都已经过去了，人生的激情也慢慢耗尽。

那么，从现在开始，你是打算做"正常的傻瓜"，还是理性的决策者呢?

当然也要说明一下，我们那些"正常"的感性有时候也可以利用起来，使自己生活得更好。比如：一次性地交一个月的健身钱，促使自己坚持锻炼。

皮肉与灵魂

张鸣跃

中国洛阳有一位锻铜浮雕大师王书品，因打造古今中外世界伟人的肖像闻名于世。一副伟人像，一块铜板，用大大小小的工具，敲敲打打，凿凿锻锻，厚厚的铜板有了头形，再显出脸廓，再显出耳朵、鼻子、眼睛，再细细打磨，成了。得见自己的肖像的人都会大吃一惊，会从自己的肖像上看出许多从未看出的东西，大为感动。普京总统看见自己的肖像时就惊愣了好一阵了，然后举起大拇指说："了不起！谢谢！"

那日来了一位明星小姐，美艳逼人，报上身份后拿出几本相册，让大师挑一张最靓的打。她一定要打，不答应她就不走，软磨硬泡。大师以实相告："真不适合！"明星小姐恼了："眼里只有伟人？我就打！都是脸，都能打！"大师知道推辞不过了，只好翻看相册，忽然眼睛一亮，喜道："老人是谁？"明星小姐说："我爷爷。他苦了一辈子，不听劝，自己愿意死守在山里老家，你看他……"没说完，大师就说："好吧，我就打你爷爷！"明星小姐不懂了，大师也不解释。最后她要求大师两个都打。大师想了想，答应了。

两张照片，一张美艳绝伦，一张老皱不堪。

一个月后，两副铜脸打好了。明星小姐为了炫耀打铜脸成功，带了不少朋友一起来拿铜脸。进了大师的工作室，大家一下子都愣了：绝对逼真！明星的铜脸看上去像烈士头塑，却没有烈士气质，明星味也全没了，四不像！她爷爷的铜脸竟比伟人的脸还令人震惊，那折皱与苍苦竟合成了异乎寻常的伟人气派，金光闪闪，带上了人之图腾意味，永恒的，壮丽的，震撼的，神圣的，凌驾于灵肉之上的极致境界！

明星小姐终有所悟，红着脸对大师说："我知道了，真正的美是在沧桑之后……"

一群尚带稚气的眼睛看着大师。大师微笑不语。还有许多道理，只能让他们慢慢去悟，是不宜说出口的。

是的，有的人是不宜打铜脸的，留脸于世只有用其他方式——纸式、泥式、木式……反正不能是金银铜铁。

事情传开，人们明白了：并不是大师眼中只有伟人，而是伟人的脸确实适合打；也不是只有伟人的脸可以打，山中老人的脸就打出来了，和伟人的一样震撼人心。

人有两种：一种在烟花尘世的繁华中张扬而逝，一种在锤凿剪锉的敲打中塑为永恒；一种是皮肉，一种是灵魂。

你是主角，你很重要

马俏

商学院的两年，可以说我受到了一生中最好的教育。在全美排名前三名的弗吉尼亚大学部的商学院，我见识到了很多位美国最优秀的商学教育家的翩翩风采。许多课的内容，都可以通过自学完成，唯独表达写作课，如果没有汉弥敦教授的精心栽培，我可能一生都无法领略到商务礼仪、表达和写作的要领。

一生中握得最好的一次手

第一次上表达写作课，汉弥敦教授的登场就让我们眼前一亮。在其他教授清一色的黑色西装中，汉弥敦教授紫色的套装让人耳目一新。

"大家好，谁能说出我们这一门课的名字？""写作课。"前座的男生不假思索地回答。汉弥敦教授爽朗地笑了起来："错了，这是表达课，我们每个人，特别是在商界，每时每刻都在表达自己。这种表达，从你看别人的第一眼开始，从第一次握手开始。"她指着前座穿着红色吊带的我："这位穿红衣服的女生，说说握手的几个要素。"我歪着脑袋想起自己以前被那么多的市长、校长接见时握手的情景，微笑着说："有力，眼光直接接触。"汉弥敦教授颔首赞同，我忽地想起有一次跟一位手汗过多的领导握手时的尴尬和不适，大声补充："还有别忘了擦手心里的汗。"同学们大笑，汉弥敦爽朗地大笑拍手："那就请你上来做个示范。"

我呵呵笑着，大大方方地走上去，如卫兵一般站得笔直，向教授伸出手去。教授的手柔软滑腻，稳稳地握住我的手之后，手指并拢，给了我一个短暂却有力的一握，那恰到好处的一握，轻一分便显得轻浮无力，重一分则会将我的手握痛，仿佛教授用她的手，给了我一个优雅的拥抱。教授柔中带刚的个性，职业女性高贵又平和的气质，竟然就在这次握手中那么自然地流露。这是我一生中握得最好的一次手。

教授告诉我们，有力的握手加上直接却不带侵略性的目光对视，可以有效地引起对方的注意，表达了我们对别人的尊重和重视。大多的公司经理每天握手不下百次，有力的握手加上得体的问候是良好的第一印象的基础。

那一天，教授耐心地跟全班学生一一握手，微笑着纠正大家握手的错误，又让大家互相握手练习。十五分钟的训练，全班二十多个学生都学会了握手。那个时候我们还茫然无知，教授已经为我们打造了一张无形的名片。

不合格的作业

大概是因为那第一次握手课的小小插曲吧，汉弥敦教授对我特别关注，经常赞赏有加。汉弥敦教授对商务英语写作要求非常严格，所有结构松散的文章必定被她毫不留情地杀于马下。而我却有一次不幸地撞到了枪口上。

依然记得那是一个平常的小组作业，我们需要写一篇关于一个当地的工厂因为业务不景气而被迫裁员的报告。全班同学来到工厂，听到厂方代表激情澎湃却又冷酷无比的演说，看见工人们脸上那种茫然无助的神情，这种情景对我们这些不当家不知柴米贵的大学生是一种很大的震撼。那天回来后，情绪和灵感结合，喷涌而出，我不知不觉中竟洋洋洒洒地写了几大页。

第二天上课的时候，我的作业被教授用幻灯片打了出来，上面密密麻麻写的全是批语，教授的开场白是："我终于找到了商务写作的标准反面教材。"整整半个小时，全班同学目睹了我可怜的作品如何被教授逐字逐句地修改，优美的文学用语全部摇身变成了严谨、整齐的中性商务英语。我极其痛心地看着自己的文章遭到如此无情的鞭挞，心情灰暗到极点。

最后，教授说："这样的作业，违背了我布置作业的初衷，应该得不合格。"我的头低了下去，心想我亲爱的教授您适可而止吧，再这样下去我就更无地自容了。教授当然没听到我的心声，继续自顾自地讲下去，"可是，这是我很久以来见过的最真挚感人的故事。作为文学爱好者，我实在没有办法判这篇文章不及格。作为商者，文章应该没有个人情感色彩，但是我们不应该是铁石心肠的。就为了这份悲天悯人的心地，我还是决定给这份作业一个'良'。"

过了两天，学校的报纸上登出了我的文章，下面有一行小小的批注："商学院，汉弥敦教授推荐。"

你是主角，你很重要

除了写作，汉弥敦教授最看重的莫过于公众演讲了。每次课堂上的辩论和演讲，她都会带来一个小小的录像机将我们的演讲一一录下，在班上重新播放，将每一个细节都不厌其烦地评论、比较。有时间的话，她还会将我们单独地叫去，在她宽敞、整洁的办公室里反复地播放我们演讲时的录像，对我们的词汇、音调、音量、站姿一一评价。

演讲如期而至，这是整所商学院学生们一年中最紧张的日子。我们整个小组的人，整宿无眠。我作为主讲，台词最多，因此也最为耗时。我的心中反反复复叨念的是汉弥敦教授那演讲的口诀："总起分述，三十秒之内打动人心；声音响亮；勇敢地直接目光接触。"

第二天，当我们组的五个患难与共的兄弟姐妹站在讲台上的时候，整齐的清一色黑色西装，女生红色衬衫，男生红色领带，照亮了众人的眼睛。我的目光和教室后座的汉弥敦教授的目光交会，她湛蓝的眼睛里充满了笑意，优雅地抬起手来，不为人注意地向下水平压了一下，然后直直地竖起来。我心领神会，教授的意思是声音压低，身体挺直。我上前一步，张开双臂示意大家安静，用我最自信的声音开始了演讲。同学们的眼中流露出惊讶的神色，因为这讲台上，四个高大的金发碧眼的美国人谦恭地站在后面，身材娇小的东方女孩身体笔直，站在前面毫无惧色，满面笑容地将组内成员一一介绍。

那一天，我永远不会忘记。美国最大的能源公司的高级总裁在我们面前正襟危坐，神情严肃。我们披星戴月几易其稿的心血结晶，正被这些行业内最优秀也是最吹毛求疵的经理们细细评价。而我的心里竟然完全没有紧张，耳边响起的只有汉弥敦教授动人的声音："你主导听众，你是主角，你很重要。"

当我讲到公司旗下的一大部分居民楼现在无人问津应该转为办公楼的时候，一位公司总裁竟然粗鲁地打断了我的演讲："居民楼的住客数目是我们公司的商业秘密，从来没有向你们提供，有什么依据说这些居民楼无人问津？"现场的空气顿时凝结，我则不慌不忙地回答："我们连续一个星期在深夜路过贵公司旗下房地产区，居民楼前的停车场从来都是空荡荡的。虽然具体的数目不清楚，但绝对不是人满为患的兴旺局面。"提问的总裁竟然一时语塞，其他总裁的眼中流露出赞许的目光。

演讲结束的那一刻，标志着我那难忘的商学院的第一年终于告一段落。我们亲爱的教授，给我们每个人写了一段话。打开我的小纸条，我们的院长刚劲的笔迹跃入眼帘："你给我们所有人很多的惊喜。你打破了所有对亚洲女学生们的陈词滥调和偏见，谢谢你。"

在我的脑海中，永远有这么一幅画面。那个春天，我们的眼睛总会在上课的时候不知不觉地瞟到窗外去，粉红的樱花在明媚的阳光下充满了诱惑。善解人意的汉弥敦教授就会把我们带到商学院外的草丛中，师生们以大地为席，侃侃而谈。

五个小时的课程就这样不留痕迹地在鸟语花香中流逝。很久很久以后，那个春暖花开的季节里，汉弥敦教授笔直的身影和优雅的微笑，依然历历在目。每次我站在人群中，拿着演讲稿的时候，耳边总会响起她动人的声音："你主导听众，你是主角，你很重要。"

救命的黑点

1994年12月的一天，16岁的孙路闵与父亲在新疆的雪原上迷路了。他们从巴里坤哈萨克自治县出发，步行去伊吾县。不料，途中大雪纷飞，整个世界一片混沌。雪停的时候，眼前白茫茫的，走着走着，头脑就开始犯迷糊，不知道哪里是路。

白色象征纯洁，但对于两个在雪原上行走的人来说，却是一种危险——眼睛长时间面对白色，视觉就会产生异常，让你不能相信眼前的一切，仿佛置身一个庞大的骗局中。更糟糕的是，孙路闵在半路上掉进一个陷坑，脚踝扭伤了，一时无法走路。父子俩顿时陷入绝境。离天黑大约还有5个小时，他们没有足够的食物，更没有燃料，很难挨过夜晚的严寒。

他们只得坐在一块巨石后等待，眺望茫茫雪原，盼着从哪个方向能忽然出现一个蠕动的黑点，那是希望的曙光啊！10分钟过去了，20分钟过去了……什么都没有盼来。孙路闵支撑不住了，问父亲："我们会不会被冻死？"父亲安慰他说："不要紧，这里总还是人世，我就不相信遇不到一个人，或者马车。"

半个小时过去了，父子俩按捺不住，决定继续前进。但孙路闵的脚实在不争气，走了一段，他扑通一声倒下去。没办法，父亲只好背着他上路。1个小时后，父亲吃了两个烧饼，再次与孙路闵坐下来，一边休息，一边等待远方能忽然出现一个黑点。看着儿子越来越绝望的表情，父亲狠狠心说："你在这里等着，我去前面打探一下——我就不信！"说完，飞身跑开。

约20分钟后，父亲气喘吁吁地回来了，说："儿子，走吧，我们的方向没错，加把劲，肯定能遇见人。"说完，背起孙路闵就上路了。

走着走着，孙路闵眼前一亮，大叫道："爸，前面有个黑点！"父亲也看见了，很高兴："我说吧，肯定能遇见人的。"但父亲的脚步却不见加快，孙路闵说："让我下来走。"父亲放下他，两个人互相搀扶着前进。10分钟过去了，黑点还在前面。父亲安慰儿子："不要急，我估计是辆马车，也在向伊吾县进发，这样，你在这里等着，我去追它回来接你。"

20分钟后，父亲气喘吁吁地回来了，说："儿子，马车在前面等着，快走吧。"孙路闵欣喜若狂。走着走着，就在孙路闵高兴的时候，父亲发出一声更加喜悦的喊叫："看，终于出现一个黑点啦！"孙路闵不解地向前望去，是的，黑点的前面还有一个黑点。

父亲加快脚步，渐渐抵达第一个"黑点"——一件挑在棍子上的黑毛衣。"爸，这不是你的毛衣吗？"父亲一把拽下毛衣，闷声快速前进。20分钟后，终于追上了一辆两头驴拉的板车。

孙路闵1995年春给我讲了这段经历。当时我也身处绝境——失业了，心情十分灰暗。舅舅瞧不起我不思进取的态度，说："孙路闵在绝望的时候，只是等待一个黑点；而你，绝望的时候却在等待天上掉馅饼。"

再见，血透君

父徽

我是一个 ICU（重症监护室）医生。

清早，我从停车场出来，走在穿过花园的路上，看见"血透君"正坐在花坛沿子上抽烟。他跷着二郎腿，吐着烟雾，看见我过来，略略点一下头。微凉的秋天的早晨，他的衬衫没有扣上，眼屎也没有擦干净，一看就是个没有洗漱就急着过瘾的老烟鬼。

"早！"我简短而礼貌地问候他。"血透君"姓薛，也算是老熟人了。他每周 3 次在重症监护室楼上的血透中心治疗，今天大约来得早了些，就坐在花园边上等。他的脸色，是那种气色不佳的青灰色，有很多洗不掉的脏污和斑点。

一天早晨，当我经过急诊抢救室门口时，一个中年女子从椅子上站起来，和我打招呼："主任，早！"她疲倦的眼睛微微下垂，面色暗淡。

"早。"我走近了才看清楚，那是"血透君"的妻子祝老师。她一早就坐在急诊抢救室门口，自然是因为……

"老毛病又犯了？"我按一按她消瘦单薄的肩膀。已经不是第一次，"血透君"又来抢救了。今天是星期三，本应轮到他第一班做血液透析。经常到这个点，"血透君"会大吃一顿莫名其妙的东西。

祝老师点点头："喝了一大锅南瓜粥，吃了半个西瓜，就……"她停住不说了。一个无尿的尿毒症病人，一下摄入了这么多水分，难免会引发心功能衰竭、肺水肿。明知道濒死的窒息感，但他还是要这么干。祝老师并没有流眼泪，也不是很焦急，眼角有一片新伤，已经成了青紫色瘀斑。

我按住她的肩膀，让她在门口的长椅上坐下，径直走进抢救室。

抢救床上，病人的气管插管刚刚插上，粉红色的泡沫痰从插管里止不住地冒出来，像新开的啤酒瓶，啤酒汹涌地喷出。小郭医生插完管子，迅速把呼吸机连好，用纯氧送气。

"罗老师，'血透君'肺水肿又发作了，真拿他没办法。"急诊室的医生都认识"血透君"。本来还没有到心衰频频发作的状态，每次都是他自己折腾的。

"需要去做CRRT（连续性肾脏替代治疗）。"小郭医生对我说。在呼吸机强大的压力作用下，"血透君"暂时没有性命之忧。如果插管再晚一点的话，他就会缺氧而死。

"我叫监护室马上准备CRRT机。"我简短地说完，拿出电话打给监护室。在镇静剂的作用下，"血透君"的面容看上去难得的安详，眼睑松弛地合着，嘴角微微上翘。他脚上那双踩得没了形状的肮脏布鞋，左一只右一只地扔在相距很远的两边，可以想象他被送进抢救室时的那份仓促和紧张。

当我从抢救室出来，祝老师茫然地站起来。难以表达的情绪铺在她默然的脸上，让人格外怜惜，她眼角的淤青又加深了很多。

"已经插管了，等下去做CRRT。"我简短地说。

"他又死不了了，对吧？"祝老师反常地笑了笑，显得有点儿诡异，两个嘴角向上扯了扯。

"血透君"在大学附属第一医院排队等肾脏移植已经等了好几年了。他坐在花坛边上说得最多的一句话就是"渴啊"，像沙漠里被烈日晒得快要蔫死的植物。他每次都会在马上要做血液透析的时候，畅快地喝水。最夸张的一次，他在血透室门口推开护士，往肚子里连灌了两瓶啤酒，然后，躺在血透室的床上，等着再一次变成蔫死的植物。

"'血透君'是吧？不这样糟蹋自己，也不会成这个样子。"护士长一边装管路，一边跟我说。她摆弄那些管路的纯熟程度让人眼花缭乱。

他上一次肺水肿发作是几个月前了。CRRT 帮他排出体内 3000 毫升废水后，这个中年男人马上要拔嘴巴里的管子，发疯一样想跳下床，又踢又抓，光着身子在床上来了个"鲤鱼打挺"，几个人都按不住。

"这人是个流氓。"护士小雪心有余悸地说。上次小雪本能地去保护气管插管的时候，手指头差点儿被"血透君"咬住。

"他因为得了尿毒症，没了工作；他老妈身患肺癌，都不敢治疗，把钱留给他等着做肾移植用。"我淡淡地说。一般人很难理解那种潦倒和被放弃的人生，很难理解眼巴巴等着器官移植的焦躁，很难理解嘴唇粘在一起随时会裂开的干渴。

CRRT 的效果立竿见影，在机器嗡嗡的运转中，废液袋慢慢膨胀。一小时过去了，"血透君"肺泡里不再冒水。抢救两个小时后，医生用听诊器也听不到肺部的水泡音了。

"血透君"醒了过来。CRRT 顺利结束了，他身体里 3500 毫升的废水被排出来之后，肺水肿立即好转，这毕竟还是一个 40 多岁的身体。几个小时之内，他就从抢救状态恢复到可以拔掉气管插管的程度。嘴巴里的气管插管让他发不出声音来，他只好瞪着天花板，开始抓挠约束手套。

"别闹，别闹！等一下就给你拔管，水已经给你透出去了。"护士长对着他大声说。镇静剂停药之后，病人仍然有一段时间反应略微迟钝。

"砰砰砰！"他用脚砸着床垫，用尽力气扯所有扯得到的东西：管子、床单、手套、被子。

赵医生和护士长两个人一起冲过来，按住"血透君"的肩膀，让他不能大幅度扭动。护士长帮着准备拔管。

在体内残余的镇静剂造成的怔忡中，"血透君"蓦然想起母亲死前的情景。母亲辛辛苦苦一个人抚养他，临退休，在单位组织的体检中发现已得了肺癌。母亲悄无声息地忍了整整一年，不检查、不住院、不开刀，也不告诉他；母亲走几步路就气喘的时候，还给他们做完一顿饭，才去医院；母亲吸着氧气，插着胸管，从胸腔里出来的血水，混着无数的癌细胞。

"妈！你干吗不说？！""血透君"抓着母亲那双冰凉的手。母亲的嘴唇是紫的，手指尖都透出青灰色，胸口大幅度地起伏着。经过几次抢救的"血透君"，最知道那种快憋死的窒息感。

"存折在第四个抽屉里，密码是你的手机号码后6位。"母亲断断续续地交代。

"不许乱花了，刚刚够给你换个肾啊！"她一辈子是个小营业员，没有多少积蓄，退休金更是微薄。存下这些钱，那得多精打细算地省啊！"血透君"一边哭，一边点头。那钱是母亲用命换来的，她不把钱花在治疗自己的肺癌上面，一点儿都没花。

"换完了，好好跟老婆赔个不是，一家子好好过。"母亲的胸口急骤地起起伏伏，一句话得分成好几段，一个字、一个字地断断续续地嘱咐着儿子。他看着监护仪上显示心脏越跳越慢，越跳越慢，直到母亲深深地吸进一口气，一切归于平静。一颗心，像在油锅上煎熬。换个肾，有个完整的家庭，女儿媛媛可以回来叫他一声"爸爸"。母亲想拿自己的命，为他换回这些啊！

气管插管一从喉咙里拔出来，一声声尖厉如狼嚎的哭声就从他的胸腔里迸发出来，"啊！啊！啊！"中年男人凄厉沙哑的哭声在监护室里刺耳地响着。

"你安静点儿。"赵医生对他说，两只手也一直没敢放开他的肩膀。

"下次别再救我了，真的承受不住了。"才一会儿工夫，他的伤心已经沉到水底，浮上来的是那张流里流气、惹人厌憎的痞子脸。他把心电监护导联从胸前扯掉，重重地扔在床上。

护士长一边收拢袖带和心电监护仪，一边毫不客气地对"血透君"说："做人呢，最好有点儿良心，祝老师的眼睛今天肿得睁不开，要是女儿通过视频看见她这个样子，一定是心疼当妈的。"护士长熟知这个令人厌憎的人，如果世上还有什么人能让"血透君"有点儿顾忌，那就只有他的女儿媛媛了。

女儿不理会自私暴虐的父亲很久了。为了好好读书，这几年她一直被寄养在远在北方的外婆外公家里，每天通过视频和母亲通一会儿话。而一周3次的血液透析，像缰绳一样将他拴在这座城市里寸步难行。想要保命，他就不能跑到那么远的地方去看女儿。

"血透君"吸一下鼻子，跳下床来穿裤子。两只没了形状的肮脏鞋子被套上了脚。他活动活动手脚，在裤子口袋里乱掏："烟呢？给我扔了是吧？什么服务态度！"然后一串本地脏话如倒水一样脱口而出。

　　赵医生皱着眉头沉默着，极其不耐烦地挥挥手，示意大家动作快一点儿，用最快的速度给病人转科。被这个人纠缠着，别的事都不用干了。

　　不久之后，"血透君"又恢复了坐在花坛沿子上抽烟的状态，一周又一周。每次看到我路过，他还是会吊儿郎当地点头致意。

　　又一个早晨，这次是在监护室门口，祝老师憔悴地跟我打招呼："主任，早！"

　　我叹一口气，这个胆大妄为的病人又胡来了。这次又是什么南瓜粥、啤酒、西瓜、老鸭煲……

　　祝老师很平静地说："这次他死得透透的，再也活不过来了。"她露出一个苍白凄惨的笑容。

　　我赶紧进ICU，换了工作服到床边去看。"血透君"又被插管了，CRRT机在他身边转动着。赵医生叹一口气说："这次他再也活不过来了。"

　　本来他还是故技重演，在透析前喝了一整瓶可乐。不同的是，这次高钾导致心脏停搏，他被送到医院抢救室的时候，心跳已经停了20分钟。虽然做了心肺复苏，但因为大脑皮质缺氧，他再也没有机会醒过来了。

　　我用手电筒照了一下他的瞳孔，两侧的瞳孔已经散大到边缘。我叹了一口气，他一直这样折腾，难保不会有这样的结局。我到门外跟祝老师聊了一下病情。

　　"主任，他总算如愿以偿了。如果他身上还有什么器官可以用，帮他捐了吧！等那个肾，他等了7年也没有等来。我这么做，他不会反对的。"祝老师憔悴的面孔写满了陪着一同被折磨了7年的暗淡和枯萎。

　　当天下午，家属就签字放弃治疗了。他的女儿媛媛，来见了他最后一面，十几岁的少女沉默地站在病床边许久，面色冷淡，并没有哭，也没有叫爸爸，但是那种辛酸的相对，让人恻然。

　　因为长期患有尿毒症，"血透君"的器官基本上不能捐了，只有角膜成功捐献。

那年清明节，我去医学院的"无语良师碑"时，在碑的背面特意看了一下他的名字。小小的石碑周围有医学院学生送来的白色和黄色菊花。曾经他多么渴望得到可供移植的肾，命运却让他成全了别人。

那天送"血透君"出 ICU 的时候，我问了祝老师一个问题："他原来是做什么工作的？"

"哦。"祝老师翻出手机中的一张照片给我看，那是一张多年前的照片，一个身材高大、相貌英俊的年轻人和年轻的祝老师肩并肩站在一所小学门口拍的合影。一套样式正统的西装，让他显得格外郑重和阳光。

"他和我是师范学校的同学，原来是数学老师。"祝老师对着那张照片，露出一个极浅的微笑。从头到尾，我没有看见祝老师掉过一滴眼泪。漫长的折磨消耗了所有的情感，现在她解脱了。那个诚恳、正直、阳光的数学老师会在她的记忆中慢慢复活。"血透君"也解脱了。我拍了拍她消瘦的肩膀，一场由疾病带来的劫难终于结束了。

后来，我填写器官捐献卡的时候，总感觉"血透君"坐在花坛边吊儿郎当地一边抽烟，一边看着我，像往常一样点一点头。他微微一笑，又变成校门口那个穿着西装的数学老师，郑重地欠一欠身，说："谢谢你！"

送你一只喵

大冰

一

所有的人都在看着他，看着他被妈妈拎着耳朵，跟跟跄跄地往学校大门外拖。

终于到学校大门外了。

小孩儿忽然央求："妈妈妈妈，给我买只小喵吧？"

妈妈："你嘛时候不打同学了，嘛时候再来和我提要求。"

小孩儿说："我不是故意的……他们都不跟我玩儿。"

妈妈重新揪紧他的耳朵，把他提溜起来一点儿，一根手指杆在他的脑门儿上，一下又一下地戳着。"人家为嘛不跟你玩儿？！不跟你玩儿你就揍人家吗？！土匪吗你？！怎么这么横啊？！你还真是家族遗传啊！"

小孩儿两只手护住脑门儿，隔着手指头缝儿，轻轻嘟囔着："给我只小喵吧。"

他抿着嘴，拧着眉，噙着两汪眼泪……火辣辣的耳朵，酸溜溜的鼻子。"买只小喵陪我玩儿吧。毛茸茸的，软软的，小小的。小小的小喵，一只就够了。"

……

掉了漆的绿板凳，小孩儿已经木木呆呆地坐了大半个钟头了。

他怯怯地说："爸爸，给我买只小喵吧……"

爸爸头也不抬地回骂一句："买个屁！滚！"

到处都是玻璃碴子：镜子上的，暖水瓶上的，电视屏幕上的……

爸爸蹲在一地亮晶晶里，忙着撕照片。一本相册撕完了，又撕一本相册。结婚证早就撕开了，还有粮本和户口本。

妈妈摔门的动静好像炸了一个炮仗，小孩儿竖起了一身的汗毛，良久才渗出一脊背冷汗。汗把的确良校服衬衫黏得紧紧的，小孩儿被包裹其中，紧绷绷的。他一动不动。

天已经黑了，家里的灯却没有开。他不敢开灯，摸着黑找到自己小房间的门把手，邻居家的饭香隔着纱窗飘过来，是烧带鱼和蒸米饭吧……他咽咽口水，背后只有"刺啦刺啦"撕照片的声音。

成人在成人世界中打拼挣扎时，时常会因挫败而沮丧无助，进而心生厌离。孩子不是成人，眼里的世界就那么大，一疼，就是整个世界。

二

每天放学，小孩儿把自己搁在床上，不肯出门。

为什么别人家都有爸爸妈妈，而他却只剩妈妈了呢？他开始失眠，开始控制不住自己的脑袋，他摸着床单，胡思乱想，陷入一环套一环的洞穴中不能自拔。

同时控制不住的，还有自己的拳头，在学校打架的次数愈发多了。所有人都说他是个罕见的战斗儿童，易怒、暴力，随时随地乱发脾气。没人喜欢和他说话，除了妈妈之外。妈妈和他说话也总没有好气儿，看他的眼神也总是忽冷忽热。

他不知道自己做错了什么，她也不知道自己做错了什么。

每天只有一个时间她是和蔼的，每天凌晨之后、清晨之前，她将醒未醒时最温柔。

小孩儿熬夜等到凌晨之后，抱着枕头跑到妈妈的房间，贴着妈妈的脊背躺下。

"妈妈妈妈……"他抱着妈妈的后背小声说，"给我买只小喵吧。"

声音太小，妈妈迷迷糊糊的，听不清。

他在白天是不敢说这些话的，妈妈是个爱干净的人，不喜欢带毛发的东西。

他用力挤进妈妈的怀抱里，从1默数到1000，然后依依不舍地离去。

失眠加熬夜，小孩儿的暴力倾向越来越严重，从每天打架演变成每个课间打架，几乎成了一种病态。老师和妈妈把他送到了天津市儿童医院，她们怀疑他有病。最终小孩儿被确诊为多动症患者。小孩儿开始吃那些治疗精神病的药，吃了很久，反应越来越慢，架倒是打得少了，但一打起来反而比之前更厉害，不见血不算完。

有一天，在追打途中他晕倒了，眼前一片白，没有了任何知觉。醒来后他躺在妈妈怀里，妈妈在哭，哭得撕心裂肺，从此停止了给他喂药。

过了很久。有一天妈妈出奇地和蔼，她平静地说她要出差几天，让小孩儿先搬到奶奶家住。小孩儿自己收拾好行李，出门前却被妈妈喊住，她看了他很久，说："走之前，妈妈带你出去玩一天吧。"

妈妈拽下他的行李扔到一边，带他去吃麦当劳，带他去北宁公园玩。

小孩儿那时在生病，腮腺炎，脸肿得像包子。

妈妈说："北宁公园里还有哪些设施你没有玩过？跟妈妈说，妈妈今天全带你玩一遍……"

妈妈带他去买衣服，买了春夏秋冬四季的很多衣服。

买完童装又买少年装，甚至买了一身西装——一大编织袋的衣服，足够他穿好多年。

妈妈发疯一样地花钱，从百货大楼到天津劝业场，她拖着他跑，好像在和什么东西赛跑。

小孩儿跑着跑着哭起来，一开始小声哽咽，忽然间号啕大哭起来。他哭着喊："我高兴得要死了……妈妈，你是喜欢我的！"他仰着肿得像包子似的脸说，"妈妈，我知道你要离开很久，抽屉里的护照我都看见了，外国字的邀请信我也看见了。"他掏口袋，掏出一本护照递给妈妈。一同掏出来的还有一盒火柴。"妈妈，我本来想烧了护照不让你走的，我舍不得你。可是，我知道了妈妈是喜欢我的……我也喜欢妈妈，所以妈妈走吧，不管走多久我都喜欢你。"

妈妈改签了机票，改签了几次，终究还是走了。

人生中第一次去飞机场，是给妈妈送行。他站在熙攘的人流中大声喊："等我长大了，我找你去啊！妈妈，不要生别的小孩儿啊！"

回到奶奶家时，小孩儿几乎崩溃了，他摸回自己的新卧室，伏在熟悉的床单上。

身下好像压住了一个陌生而柔软的东西，他翻身起来，只看了一眼，泪水便再次噼里啪啦往下落。"小喵！"他紧紧地抱住它。

它睡眼惺忪地打了一个哈欠，然后温柔地看着他。毛茸茸的，软软的，小小的小狸猫。

"小喵，小喵，我的小喵……"他抱着它在屋子里打转，又哭又笑。

三

小猫陪了小孩儿许多年，像家人一样。

有时候早晨小孩儿醒来，看到小猫睡得仰面朝天，肚皮一起一伏。他再没失眠过。

有时夜里小孩儿想妈妈，哭着惊醒，怀里总不是空的，小猫毛茸茸的脑袋蹭在脸上，吸泪安神。

小孩儿16岁时，爷爷奶奶要卖房子，他搬了出来，拖着一床被子和一大箱子衣服，带着小猫。小孩儿需要吃饭，也要让小猫吃饭，他借了张18岁朋友的身份证，跑去天津滨江道步行街上班。他租住在沈阳道的一所老宅里。

滨江道小雪飞扬，冬天来临。可他没有过冬的衣裳，妈妈当年给他买了好多衣服，但只顾了他的身高，忘记了青春期的孩子会长胖。

滨江道有很多老头老太太摆地摊儿，他加入他们的行列，卖起了槟榔和袜子。袜子放在铺在地上的床单上，城管来了卷起来抱着就跑。他也遇到过流氓找碴儿，拿了东西不给钱，小孩儿理论，他们抬手就是一个嘴巴子，肩窝里咚地一拳。小孩儿被打急眼了，抢起马扎子拼命，但他毕竟势单力薄，被打得滚藏在路旁的车底下。一回头，小猫挨着他，一起瑟瑟发抖。

小孩儿那时候认识了一个老师，教吉他的，50元钱一节课。小孩儿那时的人生目标只有两个：自己和小猫能吃饱；自己能学会弹吉他，将来靠音乐吃饭。吉他课一周有4节，他每天和小猫一起摆摊儿的时间越拉越长。

天津的冬天非常冷，他的手生满冻疮，练琴时速度跟不上，老师骂他不专业，让他平日里戴手套保护好手。要摆摊儿就不能戴手套，戴手套怎么找钱？手不摸钱的话容易收到假钞。半个冬天过去，他的手烂掉了。

狗会舔人的手，没想到猫也一样。摆摊儿时，小猫凑过来，脑袋搁在他的手上。小猫的舌头是粉红色的，它一口一口舔着他手上冻伤的地方，麻酥酥的。他看着小猫舔他的手，腾出一只手来抚摸小猫背上的毛，它岁数很大了，毛色已没有过去那么光亮……

一周后，老师对他说，自己想在建昌道开家琴行。老师客气地问他，愿意不愿意来琴行上班，这样既可以练琴，又能挣工资。他搓着手，高兴得不知如何是好，一不小心搓到了手上的伤，疼得倒吸冷气。老师用一种复杂的眼神盯着他……

老师指着他的怀里说："你来琴行上班时，可以带着你的小喵。"

四

几年后，小孩儿艺成，他当过婚庆歌手，也当过店庆歌手，还当过夜总会歌手，不论去哪儿上班，他都带着小猫。

小孩儿叫王继阳，1989年生。

小猫死后，他曾伤心过数年，曾一度背着吉他浪迹天涯，但万幸，他没变成坏人。

他曾在许多地方驻足，采风写歌。

到西北时，在甘肃省天水市清水县白驼镇下车……他发心动愿，抱着一把吉他跑遍中国，帮扶了一所岌岌可危的山区小学。他刚开始在我开的酒吧里当歌手时，自己的专辑卖得很热，当时我并不知道卖碟的钱中的一大部分，是攒来给他的孩子们买面粉的。

后来辗转得知，化岭村小学的老师们感念他的善举，非要让他当名誉校长，还要给学校改名叫"继阳小学"。提起这所千里之外的山村小学，他开玩笑说："我算个什么校长，我才读过几天书啊，帮助过那所小学的人有好多呢……我只是孩子们的小喵而已。"停了停，又说，"他们也是我的小喵。"

那所学校有 63 个孩子，63 只小猫。

春末的一天夜里，王继阳唱完《小猫》，毫无征兆地向我辞行。他抱着吉他，笑嘻嘻地对我说，他要去厦门了，不回来了。

临走时他说："我不知道我算不算好人，但最起码我没变成一个坏人……其实，对于我们这种孩子来说，自暴自弃不过是一念之间的事情，而挽救我们的办法其实很简单——一点点温情就足够了，不是吗？"

他说他已经很多年没有见过妈妈了，听说，妈妈回国后住在厦门。

"我早已经长大了，妈妈也快变成个老人了吧？也不知道她现在过得好不好……留给我们的时间不多了……或许，妈妈现在需要一只小喵。"

当你读到这篇文章的时候，王继阳已定居在了妈妈身旁。

一个久违的妈妈。

一只久违的小喵。

太守与鱼

徐海蛟

　　那时候，羊续还不是太守，他只是一个懵懂少年。羊续喜欢钓鱼，经常背着钓竿，独自走到水边去。有时是一条清澈的小溪，自青山深处而来，只在水深处才有些许小鱼。溪水清凉，他把脚伸进去，水光一下子跳跃开来，调皮得很；有时是一条静谧的江，开阔处烟波浩渺，归帆点点，临岸的地方水草丰美，他安然坐在一截老树桩上，甩出渔线；有时候是一片水量充沛的湖，像一面巨大的明镜，天光云影尽收其中，他会选择一块光滑的石头斜靠其上，一晃半日时光就过去了。

　　羊续并不懂钓鱼之道，他只是觉得好奇，看似平静的水面下，有那么多可能，鱼竿一甩，不知会有什么奇迹出现，真是一件特别的事。当然，还有一个原因，羊续特别爱吃鱼，因为家境贫寒，他们家不常能吃到鱼，鱼肉的美味对于贫寒之人是十分珍贵的。羊续就亲自动手，满足家人和自己这口腹的念想。不懂钓鱼的羊续也并不常能钓到鱼，偶尔的收获，会让他格外欣喜，就是这偶尔的收获，吸引着他时常背着钓竿出去晃荡。

　　直到有一天，羊续在那片经常去的湖边碰到一个年轻人，才明白了钓鱼的学问，这看似平静的举动背后有着颇具意味的生命哲学。那个人比羊续大不了几岁，可看起来要成熟得多，显得城府很深。羊续的鱼竿就搁在离年轻人不远的地方，他坐了近半个时辰却没有一条鱼上钩，而近旁的年轻人，一旦甩开渔线，不长时间，鱼就上钩了。接着他再次甩开渔线，不一会儿，鱼又上钩了。这样收放自如的钓技，旁人看着也有一种喜滋滋的心情。羊续开始只是心里羡慕，随后索性收了鱼竿，坐到年轻人身旁。

"钓鱼的秘诀是什么？"羊续真诚又怯生生地问。

"在于心静，垂钓者心里想着鱼，却要不动声色。放长线钓大鱼，就是这个道理，要让鱼以为你并不是在钓它，你只是给它奉送美味的大餐。这样鱼才能放心享用，垂钓者也才能心想事成。"青年人一副安然自得的样子，仿佛自言自语。他的话不紧不慢，却透着自信，透着洞悉世事的晓畅。

少年羊续似懂非懂，但他似乎能品咂出里面的深意。他继续问："什么样的鱼最易上钩？"

青年并没有马上回答，而是静默地凝视着湖面，看着风从水面上滑过去。他才开口："最容易上钩的鱼，往往是最贪的鱼，它们不愿到更偏僻的地方找食物，不愿自食其力。它们很容易成为别人案板上的食材。"

许多年后，羊续还会时常记起青年的这番话。钓鱼，看似如此简单的一件事，其实藏着某种人生的玄机，每个人都是垂钓者，每个人也可能变成别人鱼钩上的鱼。

世间的机缘巧得很，羊续后来求学入仕，居然碰到了那个钓鱼的年轻人。不过那时，这个年轻人已不再有时间坐在水边安然垂钓，而是做了一方大员，他不再是过去那副俊逸的模样，他腆着肥大的肚子在酒桌上吆五喝六，他怀抱曼妙的女子红光满面地从舞榭歌台旁穿过。羊续一开始怀疑自己的眼睛，后来渐渐熟悉了他的履历，便只能说世事难料。现在，那个睿智的垂钓者不再年轻，同时也丧失了智慧，羊续看着他，觉得他已经不可能再是垂钓者了，他现在成了鱼，一条很大很肥的鱼。他游走在灯红酒绿的浑水中，他觉得自己长袖善舞、泳姿绝妙，但不知道周边落着多少诱饵。每回见到他羊续就替他心寒：他怎么挡得住那么多水中的长线，挡得住那么多在暗地里闪着寒光的钓钩？

果不其然，没多久，羊续就听到他出事的消息：他因无节制的受贿和搜刮，一夜间被打入大牢，几天后就瘐死了。

往后，羊续的仕途越走越开阔，他做了南阳太守。作为一方长官的羊续越来越深刻地体会到鱼与垂钓者的关系。羊续上任不久，府丞焦俭见太守生活清简，尤其伙食，总是青菜萝卜，甚至都难见油星。焦俭着实有点看不下去，他是真的关心羊续，差人打了一条鲤鱼，亲自送到太守羊续家。这种鲤鱼是南阳名贵的特产。这真是一条好鱼，足足半尺来长，放到大水缸里，立刻扎了一个猛子，溅起一大片白亮亮的水花。

羊续是喜欢吃鱼的，他的家人也喜欢吃鱼，小女儿看到这条鱼即刻欢欣雀跃起来，大鲤鱼的到来，给小姑娘带来了节日般的欢乐。但羊续铭记着钓鱼的故事，在私人生活的问题上他是决绝的，都有点固不可彻的意思了。羊续想让焦俭立刻将鱼带回去，但看着小女儿在院子中欢乐的样子，羊续心软了一下，更重要的原因是他明白焦俭是出于真心。尽管家里几个月不见荤菜了，尽管小女儿在大水缸边看了好几天，羊续最后还是决定不吃那条鱼。他再次记起少年时坐在湖边钓鱼时听到的话，垂钓者和鱼之间的角色总是从一念之差开始转变的，他不想因为一个闪念而沦为案板上的鱼。

在家人的不解和不满中，羊续将那条名贵的鲤鱼悬到廊前屋檐下。冬天的风寒，很快将鱼沥干了，一条活蹦乱跳的鱼成了一个蜷曲的鱼干，羊续仍然不让家人将它摘下来。鱼干静静地挂在太守的屋檐下，成为某种固守的姿态，成为一句不言自明的告白。

过了些时日，焦俭又想着给太守改善伙食，又差人打了一条鲤鱼。这一回，羊续将焦俭引至屋檐下，"这条鱼是你上次送来的，我们都没动过，已经成了鱼干。这回送来的鱼你得带回去，否则我还是要把它悬到这屋檐下"。焦俭觉得脸上有点挂不住，想说些什么，但张了张嘴，又咽回去了，仿佛站在这个屋檐下，每句话都是不合时宜的，每个动作都是不合时宜的，当然他手里的鱼也是不合时宜的。焦俭拎着那条鱼往回走，脸红到了脖子根。

年关临近，给太守送礼的人纷至沓来，每一次太守都很淡然，将他们引到屋檐下，用手指着那条风干的鱼，鱼在冷风里晃动，轻轻打个转："一条送来的鱼我都不吃，就这么悬着……你们的东西不是我该得的，我不会收。"

送礼的人都被屋檐下的那条鱼挡回去了，由此，太守也省却了诸多的麻烦。屋檐下悬挂着的鱼是太守内心不可更改的姿势。

太守常常透过南窗看见那条干鱼在清风里晃荡，每次，太守心里都会想起那句话：每个人都是垂钓者，每个人也可能变成别人鱼钩上的鱼。

此生一跌莫全非

且庵

　　龚自珍做官做到京官，依旧不脱书生气，揭露时弊，忤逆长官，犯了官场大忌。在遭到权贵的排挤打压后，他决计辞官回家，不干了。从京城回杭州，龚自珍一路上作诗自遣，成就了一部《己亥杂诗》，至今为人传诵。

　　《己亥杂诗》第一百四十九首："只将愧汗湿莱衣，悔极堂堂岁月违。世事沧桑心事定，此生一跌莫全非。"诗后又有自注："于七月初九日到杭州，家大人时年七十有三，倚门望久矣。"诗已彻悟，注尤感人。

　　人生路上，谁没有跌过跟头啊。有人经不起一跌，一跌就完蛋；有人庆幸一跌，跌疼了也跌醒了："世事沧桑心事定，此生一跌莫全非。"

　　官场上的这一个跟头，龚自珍就没有白跌，他只恨跌迟了："只将愧汗湿莱衣，悔极堂堂岁月违。"跟头要是早早跌了，家中的老父亲也不用对儿子"倚门望久矣"。

　　没跌过跟头，算什么人生；没跌过跟头，懂什么人生。

阮籍的口哨

马庆民

"竹林七贤"中最狂放不羁的阮籍,有一大喜好——吹口哨。

西晋文人成公绥对吹口哨有过一段精彩的描述:"动唇有曲,发口成音。触类感物,因歌随吟。"这种技艺在汉及魏晋时很有名,如诸葛亮、曹植等人就很会吹口哨。据说他们闲坐无聊时,常以吹口哨来打发时间,称之为"坐啸"。当时,阮籍无法实现抱负,故常用吹口哨来发泄不满。因为阮籍是"正始之音"的代表,他吹出来的口哨极富音律韵味,十分优美动听。《世说新语·栖逸》中记载:"阮步兵啸,闻数百步。"

景元三年(262年)春节过后,阮籍遇到带兵南下征战的司马昭。司马昭一直想拉拢阮籍,谋士蒋济就给司马昭出了个主意:与阮籍联姻。于是,司马昭派人到阮籍的家里提亲。阮籍很清楚司马昭的用意,根本就不想结这门亲,但又不能得罪司马昭,他就想出一个绝招——醉酒复长啸。

阮籍开始足不出户,每天拼命地喝酒、坐啸,从早到晚不是酩酊大醉,就是长啸不止,一连两个月,天天如此,那个奉命前来提亲的人根本没办法向他开口。最后,提亲的人只好将这个情况如实地回禀司马昭。司马昭无可奈何地说:"唉,算了,这个醉鬼,由他去吧!"

一日,阮籍在苏门山遇到孙登,和孙登探讨长生、神仙、道气的法术。可孙登一直都不答话。阮籍无奈，于是长啸，便离开了。谁知刚走到半山腰，山谷中忽然回荡起优美的口哨声。阮籍抬头望去，原来是孙登在长啸不已，那口哨声似鸾凤之音，幽妙和谐，一时间响彻山谷，禽鸟忘飞。

孙登的哨声像天籁，又像来自心底的呐喊。顿悟的阮籍回去之后，就写出了著名的《大人先生传》。

画痴戴进

徐佳

杭州画师戴进，本是市井中人。

其父戴景祥是位民间画师，在元末明初的乱世，走街串巷，卖画度日，"即今漂泊干戈际，屡貌寻常行路人"。幼年的戴进，跟随父亲学了几笔丹青，便不得不去银匠铺做学徒，随师傅学做金银首饰，挣几枚铜钱，贴补家用。学了3年，便已出师，所制饰品皆精妙，尤善金簪。他日夜待在师傅的作坊里，废寝忘食，琢磨着如何构思，使掩鬓、花钿、顶簪浑然一体，在金饰上精心雕刻楼阁、人物、花鸟，观者无不赞赏，可谓"步摇金翠玉搔头，倾国倾城胜莫愁"。

忽有一日，师傅叫他去城南一处金银铺子办事。他到了那里，正赶上铺子里熔化金银，刚走近，就呆住了。那堆待熔的首饰里，有一支金簪光艳夺目，尤其簪头那一朵洛阳牡丹娇艳欲滴。这支簪子正是他花了3个月心血制成的，单单为了雕刻那朵花，他专门跑到30里外的一个园子，盯着牡丹花看了7天。

他不记得自己是怎么走回师傅作坊里的。师傅看他神情恍惚，于是问他为何如此，他半晌才回答。师傅叹息道："自古工匠微贱，咱们的心血谁会在意？这些东西在他们眼里，不过是不同形状的金银罢了！"

那时正值永乐元年（1403年），明朝尚未迁都。15岁的戴进跟着叔叔走到南京，他们把几担子货物放在水西门门口，歇歇脚。这时一个挑夫走过来，趁他们不注意，悄悄挑走了两担子货物。待到发觉，人早跑远了。戴进的叔叔顿足大呼，这下可折本了！戴进沉思片刻，走到街角的店铺借了纸笔，挥笔便画，寥寥几笔，便画出一幅肖像。然后拿到旁边挑夫聚集揽活的地方，刚一拿出，挑夫们便说这就是某人，住在某巷，众人前去寻访，当场人赃并获。大家都啧啧称奇，仅凭匆匆一面，戴进便可复现其人，这是何等天分？戴进的叔叔也大为欣喜，说："你就留在京城，访求名师学画画吧，束脩我来负责。"

于是，戴进遍访名家，刻苦学画，不分寒暑，专注于临摹古人画作。10年之间，技艺大进，得唐宋诸家之妙，于释道、人物、山水、花果、飞鸟、走兽等无所不精。其画风健拔，笔法豪迈，一扫南宋以降画坛迷离之风，声名传遍江南诸郡。

后来，画名传入宫禁，宣宗降旨，召其入宫廷画院。关于他在宫廷画院的故事，野史记载不一，比较有意思的有两则。一则出自李诩《戒庵老人漫笔》，说戴进进宫之后，掌管画院的画官安排了一场考试，令戴进画龙。按宫廷仪制，画师画龙只许画四爪。可画官并未告诉他这个仪制，于是戴进就画了一幅腾云驾雾的五爪金龙。明宣宗看了大怒，说："我这里用不得五爪龙，着锦衣卫重治，打御棍十八发回。"

另一则出自李开先的《中麓画品》，说戴进在宫中画了幅《秋江独钓图》，画一红袍人，垂钓于江边。绯红衣袖与碧绿江水相映成趣，明宣宗很喜欢。突然旁边一位画师进言道："大红是大明品服，钓鱼人安得有此？此乃讥讽朝廷不务政事。"于是，明宣宗拂袖而去。诸如此类的故事，还有几个，总之，说的都是戴进在宫中的日子并不快乐，最终被放逐出去，归于江湖。

临行之际，京中相友的士大夫纷纷为戴进送行。礼部侍郎王直写了一首《送戴文进归钱塘》："知君长忆西湖路，今日南还兴若何？十里云山双蜡屐，半篙烟水一渔蓑。岳王坟上佳树绿，林逋宅前芳草多。我欲相随寻旧迹，满头白发愧蹉跎。"

在南归的舟中，戴进画了一幅《风雨归舟图》，泼墨便似疾风骤雨，走笔便成山河纵横，山石迷迷，草木摇摇，而一叶扁舟却独行于长河，于风雨之中，不为所动。

回到杭州后，戴进坐在西湖之畔，面对湖光山色，又画了一幅画，画上题了一首诗："泛泛轻舟泊钓矶，芦花吹雪梦将飞。莫教一枕黄昏雨，直待邯郸觉后归。"他在杭州度过了晚年，和当年他的父亲一样，行走江湖，卖画为生。

后人对戴进评价最高的，或许是嘉靖年间的名士陆深。陆深说："本朝画手当以钱塘戴文进为第一。"然而知他最深的，恐怕还是他的同乡藏书家郎瑛。郎瑛为戴进写下一篇传记，他写道："戴尝奔走南北，动由万里，潜形捉笔，经几春秋，无利禄以系之也，生死醉梦于绘事，故学精而业著，业著而名远，似可与天地相终始矣。"

好一个"生死醉梦于绘事"，或许当年那个银匠作坊的小学徒，只是睡着了，做了一个画家的梦。在梦中，他对艺术的痴迷，却从未改变。

何必使劲敲

钟叔河

孔子居留卫国时，有一次在击磬作乐，一个背草包的人从门前经过，正好听见了清亮的磬声。

"听这敲磬的声音，是有心要别人欣赏的吧。"背草包的人说，"把这磬敲得当当响，好像在说，没人知道我呀，没人知道我呀！岂不有些可鄙吗？

"没人知道自己，也就罢了，何必如此使劲地去求呢？不是有这样两句歌谣吗：'河水深，过河不怕打湿身；河水干，扎起裤脚走浅滩。'

"也不看看现在是一河什么样的水，值得你这样舍生忘死地投入。"

"他也太武断了，"孔子听到这些话后说，"不过，若要我去说服他，只怕也难呢。"

《论语》记载了门人弟子对孔子的许多称颂，也记载了不少持不同意见者对孔子的批评，就像背草包的人讲他几句亦无妨。

一语救两家

丁时照

西晋时，尚书令乐广有五儿一女，他的女儿嫁给成都王司马颖为妻。成都王的哥哥长沙王当时正在京都洛阳掌管朝政，权势熏天。成都王于是起兵讨伐，图谋取代哥哥，操纵朝廷。

长沙王司马乂平素亲近小人，疏远君子。凡是在朝居官的，人人忧惧，个个小心。尚书令乐广在朝中素有威望，加之又是成都王的岳父，一帮小人就在长沙王司马乂跟前说他的坏话。长沙王于是生出杀机，便追查乐广和女婿司马颖有无勾结，并当面查问乐广。乐广神色自若，从容地回答说："岂以五男易一女？"意思是难道我会因为一个女儿而让五个儿子去送命吗？长沙王"由是释然，无复疑虑"。从此，长沙王心中的一块石头落了地，不再怀疑乐广，消除了顾虑。

乐广真会说话，抓住核心要害，一语消融杀机。同样是这句话，后来还挽救了另外一家人的性命。

谢景重的女儿嫁给王孝伯的儿子，两位亲家翁的关系非常好。谢景重在太傅司马道子那里当官，他的亲家王孝伯起兵讨伐太傅司马道子，不久战败身亡。太傅司马道子杀气腾腾地对谢景重说："你的亲家谋反，听说是你给他出的主意？"谢景重听后毫无惧色，从容地回答说："尚书令乐广说过一句话，

'岂以五男易一女'？"太傅认为他回答得非常好，便举起酒杯敬他说："回答得实在妙！实在妙！"

　　这两件事均见于《世说新语》，虽然其人其事早已消散在历史的深处，但抓住关键，一语破的的方式很值得回味。言简意赅，既能消除误会，也能除难消灾，还能得到对方的欣赏，会说话是真本事。

苏轼的调水符

马军

北宋嘉祐年间，在凤翔任签判的苏轼前往附近的玉女洞游玩。洞中有一眼清泉，传说喝后能延年益寿。苏轼一到玉女洞便命人去取水，饮后觉得甘美异常，名不虚传。如何才能长享此美？他决定定期派卫卒前去取水。

为了防止卫卒用其他地方的泉水冒充，苏轼特意做了调水符，由取水卫卒和负责看管玉女洞的僧人各持其一，作为往来凭证。哪料卫卒取水后，常抵挡不住玉女洞甘泉的诱惑，将其喝光，再临时找泉水带回去。苏轼发觉受骗又无人可说，只好给弟弟苏辙写信，慨叹人心不古，无过于此。

苏辙的回信来得很快，但让苏轼大感意外的是，弟弟不仅没有安慰他，反而写了一首《和子瞻调水符》批评他："多防出多欲，欲少防自简。君看山中人，老死竟谁谩。渴饮吾井泉，饥食瓲中饭。何用费卒徒，取水负瓢罐。置符未免欺，反覆虑多变。授君无忧符，阶下泉可咽。"他一针见血地指出，错误并不在取水的人，而在于苏轼欲望太多。只要约束欲望，渴了就喝，饿了就吃，无牵无挂，才是真正的"无忧符"。

"历览前贤国与家，成由勤俭败由奢"，欲求过多，反受其累，要对"多欲"的危害有清醒的认识。

贼马 | 陆春祥

清姚元之《竹叶亭杂记》里，王春亭刺史说了一件关于马的事。

某人非常喜欢骑马。他曾经买了一匹马，骑着它出了广渠门。刚一出城，前方来了一辆大车，这马看见了，长嘶一声，就横在马车前。拉车的群马见了它，都不敢前进。这马屹然而立，某人虽识马颇多，也不知所措，不知道什么原因。仆人却心里有数，就将衣物解下来，远远地抛给他的主人，主人接着衣物，更加莫名其妙。

那马见骑者已得到东西，迅速向前飞奔而去，深沟短壁，一跃而过，遇见推着小车的，也从他们头上跃过，一直飞跑，跑到旷野无人处，此马才停下，前蹄跪着，趴着不动，温驯无比，某人才得以从马上下来。

某人问了仆人，才知道他买的是一匹响马，就是盗贼用来劫人财物的，这马已经养成习惯了。

唐玄宗时期，宫中遴选的马是因为训练久了，会跳漂亮整齐的舞蹈，跳舞表演就是它们的职业。这些只会跳舞的马，流落到民间，被征召进军队，军乐响起的时候，舞马习惯性地起舞，士兵们没见过，吓得不轻，视为异端，用棍打，越打舞马就越认为是自己没表演好，跳得越起劲，一直打，一直跳，最终被乱棍打死。

动物训练久了，自然会养成习惯。《竹叶亭杂记》卷二写到象的礼节。

岁次丁酉，秋，入朝站班之象，行至西长安街，一象生病倒地，过了一会儿，此象尽全力撑跪着，向北方叩首三下，又转向西方，叩首三下，倒地死去。向北面拜，是谢恩；向西面拜，是不忘它的出生之地。

替朝廷站班的象，也是有级别的，级别不一样，享受的待遇也不一样，病象死去前，不忘礼节，除了说明象的聪明，也是训练成的。

因此，良马成响马，近墨者黑，除了感叹，只能说，伙伴很重要，环境也很重要，千万要慎之又慎。

贪泉与狐媚

齐世明

　　"贪泉"是有故事的奇泉。相传东晋时，凡南下官吏途经石门饮此泉水，便会起贪念变成贪官；即便是普通百姓喝了此泉水，也会变得贪得无厌。以至于那些赶路人，即使口干舌燥，也不敢饮，只能望泉而过。

　　东晋元兴元年（402年），为官素有清誉的吴隐之，出任广州刺史。在石门江岸下船，眼见清澈明净的一泓泉水，又闻人告白"贪泉"之"奇"，吴隐之一哂，对身边人说："不见可欲，使心不乱。越岭丧清，吾知之矣。"内心找不到可生贪欲的地方，自己的心境就会保持不乱，那些越过五岭变贪官的人，我知晓其中的原因了——是见钱眼开，心把持不住，喝"贪泉"只是个借口罢了。吴隐之"乃至泉所，酌而饮之"。他乘兴赋《酌贪泉》一首："古人云此水，一歃怀千金。试使夷齐饮，终当不易心。"

　　新任刺史畅饮"贪泉"的消息不胫而走，全城百姓议论纷纷。在一众猜疑中，吴隐之一改前任刺史惯奢靡、讲排场之风，对内清简勤苦，布衣糙米，对外力矫贪渎，惩腐禁贿，岭南吏治一时大为改观。三年任上，他操守如一，百姓安居乐业，《晋书》赞之"清操不渝，屡被褒饰"。后人为纪念他，特树一块"贪泉碑"，刻上其诗，传颂至今。

　　吴隐之置身乱世，但"酌贪泉而觉爽，处涸辙以犹欢"。廉者自廉，贪者自贪。正气存内，外邪何干？可笑那些贪墨者企图将贪婪之因嫁祸于泉，反衬吴隐之清者自清之雄姿，遂成后世之明镜。

《阅微草堂笔记》中有一个故事，两个人为狐所媚，以致饿倒于深山老林，奄奄待毙，幸被一猎人救起。两个人恨狐，请猎人入山捕杀之。猎人说："鱼吞钩，贪饵故也；猩猩刺血，嗜酒故也。尔二人宜自恨，亦何恨于狐？"

猎人问得有理。如吴隐之受奖之辞"夫处可欲之地，而能不改其操……"反其意而证之，狐媚是不存在的。在现实中，"狐媚"与"贪泉"却是无处不在。"狐媚"面前，宜自律，须自持；"贪泉"面前，自强者改造环境，清廉者不惧污境，弱者则被环境所吞噬。

带货帝

丁时照

《韩非子·外储说左上》说，齐桓公喜欢穿紫色的衣服，全国的人因此都穿紫色的衣服。那时候，五匹没有染色的素布都换不到一匹紫色的布。齐桓公亲自"带货"，紫服、紫裤、紫绢、紫布销售一空，价格居高不下。

"带货帝"不止齐桓公一个。"楚王好细腰，宫中多饿死；城中好高髻，四方高一尺……城中好大袖，四方全匹帛。"楚王兴趣爱好太广泛了，属于古代的"带货明星"，既带货物，也带事物。推而广之，吴王好剑客，百姓多创瘢；李煜好金莲，妇人皆缠足。上有所好，下必甚焉。

但总有逆行者，众人皆醉我独醒。晋文公就是个异类，他喜欢士族官吏穿不好的衣服，所以文公的臣下都穿着俭朴。

国君"带货"，威力巨大，可以捧红一样事物，也可以灭掉一样事物。

齐桓公看到齐国境内一片紫，甚为担心，问管仲："我喜欢穿紫色的衣服，这让紫色的布料变得很贵，而齐国百姓好穿紫色衣服的风气也刹不住，怎么办？"管仲说："这个太容易了，您自己先不穿紫色衣服，然后对身边侍候的人说您非常厌恶紫色衣服的味道。"齐桓公依言照办。从这天开始，宫中再没有一个人穿紫衣；第二天，国都内没人穿紫衣；三天后，四境之内无人穿紫衣。

复杂的事情简单处理，"带货帝"真是高手。

无限的时空

蒋勋

《庄子·逍遥游》中做了这样一个比喻:"朝菌不知晦朔,蟪蛄不知春秋,此小年也。楚之南有冥灵者,以五百岁为春,五百岁为秋;上古有大椿者,以八千岁为春,八千岁为秋,此大年也。"

"朝菌"是朝生暮死的虫,是最为卑微短促的生命。因为朝生暮死,它一生的时间不足以理解"晦""朔"的概念。这是庄子所说的"小知不及大知,小年不及大年"。

"蟪蛄"是寒蝉,春生夏死,夏生秋死。它的生命只能维持一季,因此,一年四季的时间概念是它无法理解的。

庄子引领我们去认识自然界中生命短促的"朝菌"与"蟪蛄",当我们庆幸自己的生命较长,可以在一生中认识许多次"晦朔"与"春秋"时,忽然,我们被狡猾的庄子一下子提升到一个完全不可了解的时间中去。

楚国南边有"冥灵",它的一个春天竟是五百年,一个秋天又是五百年。庄子还不放松,又把我们升举到更渺茫的时间中去,远古洪荒中的大椿,竟然以八千年为一个春天,八千年为一个秋天。

庄子让我们经历生命从短促到漫长、从小到大的迅速变幻,无非是要我们对日常经验的时间与空间做一番脱胎换骨的醒悟吧!

庄子在看似荒谬的比喻中，彻底粉碎了我们依靠经验建立起来的知识世界，同时提供了一个无限的时空，鼓励我们从相对的"长短""小大"中超脱出来，优游于绝对的无限之中。

学有余力

许晖

很多人把"学而优则仕"这句话理解成学业非常优秀，然后入世做官。事实上这种理解是完全错误的，错误的原因在于不懂得"优"字在这句话中的意思。

在《论语·子张》篇中，孔子的学生子夏说："仕而优则学，学而优则仕。"这两句话也是孔子思想的完整表达。在孔子及其学生的心目中，"仕而优则学"甚至比后者更为重要，因此才放到第一位来讲。后人不读先贤原典，硬生生截去前一句，只注重后一句，为自己入世做官寻找圣人之言作为理论依据，真是可叹！

《说文解字》："优，饶也。"什么叫"饶"？段玉裁解释说："凡有余皆曰饶。"因此，"优"的本义就是"有余力"，朱熹就是这样解释的："优，有余力也。"如此一来，这两句话就很好理解了：入世做官有余力可以去学习，学习有余力可入世做官。"优"是一项非常重要的标准，不管是做官还是学习，必须有余力，然后才能去做别的事情。对"学而优则仕"来说，必须学有余力才可以做官，如果不是学有余力，即使学问再好也不能入世做官。

这句话的意思非常清楚，那就是强调学习的重要性，通过学习提高为官者的从政能力。后人不察，误以为只要学业优秀就可以当官了，从而忽视了

"学"在先、"仕"在后的深刻道理。

至于今天从这句话中演绎出来的"演而优则歌""演而优则导"等等，统统都是错误的，因为强调的都是优秀之后如何如何，而不是有余力了才可以去做别的事情。不读原典，不能理解先贤每一句话的正确含义，以致先贤的许多深刻思想都被歪曲了。

卿不如我

丁时照

　　李浑是北齐大臣。李浑的学问大，学问大一般脾气就大。"两大"兼备，一般事大。这不，北齐皇帝高洋命他组班子，修订法规《麟趾格》，班子里有著名作家魏收。魏收不一般，诗词歌赋，一挥而就，文不加点。李浑却有些看不起他，"法规修订小组"成立时，李浑对魏收说："雕虫小技，我不如卿；国典朝章，卿不如我。"

　　这话，谁听了都觉得别扭，明显轻贱人嘛。也有人说同样的话，却是满满的正能量。

　　越王勾践兵败，即将入吴为奴。行前，勾践安排范蠡主持国政，请大夫种跟自己入吴。范蠡对曰："四封之内，百姓之事，蠡不如种也；四封之外，敌国之制，立断之事，种亦不如蠡也。"勾践就同意两个人交叉任职，让大夫种守于国，让范蠡入宦于吴。

　　越王勾践"刑满"回国之后，对范蠡说："我的国家就是你的国家，有劳先生帮我谋划。"范蠡又将先前说过的话说了一遍，越王勾践于是同意大夫种主内、范蠡主外的岗位分工。之后，卧薪尝胆，十年生聚，十年教训，三千越甲吞吴，遂至"春秋五霸"之一。

　　汉高祖刘邦也说过"我不如卿"的话，而且连说三遍："夫运筹帷幄之中，决胜于千里之外，吾不如子房；镇国家，抚百姓，给饷馈，不绝粮道，吾不如萧何；连百万之军，战必胜，攻必取，吾不如韩信。"高祖心如明镜，这是知人。"此三者，皆人杰也，吾能用之，此吾所以取天下者也。"将合适的人安排在合适的位置，这是善任。知人靠眼光，善任靠胸怀。知人善任，眼大胸怀大，乃有天下。

芸芸众生，各有所长，常想"我不如卿"，能让你倨傲的脾气低回至尘埃里。每个人都不完美，常思"卿不如我"，能让你在末流中生出无穷的自信。作为管理者，理应因此开悟：自己不做完人，也不要求别人做完人。承认所有的不圆满，才能和而不同，这才是世间大圆满。

君子走眼

茅家梁

《孟子·万章上》里说：以前，有人送了条活蹦乱跳的鲜鱼给郑国的子产，子产让主管池沼的小吏（当时叫"校人"）将此鱼放入池塘。结果，"校人烹之"，大快朵颐，摸摸肚皮，剔剔牙缝，却向子产汇报："那鱼一进入水中，开始是拘束、困倦的样子，一会儿便游得泼剌剌的，十分舒畅得意，最后竟'攸然而逝'。"一套谎话编得绘声绘色，子产信以为真，连声道："得其所哉！得其所哉！"那小吏后来总结经验：对君子可以用合乎情理的方法来欺骗他。

子产被蒙骗，仅仅是对鱼儿命运的误判，自我陶醉于"放生"的菩萨心肠，影响还不大。然而一旦由此欣赏起"校人"来，把一个骗子当杰出人物，继续走眼，那问题就严重了。贤者看中的"人才"，因为有光环，所以更具有欺骗性、迷惑力。

有则寓言故事叫"黠猱媚虎"：老虎头痒，便让一种叫猱的猴子爬到头上不停地挠，当然挠得十分舒服。在完全取得老虎的信任之后，猱用锐利的爪子一点一点地掏老虎的脑汁吃，老虎竟然浑然不觉。老虎"走眼"，黠猱便大显身手，这般"积羽"势必"沉舟"，不高度警惕，一定会酿成大祸。

蔡志忠

一个问题，三种答案

有一次，子贡问孔子："从前齐君问您应如何治国，您说治国在于节省财力。"

孔子说："是啊。"

子贡说："鲁君问您应如何治国，您说治国在于了解大臣。"

孔子说："是啊。"

子贡说："叶公问您应如何治国，您说治国在于使近处者高兴，使远处者来依附。"

孔子说："没错。我是这样回答的。"

子贡问："三个人的问题相同，您的回答却不同，难道治国有不同方法吗？"

孔子说："因为各国的情况不同啊。齐君建造楼台水榭，修筑园林宫殿，歌舞升平，一刻也没停止过，有时一天赏赐三个千乘之家。所以我说治国在于节省财力。"

子贡说："嗯，的确应该如此。"

孔子说："鲁君有三个大臣，在朝中愚弄国君，在朝外排斥诸侯，遮蔽鲁君的目光，所以我说为政在于了解大臣。"

子贡说："是的。"

孔子说："楚国国土辽阔而都城狭小，民众不想住在都城，想离开那里。所以我说治国在于使近处者高兴，使远处者来依附。这三个国家状况不同，所以施政方针也不同。"

子贡说："是的，老师。"

子贡感叹地说："老师讲授的学问，用心听便能学会；老师讲授的人性和天道，不是光靠听便能理解的。"

葫芦的命运

郁喆隽

《庄子·逍遥游》中有一段惠子和庄子的对话，叫作"大瓠之种"。瓠是葫芦的一种。惠子说，魏王送了他一些葫芦种子。他种下后得到了巨大的葫芦，可以装下五石水，但葫芦不够坚固，根本举不起来；如果把葫芦做成水瓢，却没有地方放得下。于是惠子认为这大葫芦无用，就把它打碎了。庄子听了说："你真的不擅长用大的东西啊。既然有了这么大的葫芦，为什么不把它绑在腰上，这样就可以漂浮在水上了。为什么还担心没有地方容得下它呢？"

《逍遥游》的一个重要主题是"有用和无用"——有些东西因为太大被认为无用，有些则恰恰相反。古希腊哲学家亚里士多德早就说过："自然不做无用之事。"从功能的角度来看，通常作为器物的葫芦其实是果实的木质外壳，其形状和物理属性使得它可以借助水流将种子传到更远的地方。这对物种而言绝对是有用的。长到一米的葫芦也并不少见。还有人通过解读"大瓠之种"得出结论，庄子早于阿基米德知道了浮力的规律。上网搜索发现，一个英国的园艺师曾经创下一项世界纪录，他种出来的葫芦重量达到一百零六斤。这大概就是惠子所说的"大瓠"吧，用来做独木舟都可以了。其实如果把那么大的葫芦做成葫芦丝，音色或许比较浑厚。

在这场对话中还有一个人，那就是并没有出场的魏王。我们并不知道魏王为什么要把葫芦种子送给惠施，还有他自己有没有种过这个葫芦。可以猜想，可能他自己种了葫芦，不知道怎么用，才将种子送给了惠施。但没想到的是，惠施的脑子里已经有了一些先入为主的条条框框——他觉得葫芦，要么用来装水，要么用来做瓢打水。于是他种出了大葫芦，只能弃之不用。假设魏王把葫芦种子送给庄子，结局就会大不一样。庄子可能会发明出给军队使用的浮渡装备。大葫芦至少可以成为平民百姓夏日戏水的必备工具，兴许还能开创本国水上运动的先河……可见对葫芦种子来说，人就是它的土壤。种子落到一个人手里，它死了；落到另一人手里，它活了。因而有科技史家认为，研究历史上那些没有做成的东西，比研究成功的案例，能给我们带来更多的启发。没有什么现成的科技树，关键在于人——解锁和锁死科技树的人。庄子在"大瓠之种"这一段最后对惠子的评价是"夫子犹有蓬之心也夫"——这个世上如果什么因为没用而被毁，那是由于人的头脑不开窍啊！

损之又损之道

鲍鹏山

有一天，孔子带着他的弟子参观鲁桓公庙，看到庙里面有一个很奇怪的东西，斜放在那里。孔子就问守庙的人："这是什么东西啊？"管庙的人告诉孔子："这是宥坐之器。"

古人总是用各种办法提醒自己记住自身的缺点。"西门豹之性急，故佩韦以自缓，董安于之心缓，故佩弦以自急。"（《韩非子·观行》）西门豹性子急，他就佩戴一条皮带，以提醒自己舒缓一些；董安于性子慢，他就佩戴一个绷得紧紧的弦，以催促自己快一些。古人佩玉，也不似我们今天的装饰、辟邪甚或炫耀，而是要比德于玉。还有座右铭，是古人把提醒自己的话铭刻于座右，随时提醒自己。

现在，孔子和他的学生又发现一个"宥坐之器"。何为"宥坐之器"呢？就是安放在国君座位右边的一个东西。这个东西是什么样子，又有什么用处呢？

我们听听孔子怎么说："哦，既然是宥坐之器，那我知道——它里面没有水的时候，是倾斜的；水装到一半的时候，是端正的；装满的时候，它就倾覆了。"

说完，孔子转身对他的弟子们说："现在我们就试验一下。"

于是大家往里面灌水。这个东西本来是倾斜的，水装到一半的时候，它果然端端正正地立起来了。

孔子说："再装。"

水满了，这个东西一下就倒了，水全泼洒出来。

孔子对弟子们说："小心啊，万物都是这样，哪里有灌满而不倾覆的呢？"

子路懵懂，问孔子："老师，我们如何能让人生完满而又不倾覆呢？"

孔子对子路说了四点：

聪明睿智，守之以愚——聪明要用愚来守。

功被天下，守之以让——功劳要用让来守。

勇力振世，守之以怯——勇敢要用怯来守。

富有四海，守之以谦——富有要用谦来守。

这就是损之又损之道。损，就是减损。孔子告诉我们：人生要学会做减法。我们总是想着往我们的人生中填充什么，务求填满，做加法，但人生更重要的是做减法。一个完满的人生，幸福的人生，不是看你有什么，更多的是看你没有什么。

有了什么不一定幸福。有了钱就幸福吗？有了权就幸福吗？但是，假如我们没有了一些东西，我们还真的就会幸福。比如，浮躁、焦虑、贪欲、嗔怪，对蝇头小利的占有之念，种种人生的得失之忧，这些东西没有了，心灵平静，那可能是真幸福。

这就是损之又损之道。

人人都知道损人利己，却不知道损己才是利己。

识得破，忍得过

张明

《醒世恒言》里有一则《薛录事鱼服证仙》的故事。

唐朝时，录事薛某高烧中，梦见自己变成一条金色鲤鱼，几天不曾进食，肚中甚是饥饿。此时，正遇一渔夫垂钓，他明知饵里有钩，怎奈饵香诱人，于是张嘴吞饵，结果被渔夫钓了上去。作者冯梦龙点评道："眼里识得破，肚里忍不过。"

"识"是辨别是非的能力，"忍"是自我克制的能力。"识得破"需要聪明和智慧，"忍得过"需要毅力和定力。"识"和"忍"主要有以下几种关系。

"识不破，忍不过"。因纽特人捕狼的方法让人叫绝，他们在锋利的刀刃上涂上一层动物的鲜血，凝固之后再涂第二层……直到冻成血坨，刀刃被血浆完全封裹起来，然后反插在野外的雪地上。饥饿难挨的狼看到血坨，会不假思索，兴奋地舔食刀上的冻血。刀上的冻血渐渐融化，但嗜血如狂的狼已经感觉不到舌头被刀锋划开的疼痛，也分不清是冻血还是自己的鲜血，直至血尽而亡。嗜血是狼的本性，面对冰血陷阱，狼无法"识得破"，更奢谈"忍得过"。

"识得破，忍不过"。明代刘元卿在《贤奕编·警喻》中记载了一个猩猩嗜酒的故事：猩猩喜好喝酒，山脚下的人便摆下美酒和大小酒杯，摆在道路旁边。猩猩知道这是引诱自己上当的，并且知道设圈套人的姓名及其父母祖先，便一一指名道姓骂起来。骂完以后，有的猩猩提议少尝一点儿，谨慎一点儿，千万别喝多了。于是猩猩们先用小杯喝，再用大杯喝，并且边喝边骂。这样反复几次以后，猩猩实在不能忍耐美酒的诱惑，便拿起最大的酒杯大喝起来，直到酩酊大醉而被人擒获。猩猩面对美酒的诱惑，"酒"令智昏，虽然"识得破"，终究无法"忍得过"。

"识得破，忍得过"。《清朝野史大观》中载：刑部大臣冯志圻酷爱书画，却从不在人前提及，以防斗筲之人投其所好。下属献宋拓碑帖一本，冯原封不动地退回。有人劝他打开看看也无妨，冯志圻说："封其心眼，断其诱惑，怎奈我何？"眼不见心不乱，这是何等的睿智。这是高明的"识"与"忍"。

人有欲则计会乱。人一旦为物欲所左右，为情欲所操纵，为权欲所控制，为色欲所征服，必然会引发祸端。面对诱惑，既要"识得破"，更要"忍得过"，做到以知促行、以行促知，知行合一。

以鱼为镜

齐世明

"寡好"者，没有特别的嗜好也。说"寡好"，我首推北宋吕蒙正。

他身居宋太宗一朝的宰相位，自然追捧者众多。一官吏想经由吕蒙正之弟，送上自家祖传"古鉴（镜）"。据说此镜能一直照出去二百里，是件稀罕物。吕蒙正听弟弟提及此事，笑曰："吾面不过碟子大，安用照二百里？"这面宝镜究竟能照出多少里，不重要，重要的是吕氏"寡好"的态度。对此欧阳修赞曰："盖寡好而不为物累者，昔贤之所难也。"

吕氏的"寡好"，透露了他的"生活经济学"：没用的，不要！与此恰成映照的是唐朝段成式所著《酉阳杂俎》中所载：和州刘录事，大历年被免职后，情志不舒，饮食无节，"每日膏粱厚味，犹嗜鱼味"，每每索吃鲹鱼，称素喜吃且从未吃饱过。有人特意捕了百余斤鱼，众观刘录事吃鱼。刘吃了一盘又一盘，吃鱼中途被痰一时壅阻，痰闭心窍，直至神志不清。

与刘录事同样好鱼，却成为贤能佳话而被千古传颂的是，春秋时在鲁国为相的公仪休，囚拒鱼，被传为"寡好"之典范。

且听公仪休与其娘子之议——娘子不屑：你爱吃，人家爱送，人情社会嘛，一条鱼能有多大点事呀？公仪休道：我虽然嗜鱼，但如果从这条"礼鱼"开始，送鱼不拒，总有一天要丢相位，那么便再也吃不到鱼了。今天我坚拒此鱼，今后就能长久地靠自己的俸禄买鱼吃了。

"寡好"与"犹嗜鱼味"之高下，实在可引为古今官场之镜。明太祖朱元璋曾给他的手下算过一笔账：老老实实当官，守着自己的俸禄过日子，就好像守着一口井，井水虽不满，但可天天汲取，用之不尽。

败于妖冶

月如钩

《阅微草堂笔记》里的很多微型小说都是精品佳作，譬如这个。

有位到济南参加秋试的生员，投诉旅馆不给好房住。店家说："不是不给，是那个房间不消停，不知是闹鬼还是闹狐妖，早就不住人了。"

该生不信邪，强行入住，铺好床被后便躺下大声说："是男魅耶？吾与尔角力。是女魅耶？尔与吾荐枕。少给我畏畏缩缩地不敢出来！"于是插门吹灯，倒头就睡。夜深，忽听窗外软语轻声说："陪你睡觉的来啦！"该生刚想起来看看，突然被一个大家伙压在身上，重若磐石，简直受不了。他用手一摸，一身长毛，呼吸如牛吼。该生本就很强壮，扭住就打。那东西力气也不小，他们满屋子滚了个遍。其他人听见声音不对，都过来帮忙，但门闩着进不去，只听得乒乒乓乓、噼里啪啦。搏斗了两三刻钟，突然，那家伙要害处中拳，"嗷"的一声跑了。这位朋友打开门，见大家都来了，就绘声绘色地讲经过，扬扬得意地谈战绩。当时快三更，大家又各自回去睡觉。该生似睡未睡时，忽听窗外又轻声细语说："陪你睡觉的这次真的来啦！刚才我就想来，只是我哥急着想先和您比试比试，所以多有冒犯！现在他羞愧难当，不敢出来，小女子才来赴约！"话音刚落，人就到了床前。该生自然知道她没安什么好心，但喜爱她的妖媚多姿，且跟她睡一觉看她能怎样！刚拥进被窝，就觉得那女子猛一吸气，该生立刻神情恍惚，昏迷过去。

第二天天亮，门不开，叫不应，大家赶紧破窗而入，用冷水猛喷才醒。该生已经病恹恹不成人样，秋试是参加不了了，被送回老家，看病吃药，折腾了半年，才勉强拄着拐杖出来溜达溜达。该生从此豪气尽失，再没了当年的精气神儿。

纪晓岚以金句点评："力能胜强暴，而不能不败于妖冶。"

与人相处，不复杂，也不简单。以性格而论，遇事只有四种模式：软硬不吃、吃软不吃硬、吃硬不吃软、软硬都吃。软硬不吃的给人印象是"二"，软硬都吃的则"尿"，大部分人都在"吃软不吃硬、吃硬不吃软"的区间。鬼怕恶人，所以吃硬不吃软；败于妖冶，则是吃软不吃硬。

一个乞丐的心灵

古清生

武训离开人间已经 100 多年了。他是一个奇人，好像知道他的人不少，而记得他的人却不是很多。我细细地把那页书翻开，耳边又一次响起了武训的故事。

武训，山东堂邑人。1886 年，他 59 岁，得了一场重病，死于临清义塾的庑廊下。他临断气之前，还努力地睁开眼睛，凝神细听学生们的朗读声，嘴角挂着安详的微笑。

武训原名武七，他是母亲的第七个孩子。目不识丁的父母，连一个像样的名字也给不了他，人们索性就叫他武七。

在那个时代，叫张三王五的人很多，叫武七，这不怪。武七一点点地艰难长大，身体瘦弱得像一株缺肥少水的高粱。他的家里本无地产，父亲又忽然撒手而去，只余下他与母亲相依为命，终日去往街前村后行乞度日。

一双黑乎乎的小手，要伸到无数人的面前，或随着母亲，或独自行乞。偶尔乞得一枚铜板，小小的心灵一暖，便去买上一个饼回家给母亲。望着武七这孩子，母亲的心暖了又凉，她只有把一双手的温暖给他，还有无奈的叹息。她像所有贫穷的母亲一样，疼着孩子，却又一无所有。

武七的孝顺没有把母亲挽留在人间，尚未将童年度过，母亲也带着她温暖的双手和无奈的叹息辞别了人世。武七成了孤儿，只有他瘦小的影子随他一起晃动在行乞的路上。一日日地乞讨，风中雨中，炎夏寒冬，武七如一株野地里的幼苗，艰难地成长起来。年岁稍大些，武七一边给人打工，一边继续乞讨，将所得一分一文都积存起来。长大了的武七，忽然有一个非常的念头，他恨自己不识字，发誓要设立义学，让乡村里的孩子都不重走他的路。

这个念头在武七的心里疯长，他发奋地为人做工，有空闲就出门乞讨，不浪费一点光阴。乞讨所得的钱，他竟然悉数寄存富商之家，以谋得一些利息，使他能够向着目标走近一步，再走近一步。时光在乞讨的路上流逝，武七把脚印留在无数的门前，给世界一个乞丐的背影。

武七足足乞讨了30年，30年的青春时光，他交给了弯弯曲曲的乞讨路。他终于积攒下一笔钱，一点一点地买下230多亩田地。这时候的武七，不再一贫如洗，230多亩田地毕竟不是小数目。但是武七仍出去乞讨，仿佛走惯了这条路。他也仍旧衣衫褴褛，仍旧是那一个乞丐形象。白天乞讨，夜间整理所得，他几乎忘记了一切。这样的一个财富积累者，乡邻当然刮目相看，便有媒人找上门来，可是武七全都一口回绝。

一个孤独的乞丐。大家这样认为。

没有一个人能知道武七心中的梦，那是一个怎样多彩的梦！武七终于在他年近不惑之时，震惊八乡地在柳林庄开设义塾。武七为设这个义塾，一次投入四千多缗钱，这是除他的田产以外所有的乞讨所得。不仅如此，他决定将土地上的收获也用来资助办学。这时候的武七，心里比阳光还明亮。

开塾那天，是武七一生中最幸福的日子。他早早起来，穿戴一新，挺起了微弯的脊梁，大步来到义塾，毕恭毕敬地拜了塾师。拜过塾师，武七来到学生面前，一一拜了学生，而后退到一旁，面带笑容地看着塾师开课。从此武七感到生命有了意义，他从学生琅琅的读书声中得到一种无以言表的满足和陶醉。

武七不识一字，大约因为不识一字，他对老师的敬重几近超过了对神的敬仰。武七开设义塾以后，不再出门乞讨，全身心地为义塾服务。每天，他必做丰盛的菜肴款待老师。当老师入座以后，武七则退到门外，恭恭敬敬地站着。老师等着他来入座一起吃饭，武七说："我武七是个乞丐，怎敢与老师平起平坐？"武七每每等老师吃罢，才肯去吃剩饭剩菜。

老师对武七对自己的敬重甚为感动，只有一心一意教好书来回报武七。武七仍旧目不识丁，不懂得什么是文化，具体到教育那么深奥的课题，他更不懂，就知道有了塾馆，再有了老师和学生，那就什么都会有的。所以，他待老师和学生非常虔诚。武七经常出入塾馆，遇到老师午睡时，武七便跪在榻前相守，老师醒来时发现此情景，万分惊讶，感动之情无法言表。在这些饱读诗书的老师眼里，这哪里是一个目不识丁、半生行乞的乞丐啊！武七听说一位学生学习有所松懈，他伤心得大哭，边哭边劝学生用功学习，不要荒废学业。见此情景，义塾中的老师和学生，再没人放松教学和学习了。

开设柳庄义塾以后，武七又积累了好些年，在临清再度开设义塾。他的义举传到朝廷官员的耳中，朝廷官员深受感动，当即为他赐名"训"。于是，武七以他的坚韧和高尚，获得了他真正的名字：武训。武训在 1886 年辞别这个世界，他终身未娶。

合上史书，不由把它恭恭敬敬地摆在书架上，凝神良久，脑子里竟然一片空茫。我无法一下子从一百年前走回，好像也徘徊在临清义塾的门外，听见莘莘学子琅琅的读书声。而武训则站立在塾馆的窗下，深深地陶醉在这声音里。

鲍鹏山

逆向而行

有一次，孔子和几个弟子在一起闲聊。大约孔老师最近心情有点压抑，他要同学们谈谈各自的志向和追求。

子路同学首先抢着表白：假如有一个国家，外面强敌入侵，内部饥荒连年，我受任于败军之际，奉命于危难之间，我将挽狂澜于既倒，扶大厦于将倾，只要三年，就可以重建人们的勇气和信心，还能教会他们文明礼貌。

孔子给他一个含蓄的哂笑。

善于察言观色的冉求同学看出了老师哂笑的内涵——子路兄太自负了。当老师点到他的名字时，他站起来，有点惊慌失措：如果给我一个方圆六七十里——他看看老师——那就五六十里吧，这样的小乡，我可以负责一个乡的财政，三年以后，让人们富起来。至于精神文明这样伟大的事业，让高人来吧。

公西华年龄最小，刚入门，资历最浅，轮到他了，他期期艾艾地说，他正按照老师的教学计划，苦背各类礼仪制度，争取将来在人们祭祀天地祖先或诸侯会盟之时，穿上礼服，戴上礼帽，做一个小司仪。

有一个人，在师兄弟和老师谈论如此严肃的话题时，他却一直在旁边鼓瑟。瑟声冷然悠扬，他也悠然自得，好像旁边没人，又好像在为他们做背景音乐。

什么高人，如此超然？

他就是曾点，大名人曾参的父亲。

别人说完，轮到他了。

他站起来说：我和他们不一样，没得说。

孔老师坚持：不一样就不一样，志向哪能一样。他们说他们的，你说你的。

于是，曾点说了以下一番话："莫春者，春服既成，冠者五六人，童子六七人，浴乎沂，风乎舞雩，咏而归。"

这段话，有人是这样翻译的：

二月过，三月三。

穿上新缝的大布衫。

大的大，小的小，

一同到南河洗个澡。

洗罢澡，乘晚凉，

回来唱个山坡羊。

孔子一听，喟然叹曰：我赞成曾点！

目标远大的子路不明白，踏实苦干的冉求不明白，小心翼翼的公西华也不明白——我们的志向如此崇高，我们的工作如此辛苦，我们的担当如此沉重，而曾点，他说的，不就是放长假休闲吗？为什么，为什么，这是为什么？！

是啊，为什么呢？我试着替孔子回答：因为，在大家都紧张的时候，曾点知道放松；在大家都浮躁的时候，曾点如此淡定；在大家都功利的时候，曾点能够超脱；在大家都负重的时候，曾点知道放下。

有时候，逆向而行，风景殊自不同。

水上行路

毕飞宇

说起行，我的故乡顶有特色了。我们的"行"其实就是行船。我的故乡兴化在江苏的中部，所谓里下河地区。它的西边是著名的大运河。因为海拔只有负一米的缘故，一旦大运河决堤，我的故乡在一夜之间便会成为汪洋——这样的事曾多次发生。一次又一次的灾难严重影响了兴化人的文化基因，兴化人不太相信这个世界，他们更相信的，是自己。兴化人对教育有一种恋爱般的情感——柔软、绵长、坚毅，这一点和犹太人很像——只有装在脑袋里的财富才是真正的财富，恺撒、强盗和洪水都带不走它。

洪水一次又一次的冲刷让兴化的地貌变得很有特色，兴化成了一个水网地区。河流就是我们的路，水也是我们的路。兴化人向来是用手走路的——两只脚站在船尾，用篙子撑，用双桨划，用大橹摇。运气好的时候，就是顺风的时候，你就可以扯起风帆了。

风帆意味着好运气——你赶上顺风了。也许因为我是兴化人的缘故，在我还很年轻的时候，我对"运气"就有了非常科学的认识：有顺风的人就必然有逆风的人，有顺风的时候就必然有逆风的时候。在一条河里，好运的人和倒霉的人相加，最终是零；在人的一生里，好运的时候和倒霉的时候相加，最终依然是零。零是伟大的，恒久的。零的意义不是意味着没有，相反，它意味着公平。这是天道，一切都要归零的。

不会撑船的人都有一个习惯——一上来就发力。这是人在学习的时候常犯的错误：努力。老师常常告诫我们，要努力！可努力有时候是愚蠢的。以我撑船的经验来看，在学习的过程中，尤其是初期，"感受"比"努力"要重要得多。过分的"努力"会阻塞你的"感受"。就说撑船吧，在掌握正确的方法之前，"努力"的结果是什么呢？船在原地打圈圈，你在原地大喘气。好的学习方法是控制力气，轻轻地，把全身的感受力都调动起来。在人与物合一的感觉出现之后，再全力以赴。

我来讲一个撑船的故事吧。在我很小的时候，我曾经把一条装满稻谷的水泥船从很远的地方撑回打谷场。以我那时的身高和体重来说，那条装满了稻谷的水泥船太高、太大、太重了，划动它是我力所不及的。可事实上，我并没有费多大的力气就做到了。奇迹是怎么发生的呢？

水泥船在离岸的时候被大人们推了一把，笨重的船体就开始在水面上滑行了，这是极其重要的。巨大的东西往往具有巨大的惯性。这就是泰坦尼克号在关闭引擎之后还会撞上冰山的缘故。事实上，在巨大的惯性之下，只要加上那么一点儿的力量，它前行的姿态就保持住了。问题是，你不能停，一停下来就再也无能为力了。

我经常告诉我的儿子，无论多大的事情，哪怕这件事看上去远远超过你的能力，你也不要惧怕它。"不可能"时常是一个巍峨的假象。在它启动之后，一定会产生顽固的、巨大无比的惯性，你自己就是这个惯性的一部分。只要你不停息，"不可能"就会成为"可能"，并最终成为奇迹。

农业文明的特征其实就是植物枯荣的进程，一个字——慢。每个周期都是一年，无论你怎样激情澎湃，也无论你怎样"大干快上"，它只能是而且必须是一年。在农业文明面前，时间不是金钱，效益也不是生命。为了呼应这种慢，农业文明的当事人 —农民，他们所需要的其实就是耐心。

农民的"行"也是需要耐心的。这就牵扯到农业文明的另一个特征，它和身体捆绑在一起。工业文明兴起之后，文明与身体脱离开来，所以，工业文明又被叫作"解放身体"的文明。而农业文明不同，它是"身体力行"的——还是回到撑船上来吧，既然是身体力行的，你在使用身体的时候就不能超越身体。这一点和竞技体育有点儿相似，它存在一个"体力分配"的问题。

在我刚刚学会撑船的时候，急，恨不得一下子就抵达目的地。它的后果是，五分钟的激情之后我就难以为继了。一位年长的农民告诉我："一下一下地。"是的，对农业文明来说，五分钟的激情可以忽略不计。

"一下一下地"，这句话像河边的芨芨草一样普通，但是，我不会因为它像芨芨草一样普通就怀疑它包含的真理。"一下一下地"这五个字包含着农业文明无边的琐碎、无边的耐心、无边的重复和无边的挑战。

有时候，我们要在水面上"行"一天的路，换句话说，撑一天的船。如果你失去了耐心，做不到"一下一下地"，那么你的处境就会像一首儿歌所唱的那样——小船儿随风飘荡。那可不是一个诗情画意的场景，而是狼狈的，凄凉的。这种事在我的身上发生过。

在水上行路的人都有流水一般的耐心。水从来都不着急，它们手拉着手，从天的尽头一直到另一个尽头。

蜘蛛脚与翅膀

刘心武

　　我跟老伴看完《梅兰芳》，从电影院出来，在人行道上缓步前行，议论着观影心得。忽然觉得身后有人，一回头，见是一位戴墨镜的盲人，立即意识到，不该占住脚下的盲道。让开后，我立刻向他道歉："对不起，真不好意思！"盲人却不移动，叫出我的名字来。老伴很吃惊，我倒不以为奇，想必他从电视里听过我在百家讲坛《揭秘〈红楼梦〉》的讲座。一问，果然。于是说："感谢您听我的讲座，欢迎批评指正啊！"本是一句客套话，没想到他认真地指正起来："你讲得好听，可是，观点另说，你有的发音不对啊。'角色'不该念成'脚色'，该发'决色'的音。刘姥姥，你'姥姥'两个字全发第三声，北方人习俗里是前一字读第三声，后一字第一声短读……这还都是小问题，有的可是大错啊。你说史湘云后来'再醮'，其实应该是'再醮'，那'醮'字发'叫'的音啊。奇怪的是，你明明是认得'醮'字的呀。你前面讲贾府在清虚观打醮，'醮'这个字不知道重复了多少次，你都正确地发出'叫'的音啊！寡妇'再醮'，就是她再次进行了祈福仪式，改嫁的意思啊……"

　　老伴先替我道谢："谢谢了，就是应该跟淘米似的，每一粒沙子都给他挑拣出来啊！"我非常感动，在这样一个傍晚，这样一个地点，陌生人如此不吝赐，是我多大的福气啊！

万没想到，他跟着讲出这样一番话来："这世界上，大概只有我单拨一个人，知道你为什么出这么个错儿……那一定是五十多年前，在钱粮胡同宿舍大院里，你总听见我奶奶说'再蘸''再蘸'的……那是俗人错语呀，词典字典不承认的，你到电视上讲，哪能这么随俗错音呀，应该严格按照正规工具书来啊！"说到这儿，他把脸微微移向我老伴："嫂夫人，您说是不是这个理儿呀？"

我惊喜交集，双手拍向他双肩，大叫："喜子！是你呀！"

他用左拳击了我胸膛一下："苟富贵，毋相忘！你还记得我！"我们进到附近一家餐馆，点了几样家常菜，边吃边畅叙起来。

老伴问他："您怎么只听两句，就认出他来了啊？"喜子笑眯眯地说："他要没上电视，我也未必听出是他。我们有半个多世纪没见过了。当然，我一直记得他那时候的话音。那时候我们都没变声呢。我呀，眼睛长在心上。成年人，只要听见过一声，那么，再出一声，不管隔了多长时间，也不管在什么地点，哪怕很嘈杂，好多声音互相覆盖、干扰，我多半都能'看见'那个出声的人，一认一个准儿啊！"

我说："我在明处，你全看见了。可你是怎么过来的？能告诉我吗？"他说："我从盲人学校毕业以后，到工艺美术工厂，先当工人，后来当技师，现在当然也退休了。我老伴也是心上长眼的，可我们的闺女跟你们一样。不夸张地说，我差不多把咱们国家出版的盲文书全读过了。现在闺女利用电脑，还在帮我丰富见识。活到老，学到老，咱们这代人，不全有这么个心劲吗？"

我说："坦白讲，这些年，我真把你忘了，忘到爪哇国去了……"他说："人都有自己的命运，分离多年，遇上能想起来就不易。其实我也曾经把你忘了，后来广播里、电视上有你出现，我才关注起来。如果不是今天我恰巧也来听《梅兰芳》，也没这次邂逅。闺女问过我：'小时候，你就觉得这人能成作家吗？'我就告诉她，是的，因为，他往墙上给我画过……"

回到家，我给老伴详细讲起半个多世纪以前的往事。那时候，在钱粮胡同宿舍大院，喜子奶奶常唠叨喜子他妈是寡妇"再蘸"，给好些气受，其实，对他妈最不满的是，他的姐姐、妹妹都正常，他生下来却双眼失明。那时候他常坐在他家侧墙外的一张靠墙的破藤椅上晒太阳。有一次，我们几个淘气的男孩，拿着粉笔，以他为中心，往黑墙上画出蜘蛛脚，还嘎嘎怪笑。我开头也觉得这恶作剧很过瘾，但是，见到他脸上痛苦的表情久久不散，就有点良心发现。过了一阵，别的小朋友散去了，我就过去把那些蜘蛛脚全擦了，另画了两只大翅膀。说来也怪，我也没告诉他我的修改，喜子却微笑了，那笑脸在艳阳下像一朵盛开的花……老伴听了说："做人，要保持善良的秉性。如果你还画得动，那么，画蜘蛛脚，得奔卡夫卡的水平；画翅膀，起码得有鲁迅《药》里头坟头上花圈的那个意味吧！"

我不是一个怪人

〔荷兰〕文森特·凡·高

人们总把我看成是一个不可理喻的怪人，我要申明的是，我不是什么怪人，尤其不是应从社会中清除的野蛮粗鲁的人。

的确，我常常衣冠不整，样子很寒酸，不能保持很庄重的样子。因为我长期没有收入，我的衣服是我弟弟提奥的旧衣服改的，有些还是廉价的布料做的，加上作画时溅上的颜料，我无法成为一个受欢迎的人。

有人说我的性格坏透了，无端地猜疑我，怀疑我做了什么见不得人的事。我不知道该怎么办。

我要说的是，我不追求地位和金钱，不会为世俗去改变我的性格。我热爱生活，只要我牢牢地抓住了生活，我的作品就会得到人们的喜爱。

我三十岁生日的时候，得到了弟弟提奥真诚的祝福，我非常感谢他。在这一天，我找到了一个很适合扮挖地人的模特，我非常兴奋，简直不敢相信自己只有三十岁。

有时我也真觉得我已不小了，特别是在人们认为我是一个失败者的时候。一想到我可能真的会是失败者时，我感到时光如流水一般无情，让我开心不起来。

在平静正常的心境下，我又为我在这三十年中所学到的东西而高兴，让我对未来的三十年——如果我能活到那么长的话——充满了信心，让我浑身带劲儿。未来的三十年有那么多那么艰巨的工作摆在我的面前。我想象得到，以后的三十年应该比过去了的三十年过得更愉快。我要实现我的愿望，我要努力地依靠自己，尽管社会和环境也应该责无旁贷。

对于一个工作的人来说，三十岁刚刚步入人生的稳定期，因此，三十岁的人应该以饱满的热情和精力去迎接新的生活，生命中的这段时期一旦过去，有很多事情就无法逆转了。

当然，我们也不能指望从生活中得到我们明明知道得不到的东西。生命只是一个播种的季节，收获是不在这里的。

我得承认，我是一个有着明显缺点并且脾气有些怪的人，急躁的性格经常使我做出些愚蠢的事，让我在后来或多或少地感到后悔。我从来没有想过要去抢别人的朋友和生活，更不会谋害他人的生命。虽然我有时也跟人争吵，但我并不想去伤害任何人。

我不想成为一个不干任何好事的危险人物。我是一个生活有困难却又从未停止过努力工作的人。为了工作，我需要一个安静的环境，需要人们的同情。不然的话，我将无法顺利地工作。

我时常处在可怕的忧郁和烦躁中，当我渴望同情又得不到时，我就会态度冷漠，对人发无名的火，说起话来常常很刺耳。我喜欢独处，不善交友，要我经常和人们聚会交流是一件痛苦的事。我也不知道为什么会这样，在肉体和精神上，我都是极端敏感的人，这是造成我怪脾气的主要原因，它让我意志消沉，也损害我的健康。

我说"我是一个艺术家"，有人因此对我进行攻击。我坚信我说的话。在我的理解中，艺术家就是要努力地奋斗，不断地探索，无条件地献身于艺术事业。我已发现了它，了解了它。所谓艺术家，就是包含有永无止境地探索的意思。即使我不断地遭遇挫折，也不灰心；即使我身心疲惫，哪怕是处于崩溃的边缘，也要正视人生。因为我知道，伟大的事业不可能一蹴而就，也不是凭一时的冲动就会有成就。伟大的事业也不会偶然得来，它是不断奋斗的结果。我相信我会有出头的那一天。

看人（节选）

贾平凹

在街头看人的风景，实在是百看不厌。

初入城市的乡民怎样于路口张望，而茫然不知往哪里去；警察指手画脚，小偷制造拥挤；什么是悠闲，什么是匆忙；盲人行走，不舍昼夜；醉汉说话，唯其独醒。你一时犯愁了：这些人都在街头干什么，天黑了都会到哪儿去？怎么就没有走错地方而都回到了自己家里？如果这时候有人一声令下，一切停止，凝固的将是怎样的姿势和怎样的表情？

突然发生地震，又都会怎样各自逃命？

每个人都是有父亲和母亲的。几十年前，同样走过街头的是这些人的父母吗？几十年后，走过的又是这些人的儿女吗？若不是这样，人死了会变成鬼，鬼仍活在这个世上，那么一代代人死去仍在，活着的又继续繁衍后代，街头该是多么地水泄不通啊！

世界上有什么比街头更丰富，有什么比街头更容易引发你的奇思妙想呢？

在地铁入口，在立交桥头，人的脑袋如开水锅冒出的水泡，咕嘟咕嘟地全涌上来，蹿下来，平视着街面，各式各样的鞋脚在起落。人的脑袋的冒出，你疑惑了他们来自的另一个世界的神秘；鞋脚起落，你恐怖了他们来到这个世界要走出什么样的方阵。芸芸众生，众生芸芸，其中有多少伟人，科学家、哲学家、艺术家、文学家，到底哪一个是，哪一个将来是？你就对所有人敬畏了，于是自然而然想起了佛教里的法门之说，认识到将军也好，暗娼也好，小偷也好，哲学家也好，他们都在以各自的生存方式体验人生，你就一时消灭了等级差别、丑美界限，而静虚平和地对待一切了。

进入到这样的境界，你突然笑起来了：我怎么就在这里看人呢，那街头的别人不是也在看我吗？于是，你看着正看你的人，你们会心地点头，甚或有了羞涩，都仰头看天，竟会看到天上正有一个看着你我的上帝。上帝无言，冷眼看世上忙人。到了这时，你的境界再次升华，恍惚间你就是上帝，在看着一切，你醒悟到人活着是多么无聊又多么有意义，人世间是多么简单又多么复杂。

这样，在街头看一回人的风景，犹如读一本历史、一本哲学。你从此看问题、办事情，心胸就不那么窄了，目光就不那么浅了，不会为蝇头小利去钩心斗角，不会因一时荣辱而狂妄和消沉。人既然如蚂蚁一样来到世上，忽生忽死，忽聚忽散，短短数十年里，该自在就自在吧，该潇洒就潇洒吧，各自圆满自己的一段生命，这就是生存的全部意义了。

韩寒

春萍，我做到了

10 年前，我正式开始了我的拉力赛生涯。第一场比赛在上海佘山，彼时的拉力赛赛场，此时已是五星级酒店和山脚别墅。赛段的起点就在如今的世贸佘山艾美酒店，一起步就是数百米的大直线，然后拐进今天的月湖公园，那里也是记者和观众最多的地方。记得 2003 年的比赛前夜，我无数次幻想，那人生的第一个转弯要如何呈现，是走一个非常标准的赛车线呢，还是炫目地漂移入弯，或者是中规中矩拐过去就行。结果是我没刹住车。我的职业生涯的第一个转弯就以一把倒车开始。

很快，锦标赛就到了浙江龙游站。那是砂石路。我喜欢拉力赛，就是因为少年时，看着那些拉力车手在山间树林里高速漂移，十几岁的我目瞪口呆。从那一天，我就立志要和他们一样。人哪，在青春期总是不承认自己有任何偶像，却忘记年幼时他们给你的力量。当绑上安全带，戴上头盔，我觉得我所崇拜的拉力赛前辈们都附在我身上。

然后，我第一个赛段就掉沟里了。

自然有很多人笑我。其实在比赛的第一年，我的财力就难以坚持下去了。2004 赛季尤其艰苦，朋友的私人车队退出了，没有人要我，我只能自己修车。积累的版税花得差不多了，因为醉心赛车，便无心写书，经济上也没了后续，只能在衣食住上控制支出。北京一起玩车的朋友恰好又都普遍富有，有时都不敢一起出去吃饭。有一个朋友家里做地产，见我居无定所，说出于情谊，可以卖我一套二环边的房子，一百多平方米，十几万。我账上正好留了几万，是准备支撑之后几站比赛的，都没过脑，直接推辞了。当时我想，要是拼出来了，就算是对自己的童年幻梦有个交代，做个房东似乎从来不在我的梦想范畴之内。于是毅然决定给自己买了几条轮胎。因为买轮胎，遇上一个好心人，终于迎来了我人生第一个赞助商——米其林决定送给我6条轮胎。

虽然仅仅是6条轮胎，我也激动难抑，毕竟是国际大厂商。这是我走向"人生巅峰"的第一步啊！这6条轮胎价值一万元左右，我又自己掏了几千，单独做了巨大的贴纸，整台赛车都贴满了他们的商标。领航不解，我说这叫感情投资。虽然赞助不多，但我这么一贴，人家就会觉得你仗义。朋友说你不愧是上海人，精明。我说哪里，远见而已。

比赛一开始，送我轮胎的哥们就跑过来，面露难色道，兄弟，我们只是帮助你，不需要你这么回报的。

我说，没事，滴水之恩，涌泉相报。

朋友欲言又止，走了。

后来有人来传话，问我能不能把这贴纸给撕了，因为轮胎公司总部的人来了，突然看见有台贴满自己商标不知道哪冒出来的赛车，非常不悦。米其林有非常严格的赞助规定，一般只赞助能获胜的车手。人家不求回报。但我贴着一车人家的牌子，容易让外界产生误解。

我愣了有几秒，说，现在没时间了，等第一天比完再撕吧。结果一进赛段，因为赛车老旧，年久失修，没几公里避震器断了。我是一个对机械几乎一无所知的车手，只知道抛锚了要打开引擎盖假装看看，显得专业。那是我连续好几场因为坏车而退赛了，此刻又逢其他车手开着全新的赛车掠过，我恨不得它卷起的土把我给埋了。这时手机响了，是朋友打来的。他问我，听说你又退赛了，别灰心，哦，对了，贴纸撕了没？

那是我第一次为拉力赛默默流泪。要知道如果你是一个充满争议的人物，一旦你做不好一件事情，人们对你的嘲笑很可能打击你。我偷偷把车拖回了汽修店，无颜再去赛事维修区。

和励志电影情节不一样的是，接下来的比赛，我并没有逆袭。在第一个赛段，赛车爆缸了，活塞把缸体打了一个大洞，引擎室烧了起来。当时的我买不起一个发动机，但在火光照射下，我再没有感觉心酸。要知道坚固的事物都要经过烈火的锤炼，这火光既不能温暖我身，也不能焚毁我心。从那一天起，这件事情，我必须做到。每个人的身体，都有厚的地方，他们各不相同，有些人厚的是手上的老茧，有些人厚的是背上的污垢，有些人厚的是脸上的老皮，我愿自己厚的是心脏的肌肉。打死也不能放弃，穷死也不能叹气，要让笑话你的人成为笑话。

发动机烧了以后，我回到老家。发小韩春萍（他是个男的，于是喜欢管自己叫春平。大家的疑惑与我的疑惑一样，答案只有他爹妈知道）对我说，你骑自行车还不错，但是赛车还是很难去赢全国比赛的，我们承认你在亭东村还是最快的。我说，你等着看吧。

后来的故事就是现在这样了。2012年，这是我参加拉力赛的第10年。在第一次退出比赛的浙江龙游县城，我捧起了自己第3个年度车手总冠军的奖杯。高兴的是，我终于可以向春萍说：我做到了。因为一次可能是侥幸，两次可能是运气，但3次说明我还可以。遗憾的是，我起步太晚了，能力有限，我相信自己在亚洲的拉力赛车手中也许还不错，但无法和欧洲人相比。我们的环境和我自己都不够好，也许更有天赋的人，能站上世界之巅的人，正在电脑前读着这篇文章，他甚至可能连驾照都没有。

我也明白了很多事。他人笑你，是正常的，无论是主观还是客观，你当时都没有做好，没有做到，你有什么资格不被他人嘲笑？你的哭泣，你的遭遇，和别人的困苦相比，有什么不同之处吗？每个人都想召唤上帝，每个人都常觉得自己快要过不去。他人鼓励你，那是助燃的汽油；他人笑话你，也许是汽油里的添加剂。后来，我并没有和当年笑过我的记者反目，反而成为很好的朋友。虽然现在我的赛车上已经被各种赞助商的广告贴满，我用着赞助商提供的最好的轮胎，开着最好的赛车，每场比赛都更换着最好的部件，但我还记得当年的那6条轮胎。那时我觉得我要争气，要让他们见识我的实力，现在我觉得我应该纯粹地感谢他们，并不是因为他们给我斗志，而是他们的确做得很好，又帮到有潜力的车手，又要确保自己的商业原则，如果我是决策者，我也会这么做。你知道你能做到，别人觉得你也许可以做到，那么，少废话，做到再说，其他的怨气都是虚妄。自己没有展露锋芒，就不应该怪别人没有眼光。

如果没做到，我也不会黯然抑郁。至少我童年的幻想不是赢得冠军，而是纯粹绑在拉力赛车里，像我的偶像们一样把赛车开成那样。我知道这路漫长，甚至我的胜利未必能给我增添荣誉，反而还让外行错以为我们的全国锦标赛是个山寨比赛，居然能让一个写字的赢得冠军。不甚明了者倒无妨，可能还会有人反冒出恶意。没关系，总有这样的人，说起赛车只知道 F1，说起足球只认识贝利，在他们嘴里，世界上只有一个叫比尔·盖茨的人在做生意。你做到了A，他们会说你为什么没有做到 B；你做到了 B，他们会问你为什么没有做到C。对于这样的人，无须证明自己，无须多说一句，你只需无视和继续。做事是你的原则，碎嘴是他人的权利，历史只记得你的作品和荣誉，历史不会留下一事无成者的闲言碎语。

莫言 | **讲故事的人**

我是一个讲故事的人，我还是要给你们讲故事。

20 世纪 60 年代，我上小学三年级的时候，学校里组织我们去参观一个忆苦思甜展览，我们在老师的引领下放声大哭。为了让老师看到我的表现，我舍不得擦去脸上的泪水。我看到有几位同学悄悄地将唾沫抹到脸上冒充泪水。我还看到在一片真哭假哭的同学中，有一位同学，脸上没有一滴泪，嘴巴里没有一点声音，也没有用手掩面。他睁大眼睛看着我们，眼睛里流露出惊讶和困惑的神情。事后，我向老师报告了这位同学的行为。为此，学校给了这位同学一个警告处分。

多年之后，当我为自己的告密向老师忏悔时，老师说，那天来找他说这件事的，有十几个同学。被告的那位同学十几年前就已去世，每当想起他，我就深感歉疚。这件事让我悟到一个道理，那就是：当众人都哭时，应该允许有的人不哭；当哭成为一种表演时，更应该允许有的人不哭。

我再讲一个故事：30 多年前，我还在部队工作。有一天晚上，我在办公室看书，有一位老长官推门进来，看了一眼我对面的位置，自言自语道："哦，没有人……"我随即站起来，高声说："难道我不是人吗？"那位老长官被我顶得面红耳赤，尴尬而退。为此事，我扬扬得意了许久，以为自己是个英勇的斗士，但事过多年后，我却为此深感内疚。

请允许我讲最后一个故事，这是许多年前我爷爷讲给我听的：有8个外出打工的泥瓦匠，为避一场暴风雨，躲进了一座破庙。外边的雷声一阵紧似一阵，一个个火球在庙门外滚来滚去，空中似乎还有"吱吱"的龙叫声。众人都胆战心惊，面如土色。有一个人说："我们8个人中，必定有一个人干过伤天害理的坏事。谁干过坏事，就自己走出庙接受惩罚吧，免得让好人受到牵连。"自然没有人愿意出去。又有人提议道："既然大家都不想出去，那我们就将自己的草帽往外抛吧，谁的草帽被刮出庙门，就说明谁干了坏事，那就让他出去接受惩罚。"

于是，大家都将自己的草帽往庙门外抛，7个人的草帽被刮回了庙内，只有一个人的草帽被卷了出去。大家就催这个人出去受罚，他自然不愿出去，众人便将他抬起来扔出了庙门。故事的结局我估计大家都猜到了，那个人刚被扔出庙门，那座破庙便轰然坍塌。

我是一个讲故事的人。因为讲故事我获得了诺贝尔文学奖。

我获奖后发生了很多精彩的故事，这些故事，让我坚信真理和正义是存在的。

在今后的岁月里，我将继续讲我的故事。

我的围棋生涯

马伯庸

　　我小的时候，正好赶上中日围棋擂台赛最热闹的几届。聂卫平在擂台上一路披荆斩棘，燃起了无数国人学围棋的热情。那时候我年纪不大，正是学棋的黄金年龄，爹妈一商量，决定先让我舅舅教我，看我有没有这方面的天分。

　　我舅舅也不含糊，不知从哪里找来一本书，上面全是围棋棋谱。我舅舅说学棋必须打谱，然后从中间挑了一张，说就打这张入门。

　　我那时候不懂啊，稀里糊涂就答应了。我们一大一小两人对着棋谱，一步一步将棋子摆在棋盘上，每摆一步我舅舅都给我解说一下落子用意，但教到第五手就教不下去了。为什么呢？我舅舅说下围棋的原则是"金角银边草肚皮"，但是这棋谱里第五手黑棋"咣当"一下，放到了正中天元。

　　这下我舅舅挠起头来，琢磨了半天，最后一拍桌子："可能是黑棋下错了！"继续往下打，结果越打越糊涂，开始还能解释一二，到后来彻底看不懂棋路了。经此一役，我兴趣尽丧，围棋之事遂罢，从此再没摸过棋子。

　　直到后来我年岁渐长，偶尔在家里收拾东西翻出那张棋谱，才知道是怎么回事。那是1933年吴清源对秀哉名人的棋谱，号称世纪巅峰棋局。吴清源执黑子先下三三，再下星位，第三子直落天元，震惊整个棋坛。我舅舅拿这个棋谱给我入门，和让6岁的杨过逆练九阴真经差不多。

所以每次别人谈起围棋的时候，我都双目惆怅地凝望远方，喃喃说道："都是吴清源害了我……"有了这段经历，我对围棋虽无大成，却也有了些兴趣，只是很少下。在桂林上高中时，同宿舍有懂棋的兄弟邀战。我想我虽不才，怎么说也是吴清源熏陶出来的，梅庄四友、珍珑棋局之类的典故也熟稔在胸，岂能怕了你？欣然应战。

结果一局还未到中盘，我已然是四角尽没，中腹被围，丧师失地之惨，有如晚清。我一看，不好，眼看要败，不由得学李小龙一声怪叫，把棋盘"哗啦"掀了，双手抱拳，朗声说道："青山不改，绿水长流，咱们学业紧张，不可玩物丧志，这局不如和了吧！"对方不干，争执之下两人打了一架，战况难分难解，反正不算我赢。

我自幼时学棋，至高中方遇这一败。

从此我领悟到了一个道理：即使是下围棋，也需要装。到了大学，我不再轻易出手，只是偶尔会买一些围棋的理论书籍，比如陈祖德的《超越自我》、吴清源的《中的精神》等等。这类书有个好处，哲学和历史谈得多，具体棋局谈得少，容易懂，又好唬人。

有了先进思想武装自己，再见别人对弈时，可就有讲究了。

首先观棋不语。待双方厮杀得差不多了，先"咦"一声，侧头微探，眉头轻扬，引起别人注意后，再略摇摇头，幅度不可大，以20度到30度为宜。对弈之人看你这副神态，必会好奇心大起，问你说："同学，你也懂围棋？"

这时你需摆手推辞，说"略懂，略懂"，你越是推辞，别人越是好奇，非要拽着你请教。

这时你要负手而立，端详棋盘片刻，然后伸出右手在棋盘上虚空一指——注意，不可指得太清楚，不然露怯了，淡淡道："若下在此处，则另有一番天地。"弈者多半大惊，追问何故。可以微笑作答："咱们今天不谈死活，只说大势。围棋之道，取势为上，取地为下。"然后趁他们低头沉思之际，飘然离去。

为什么要抓紧时间"飘然离去"呢？一是充一下世外高人神龙见首不见尾的风度；二是确保万一，如果下棋的人反应过来你是在诈唬，搞不好真的会动手，所以早早离开为妙。

再后来，我负笈海外，求学于新西兰，中途难免心怀故国。于是我弄了一副围棋，在学校草坪上随意摆着玩。这时一个当地白人大学生凑过来，问我这是什么。围棋的英文叫 Go，可这是从日文读音学的。我心里不太爽，就告诉他这叫熊猫棋——黑白两色嘛。

　　我眯着眼睛，高深莫测地告诉他：围棋之道，繁复无比，兼之有阴阳调和之理，不是寻常人能学会的。这大学生是个理科生，数学极好，听了更感兴趣。我看他有诚意，就教了些基本规则，又从图书馆找了本英文围棋入门书，让他自己回家揣摩，告诉他揣摩透了，再来与我对弈。

　　我生平下围棋只败过两次，一次在高中，一次就是在新西兰。

　　再然后，我忽萌退意，封盘收子，棋坛上从此再也没有我的身影。

我的记忆

席慕蓉

学生们一向和我很亲，上课时常常会冒出一些很奇怪的问题，我也不介意，总是尽量给他们解答。

有一天，一个胖胖的男生问我："老师，你逃过难吗？"

他问我的时候微笑着，20 岁的面庞有着一种健康的红晕。

而我一时之间，竟然不知道该如何回答。我想我知道什么叫逃难。在黑夜里来到嘈杂混乱的码头，母亲给每个孩子都穿上太多的衣服，衣服里面写着孩子的名字，再给每个人都戴上一枚金戒指。

我想我知道什么叫逃难。在温暖的床上被一声声地唤醒，被大人们扯起来穿衣服，睡眼惺忪地被人抱上卡车。车上早已堆满行李，人只好挤在车厢的角落里，望着乳白色的楼房在晨雾中渐渐隐没，车道旁成簇的红花开得惊心。忽然，我们最爱的小狗从车后奔过来，一面吠叫，一面拼了全力追赶我们。小小心灵第一次面对别离，没有开口向大人发问或恳求，好像已经知道恳求也不会有效果。泪水连串地滚落，悄悄地用围巾擦掉了。

眼看着小狗越跑越慢，越来越远，五六岁的女孩对这一切都无能为力。

然而，年轻的父母又能好多少呢？父亲满屋子的书没有带出一本，母亲却带出来好几块有着美丽花边的长窗帘，招得亲友取笑："真是浪漫派，贵重的首饰和供奉的舍利子都丢在客厅里了，可还记得把那几块没用的窗帘带着跑。"

那本是经过长期的战乱之后，重新经营起一个新家时，年轻的主妇亲自去选购布料，亲自一针一线把它们做出来，再亲手把它们挂上去的。谁说那只是一些没用的物件呢？那本是身为女人的最美丽的一个希望啊。在流浪的日子结束以后，母亲把窗帘拿出来，洗好，又挂在离家万里的窗户上。在月夜里，微风吹过时，母亲就常常坐在窗前，看那被微风轻轻拂起的花边。

这是我所知道的逃难，而当然，还有多少更悲伤更痛苦的命运，相比之下，我们一家反倒是极为幸运的了。年轻的父母牵着老的，带着小的，跌跌撞撞地逃到香港，一家九口幸运地没有在战乱中离散。在这小岛上，我们没有什么朋友，只是一心一意地等待，等待着战争的结束，等待着重返家乡。

父亲找到一个刚盖好的公寓，门前的凤凰木刚栽下去不久，新铺的红缸砖地面还灰扑扑的，上面都是些细碎的沙石，母亲把它们慢慢地扫出去。父亲买了家具回来，是很多可以折叠的金属椅子，还有一个可以折叠的、同样质地的方桌子，父亲很得意地说："将来回去的时候还可以带着走。"

全家人都接受了这种家具。尽管有时候吃着饭，会有一个人忽然间被椅子夹得动弹不得；晚上做功课的时候，桌子会忽然陷下去。有人乘势嘻嘻哈哈地躺到地上，制造一场混乱。不过，大家仍然心甘情愿地用这些奇妙的桌椅，因为将来可以带回去。

一直到有一天，木匠送来一套大而笨重的红木家具，可以折叠的桌椅都不见了。没有人敢问一句话，因为父亲经常紧锁眉头，而母亲也越来越容易动怒了。香港公寓的屋门都有一扇小小的铁窗，铁窗有一块活动的木板，我记得我家的是菱形的。窗户开得很高，所以，假如父母不在家而有人来敲门，我们就需要搬把椅子爬上去，把那块木板推开，看看来的客人是谁。我们的客人很少，但是常常有人来敲门。父母在家时，会不断地应门；而在他们有事要出去的时候，便会拿一些一毛或者五分的硬币放在桌上，嘱咐我们，有人来要钱时就拿给人家。

我们这些小孩从来都不会搞错，什么人是来拜访我们的，什么人是来要钱的。因为来要钱的人虽然长得都不一样，却都有着相同的表情，一种很严肃、很无奈的表情。他们虽然是在乞讨，却不像一个乞丐的样子。他们不哭、不笑、不出声，敲完了门以后，就安静地站在那里，等我们打开小窗，伸出一只小手，他们就会从我们手中接过那一毛钱或者是两个斗零（五分），然后转身慢慢走下楼去，从不道一声谢。

在一天之内，总会有七八个人，有时甚至十一二个人来到我家门前，敲门，拿了钱，然后走下楼去。我们虽然对那些人的面貌不太清楚，但是知道绝不会有人一天之内来两次；而且，也知道，在一个礼拜之内，同一个人也不会天天来。

我们不知道他们从哪里来，也不知道他们要去哪里。可是，我猜他们拿了钱以后是去街上的店里买面包皮吃的。我见过那种面包皮，是为了做三明治而切下的整齐的边，或者是隔了几天没卖出去的陈面包。给老板一毛钱，可以买上一大包。

有时候，在公寓左边那个高台上的修女办的医院也会发放这种面包皮，那些人常常在去过医院以后，绕到我们家来。我们家在三楼，可以看到他们一面嚼着面包皮一面低头向我们这边走来。他们从不会两个人一起来，总是隔一阵子出现一个孤单的人，隔一阵子传来几下敲门的声音。我和妹妹会争着挤上椅子，然后又很不好意思地打开那扇小窗，对着那年轻却憔悴的面孔，伸出我们的小手。

日子就这样一天一天地过去。夏季过去，我进了家后面山上的那所小学。学校有一条又宽又长的阶梯，下课时我常常从阶梯上跳着走回家。外婆总会在家门前的凤凰木下，带着妹妹和弟弟，微笑着迎接我。

学校的日子过得很快乐，后来妹妹也开始上学，我们在家的时间不多，放了学就喜欢在凤凰木底下消磨时间，树长得很高了。弟弟跟在我们身后跑来跑去，胖胖的小腿老会绊跤。

"姥姥，怎么现在都没人来跟我们要钱了呢？"有一天妹妹忽然想起来，问外婆。我也想起来了，他们为什么不来了？

外婆一句话也不说，只是深深地叹了口气，然后就牵着弟弟走开了，好像不想理我们两个，也不想理会我们的问题。

后来还是姐姐说出来的：家里情况日渐拮据，一家九口的担子越来越重，父母再也余不出钱来放在桌子上。有一天那些人来敲门时，父亲亲自打开了屋门，然后一次次地向他们解释，已经没有能力再继续帮助下去了。

奇怪的是，那些一直不曾说过"谢谢"的人，在那时反而都向父亲深深地一鞠躬后才转身离去。

向几个人说过以后，其他的人好像也陆续知道了，两三天以后，就再也没有人来我们家，敲我们的门，然后安静地等待我们的小手出现了。

姐姐还说："爸爸不让我们告诉你们这三个小的，说你们还小，不要太早知道人间的辛苦。可是，我觉得你们也该多体谅一下爸爸妈妈，别再整天叫着买这个买那个的了……"

姐姐在太阳底下眯着眼睛说这些话的样子，我到今天还记得很清楚。

我不知道，我是不是从那天开始长大。

我始终没有回答我学生的那个问题。

不是我不能，也不是我不愿；而是，我想要像我的父母所希望的那样，等到孩子们再长大一点的时候才告诉他们。要他们知道了以后，永远都不忘！

穷人的女儿谢谢您了

梁晓声

　　第一次见到她，是在一月下旬的一天，刮着五六级的风。家对面，元大都遗址上的高树矮树，皆低俯着它们光秃秃的树冠。偏偏十点左右，商场来电话，通知安装抽油烟机的师傅往我家来了。

　　前一天我已将旧的抽油烟机卸下来丢弃在楼口了。出门接安装抽油烟机的师傅时，见到一个十一二岁的女孩儿，站在铁栅栏旁。我丢弃的那台脏兮兮的抽油烟机，已被她弄到那儿。并且，一半已从栅栏底下弄到栅栏外；另一半，被突出的部分卡住了。

　　女孩儿正使劲跺踏着。她穿得很单薄，衣服裤子旧而且小。脚上是一双夏天穿的扣襻布鞋，破袜子露出脚面。两条齐肩小辫，用不同颜色的头绳扎着。她一看见我，立刻停止跺踏，双手攥着一根栅栏，双脚蹬在栅栏的横条上，悠荡着身子，仿佛在那儿玩的样子。那儿少了一根铁栅，传达室的朱师傅用粗铁丝拦了几道。对于那女孩儿来说，钻进钻出仍很容易。分明，只要我使她感到害怕，她便会一下子钻出去逃之夭夭。为了不使她感到害怕，我主动说："孩子，你是没法弄走它的呀！"

　　她却说："是一个叔叔给我的。"接着，又开始用她的一只小脚跺踏。

　　我说："是吗？"

她说:"真的。"

我说:"你可小心……"

我的话还没说完,她已弯下腰去,用手掐着脚腕了。

破裂了的塑料是很锋利的。

我说:"唉,扎着了吧?你要这么脏兮兮的东西干什么呢?"

她说:"卖钱。"其声细小。说罢抬头望着我,泪汪汪的,显然很疼。接着低头看自己掐过脚腕的小手,手掌心染血了。

她又说:"我是穷人的女儿。"

她的话使我那么始料不及,我张张嘴,竟不知再说什么好。商场派来的师傅到了,我只好引领他们回家。他们安装时,我翻出一片创可贴,去给那女孩儿。却见她蹲在那儿哭,脏兮兮的抽油烟机不见了。

我问:"哪儿去了?"

她说被两个蹬平板车收破烂儿的大男人抢去了。说他们中的一个跳过栅栏,一接一递,没费什么事儿就成他们的了……我问:"能卖多少钱?"

她说:"十元都不止呢。"说完,哭得更伤心了。

我替她用创可贴护上了脚腕的伤口,又问:"谁教你对人说你是穷人的女儿?"

她说:"没人教,我本来就是。"

我不相信没人教她,但也不再问什么。我将她带到家门口,给了她几件不久前清理的旧衣物。

她说:"穷人的女儿谢谢您了,叔叔。"

我又始料不及,觉得脸上发烧。我兜里有些零钱,本打算掏出全给她的,但一只手虽已插入兜里,却没往外掏。那女孩儿的眼,希冀地盯着我那只手和那衣兜。

我说:"不用谢,去吧。"

她单肩背起小布包下楼时,我又说:"过几天再来,我还有些书刊给你。"

听着她的脚步声消失在外边我才抽出手,不知不觉中竟出了一手的汗。我当时真不明白自己是怎么了……四五天后的一个早晨我去散步,刚出楼口就看见了她。仍在第一次见到她的地方，她仍然悠荡着身子在玩儿似的。她也同时看见了我，语调亲昵地叫了声"叔叔"。而我若未见她，已将她这一个"穷人的女儿"忘了。

我驻足问："你怎么又来了？"

她说："我在等您呀，您不是答应再给我些您家不要的东西吗？"

我这才想起对她的许诺，搪塞着说："挺多呢，你也拎不动啊！"

"喏——"她朝一旁翘了翘下巴，一个小车就在她脚旁。说那是"车"，很牵强，只不过是一块带轮子的车底板。显然也是别人家扔的，被她捡了。

我问她："脚好了吗？"

她说："还贴着创可贴呢，但已经不怎么疼了。"之后，一双大眼瞪着我又强调说："我都等了您几个早晨了。"

我说："你得知道，我家要处理的东西，一向都是给传达室朱师傅的。已经给了几年了。"我的言下之意是，不能由于你改变了啊！

她那双大眼睛微微一眯，凝视我片刻说："他家里有个十八九岁的残疾女儿，你喜欢她是不是？"

我不禁笑着点了一下头。

"那，一次给她家，一次给我，行不？"她对我进行说服。

我又笑了。我说："前几天刚给过你一次，再有不是该给她家了吗？"

她眨眨眼说："那，你已经给她家几年了，也多轮我几次吧！"

我又想笑，却怎么也笑不起来了。心里一时很酸楚，替眼前花蕾之龄的女孩儿，也替她那张能说会道的小嘴。

我终不忍令她太过失望，第二次使她满足……我第三次见到那女孩儿，已临近春节了。

我开口便道："这次可没什么东西打发你了。"

女孩儿说："我不是来要东西的。"她说从我给她的旧书刊中发现了一个信封，怕我找不到着急，所以接连两三天带在身上，要当面交给我。那信封封着口，无字。我撕开一看，是稿费单和税单。

她问："很重要吧？"

我故意说："是的，很重要，谢谢你。"

她笑了："咱俩之间还谢什么。"

她那窃喜的模样，如同受到了庄严的表彰，而我却看出了破绽——封口处，留下了两个小小的脏手印儿。夹在书刊里寄给我的单据，从来是不封信封口的。

好一个狡黠的"穷人的女儿"啊！她对我动的小心眼儿令我心疼。

"爸爸是干什么的？"

她略一愣，遂低下了头。

我正后悔自己不该问，她抬起头说："叔叔，初一早晨我会给您拜年。"

我说我也许会睡懒觉。她说那她就等。说您不会初一整天不出家门的呀。说她连拜年的话都想好了：叔叔吉祥如意，恭喜发财！

"叔叔，我一定来给您拜年！"说完，猛转身一蹦一跳地跑了。两条小辫上扎的红绫像两只蝴蝶，在她左右肩翻飞……初一我起得很早。我挺希望初一一大早走出家门，一眼看见一个一身簇新、手脸洗得干干净净、两条齐肩小辫扎得精精神神的小姑娘，快活地大声给我拜年："叔叔吉祥如意，恭喜发财！"尽管我不相信那真能给我带来什么财运……一上午，我多次伫立窗口朝下望，却始终不见那"穷人的女儿"的身影。

下午也是。

到今天为止，我再没见过她。

却时而想到她。

每一想到，便不由得在内心默默祈祷：小姑娘，吉祥如意，恭喜发财！

挺住意味着一切

一

　　唐太宗的朝堂之上可谓群星闪烁，人才济济：长孙无忌、杜如晦、房玄龄、尉迟敬德、秦叔宝……他们要么是李世民的创业班底，要么是李世民的长期合作伙伴，要么和李世民有姻亲关系，和他们相比，魏徵无法不自惭形秽。

　　虽然唐代并不十分讲究门第出身，但出身名门望族依然是可以傲视他人的原始资本。当然，一个人的出身无法选择，退而求其次，那就要看一个人的"出处"，也就是政治身份。所谓英雄不问出处，那是掌握话语权的人做贼心虚之时的自我安慰。所以，一个人要想在风云变化的朝廷之上站稳脚跟，要么同时具备良好的出身和出处，要么二者居其一。但是，魏徵既无良好的出身，也无过硬的出处。而且，在和李世民相遇之前，魏徵的个人信用丧失殆尽。

　　魏徵出身河北巨鹿魏氏，要说也算是北齐之名门望族，其父曾任北齐屯留令。只是魏徵时乖命蹇，在距他出生还有三年之时，北齐就被北周消灭了；在他刚满一周岁之时，北周又被杨坚的隋朝取代了。连续的改朝换代，连续的政治洗牌，生生地把原来勉强称得上望族的魏氏弄成了寒门。因此，对魏徵来说，所谓的名门望族只是一个可供自己精神胜利的温暖回忆而已，他从来没有从中得到过一丝一毫的实惠。"宁为太平犬，不为乱世人"，对此，魏徵算是有了深切的体会。后来里尔克总结道："哪有什么胜利可言，挺住意味着一切！"

挺住挺住再挺住，是魏徵的生活信条。他先后或主动或被动地改变了五次主人：先投举兵反隋的武阳郡丞元宝藏，接着服侍瓦岗寨首领李密，后随李密降唐效力于李渊，不久因被俘开始效命于另一个义军首领窦建德，窦兵败后，魏徵开始作为主要谋士奔走于李建成的鞍前马后，在此期间，他曾为李建成献出了及早动手除掉李世民的毒计。

可以这样说，在李世民的文臣武将之中，像魏徵这样一生几易其主、数度跳槽的人并不多见。我们无法想象魏徵将如何面对世人，面对新的主子李世民。

李世民干净利落地干掉李建成之后，所有的人都知道魏徵这次玩儿完了。果然，李世民刚坐稳位子，马上就把魏徵喊来痛骂："你这个垃圾，当年为何明目张胆离间我兄弟感情？"可以想见，当时的场景多么恐怖——秋后算账的时候到了，魏徵似乎已在劫难逃！谁知魏徵却不卑不亢，从容说道："当日皇太子若听从我的劝告，哪会遭逢今日之祸？"面对作为胜利者出现的李世民，魏徵居然连一点悔过的表示都没有，反而在公共场合大放厥词，岂有此理！然而，出乎所有人的意料，面对死不悔改的魏徵，唐太宗居然"为之敛容，厚加礼异，擢拜谏议大夫。数引之卧内，访以政术"。

魏徵的回答看似狂傲、扯淡，却是当时情景之下他的唯一活路：他如果痛哭流涕地忏悔，或者无原则地自我贬低，反而会让唐太宗满怀厌恶地将他杀掉。于是，他反其道而行之，大肆标榜自己的先见之明，同时又巧妙地道出了李建成不听良言、自己怀才不遇的基本事实，而这一切又都是为了衬托李世民的伟大，李世民胜利的必然。因此，在关键时刻，魏徵以自己的才华保住了自己的性命，同时更赢得了李世民的青睐。

即使如此，魏徵仍然不免遭人非议，时人曾经骂魏徵"有奶便是娘"。李世民面前的第一红人、朝臣中的当权派长孙无忌曾语带讥讽地对魏徵说："当年您可是李建成的心腹大将，和我们势不两立，没有想到今日居然同席饮酒。"可以想象，魏徵当年是面临着多大的道德和舆论压力。

虽然魏徵靠"纵横之说"保住了自己的性命，但是如果不能百尺竿头更进一步，他的人头仍然随时会被那帮虎视眈眈的前政敌们给砍掉当夜壶用。和那些自恃功勋卓著的同僚相比，魏徵的唯一优势就是"纵横之说"，所以他也只好一条道走到黑，充分发挥自己的特长，将"纵横之说"推演至极致。

二

挺住，除了挺住还是挺住！这才是魏徵能够成功的所有秘诀。魏徵将"挺住"发展成为自己的人生信条，坚持了一生，并将之发展成为一种为官艺术。

魏徵先声夺人，他充分利用李世民对他刚建立起来的好感，利用自己的纵横特长，大大方方地和李世民来了个中国人最易误解的文史常识方面的词义辨析——"忠臣"与"良臣"的本质差别：能辅助君主获得尊贵的声誉，让自己获得美名，子孙相传，福禄无疆的臣子是"良臣"；而自身遭受杀戮之祸，又让君主背上陷害忠臣的恶名，使"小家"和"大家"都遭受损失，只留下空名的臣子是"忠臣"。这是中国古人最擅长的"正名"。魏徵以其精到的词义辨析，给李世民下了个大套——从今天开始，我将正式启动"纵横"程序——尽情进谏。因此，我的脑袋随时有可能搬家，你如果杀我呢，就是让我成为"忠臣"；你如果不杀我呢，就是让我成为"良臣"。让我成"良臣"，咱们双赢；让我成"忠臣"，咱们双输。魏徵这一定位很可怕，他将自己置于道德高地之上，从而让唐太宗处于守势。

之后，魏徵更上一层楼。他巧妙地说："陛下导臣使言，臣所以敢言。若陛下不受臣言，臣亦何敢犯龙鳞、触忌讳也？"你看，魏徵的应对总是如此得体！

在李世民的朝堂之上，魏徵以其纵横术开始了纵横驰骋。他把整个朝廷变成了自己唱独角戏的地方。于是，我们看到了一个成功的"持不同政见者"的形象：

后妃越礼，他犯颜直谏；太子越礼，他犯颜直谏；皇上想去泰山封禅，他依然犯颜直谏……直谏成了魏徵生存的武器，成了他邀宠的法宝，以至于李世民有一天情不自禁地说："人言魏徵举动疏慢，我但觉其妩媚。"玄武门之变后才开始效忠唐太宗的魏徵，终于达到了事业的巅峰。唐太宗以皇帝的身份总结道：我当皇帝前，功劳最大的是房玄龄，而我做了皇帝之后，功劳最大的非魏徵莫属。魏徵终于可以在同僚面前挺直腰板了。

三

几十年光阴如白驹过隙，魏徵说老就老了。魏徵生命垂危，唐太宗前去探望。面对皇帝关切的目光，魏徵再次显出纵横家的本色，他对身后之事没提任何要求，只是气若游丝般地说出了："嫠不恤其纬，而忧宗周之陨。"

此话怎讲？翻译成现代汉语就是，寡妇不在意自己织布的进度和质量，而担忧国家的前途和命运。魏徵临终前的这一句话让唐太宗声泪俱下，百感交集。之前，唐太宗就将自己的二女儿衡山公主许配给了魏徵的儿子魏叔玉，只是尚未正式举行大婚仪式。当唐太宗听到魏徵的这句话后，他马上将衡山公主召到了魏徵的病榻前。唐太宗感伤地对魏徵说："亲家翁，请你最后看一眼你未来的儿媳妇吧！"只是此时的魏徵虚弱得连感谢皇上的话都无法说出了。皇上前脚刚刚离开，魏徵就驾鹤西游了。

魏徵死后，唐太宗一改惯例，亲临魏府向魏徵的遗体告别。在魏徵的追悼会上，唐太宗即席发表重要讲话，高度评价了魏徵的一生，并将魏徵定位为伟大的忠君者和伟大的批评者，称赞他是帝国的骄傲，认为魏徵的死是帝国不可弥补的损失。官方所公布的唐太宗对魏徵的评价如下："以铜为镜，可以正衣冠；以古为镜，可以知兴替；以人为镜，可以明得失。朕尝宝此三镜，用防己过。今魏徵殂逝，遂亡一镜矣。"

魏徵可谓备享生荣死哀。

然而，一个人不可能将所有的一切都做得如此尽善尽美。魏徵生前曾经力荐过杜正伦和侯君集，认为他们有宰相之才。因为魏徵的推荐，杜正伦被提拔为兵部员外郎，后又改任太子左庶子；侯君集也官至检校吏部尚书。魏徵死后，他们两人都因牵连到太子李承乾密谋造反事件之中，一个被流放，一个下狱被杀。

荐人失当，魏徵难辞其咎，世人甚至推测，魏徵此举有暗结同党之嫌。魏徵在唐太宗心中的高大形象，第一次打了折扣。让李世民更郁闷的还在后面：有人作证，魏徵谏诤唐太宗的奏章，都自己偷偷地录下副本，交给了史官褚遂良，以求录之国史——只顾自己名扬千载，却不顾此举会给君主抹黑。魏徵的形象轰然倒塌，盛怒之下的唐太宗不但令人毁掉了自己给魏徵题写的碑文，而且还取消了衡山公主和魏叔玉的婚约。

这对以独到而深刻的关系著称的著名君臣，其最终的结局不过如此。

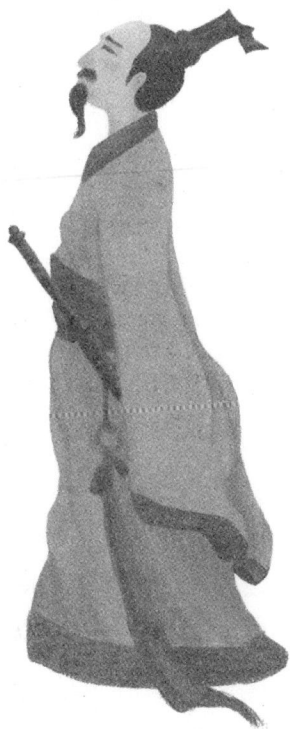

人不炼，不成器

杨绛

人有优良的品质，又有许多劣根性杂糅在一起，好比一块顽铁得在火里烧、水里淬，一而再、再而三，又烧又淬，再加千锤百炼，才能把顽铁炼成可铸宝剑的钢材。黄金也需经过烧炼，去掉杂质，才成纯金。人也一样，我们从忧患中学得智慧，从苦痛中炼出美德。孟子说："故天将降大任于是人也，必先苦其心志，劳其筋骨，饿其体肤，空乏其身，行拂乱其所为，所以动心忍性，曾益其所不能。"就是说，如要锻炼一个做大事的人，必定要叫他吃苦受累，百不称心，才能养成他坚忍的性格。一个人经过不同程度的锻炼，就获得不同程度的修养、不同程度的效益。好比香料，捣得愈碎，磨得愈细，香得愈浓烈。这是我们从人生经验中看得到的实情。谚语"十磨九难出好人""人在世上炼，刀在石上磨""千锤成利器，百炼变纯钢""不受苦中苦，难为人上人"说的都是以上道理。

我们最循循善诱的老师是孔子。《论语》里孔子的话，都因人而发，从来不用教条。但是他有一条很重要的教训。他的弟子，怕老师的教训久而失传，在《大学》里记下老师二百零五字的教训。其中最根本的一句是："自天子以至于庶人，壹是皆以修身为本。"修身，不就是锻炼自身吗？

修身不是为了自己一身，是为了齐家、治国、平天下。平天下不是称王称霸，而是求全世界的和谐和平。有的国家崇尚勇敢，有的国家高唱自由、平等、博爱。中华古国向来崇尚和气，"致中和"，从和谐中求"止于至善"。

要求世界和谐，首先得治理本国。要治国，先得齐家。要齐家，先得修身。要修身，先得正心。要摆正自己的心，先得有诚意，也就是对自己老老实实，勿自欺自骗。不自欺，就得切切实实了解自己。要了解自己，就得对自己有客观的认识，所谓格物致知。

了解自己，不是容易的事。头脑里的智力是很狡猾的，会找出种种歪理来支持自身的私欲。得对自己毫无偏爱，像侦探调查嫌疑犯那样窥视自己，在自己毫无防备毫无遮掩的时候——例如在梦中、在醉中、在将睡未睡的胡思乱想中，或心满意足、得意忘形时，捉住自己平时不愿或不敢承认的私心杂念。在这种境界，有诚意摆正自己的心而不自欺的，则会憬然："啊！我自以为没这种想头了，原来是我没有看透自己！"一个人如能看明自己是自欺欺人，就老实了，就不袒护自己了。这样才会认真修身。修身就是管制自己的情欲，超脱"小我"，从而顺从灵性良心的指导。能这样，一家子就可以很和洽。家和万事兴。家家和洽，又国泰民安，这就可以谋求国际的和谐共荣、双赢互利了。在这样和洽的境界里，人类就可以齐心追求"至善"。这是孔子教育人民的道理，孟子继承、发挥并充实了孔子的理论。我上文所讲的，都属"孔孟之道"。

修身——锻炼自身，是做人最根本的要求。天生万物的目的，该是为了堪称万物之灵的人。但是天生的人，善恶杂糅，还需锻炼出纯正品色来，才有价值。这个苦恼的人世，恰好是锻炼人的处所，好比炼钢的工厂，或教练运动员的操场，或教育学生的教室。这也说明，人生实苦确是有缘故的。

李家同

副作用

作为一位心理学教授，难免会遇到有人要来找你，却又不肯到医院去的情形。这种人往往都是社会上的知名人士，他们心理上如有问题，当然不愿意让别人知道。这时，他们就会悄悄地来找我这种人了。

这次来的这位是社会上家喻户晓的工业家，当年从我们学校毕业的时候，就以有领导能力出名。不到几年，他的事业就扶摇直上。一般人对他的评价是特别冷静，从不慌乱，判断力更是相当强。他的成功，一直是畅销书津津乐道的。谁都羡慕他，中小学生都暗暗地希望能像他那样，白手起家，建立一个巨大的工业王国。

这位名人进来的时候，却流露出一种非常严重的焦虑情绪。他直截了当地说："我想自杀。"对我而言，这当然是没想到的——这位被很多人羡慕的社会名人为什么如此沮丧呢？

他告诉我他之所以想自杀，是因为他有一个毛病——无法爱人。

我还是第一次听到这种怪病。这年头，大多数人都会埋怨没有被人爱，感到社会的冷漠。自己承认无法爱人，甚至想自杀，这我还是第一次碰到。

于是他告诉我他的奇遇。

他在上大四的时候，已是同学中功利心非常强的一位。有一天，学校心理学系的一位名教授把他叫去，问他肯不肯参与一个秘密的实验。这位名教授可以给他一种自己发明的药，吃了药以后，他的判断力会更强，人也会更加冷静，观察力会相当敏锐。以他现有的学问，加上这些特别的能力，将来事业一定可以成功。

他虽然对这种药有兴趣，可是他也知道任何药都会有副作用，所以他立刻问那位教授这种药有什么副作用。教授告诉他，他只要吃五粒就够了，在生理上几乎没有影响，可是这种药却有一种奇怪的副作用——吃了药以后，就会丧失爱人的能力。

我的病人当时对于无法爱人不太在乎，他认为这好像没有什么关系。他问教授他会不会仍有被爱的能力，教授说他仍会感到别人对他的爱，只是不能爱人而已。

他觉得似乎值得一试，因为他知道所有成功的人不仅工作非常努力，最重要的是他们的观察力特别敏锐，判断力也特别强。他当时一心一意要出人头地，心想吃了药以后，虽然不能爱人，却仍能感到被爱，于是他答应了。

教授却非常小心，一再问他对药的副作用了解了没有，他说他了解了，而且也愿意冒这个险。于是教授给了他五粒药，他照指示在五天内吃了这五粒药。

药果真很灵，他进入社会以后，大家都称赞他的观察力和判断力，他的决定十有八九都是对的，难怪他的事业蒸蒸日上。

可是他终于发现药的副作用非常可怕，因为他变成了一个十分冷漠的人：他从不同情任何人，对任何人都没有什么感情。就连他的母亲去世，眼见弟弟悲痛欲绝，他却什么感觉都没有。太太和孩子都知道他对他们毫无感情可言，部下更是感到他是世界上最冷漠的人。

他开始发现自己失去了世界上最大的快乐，他的理智告诉他，付出比得到更有意义。他冷眼观察社会上真正快乐的人，发现他们都是对别人充满爱心的人，这些人事业上都比不上他，可是他们能够关怀别人，因此内心充满爱的他们很快乐。他虽然希望自己也能如此，可一直做不到，大概药性太强了。

他虽然号称可以感到别人的爱，可是因为他不爱人，也没有什么人真正爱他。最糟糕的是，给他药的教授已去世了，他无法去问他要解药。他知道我是这位名教授的亲传弟子，也已是大牌教授，所以来找我，希望我替他弄到解药。

我觉得这件事情实在古怪之至，因为我从未听过这种药。我本来想立刻拒绝他的，可是看他很痛苦，很真诚，只好答应为他试试看。

我利用电脑进行了大规模的文献搜索，发现从未有人提到过这种药。我仔细回忆，这位名教授也从未向我提起这个秘密的实验，我更没有听说过人的爱心是可以受药物控制的。

多亏我想起一件事，这位名教授去世以后，校方为了表示对他的尊重，曾经请他的遗孀捐出他的所有工作日志，将其保存在学校图书馆。我于是申请进入保存他日志的特别房间。我发现他的日志是按日期顺序排列的，于是算了算那位病人在本校毕业的年份，一页一页地看，果然我找到了这个秘密实验的详细记录。

对我而言，这个实验实在太有意义了。我看了记录以后，也做出了解药。

病人来了，我告诉他我已弄清楚这是怎么一回事，因此我可以对症下药。吃了我的药以后，他可以恢复爱人的本能。可是这种药也有副作用——吃药以后判断力可能不像过去那样强，观察力也可能不再敏锐。如果他的事业因此走下坡路，可不能怪我。

我的病人如今对他的事业毫不在乎，他只想能够爱人，享受爱人的乐趣。

我一再问他是否真的想无私地爱人，他一再回答的确如此。于是我用一个小瓶子装了五粒药给他。他谢过我后，匆匆地走了。

三个月以后，病人回来了，他这次好像变了一个人。他说他已经感受到关怀别人所带来的心灵上的平安。他告诉我，他发现一位下属的太太得了癌症，过去他对这种消息完全无动于衷，这一次他主动地表示关心。虽然她仍去世了，可是他从头到尾分担了大家的痛苦，他对死亡也有了深一层的认识。

他的另一位下属有一个儿子在念中学，这位下属收入不多，无法为儿子请最好的家教。他主动表示愿意帮这位中学生的忙，这位中学生的考试成绩果真大为进步，他高兴极了。

至于他的事业，他说他的事业似乎并未受影响。

我的病人谢了我，最后还是问了一个我最不愿意回答的问题——这究竟是什么药？为什么从来没有人谈过药物可以左右人的爱心？

我只好告诉他，其实我给他的只是维生素而已，当年那位名教授给他的也是维生素，他的工作日志上写得一清二楚。

人是有自由意志的。行善或作恶都是人自己的事。你如果立志做好人，就可以成为好人；你如果冷酷无情，实在不该怪别人。我的病人年轻时只想成功，即使不能爱人，也在所不惜。那位名教授只是成全了他的意愿而已。这次他已下定决心要爱人，我也只是给了他心理上的维生素而已。

我们也许不能控制自己的命运，可是只要下定决心，就可以控制自己的行为。我们都应该为自己的所作所为负责。

我的这位病人轻松地谢过我，然后说他有一件礼物要给我。我打开了礼物，发现是我给他的五粒维生素，它们被装进一个更漂亮的瓶子。他显然一粒也没有吃。

我窘得不得了——聪明反被聪明误，这次我被他戏弄了。不过好在我说的都是实情。

病人告诉我，这次他非常小心。他将药带到一位药学系的教授那里去，那位教授一眼就看出这是最普通的维生素。

病人是个有智慧的人，他终于想通了。过去他是自己功利心的奴隶，只要他将自己从强烈的功利心中解放出来，他就会恢复自由的。

人最大的快乐来自给予，而非得到。我的这位病人是个聪明人，他虽然很晚才悟到这个道理，可是他倒是觉悟得透彻。

我看到他那漂亮的捷豹车停在楼下。他上次来时有一位司机开车，这次他自己开车了。大概他已经意识到司机晚上是要休息的。

不在别扭的事上纠缠

马德

一

不要在一件别扭的事上纠缠太久。

纠缠久了，你会烦，会痛，会厌，会累，会神伤，会心碎。实际上，到最后，你不是跟事过不去，而是跟自己过不去。

无论多别扭，你都要学会抽身而退。从一条臭水沟中抽身出来，一转身，你会看见一棵摇曳的树，走几步，你会看见一条清凌凌的河，一抬眼，你会看见远处白云依偎的山。

不要让一条臭水沟坏了你欣赏美的心境，从而耽误了你欣赏其他的美。

二

你可以受伤，但不能总是受伤。

也就是说，在生活中，你可能会遭受误解、冷遇，可能不被尊重，也可能受到排挤、压制和打击报复，还可能遭逢不公、陷阱甚至暗箭冷枪。是的，你要做好受伤的准备，因为，受伤也是生活的一部分。

但如果你总是受伤，一定是太在乎自己了。有时候，太把自己当盘菜，原本就是人生中一道难以治愈的暗伤。

三

我相信，这个世界已经抑郁和可能抑郁的人，内心都是柔软的。

这种柔软，一半是良善，一半是懦弱。

当一个人打不赢这个世界又无法说服自己时，柔弱便成了折磨自己的锐器，一点一点，把生命割伤。

恶人是不会抑郁的。是的，如果公平和正义被湮没，如果善良的人性和崇高的道德被漠视，如果恶人可以为所欲为，那么这个世界就成了制造抑郁的工厂。

四

我记得，好像是某大学的一次校庆，某电视台著名主持人去了。

当他青春的身影在舞台上出现时，下面的学生高兴极了，狂呼他的名字。他却突然不高兴了，脸色阴沉地看着台下。学生们很快发现对他的称呼有问题，转而喊他"老师"，他笑了。

我在电视机前看到这一幕时，很不解。学生们直接喊他的名字，多么亲切，他怎么就不高兴了呢？

又有一次，当我看到某个官员对直接喊他名字的人面目狰狞、出奇愤怒时，我才明白，一个人在高位上久了，就会有架子。

而架子，就是他们的尊严。

五

一个不把无知当无耻的人，心底是没有敬畏的。他谁也不服，一副"老子天下第一"的姿态。

在这样的人面前，你能说什么？无话可说！

白岩松曾经在文章中提到过黄永玉的一幅画。那幅画上，黄永玉画了一只鸟，旁边写了几个字："鸟是好鸟，就是话多。"

如果你想珍惜自己的羽毛，你就必须要知道，在某些场合，你的沉默其实是对自己多么深沉的尊重。

六

我喜欢泰戈尔的这句诗:"世界以痛吻我,要我报之以歌。"

如果颠倒其中的两个字,就变成:"世界以痛吻我,我要报之以歌。"这句诗就突然多了分大胸怀、大气度。

你说,一个人若能这样活在世界上,多难的路不能被轻松走过?

爱不完美的自己

〔英〕凯特·温斯莱特

　　什么是"完美"呢？世界上并不存在任何完美的事物。你不应该总是期待着完美，而对自己过于挑剔。对于年轻女性来说，有一点是非常重要的，那便是你要对自己感到满意，尽管电影和杂志总会给你施加种种无形的压力以及错误的引导。

　　事实上，出现在每一本杂志封面上的模特或者女演员，全都经过了一番长时间的浓妆艳抹。我们的头发经过专业的发型师两个多小时的细心打理，我们必须一直屏气收腹，并且使头保持在某个高度和角度上，这样一来，我们下巴上的赘肉和脸上的皱纹就不易显露出来了。然后，那些可怜的年轻女孩便去购买这些杂志，心里想着：哦，我想看起来和她一样。却不知道，她们心中的偶像其实并不是那样的。

　　一个名为"我想有张明星脸"的电视节目令我感到相当震惊。节目讲述了一个希望自己看上去与我相像的女孩子的整容经历。起初，我被激起了兴趣，也坐在电视机前观看，几分钟之后，我开始哭泣起来。这个女孩切除了自己的一部分胃。我简直不敢想象她究竟经历了怎样的痛苦过程。

　　这个女孩并不知道真正的我是什么样子。她希望自己也拥有一对像我那样丰满的乳房。然而，因为哺育过孩子、岁月的流逝、地球引力的作用等多种因素，女性的胸部会不断地下垂、松弛。这是发生在女性身上的自然规律。这个女孩收藏了所有以我为封面的杂志，她观看了由我出演的所有影片，只是希望看起来像我。我为她感到痛心，因为她被这些杂志和电影呈现出的我的完美形象深深地误导了。

如果那个想看上去像我的女孩走进我的寓所，我会把我的感觉告诉她。我会说："站在那儿，不要动。"然后，我会将衣服脱下，告诉她说："这才是真实的我。我没有又翘又浑圆的臀部，我没有既丰满又高耸的胸部，我没有平坦的小腹，相反，我的臀部和大腿上堆积着大团的脂肪。"我真想大声说："这才是真正的我！"真的，我并不是那种火辣的美丽女星，我根本就没有那么完美的身材。

我是幸运的，因为我现在足够成熟了，懂得去营造一种内心的平和。我也曾经历过那种精神和情绪都处于躁动不安状态中的青春期。青春时代真正的不幸在于，女孩们似乎觉得，为了得到爱，为了与某个男人建立一种亲密的关系，她们必须看起来美妙无比。这真是让人难过。

或许我能够告诉年轻女孩们说，你们不必为了减肥而苛待自己，不必为了达到目标而让自己瘦成皮包骨。我从来没有梦想过成为一个电影明星。我只知道我想去表演，想去做我在这个世界上最为热爱的工作。而现在我正在做着这些，我获得了成功。我不打算让自己为了这一目标而饥肠辘辘。这对我来说很重要。

注：凯特·温斯莱特曾出演电影《泰坦尼克号》的女主角

门外青山

吴念真

小孩离家的时候十三岁，小学刚毕业。

跟村子里所有的孩子一样，十三岁理所当然就是大人了。

虽然在毕业典礼上领了县长奖，他还是把奖品留给了弟弟妹妹，第二天带着小小的包袱（里头是两套新的内衣裤，一条新的咔叽布短裤，是妈妈昨天晚上特地去瑞芳买的。说它是毕业成绩优异的奖赏，或者成年的礼物，都行），就跟着陌生的叔叔走下山，坐火车到城市当学徒去了。

没有人为他送行。爸爸妈妈工作去了，爸爸六点多就进矿坑了，妈妈七点去洗煤场，家里只剩下弟弟妹妹。

小孩离家前跟弟弟妹妹说的最后一句话是："字典要找一张纸包起来，不然书皮很快就会破掉，知道吗？"

字典是他昨天刚拿到的奖品之一，另外还有一支钢笔。

钢笔他随身带着，就别在白上衣的口袋上。

此后几年，小孩用到钢笔的机会很少。上班的前几年几乎每天都是早起晚睡，像陀螺一样，被老板、老板娘、老板的妈妈、老板的小孩，以及大大小小的师傅们叫来叫去、骂来骂去、打来打去……当然，还有必须要做的工作，而且自己还要偷空学习如何操控工作机器。

三年多之后，他升为师傅。才十七岁，却已经是家里真正的家长了，因为一家人的生活所需主要靠的就是他的收入。

十九岁那年，他恋爱了，爱上工厂隔壁一个念北二女的女生。

第一次要写情书的时候，他发现当年那支获县长奖的钢笔的墨水管早已干涸，而且粘在一起，根本无法吸水。

他买了圆珠笔，用两个晚上打草稿，然后把信寄给女生。

女生竟然回信了，说愿意和他交朋友，并且赞美他的字好看，信也写得好。

女生不知道他曾经得过好多次作文比赛和书法比赛第一名，当然也不知道小学毕业时，他拿的是县长奖。

但，也就是那一年，他的右手被冲床轧到，整个手掌只剩下一根大拇指。

当天，冲床的撞击声和剧痛的惨叫声汇集而成的巨响，仿佛也成了他奋发飞扬的生命的紧急刹车声，之后，仿佛一切都停滞了。

学了六年的技术，停了。

一直上涨的薪水，停了。

写了十七封的情书，停了。

出院之后，他回山上老家休养。

他带回来一个小小的旅行袋，以及一床棉被。旅行袋里装的是内衣裤、几套外出服以及十几封女孩给他的信。

什么都停了，似乎连时间也停了。

他每天重复看着女孩给他的信。

妹妹问："怎么不再写信给人家呢？"

他说："我会再写啊！但，总要等到我学会怎么用左手写字，而且，要跟用右手写得一样好看的时候……"

也许是女孩等不到他的信，或是其他原因，有一天竟然坐火车，然后又走了将近两小时的山路到村里来找他。

女孩细致、美好的模样，让村子里的妈妈们惊讶到几乎她们反而成了客人，除了傻笑之外，不知如何应对。

厨房里，妈妈煮着冬粉鸭蛋汤，要请女孩吃。他帮妈妈往灶里添煤，忽然妈妈一掩脸闷声哭了起来，断断续续地跟他说："人家是好命的人，咱不要害人家。"

他说："我知道！"

那天黄昏之前，他陪女孩下山去搭火车，从此，就没再回来了。

曾经在山路上遇到他们的人说，两个人走得很慢，好像很舍不得把路一下就走完的样子。

女孩回家了。

你是第几等快活的人

王开林

有人曾问钱锺书先生是否认为金钱万能，钱先生以一贯诙谐的口吻回答道："我都姓了一辈子的'钱'，难道还会迷信它？"钱锺书先生学问深，志行高洁，手面也不窄，所以能用"太极推手"四两拨千斤。若换了旁人，即便是辱没列祖列宗的那号顽主，在财神爷面前，也总要恭恭敬敬烧上一炷高香，无论如何也不敢开罪这位高视阔步、腰悬大串大串金钥匙的老前辈，除非他存心不想过上好日子了。

"金钱是万恶之源"，我不知这话最初出自何人之口，但可以肯定，他特别怀旧，而且怀的是原始社会那样的旧，要不然就是受了一辈子憋屈，到老也无转机，便咬牙切齿，愤愤不满地诅咒一句，以泄心头之恨。

金钱真有那么坏吗？谁要是这样发问，显然十分幼稚，也十分滑稽。金钱只具有物性，不具有人性。同样的钱，在肮脏的手上是肮脏的，在干净的手上则是干净的；用它购买军火、毒品、砒霜，可以杀人；用它建造医院、育婴堂、养老院，则可以救人，完全视乎金钱拥有者的心地品行而定。

有钱，不仅仅意味着你锦衣玉食，而且意味着你在人世间将通行无阻，时时保持尊严；没钱，不仅仅意味着你布衣粗食，而且意味着你在人世间将寸步难行，常常遭受屈辱。

其实，金钱在指向物质的同时，也指向精神，而且许多时候都以后者为归结点。世间只有少而又少的富贵人物能口不言钱，手不沾钱。晋人王夷甫称金钱为阿堵物，多少有点作秀的成分。他是权门子弟，根本无须为家用操心，便索性扮成玄学家，博取虚名；今人毛泽东视金钱为身外物，则丝毫未见作态的嫌疑，试问，一代天骄，他还要钱干什么？世间也只有少而又少的智者能够跳得出金钱的五指山，渡得过欲望的什刹海，但那也多半是因为浊世乱世无正当的致富之道。如果能义而致富，仁而致富，颜渊、原宪竟不为，依然要栖住陋巷，箪食瓢饮，那就没有任何值得称道的地方了。岂不闻孔子也曾如此感叹："富而可求也，虽执鞭之士，吾亦为之。如不可求，从吾所好。"所以说，孔子周游列国却求售无门，万不得已而安贫乐道，实属无奈的成分居多。

这个时代，两种人最容易被钱咬伤：一是太穷，你认识钱，钱不认识你，被它猛咬一口，应在情理之中；二是太富，与钱厮混得热络了，便贱待它，专派它做些狂嫖滥赌之类的肮脏事，哪天它不乐意了，也会将东家咬出一道致命伤。因此，你不要轻下定论，说钱这东西趋炎附势，专门迫害穷人。"富不过三代"的话，恰恰说明，钱对富人也未肯忠心耿耿地长期追随。它什么时候不高兴了，眼睛里就不认得任何人。

人可以不为财死，鸟可以不为食亡，那该是怎样的人，又该是怎样的鸟呢？梭罗那样只过简朴生活的圣人连朽骨都已不剩一根；凤凰那样只食练食的异鸟则只在传说中出没。更多的人都是凡人，更多的鸟都是庸鸟，怎么办？"君子爱财，取之有道"，这就很好，心态十分健康。有胆，有识，有才，有手段，有谋略，有智慧，芸芸众生自然有得一比，但还须恪守游戏规则。比尔·盖茨成为世界首富，大家心服口服，倘若让意大利黑手党首领或某大国头号贪官成为世界首富，情形又将如何？毫无疑问，世间所有富人都将因此蒙羞。

追求财富、积累财富是公民的正当权利，只要手法干净漂亮，便无可厚非，甚至令人赞赏。然而永无餍足的贪婪将危及社会，攫取非分所得，则相当危险。伸手被捉的事在现实中屡见不鲜，仍然有人满怀侥幸心理，白天如履薄冰，夜晚还要盗汗，老是梦见警察带着手铐来抓捕他，像这样担惊受怕，不义之财再多又有什么意思？财富既是个人的，也是社会的，挥霍与吝啬都不可取。财富既可成就人生幸福，也可颠覆人生幸福，就看你是否善于使用它。

世间第一等快活的人有钱就做善事，第二等快活的人有钱就做乐事，第三等快活的人有钱就做闲事，第四等快活的人有钱就做蠢事，第五等快活的人有钱就做坏事。试问，你是第几等快活的人？

张
炜

遥远的动力

这么疲乏，这么缺少动力，我又一次无精打采了。每逢这时我就去想小时候的事，想那时周围的环境。

我想得比较多的是屋子后方的那棵大李子树，还有院角的石榴树。我差不多又闻到了它们的气味。那像银粉似的微微呈灰的浓烈繁密的李子花，那交织盘旋的一道道枝丫。石榴火红火红——我是指花儿和骨朵儿，石榴叶儿是墨绿的，很硬很亮。有一只七星瓢虫在它的小枝条上爬。一群群蜂子嗡嗡缠着李子花，怪模怪样的鸟和蝴蝶也飞来了。石榴树下有着一层硬壳土，上面是蚂蚁洞穴什么的。还有蚯蚓吐出的东西。蚂蚁一次次出来，仿佛心事重重。它们当中有几只身体超乎寻常的大；有的长了翅膀，但未见飞。石榴花不见得都能长出石榴来，但是一枝也不能折。李子树干上有蝉蜕下的壳儿，它们永远地趴在那儿，像一个个生命的影子。

这样想象着，沉浸在对我童年两个无言的朋友的怀念中，心中一阵阵激动。好像有什么至关重要的东西又一次默默来临了，我忍不住去叙说这复杂的、温柔的感觉。

可是我大约一次也没有直接去描述李子树和石榴花，只把它们放在心的角落里，留着与自己交谈。这真是奇怪的现象。它们仿佛连接在了一个什么动力的源头上，给我崭新的力量。它们那种烂漫和芬芳是永恒的，一直鼓舞着我。它们有时也使我平静，使我柔和，让我从眼前的烦恼得失中解脱出来。

它们代表了我的童年，成为我重要的依托。它们象征了什么，暗暗给予我启示。过去发生了多少事情，大多淡忘了，偏偏这两棵植物越来越鲜艳。这让我费解。离眼前的生活很遥远的事物，究竟有多少使人一想就感到温暖，感到充实？恐怕是不多的。它们太普通了，普通得让人无法忘记。它们好像属于我的最本色的过去，属于一种"原来"——任何后来的人和事比起它们，都显得疏远了。

它们是绿色的，是童年的颜色，是诗的叶子。

它们长在泥土里，并不乱跑，安静厚道，不可能伤害任何人。一个人在最弱小的年头里最容易交往一棵树或几棵树，友谊长存，思念绵绵。这种友情在今天的我看来多少有些陌生了，这只能怪我变得不朴实了。它们仍然是任何别的东西所无法取代的，我渐渐明白了。

我相信每个作家都有他自己的李子树和石榴花。他一生写了无数东西，差不多都与它们有关。

向你的梦想鞠躬 刘继荣

1

我曾在暑期吉他班里，替朋友客串了半个月的老师。点名的时候，竟有个拘谨的中年女人答"到"。我吃了一惊，按她的年龄和衣着，应该出现在小区的秧歌队或者公园的健身操行列才对。可是，她却怀抱着吉他，坐在一群青春飞扬的少年中间。

少年们纤柔的手指如得宠的精灵，弹拨扫按，轻松洒脱，很快就会弹简单的曲子了。而她的手枯瘦粗糙，显得极为僵硬。一个星期过去了，她还在笨拙地练习爬格子。

起先，我还担心会有同学笑话她。可大家看上去都特别尊重她，包括那些学生的家长，对她也很客气，我不禁有些诧异。在课程将要结束的时候，我终于从学生口中知道了她的故事。

5岁那年，她爱上了小朋友家的钢琴，向来乖巧的孩子大哭大闹起来。家境虽清寒，可她也是父母的小公主。父亲答应，在她15岁时一定送她一架钢琴。她总怕父母忘记，于是，每个生日都撒着娇，要他们承诺了再承诺。可真的快到15岁时，她才终于明白，父母肩上的担子太沉了，老老小小一大家人，都靠他们的肩膀撑着呢。

15 岁那天，点燃蜡烛后，父亲与母亲对视着，有些欲言又止的尴尬。懂事的她掏出一把口琴，笑着吹起了《生日快乐》。弟弟妹妹们抢着吃蛋糕，简陋的屋子里满是笑声。她握着口琴，感觉这就是自己的钢琴，只不过变小了，很乖地贴在掌心。

初中毕业后，她在一家火锅城做了服务员。天天忙到深夜，腿和脚都肿了，头发里全是火锅的味道。可想到自己能减轻父母的负担了，还能慢慢攒起买钢琴的钱，她的心便成了琴键，"叮叮咚咚"地响起一些小小的快乐。

2

婚后，丈夫深爱善解人意的她，也为她的梦想动容。他轻轻对她说："相信我，再过 3 年，我们一定会有钢琴的。"她摇摇头："不，我们还是先买车吧。"丈夫是开出租车的，一直梦想能有辆自己的车。

丈夫为她买了许多钢琴曲的磁带，只要走进小小的家，就会有她爱的音乐。她在音乐声里做家务，在音乐声里给丈夫发短信，叮嘱他开车要小心。连小小的儿子，听见钢琴曲也会手舞足蹈。看着陶醉的儿子，她心里有一种幸福的痛惜。她辞掉服务员的工作，去一个菜市场，专门给人杀鸡剖鱼。工作虽苦，可挣得也比从前多。

菜市场里，流行歌曲唱得热热闹闹。她的耳朵，捕捉着各种伴奏的乐器声。每一样都是好的，若遇见钢琴声，就像遇见老朋友一般，脸上会露出笑容。心里有幸福的人，才会有那样会心的微笑。

儿子上小学了，就在他们喜气洋洋去选钢琴时，老家的舅舅打来电话，说他的小女儿腿部得了病，没钱做手术。全家一致同意，将两代人的梦想，移植到那个 16 岁的女孩腿上。那个花季少女，也应该有许多水晶般的梦想吧。

这时候，两家的老人也渐渐成了医院的常客。他们夫妻都是家中的老大，照顾老人，帮助弟妹，所有的担子一股脑儿地压过来，日子一直过得忙忙碌碌。不知不觉间，儿子已上了高中。那是个争气的孩子，每学期都拿一等奖学金。

可是，她的手开始莫名地痛。拖了很久才做检查，诊断结果是类风湿性关节炎，指关节已经僵硬变形。吃药、理疗，效果都不太明显，每天早晨都痛到痉挛。儿子用奖学金为她买了一把吉他。他说："妈，你先试试这个，活动活动手指。等以后，我给你买钢琴。"

丈夫为她报了这个暑期班，于是，她抱着吉他来了。她笑呵呵地说："从口琴到吉他，我离钢琴又近了一步。"

3

我转头凝视着我的学生——她正在专注地弹练习曲，每个音符都弹得很认真。

结业的那天早晨，她也上台表演。尽管她平时练得很熟了，可彼时那些调皮的音符，显然不想听命于那双痉挛的手。一首简单的曲子，她弹得艰难无比，额上都沁出了汗。我心里默默地想：她的手，一定很痛吧。

同学们在台下轻轻为她伴唱："你已归来，我忧愁消散，让我忘记，你已漂泊多年，让我深信，你爱我像从前，多年以前，多年以前……"我怔住了，我从未听过这样动人的合唱。

生硬艰涩的弹奏，渐渐变得柔和动人。我端详着这个 42 岁的学生：她的唇微抿，面容安静如水，眼睛里有淡淡的光辉。这是我所见过的，最执着地爱着音乐的人，一个值得尊敬的人。

一曲终了，所有的少年都起立，长时间热烈地鼓掌，大家轮流上前拥抱她，像拥抱自己的母亲。我也静静地站起来，向这位大我 19 岁的学生，深深地鞠了一躬。

她是个普通人，既懂得抗争，又懂得妥协，她享受音乐带来的快乐，却从不回避生活的责任。她乐观地活着，什么都不抱怨，她活出了独立的生命个体特有的精彩。

人生就是与困境周旋

史铁生

开场白

坐在这个位置上的本该是位大夫，可现在却是个病人，一个资深病人。我是以一个老牌病人的身份，跟各位交流一下生病的体会，所以我只能保证以毫不隐瞒的态度来说说我自己的经验，看看有没有什么可以让各位借鉴的东西。这个开场白有两个目的：一是请各位不要对我抱太大希望；二是我自己先给自己减轻一下负担。我写作的时候，也总是先给自己减去负担，劝自己：别去想这一回能写得多么好，能够在哪儿发表，甚至得一个什么奖，这一回只当是闲来无事自己跟自己说说话，写一篇废品吧。这样劝过自己心里就比较轻松。

困境不可能被消灭

同是生活在这个世界上，谁的生活中都难免有些艰难，谁心里都难免有些苦恼和困惑。甚至可以这样说，艰难和困惑就是生命本身，这是与生俱来的，甚至终生不能消灭的，否则人生岂不就太简单了？

设想一下，要是有一天生活中的困难都被消灭干净了，人生实在也就没什么意思了；就像下棋，什么困阻都没有你可还下个什么劲儿？内心世界比外部世界要复杂得多，认识内心世界比认识外部世界要困难得多。心理的问题浩瀚无边，别指望一蹴而就即可解决所有我们心里的迷惑。那么指望什么呢？我想，人们能够坐在一起敞开心扉，坦诚地说一说我们的困惑，大胆地看一看平时不敢触动的心灵的某些角落，这就是最好的办法。心里的困惑存在一天，这办法就不会过时。就是说，一切具体的心理治疗方法，都要由这样的开端来引出。自我封闭，是心理治疗的最大障碍。

与人交流达到新境界

困境不可能没有，艰难不可能彻底消灭，但是人与人之间的交流、沟通、宣泄与倾听，却可能使人获得一种新的生活态度，或说达到一种新境界。什么新境界？我先讲个童话《小号手的故事》。战争结束了，有个年轻号手最后离开战场回家。他日夜思念着他的未婚妻，可是，等他回到家乡，却听说未婚妻已同别人结婚；因为家乡早已流传着他战死沙场的消息。年轻号手痛苦之极，便离开家乡，四处漂泊。孤独的路上，陪伴他的只有那把小号，他便吹响小号，号声凄婉悲凉。有一天，他走到一个国家，国王听见了他的号声，叫人把他唤来，问，你的号声为什么这样哀伤？号手便把自己的故事讲给国王。国王听了非常同情……看到这儿我就要放下了，心说又是个老掉牙的故事，接下来无非是国王很喜欢这个年轻号手，而且看他才智不俗，就把女儿嫁给了他，最后呢，肯定是他与公主白头偕老，过着幸福的生活。

可是我猜错了，这个故事不同凡响的地方就在于它的结尾。这个国王不落俗套……他下了一道命令，请全国的人都来听这号手讲他自己的身世，让所有的人都来听那号声中的哀伤。日复一日，年轻人不断地讲，人们不断地听，只要那号声一响，人们便来围拢他，默默地听。这样，不知从什么时候，他的号声已经不再那么低沉、凄凉了。又不知从什么时候起，那号声开始变得欢快、嘹亮，变得生气勃勃了。

所谓新境界，我想至少有两方面。一是认识了爱的重要；二是困境不可能没有，最终能够抵挡它的是人间的爱愿。什么是爱愿呢？是那个国王把自己的女儿嫁给小号手呢，还是告诉他，困境是永恒的，只有镇静地面对它？应该说都是，但前一种是暂时的输血，后一种是帮你恢复起自己的造血能力。后者是根本的救助，它不求一时的快慰和满足，也不相信因为好运降临从此困境就不会再找到你，它是说：困境来了，大家跟你在一起，但谁也不能让困境消灭，每个人必须自己鼓起勇气，镇静地面对它。

人生困境不可根除，这样的认识才算得上勇敢，这勇敢使人有了一种智慧，即不再寄希望于命运的全面优待，而是倚重了人间的爱愿。爱愿，并不只是物质的捐赠，重要的是相互心灵的沟通、了解，相互精神的支持、信任，一同探讨我们的问题。

新境界的另一方面就是镇静，就是能够镇静地对待困境，不再恐慌了。别总想着逃避困境，你恨它，怨它，跟它讲理，其实都是想逃避它。可是困境所以是困境，就在于它不讲理，它不管不顾、大摇大摆地就来了，就找到了你头上，你怎么讨厌它也没用，你怎么劝它一边儿去它也不听，你要老是执着地想逃避它，结果只能是助纣为虐，在它对你的折磨之上又增加了一份自己对自己的折磨罢了。

我敬重我的病

有一回，有个记者问我：你对你的病是什么态度？我想了半天也找不出一个恰当的词，好像说什么也不对，说什么也没用。最后我说：是敬重。这决不是说我多么喜欢它，但是你说什么呢？讨厌它吗？恨它吗？求求它快滚蛋？一点用也没有，除了自讨没趣，就是自寻烦恼。但你要是敬重它，把它看作一个强大的对手，是命运对你的锤炼，就像是个九段高手点名要跟你下一盘棋，这虽然有点无可奈何的味道，但你却能从中获益，你很可能就从中增添了智慧：比如说逼着你把生命的意义看得明白。一边是自寻烦恼，一边是增添智慧，选择什么不是明摆着的吗？

所以，对困境先要对它说"是"，接纳它，然后试试跟它周旋，输了也是赢。再比如说死亡，你一听见它就着急、生气、发慌，它肯定就会以更加狰狞的面目来找你了；你要是镇静地看它呢，它其实也平常。死，什么样儿？就像你没出生时那样儿呗。

死，不过是在你活着的时候吓唬吓唬你，谁想它想得发抖了，谁就输了；谁想它想到坦然镇定了，谁就赢了。当然不能骗自己，其实这件事你想骗也骗不了。但要是你先就对它说"不"，固执地对它说"不"，其实所有的困境，包括死，都是借助你自己的这种恐慌来伤害你的。

死对我曾是诱惑

在我双腿瘫痪的时候，以及双肾失灵的时候，有人劝我：要乐观些，你看生活多么美好呀！我心里说，玩儿去吧，病又没得在你身上，你有什么不乐观的？那时候，尤其是 21 岁双腿瘫痪的时候，我可是没发现什么生命的诱惑。我想的是，我要是不能再站起来跑，就算是能磨磨蹭蹭地走，我也不想再活了。那时候，我整天用目光在病房的天花板上写两个字，一个是肿瘤的"瘤"（因为大夫说，要是肿瘤就比较好办，否则就得准备以轮椅代步了），另一个字是"死"；我祈祷把这两个字写到千遍万遍或许就能成真，不管是肿瘤还是死，都好。我想我只能接受这两种结果。到后来，现实是越来越不像肿瘤了，那时我就只写一个字了："死"。

但我为什么迟迟没有去实施呢？那可不是出于什么诱惑，那时候对我最具诱惑的就是死；每天夜里醒来，都想，就这么死了多好！每天早晨醒来，都很沮丧，心说我怎么又活过来了？我所以没有去死，绝不是生的诱惑，而是死的耽搁，是死期的延缓，缓期执行吧。是什么使我要缓期执行呢？是亲情和友情，是爱。

困境使我知命

那时候我也还是不大想活，希望能有一个自然的死亡。但是死亡一经耽搁，你不免就进入了另一些事情，就像小河里的水慢慢丰盈了，你难免就顺水漂流，漂进大河里去了，四周的风景豁然开朗，心情不由得也就变了。终于有一天你又想到了死，心说算了吧，再试试，何苦前功尽弃呢？凭什么我非得输给你不可呢？这时候，你已经开始对死亡有一种幽默的态度了。

启发我的是卓别林的一部电影，名字叫《舞台生涯》。女主人公要自杀，结果让卓别林把这女的救了。这女的说："你为什么救我？你有什么权利不让我死？"卓别林的回答妙极了，令我终生不忘，他说："急什么？咱们早晚不都得死？"这是大师的态度，不悟透生死的人想不出这样的话，这里面不仅有着非凡的智慧，而且有着深沉的爱心。是说，这是困境，是我们谁也逃避不了的困境，但是，我们在一起，我们先一起来看看有没有什么别的办法。这就是爱！我就是靠了这种爱而耽搁和延缓了死亡的，然后才感到了生的诱惑。你要是说这爱就是生命的诱惑，也行。但那决不是生理性生命的诱惑，而是精神性生命的诱惑，是生命意义的诱惑。不过，我觉得"诱惑"这个词并不算很贴切；"诱"字常常是指失去了把握自己的能力，"惑"呢，是迷茫的意思。所谓"四十而不惑"，大概就是说明白了生命的意义吧。所以，当终于有一天我不再想自杀的时候，生命不见得是向我投来了它的诱惑，而是向我敞开了它的魅力和意义。所以我说，对病，对死，对一切困境，最恰当的态度是敬重，它使我提前若干年"知命"了。所谓"知命"，就是知道命运反正是不可能都遂人愿的，人呢？必然不能逃避困境，而是要正眼看它。你下棋吗？你打球吗？其实人生的一切事，都是与困境的周旋。

爱需要自己去建立

如果你觉得这仍然不够，你也可以一个人静静地思索，与天，与地，与上帝或与佛祖都谈谈，那样就能让你更清楚什么是生，什么是死。总之，千万别把自己封闭起来，你要强行使自己走出去，不光是身体走出屋子去，思想和心情也要走出去，走出一种牛角尖去，然后你肯定会发现别有洞天。我写过，地狱和天堂都在人间，地狱和天堂是人对生命以及对他人的不同态度罢了。友谊、爱，以及敞开自己的心灵，是最好的医药。

但是，爱，或者友谊，不是一种熟食，买回来切切就能下酒了；爱和友谊，要你去建立，要你亲身投入进去，在你付出的同时你得到；在你付出的同时，你必定已经改换了一种心情，有了一种新的生活态度。

其实，人这一生能得到什么呢？只有过程，只有注满在这个过程中的心情。所以，一定要注满好心情。但你要是逃避困境——困境可并不躲开你，你要是封闭自己，你要总是整天看什么都不顺眼，你要是不在爱和友谊之中，而是在悲恨交加之中，你想你能有什么好心情呢？其实，爱、友谊、快乐，都是一种智慧。

李银河

快乐与内疚

我把人生的目标定为两项：身体的舒适和精神的愉悦。这样说时，却有点心中惴惴，似乎有些内疚。为什么会有这种感觉？

首先，从利他角度考量，把快乐确定为人生目标总是给人不够"高大上"的感觉，似乎真正的"高大上"必须是利他的、牺牲的、奉献的，自身的享乐只能是"低小下"的。可是如果他人的快乐可以成为目标，自身的快乐为什么就不可以成为目标呢？每一个自身对于他人来说不都是他人吗？王小波批评过"毫不利己，专门利人"：你专门利我，我专门利你，最终得到的还是两个人全都被利，全都享受到快乐，那何必要那么麻烦呢？每个人都追求到自己的快乐，效果在客观上不是一样的吗？

其次，从建立功勋角度考量，只追求快乐似乎是胸无大志的表现，这样的人生目标一点也不励志。中国古代讲究三立，成功的人生要"立德、立功、立言"；西方社会学讲社会分层的指标是权力、财富和名望。人往高处走，水往低处流，只追求快乐不是不往高处走，反往低处流吗？但是追求名利是有条件限制的：天赋、努力和运气，缺一不可，缺了一样，追求的过程就变成痛苦。只有当追求的过程也是快乐的过程的时候，才应当追求，而如果这一过程确实是快乐的，那么它与追求快乐的人生目标也就不矛盾了。

第三，快乐有高下之分。按照马斯洛需求层次理论，生存和安全需求的满足只带来少量的快乐；归属和尊敬的满足带来中等程度的快乐；自我实现需求的满足则带来高尚的快乐，甚至是他所谓的"高峰体验"。所以，把人生的目标确定为精神的愉悦也不是一个很低的目标。

最后，无论是否快乐，一个人的生命从宏观角度看是无意义的。既然无意义，那么怎么过也是一辈子。与其在痛苦中煎熬一辈子，不如选择一个快乐的人生。

最在乎的人是谁

莫小米

有个心理实验表明，假如给你看一堆照片，照片上一堆人中有你自己，那么毫无疑问，你最先看见的会是自己。这叫自我意识，或者说自恋。人最在乎的，是自己。

如果你恰好看见一个熟人在照镜子，你会发现，他（尤其是她）的镜中模样和平时大相径庭，既柔和又做作，镜子里是他自己较为满意的表情、角度。

所以有些零售店老板在店堂四周安上镜子——很聪明的一招儿，店员的表情、举止，自己都看得见，就不会太难看，否则会把客人给吓着。

有个小伙子长得挺帅，经过橱窗玻璃时总会留意自己的身影，曾去考过广电学院的播音系，差一点就上了。一次在歌厅门口，因为女孩，他跟人发生争执，出了人命。

在法庭他坚称，本来不想杀人，因为情绪失控，系失手误杀。

检察官问："刀从何处来？插了几刀？对方倒地后你有没有继续插？"

答："刀是随身带的，当时脑子糊涂，记不清插了几刀。"

检察官让他看大屏幕。

监控录像中，他朝那人背部用力捅了数刀，对方倒地后，他又连续猛扎，面目狰狞……

小伙子一反方才的狡辩求情，脸色发白，汗如雨下，低下头再也不敢看，唯有哽咽着认罪。曾经在乎仪表的他，再也不敢看这样的自己。

　　人在做，天在看。其实人只要自己看得见自己，他的表情就要美得多，他的行为就会美得多。

　　接着前面的话题，照片上一堆人，最先看见的，是自己。不过，这个结果是欧美心理研究者得出的。而中国学者的实验颠覆了上述结果，他们在一堆人像中间加入了实验者老板的头像，奇异的情形出现了：实验现场，从一堆人像中认出老板平均只要2秒，而认出自己平均花了19秒。

　　再回过去给美国人做类似的测试，竟完全不受影响，管你老板、上帝，他"自恋"到底。

　　难道中国人最在乎的竟然是老板吗？不奇怪，在乎老板其实是在乎自己的加薪、升迁、职业前途，他最在乎的，仍然是自己。

天生聪明，还是越来越有才

游识猷

德威克在一群小学生身上发现了某种区别。其时她正在做"如何应对失败"的研究，在实验方案中，她先给孩子们一些特别难的字谜，然后观察他们的反应。她事先设想，孩子们有两种可能的反应：一，拒绝面对失败，沮丧地丢开字谜，或者假装对字谜不感兴趣；二，坦然承认失败，冷静接受自己解不出字谜的现实。

但有些孩子竟然有第三种反应——他们兴高采烈地做着这些解不开的难题。一个孩子快活地说："太棒了，我喜欢挑战！"另一个则满头大汗但不掩愉悦："猜字谜能让我增长见识！"

德威克随即意识到，这个世界上确实有些人能从失败中汲取动力。他们的特殊之处在于他们持有的信念——"成功和才能，是在挑战中因努力而获得的。"这种心态，就是"成长型心态"。

与之相对，相信"才能是天生具备的一种相对固定的特质"，这种心态，就是"固定型心态"。

两类人同样面对解不开的字谜，固定型心态者会这么想："我解不开这道题，莫非是因为我不够聪明？我天生的智力达不到解题所需的水平？不，我是聪明的！现在只是有些别的因素影响了我而已。我最好别求助，也不要提问，以免其他人误认为我不聪明。总之，如果我没有真正去努力解题，那么即使我做不出，我也有'不感兴趣'这个理由，来说服其他人。"

而成长型心态者会这么想："哎，我解不开这道题，这真挺难的，我努力一下肯定能从中学到不少！我正好练些新的解题方法。还不成？有意思。我还可以试试求助，在老师或者擅长解题的朋友的帮助下，我肯定能变得更聪明！总之，世上最糟糕的事，就是明明有个渴望的目标，却没有尽力尝试就放弃，白白错失了让自己变得更好的机会！"

对固定型心态者来说，"遇到挫折需要努力"等同于"缺乏才能"，又等同于"我真失败"。对成长型心态者来说，"遇到挫折需要努力"则等同于"我正在努力中变得更好"。

不难想象，不论是在事业、运动还是艺术上，两种人在逆境中会做出截然不同的选择。固定型心态甚至会影响人的感情生活。当你坚信"我基本不变""伴侣也基本不变"时，"寻找正确的人"就变得无比重要。固定型心态者会在和伴侣关系变差时，很快得出"遇到挫折说明我们不合适"的结论，然后迅速逃离。

成长型心态者相信自己和伴侣的性格特质都有改变的潜力。改变需要一个人渴望改变、承诺改变，并将改变付诸行动。但很多时候，相信"有潜力改变"已决定了后续抉择。感情陷入低谷时，成长型心态者下的结论是"遇到挫折说明我们需要调整和成长"，对他们来说，矛盾是学习沟通的机遇，冲突是了解彼此的时机。

刘墉｜**动起来**

加州大学洛杉矶分校的人体运动学教授摩尔豪斯博士做实验，让20个学生先坐在柔软的沙发上读书，过一段时间，又改坐很不舒服的硬椅子。结果发现，那些学生坐硬椅子时，因为不舒服而不断调整坐姿，看起来好像毛躁不安，学习成绩却比坐沙发时好得多。

摩尔豪斯说："一个坐沙发得 B 的学生，坐硬椅子往往可以得 A，因为后者使脑部得到更多氧和糖的供应。至于维持一定坐姿的前者，只要几分钟不动，血液循环减缓，脑部得到的血液和营养减少，读书效果就差了。"

于是，我猜想，当年某校女生在厕所读书，会不会正因为厕所里不舒服，促使身体不断挪动，而有了较佳的效果呢？

摩尔豪斯博士在研究报告里也确实强调："许多父母、师长认为孩子一边念书，一边动来动去，或打哈欠，或伸懒腰，是静不下来专心学习。岂知，不准孩子动，反而是错的。"

有位心理学家说得妙："你看地平线上的月亮，跟看头顶上的月亮，会觉得不一样大。你躺着想一件事，跟站着想一件事，也会不同。"

每次在消极的时候，我都告诉自己："动起来！不要坐在这儿发愁。动起来！问题就能解决了。"

史 峰

子弹不长眼

其实，子弹真的不长眼，因为在战场上要想让子弹击中一个人还真是不那么容易。

那么，多少子弹才能消灭一个敌人呢？

军事历史学家做过统计：第一次世界大战期间，平均需要 2.5 万发子弹才能消灭一个对手。第二次世界大战时，则平均需要 2 万发子弹才能消灭一个对手。越南战争时，子弹的命中率有所提升，美国士兵平均发射 5000 发子弹就能消灭一个对手。可是在阿富汗战争和伊拉克战争中，美军士兵开枪的命中率却又大幅度下滑。在这两场战争中，美军共消耗子弹 60 亿发，射杀对手 2.4 万人，算起来平均 25 万发子弹才能消灭一个对手，命中率低到让人难以置信。

那么，为什么命中率这么低呢？

在战场上子弹的命中率很低，主要受以下几个方面的因素影响：

士兵素质。我们知道士兵是枪弹的实际控制者，如果士兵素质高，那么他对枪弹的控制力就强，就不至于"乱放枪"，更不会"闭着眼睛放枪"，这样才有可能提高子弹的命中率，反之子弹的命中率就会降低。

枪械质量也影响子弹的命中率。比如有的枪械设计精确，好用，士兵用这样的枪当然能"百发百中"。但有的枪械陈旧，拿在手里不好用，士兵用这样的枪当然打不出好成绩。

子弹的使用目的也会影响命中率。在战场上双方相互发射子弹有时并不是为了夺人性命，而是为了给对方施加"火力压制"，将对方压制在工事里，不敢"露头"，从而达到自己的战术目的。在这种情况下，子弹当然发射得不少，但双方的伤亡不见得很大。

战场对抗方式也影响子弹的命中率。比如双方投入了大量兵力进行近距离"冲杀"，这时候人员密集，往往会提升子弹的命中率。有时双方采取的是"游击战"，只是远距离放枪，打了就跑，这时候子弹的命中率当然就会极低。

所以说，数千发甚至几十万发子弹才能消灭一个敌人这事，并非"难以理解"，而是"事出有因"。

为什么下雨天睡觉特别香

明明是勤勉上进的有为青年，为何总在雨天犯困？是你的自制力太差，还是其中另有缘由？以下内容，或许可以解答你的疑惑。

第一，白噪声是天然的安眠曲。白噪声是指功率谱密度在整个频域内均匀分布的噪声。不同于其他噪声，白噪声会使人感到平静，更易入睡。人在特别安静与特别嘈杂的环境下都会睡不着，但是在相对舒缓、有规律的声音环境下会很容易入睡，比如雨声、落叶声、转动的电扇声，还有老教授讲课的声音。一些神经衰弱的失眠症患者还会去购买专门的白噪声发生器，以帮助入眠。

第二，雨天气压低，交感神经不给力。交感神经与兴奋有关。当天气晴朗时，空气的含氧量高，能够为人体充分补充能量，人的交感神经兴奋，活动意向更积极；而到了阴雨天，气压降低，空气的含氧量减少，交感神经处于低落状态，人就会出现在雨天犯困的情况。

第三，褪黑素也参与了捣乱。人体在光线昏暗的情景下会增加褪黑素的分泌，其作用就是让人产生倦意；反之，光线明亮则褪黑素分泌减少。下雨天，天色暗沉，光照时间不足，会使人的褪黑素分泌增加，人困马乏也就不足为奇了。

第四，可能与进化有关。人类的许多行为都与早期进化有关。比如，人类对草丛"沙沙"的声音特别警觉，这是源自对蛇类的天生恐惧。男子在挑选配偶时以白为美，是因为肤色白的女子更显年轻，也更可能具有较高的社会地位。

同样，雨天好眠也可能与进化有关。远古时代，人类一般住在山洞或茅草屋里面，晚上睡觉时会非常担心野兽来袭。而在下雨天，野兽一般不会出现，人们也会放松警惕，获得短暂的安全感。经过几千万年的进化，人们沿袭了这种习惯，雨天在他们的潜意识里意味着"安全"，人们可以在这样的天气里放下戒备，让紧张的神经舒缓下来，做一个甜美的梦。

看到这儿，你是否想起了童年的某个雨天，自己慵懒地躺在床上听雨声呢？

佚
名

你喜欢穿什么颜色的衬衫

英国的一项研究发现，穿粉色衬衫上班的男性通常比穿其他颜色衬衫的同事每年多挣 1000 英镑，学历也更高。

男士对衬衫颜色的选择大有讲究。研究人员在对 1500 名英国上班族男性所做的调研中发现，穿粉红色衬衫的人比穿蓝、白、细条、方格衬衫的男同事显得更自信，也更容易得到女同事的青睐。另外，办公室桃花运最多的是常穿紫色衬衫的人，而喜欢蓝衬衫的人办公室恋情最少。同时，穿粉色衬衫的男士具有硕士文凭的概率是穿白色衬衫男士的 1 倍，每 10 名穿粉衬衫的男士中就有 1 人是博士。

这项调查还有一个令人意外的发现：衬衫带绿色调的那些男士出现上班迟到的情况最普遍，而穿白衬衫的男士则最准时。办公室恋情最多的穿紫衬衫的男士不但桃花运好，获上司赏识、提拔、晋升的机会也最大。

独一无二的舌纹

黄书奇

德国著名哲学家莱布尼茨说："世界上没有两片完全相同的树叶。"人们习惯性地在这句话的后面加上一句："世界上也没有两个完全相同的人。"

随着科技的进步，无论是手机还是电脑，或是任何与解锁有关的东西，都融入了指纹识别、人脸识别等具有唯一性的解锁方式。

这个世界上没有两个完全相同的人，同样也没有完全相同的指纹。而人脸识别，其实核心也和虹膜一样，具有唯一性。也就是说，指纹、虹膜都具有独一无二的特性。而人类的唯一性，除了指纹和虹膜，还可以通过舌纹辨别。

指纹被誉为"人体的身份证"，那么指纹是怎么形成的呢？

指纹由基因决定，在人成长的过程中又会受到环境的影响。基因不同，环境不同，所以每个人的指纹都不相同，也就具备了唯一性。指纹在人还是胎儿的时候就存在，在胎儿六个月的时候就已经长成。其后随着年龄的增长，身体的长大，指纹所变化的也仅仅是大小，纹路不会改变。所以，可以说指纹生来就注定了它的"样貌"，且一生不变。正是这种唯一性让指纹在生活中的用途越来越广泛。比如，各种软件的指纹解锁，公安机关的破案线索，等等。最早利用指纹来辨别人们身份的就是中国和古巴比伦。

与指纹同样具有唯一性的是舌纹。

舌纹，顾名思义，舌头上的纹路，与指纹一样，都是独一无二的，具备唯一性。那么，舌纹又是怎么形成的呢？

其实与指纹形成的原因一样，舌纹也由人体的基因所决定。基因不同，舌纹就不同，即便是双胞胎，舌纹也是不一样的。可以说，舌纹是人体的"第二张身份证"。

酸甜苦辣咸，人生五味，也是我们切实能品尝出来的味道。我们依靠舌头在口腔内配合牙齿咀嚼食物，品尝味道，这是舌头的功能之一。人类从出生之后开始牙牙学语，也需要舌头配合，这是舌头的第二大功能。中医讲究"望闻问切"，通过观察舌苔，可以看出身体存在的很多问题，从而辨证论治，这是舌头的第三大功能。

中医有"心热则舌裂而疮"的说法，即舌头表面纹路断裂，从中医上讲就是心火旺盛。当然，不同的舌纹现象，能体现出不同的身体症状。

指纹是人的第一身份证明，而舌纹可以说是居于第二位的。或许有一天，我们在验证身份时真的要"舔屏"了！

动物喝了咖啡会怎样

Skin

咖啡是世界上最受欢迎的饮品之一。许多人选择喝咖啡，不仅因为它独特的风味，也因为咖啡中能"续命"的咖啡因——喝了咖啡后，我们的中枢神经系统会兴奋起来，从而增加警觉度，让人的思维更清晰，注意力更集中。

不过，这只是咖啡对人的作用。对一些动植物来说，咖啡有着或神奇，或危险的效果。

考察咖啡因对动物的影响比较麻烦——要观察动物们的行为、测量其生理特征等，对于小型非脊椎动物更是如此。不过，有一种动物在科学家眼中，有着得天独厚的考察优势，它就是蜘蛛——想观察咖啡因对蜘蛛的影响，可以直接看它喝了咖啡后所结网的图案啊！

1948 年，药理学家彼得·威特让蜘蛛喝下了 10 微克的咖啡，结果他发现，蜘蛛结出的网变小了，半径也变得不均匀。而当蜘蛛喝下 100 微克咖啡时，网的形状发生了更大的变化。

这说明，咖啡因对蜘蛛有影响，且摄入剂量越大，产生的影响越大。而用蜘蛛网的图案作为统计工具，也成为一种简单的药物检测方法。

对像蜘蛛这样的无脊椎动物来说，咖啡因对其神经系统的作用可能是致命的。当科学家让一种普遍存在的飞蛾幼虫——烟草天蛾幼虫——喝下浓度较高的茶或咖啡时，幼虫会在24小时内死亡。当蚊子幼虫喝了咖啡，它们的动作就会变得不太协调，最终会因无法游到水面而被淹死。

不过，咖啡对植物来说可能是有益的。一些植物的根茎本身就含有咖啡因，其作用相当于天然农药，可以杀死部分昆虫。

此外，适量的咖啡或咖啡渣可以成为植物的氮源（氮含量约2%），还能为其提供钙、镁等微量元素。不过，可别忘了将咖啡稀释后再浇花。

对于犬和猫，咖啡会显著改变其心率和呼吸频率，严重时会危及生命；对于鹦鹉，咖啡会损害其消化系统；咖啡还会让青蛙心脏病发作，对蜗牛产生进食抑制……

难道咖啡只能是人类的饮料？这种看法很快被证明是错误的，因为也有一些动物可以享受咖啡带来的积极作用。

研究发现，马喝了咖啡后，其心率显著加快，会表现出非凡的耐力、跳跃能力和奔跑能力。而且，和人一样，喝了咖啡之后，马的疲劳感也会减弱。

正因如此，咖啡因成了赛马比赛中禁用的"兴奋剂"。相同的情况，也出现在赛鸽比赛中。

蜜蜂也尝到了咖啡因的甜头。有科学家发现，蜜蜂尝了带有咖啡因的花蜜（比如柑橘类花卉的花蜜）后，记忆力会增强。那些喝了"咖啡蜜"的蜜蜂在24小时以后，对该花朵气味的记忆依然很清晰。这意味着，这些蜜蜂可以找到为该花授粉的路线，而这些植物也能更成功地繁殖后代。

萨塞克斯大学的进一步研究发现，喝了"咖啡蜜"的蜜蜂，还会在蜂巢里跳起摇摆舞，以告诉其他蜜蜂去哪里找食物，让大家都去采带有咖啡因的花蜜。

在石器时代，人们就发现咀嚼一些特有的树皮或树叶能提神醒脑。而咖啡在数千年的发展中，也经历了从药品到饮品的身份转换。

咖啡因在人体中产生的化学反应十分复杂，就算它能帮助人们缓解疲劳，也只是临时作用。并且，每个人对咖啡因的耐受度有所不同，咖啡的表现也因人而异。虽然咖啡对一些人来说是美味的饮料，但世界上有约1/10的人喝了咖啡后会产生一系列身体或心理上的不良反应。

韩焱

俄罗斯方块效应

1

哈佛大学医学院曾经做过一项研究，研究者付费让二十七个人来玩俄罗斯方块，一天需要玩好几个小时，而且必须连续玩三天。你是不是觉得这是一件天大的好事儿呢？玩游戏的同时还有报酬！但是如果你知道游戏参与者后续的反应，你可能就会庆幸自己没有参与这个实验了。在这个实验结束后的几天里，一些参与者每天睡着后都会做方块从天而降的梦，而醒着的时候，他们总是能够在各种地方"看到"这些方块。例如，有一个人是这样描述的："当我穿过超市通道时，我注意到有一个麦片的盒子和货架下面的缝隙完美契合；当我走在回家的路上时，我走到一个Y字形的路口注意到了一堵砖墙，我想只需要把那些浅颜色的砖旋转一下，就正好能与墙下方那几块不平整的砖拼合；当我工作了几个小时望向办公室窗外时，我在想，如果我把维多利亚大厦倒过来，是不是正好可以插入自由广场的两栋楼之间呢？"

这些实验的参与者似乎把整个世界都看成俄罗斯方块游戏，研究者把这种现象称为"俄罗斯方块效应"。俄罗斯方块效应告诉我们，大脑非常容易陷入某种看待世界的模式之中无法自拔。这不仅仅是视觉问题，连续玩俄罗斯方块实际上改变了人们大脑中神经元的连接，创造出了一种新的神经通路，正是这种新的连接扭曲了人们看待真实情境的方式。

2

当我们习惯用一种消极的固化视角来审视一切事物的时候，就会错过大量"显而易见"的美好事物，会更容易出现悲观、挑剔的心态，甚至导致抑郁，身体状况也会变差。

但是俄罗斯方块效应也有积极的一面，具体要看你怎么运用它。"生活中并不缺少美，而是缺少发现美的眼睛。"俄罗斯方块效应能帮助我们更好地去发现美，我们可以训练大脑，让它主动寻找生活中的美好事物，帮助我们看到更多的可能性，让我们变得更有活力，取得更进一步的成功。

心理学家给出了一种快速启动俄罗斯方块效应积极一面的练习方法，那就是每天都记录你工作、生活中发生的三件好事。当你坚持每天都写下三件好事的时候，你的大脑就会不由自主地寻找一天中的积极事件。这样一来，你每天只需要花费不到五分钟的时间，就可以训练大脑更加留意和专注于个人成长与职业发展的机会和可能性，同时把过去常常侵占心智的小烦恼和沮丧推开。一项相关的研究发现，那些坚持每天写下三件好事的人，在持续一个月之后，都会更多地感受到快乐，而更少地感受到沮丧，即使在停止练习之后，他们依然能够保持乐观的心态。因此，越是擅长寻找好事并且记录下来，就会发现越多的好事。

所以，俄罗斯方块效应是一种有效的思维模式，可以让我们在工作时保持专注，在生活中发现美好。它能让真正重要的问题进入我们的视野和意识，让我们的注意力主要集中在积极面上，但是又不会完全过滤掉所有的消极面，让我们既能客观地认识到事物有缺陷的一面，同时也能拥有理智、现实、积极的健康心态。

3

了解俄罗斯方块效应，最大的好处就是让我们能经常提醒自己变换视角，用不同的角度来看待同一件事物，这其实就是多样性思维的基础，它能让你在职场进阶之路上表现得更加游刃有余。

视角选择对了，就可以很好地降低要解决的问题的难度。比如，同样是一片森林，如果你想让人在其中不迷路，画一张地图更好；如果你想让人了解它演变的历史，做一张年代表更好；如果你想让人明白你和这片森林的故事，那写一篇文章更好。这就是你描述这片森林可以采用的不同视角。

变换视角还可以帮助你理解已知、发现未知。门捷列夫是怎么归纳出元素周期表的？元素有各种化学性质和物理性质，如果你聚焦于不同的性质，就可以得到不同的视角。门捷列夫最终选择了把元素按照质子数进行排序，不仅把已知的元素做出了很好的排列，还通过空出的位置，预言了更多元素的存在。

变换视角更可以创造商业价值。类似的例子不胜枚举，很多人类历史上的重大突破，都源于新的视角。比如，日常生活中常常用到的缝补衣物的针。最初，人们生产针的效率非常低。后来有人意识到，很多工厂都能够生产钢刷子，换一个角度来看，钢刷子不就是在一个底座上竖着密密麻麻的钢针吗？如果把这些钢刷子的刷毛切断，再钻上孔，不就变成针了吗？于是，很多生产钢刷子的工厂就开始转型生产钢针。

由此可见，拥有多样的视角，是帮助你取得事业成功的最佳助力。找到一个正确的视角，是你面对任何问题时要做的第一件事。

一个人会产生什么样的反应，跟他平常看待事物的思维定式有很大的关系。如果一个人更容易注意到事物积极的一面和主要矛盾，那么他就更容易获得快乐和满足；而如果一个人总是关注事物中于己有利的方面，却很少关注、衡量别人的付出，那么他就更容易消极、悲观，甚至怨天尤人。人的大脑是一个过滤器，它能够注意到的内容完全取决于我们在关注什么，因此我们一定要刻意训练自己的大脑，寻找能够使我们获得更多成功和快乐的机会。

你应该经常提醒自己转换视角，这样才能跳脱出来，不被固定思维束缚，更好地找到解决问题的思路，收获多样性红利。进一步说，你只有跳脱出来，不被眼前具体的事务限制住，去思考那些比日常更宏大的事情才能把心打开，更好地去拥抱世界。记住，你看世界的角度，决定了你能达到的高度。

假如人可以进行光合作用

植物中负责将二氧化碳转化为糖分的是叶绿素，人类如果想要实现光合作用，皮肤中必须要充满叶绿素，所以人类会像"绿巨人"一样，浑身绿油油的。不过根据光合色素不同（叶绿素、胡萝卜素等），人类会分成"绿叶人""黄叶人"等。

在最理想的状态下，一个成年人通过光合作用摄取的能量仅仅相当于半根油条的热量。这点能量不足以支撑一个人一天的活动，除非你努力增加皮肤表面积，变得更大更扁。

像生活在北京、上海这种人口稠密地方的人，他们的身高还会增长，长到3至5米高都不足为奇。除此之外，还可以通过改变生活环境来提高光合效率，比如向赤道和高原地区迁徙，内罗毕和拉萨的房价可能会变得特别高。

光合作用的效率实在太低，人类必须靠固氮作用提高产量，所以身上长个大瘤子（与固氮微生物共生）可能会成为美丽的标准。

70亿人口变成70亿株植物，可以减排二氧化碳，可能还会消耗以前积累的二氧化碳。温室效应将会成为历史，空气中的氧含量会大幅增加，人类可能会回到几亿年前的巨虫时代。2米大的蜻蜓，5米长的蜈蚣到处都是。

目前维持37摄氏度的体温太耗能量，人类还得朝着变温动物进化，冬天必须要冬眠。那样的话，就有正当理由睡懒觉了。

让你的免疫系统年轻起来

丹丘生

免疫系统也有自己的年龄

人体的免疫系统由数百种细胞和信号分子组成，由大约 8000 个基因控制，是我们身上仅次于大脑的第二复杂系统。

随着人年龄的增长，免疫系统也逐渐衰老。免疫衰老，在有些人身上早得出奇，甚至从青春期就开始了，并且会因各种不良的生活方式（比如吸烟、久坐等）而加速。

为了衡量免疫系统的健康程度，科学家发明了一个新概念——免疫年龄。就群体而言，免疫年龄大致与实际年龄相符，但在某些个体身上，可以有多达 20 年的出入。有些人的免疫年龄比实际年龄大很多，有的则小很多。研究发现，免疫年龄是可逆的，这通常是生活方式改变的结果。

让中性粒细胞恢复活力

为什么会发生免疫衰老？这与一个事实有关：随着年龄的增长，一些免疫细胞开始出现不良反应。

问题最严重的是一类被称为"中性粒细胞"的免疫细胞。这是最常见的一类白细胞。它们构成了先天免疫系统的一部分，是人体抵御感染的第一道防线。中性粒细胞不知疲倦地在血流中巡逻，寻找有害的病原体。它们发现入侵者后，就用以下3种办法将其清除：将病原体吞下；向病原体喷洒致命的化学物质；自杀性地把自己的DNA抛出，像网一样把病原体缠住，让其动弹不得，直至死去。

随着人年龄的增长，年长的中性粒细胞虽然仍能发现入侵者，但在追捕时，会像喝醉酒的士兵一样横冲直撞，胡乱开火。这样导致的后果是：一方面，降低了防御的速度和效率，使入侵者有更多的时间站稳脚跟；另一方面，胡乱开火造成的误伤引发了蔓延全身的慢性炎症。

但中性粒细胞的活力是可以恢复的。科学家发现，服用一种普通的降胆固醇药物——他汀类药物，可以让年老的中性粒细胞恢复青春，像年轻的同伴一样活动。不过这种药物有一定的副作用。不吃药，运动也可以让中性粒细胞恢复活力。科学研究发现，那些平均每天跑1万步的老年人，他们的中性粒细胞和年轻人的不相上下。

让T细胞再生

随着人年龄的增长，另一类免疫细胞也开始有点儿失常了，这就是T细胞。T细胞在适应性免疫中起着关键作用，但由于免疫衰老，它们也像精神不正常了一样，横冲直撞，胡乱开火，不但不能消灭入侵者，反而损伤了正常细胞。

有一种简单的方法可以让T细胞再生，那就是补充维生素E。维生素E具有增强免疫力的功能。为了提高免疫力，国际医学会推荐65岁以上的老人日常服用200国际单位的维生素E。

与此同时，维生素D似乎也起到同样的作用，特别是对于那些生活在高纬度地区、冬季缺少阳光的人，专家推荐日常服用1000～2000个国际单位的维生素D，但不要超过这个剂量，过量的维生素D反而会抑制T细胞的功能。

第三种补充剂是锌。锌对治疗病毒感染非常有效，但要严格控制剂量，过量服用也会抑制T细胞的免疫功能。

预防胸腺退化

除了行为不端的免疫细胞，另一个与免疫衰老有关的器官是胸腺。胸腺位于人的胸骨下面，是一种呈心形的淋巴组织。这里是 T 细胞投入"服役"之前成熟的地方。胸腺在我们儿童时期非常活跃，随着年龄的增长而退化，从青春期开始每年缩小约 3%。我们快步入老年时期时，它通常会缩小成一些碎片，T 细胞数量也会断崖式地减少。这对身体抵御新病原体的能力产生了影响。在几乎没有胸腺的老年人中，适应性免疫被严重削弱。

胸腺再生是抗衰老研究的一个活跃领域。胸腺退化很大一部分原因是缺乏运动，运动不仅可以防止胸腺退化，还可以将退化逆转。在一项研究中，科学家对 125 名年龄在 55 岁～79 岁之间的业余自行车手进行调查。几十年来，这些人经常长途骑行，他们比一般人更健康、更强壮，免疫系统也比一般人的更好。他们的胸腺更年轻，T 细胞数量与年轻人相当。

运动还有其他增强免疫力的作用。骨骼肌是人体内一种深层的免疫调节组织，活跃的骨骼肌具有抗炎和刺激巨噬细胞生产的作用。通过运动保持骨骼肌的正常运转，对健康有莫大的好处。

照顾肠道菌群和禁食、减肥

健康的肠道菌群可以降低你的免疫年龄。在一项研究中，科学家分析了由艰难梭菌引起长期腹泻的患者的免疫年龄。他们发现，病人的免疫年龄比他们的实际年龄大 10 到 20 岁。但接受了粪便移植后，他们的免疫年龄在几周之内就迅速变小。

你可以做许多事情来保持肠道菌群的健康，包括吃富含纤维素的食品和发酵食品，坚持多样化的饮食。其他饮食方面的变化，如适度节食，对提高免疫力也有显著的效果。

节食之所以能提高免疫力，是基于动物身体长期进化出来的对饥饿的适应性。动物摄入的热量，一方面要用于维持动物自身的生存，包括抗击病原体、修复损坏的 DNA 等；另一方面要满足生长和繁殖的需要，如制造新的 T 细胞和生殖细胞。当动物摄入热量不足，处于某种程度的饥饿时，身体就开启了

"饥饿模式"。在这种模式下，身体把维持生存置于生长和繁殖之上。这时候，动物停止发育，生殖力下降，但代谢更健康、精神更敏锐，也有更强的免疫力。

简单地控制体重也可以增强你身体的免疫力。肥胖会导致免疫系统的 B 细胞功能下降，脂肪组织对抗体反应还有负面影响。不论通过节食还是运动来控制体重，都可以在短期内让你的免疫力提高。

在线大脑和离线大脑

〔比利时〕吕克·斯维宁

大脑太复杂。以前人们主要关注大脑中隐藏着特定功能的某些部位或区域，而今，科学家们已经发现了一些脑网络，能将大脑中距离遥远的区域连接起来。本文重点介绍其中三个网络：默认网络、中央执行网络，以及在二者之间切换的突显网络。

美国神经学家马库斯·莱希有一次在用磁共振功能成像仪扫描人脑时，偶然发现了默认网络。莱希发现，躺在磁共振成像仪里的人，明明不需要也不能做任何事，却仍然激活了一个脑网络。

这个脑网络连接着大脑中相隔很远的区域。而当测试对象需要做任务（比如解谜）时，这个后来被命名为"默认网络"的脑网络就立刻沉寂了。

有人也把默认网络称作"休息网络"，这有点儿误导人，它和睡觉相似，你在睡觉时大脑也在努力工作，会强化记忆力，并清除各种废物。我更倾向于用"离线网络"这个称呼。

当你处于离线模式时，大脑其实非常活跃。例如坐在长椅上沐浴着阳光什么都不做的时候，你有没有注意过，这种时候才会产生真正绝妙的想法。这可不是巧合。

离线网络能激发创造力、同理心，并营造出良好的自我形象。因此，可以这样说，你的大脑在离线时做的工作最有趣。

当你畅想未来时，离线网络也会活跃，这能让你更好地领导别人，更有效地影响别人，因为创造力和同理心都来自离线大脑。

除了离线网络（休息网络），还有在线网络（注意力网络），科学家也将在线网络称为中央执行网络。注意力是指人们在某个时刻让自己全神贯注于某件事情，把其他东西都抛到一边。当注意力很集中的时候，人们就能完全投入手头的工作当中；反之，则会不自觉地开始做白日梦，神思恍惚，不知不觉就放下了手中的报价单，转而去思索晚餐吃些什么，或者发现自己已然置身于离线的世界之中了。

当你专注于某件事情，例如停车、解决危机，或者解答数学难题时，你就会使用你的在线网络。这个网络用处很大，如果没有它，我们将没法解决需要执行力的问题。

但遗憾的是，在我们的生活里，在线网络和离线网络之间的平衡常常被打破。人们只对以任务为导向的在线网络青眼相加，而常常忽视离线网络。有人可能会反驳，统计学问题能让人感到平静。但一般来说，过多的在线大脑活动会让人过度紧张，从而产生压力，导致生活质量下降。

当然，你的大脑并非总是在线几个小时，然后又离线几个小时。现实中，大脑在这两种模式之间的切换频率非常高，往往在一瞬间就能完成。

假如你开车去旅游，你会密切注意路面情况，尤其在繁忙的高速公路及其支路上。但当车流顺畅时，你的思绪就会游移：没把那封邮件发出去，希望不要给同事添麻烦；希望景区风和日丽，如果下雨就完蛋了，就像上次在威尼斯一样……直到出现堵车，你的在线网络才回来。

所以我们的大脑可以在做白日梦和只专注于"此时此地"之间完美切换。脑网络本身并没有优劣之分。有时，在线和专注非常重要；有时，大脑离线则一刻值千金。反之亦然。

请注意！如果你一直使用在线网络，过度专注于某项任务，你就可能会忘记很多事情，比如某个重要之人的生日，甚至还会发生把孩子锁在车里这种事。离线网络也有缺陷，如果在堵车时陷入沉思，那么可想而知，交通事故离你也就不远了。

我们必须在离线网络和在线网络之间保持平衡，因此人脑有一个网络来监管这一平衡，我们称之为突显网络。它时刻监控着"大脑环境"，也密切关注着我们身体中的所有变化，决定接下来是运作离线还是在线。

如你遇到了生命危险，那你就不应该把时间浪费在离线网络上，想着提出什么创造性的解决方案。你的注意力必须集中于外部环境，以便能够立即做出反应。

这时候，我们的突显网络就发挥作用了。它能够在我们需要的时候将大脑切换到在线模式，反之亦然。这样，突显网络就能够让我们的大脑尽可能高效地处理大量信息，筛选出重要的内容，从而帮助我们渡过潜在的危机。

突显网络的选择并不多——它只能激活离线网络和在线网络这两者之一。如果某个信号具有危险性，非常紧急，那么在线网络就会被激活；而如果情况允许我们走神，那么离线网络就能发挥作用。这也是为什么我更倾向于将突显网络称作"交换网络"。

有的事情触发交换的速度比较快，比如疼痛就会立即吸引交换网络的注意，并让它激活你的在线网络。当你疼痛时，你是否尝试过用其他事情转移注意力？很难，对吧？唯一有用的做法是在其他地方施加疼痛。

身边发生的动静也是突显网络极为重视的信号。移动的物体会立即引起大脑的注意。有一次，我正安静地坐在水边，将脚泡在水里。忽然我就被吓了一跳，原来是一只小鸟从不远的地方向前跳了几步。这是很正常的自然现象，感知到物体开始移动，大脑的在线网络就被激活了，因为交换网络发出警报。

想想原始人吧：他害怕所有的动静，因为哪怕是最小的动静都可能代表着危险降临。而如果身边的环境安静了太久，我们有时也会失去冷静，担心可能是暴风雨前的沉默。

为什么空间站上能使用毛笔

当宇航员进入太空时，因为传统的钢笔、圆珠笔必须依靠重力将墨水漏入笔尖，所以无法使用；铅笔虽然可以正常书写，但微小的导体石墨粉可能带来灾难性的后果；现代的太空笔则依靠气压将墨水压出。在神舟十三号的飞行任务中，翟志刚携带中国传统文房四宝进入空间站，将中华儿女骨子里的剑胆琴心展现得淋漓尽致。

为什么毛笔这种古老文具，能在 21 世纪的星海探险中发挥作用？

要回答这个问题，我们要首先思考一番，毛笔是怎么书写的。答案看起来很简单：毛笔上面吸收了墨水，在笔尖与纸张接触的时候，墨水就从笔尖转移到纸上。但是，如果深入思考，为什么只有当笔尖接触到纸张时，墨水才发生转移，其他时候呢？

实际上，墨水自动发生转移也是常有的事情。初学者有时候会蘸上太多的墨水，墨水就会从笔尖滴下来。拿毛笔蘸墨时有特殊的技巧：只需把笔尖的一部分浸入墨中，这样可以保证只吸入适量的墨水，墨水就不会从笔尖滴落。所以，一支毛笔能留住的墨水，有一个上限。

透过现象看本质，既然毛笔可以留住墨水，那么一定有一个机制来克服重力，这个机制会是什么呢？我们不妨看一看墨水分子受到哪些力。由于毛笔笔尖是一个开放的区域，各处的大气压是平衡的，于是只需要考虑重力与分子之间的相互作用。这分为两种，一部分是液体分子之间的互相作用，另一部分是液体与容器壁分子之间的相互作用，使液体黏附或者疏离。两种相互作用都有摩擦力，微观上体现为电磁相互作用，如果在宏观上结合起来，就带来一种叫作毛细现象的神奇现象。

毛细现象是指，将一根毛细管浸入液体中，相比管外液面，管内液面会自发向上或向下发生移动。毛细现象第一眼看上去违反自然规律。人们常说"水往低处流"，为什么水会自发往高处移动？能量守恒定律告诉我们，能量不会凭空产生或消失，液柱上升的过程伴随重力势能的增大，因此一定能找到另一种能量，在这个过程中是降低的。没错，这种能量来自液体的表面张力。

在液体表面与内部，液体分子之间形成的相互作用很不相同。表面的液体分子互相连接更少，相互作用更弱，于是两侧受力不均。在这种受力不均的情况下，内部受力较大，将自发向外部"突出"，于是在不受重力的情况下，一团液体将呈现球形。在这种情况下，表面张力将使液体分界面变弯，使之达到能量最低的稳定状态。

问题的解答就是这样。毛细现象实际上要求达到一种平衡：液体分子相互作用，和液体与表面相互作用的平衡。在达到这个平衡的过程中，液体表面会发生变形。毛笔的材料，兽毛，也就是蛋白质，可以被水浸润。由于分子间相互作用不受重力影响，毛细现象在空间站自然也可以发生，于是毛笔在失重条件下，也可以一如既往地吸入墨水，并正常书写。

当我们放眼星辰大海时，前人那些充满创意的智慧也凝视着我们。

天文的边界

〔英〕蒂姆·詹姆斯

无论哪位作家想要描述宇宙的大小，都会面临困境，因为宇宙所涉及的数字非常极端。

地球到太阳的距离是1.5亿公里。假设你决定乘坐曾经号称"全世界最快"的载人飞机——SR-71黑鸟式侦察机从地球飞往太阳，它的速度可以达到约每秒1公里。以这个速度从伦敦到旧金山只需要2.5小时。

现在想象一下，你在上小学六年级的某天乘坐SR-71黑鸟式侦察机飞向太阳。你匀速行驶，一秒也不减速，在抵达目的地的时候，你差不多已经上高二了。而这仅仅是单程。

地球绕太阳转的速度是SR-71黑鸟式侦察机的30倍。你以比子弹快40倍的速度飞行，每秒钟飞过的路程相当于攀登两次珠穆朗玛峰。但即便地球的速度如此惊人，环绕太阳一圈也要花整整一年时间。

太阳可不是简单的火球，它能容纳100万个地球，这就像在健身球里装满米粒，每一粒米都代表一个地球。太阳的质量如此大，能够吸引一定距离内的行星，最远可以到距太阳45亿公里外的海王星。SR-71黑鸟式侦察机飞完这段距离需要142年。

继续往外飞，我们就到了太阳系最大、最边缘的结构——奥尔特云。这是一个环绕太阳的、由冰和岩石组成的"泡泡",半径为 15 万亿公里。从地球到奥尔特云,一束光需要经历一年半,SR-71 黑鸟式侦察机则需要耗费 45 万年。

再往外,我们就到了其他的"太阳系",比如,沃尔夫 359 和拉兰德21185。从地球到这两颗恒星,光需要 8 年左右,SR-71 黑鸟式侦察机则需要240 万年。而到其他恒星的距离还会继续增加。

恒星簇集成碟状云。在没有光污染的乡村,当我们仰望夜空的时候,可以看到碟状云的边缘,就像一条光带从地平线的一端延伸到另一端——仿佛星尘做的飞机云。

希腊人相信,这条发光的带状物是从女神赫拉的乳房中喷溅而出的乳汁(milk),用于哺育被遗弃在凡间的婴儿赫拉克勒斯。这便是英语"galaxy(银河系)"一词的来源。希腊语中的"galaxias"就是"乳汁"的意思。另外,这个故事也催生了银河系的另一个英文名称:the Milky Way (奶路)。

银河系的大小一直是科学史上最大的谜,但 2019 年 3 月,美国航空航天局的哈勃空间望远镜和欧洲航天局的盖亚卫星"合作",通过测量光密度,谨慎地计算出银河系的质量是太阳系的 1.5 万亿倍,其中包含大约 2000 亿颗恒星。这个数字相当于一朵云中水滴的数量。从字面意义上讲,我们真的生活在星云之中。

如果你在夜空中举起一粒沙子,它覆盖的区域至少包含 1 万个星系,每个星系都有数十亿颗恒星。宇宙之大,超越巨大,超越庞大,超越博大,超越广大,超越宏大,超越浩大。我们只能用一个词来形容:天文。

FBI 阅人术

吴凯琳

第一次和陌生人见面时，如何在一开始谈话的几分钟内，了解这个人？如何和对方拉近距离？如何找到对方喜爱的话题？如何让对方愿意开口？

这都得依靠细心而入微的观察力，谈到这里就不能不提最近声名大噪的乔·纳瓦罗。

他曾经担任美国联邦调查局探员长达25年，是反间谍情报小组的身体语言行为分析专家。如今退休后成为美国知名的扑克牌教练，赢得牌局的关键就是掌握"70/30法则"——"其中70%来自于阅人能力，赌博技巧仅占30%"。

2006年年底他出版了《牌桌上的阅人术》一书，凭着他在担任探员期间对犯人测谎时所练就的观察力，指导玩家如何通过对眼神、肢体动作的观察，看透对方的心思，在牌桌上给予对方致命一击。

观察力可以靠后天练习

首先最重要的就是练习你的观察力，其中最有效的方法之一是"回想游戏"。你可以在任何时候、任何地方练习，例如，当你走进一个房间之后，闭上眼睛，尽可能回想走进房间之前你看到了什么，越详细越好。

时间久了，你也可以像纳瓦罗一样，走到朋友家的前门，就已经把周遭环境看清楚了：门前街道上停了哪些厂牌的车，隔壁房屋外有位男性在除草，另一间房子的门前放着两份报纸……

另一种练习方式则是更进一步。当你观察完周遭环境之后，还要再问自己，这些代表什么意义。例如，除草的人应该就住在那间房子里，因为门前的街道上没有停放任何除草维护公司的车辆。

答案正确与否不是重点，真正重要的是你必须训练自己，从观察到的线索中得出合理的推论。

而当你真正和对方面对面接触时，得随时保持警觉，任何细节都不能放过。纳瓦罗每次坐上牌桌，第一件事就是观察同桌的对手，包括他们的脸部表情、双手放的位置、坐姿、穿着打扮、发牌时出现什么样的脸部表情或动作。

更重要的是，竞赛过程中他会特别注意对手的行为是否出现异常。例如原本放在牌桌上的双手突然环抱在胸前或放在大腿上，可能代表情势变得对他不利。

双脚动作更可靠

一般我们在观察人时，习惯第一眼就看对方的表情，但是纳瓦罗却反其道而行，先观察对方的双脚动作："脸部表情可以装，但是很少人伪装双脚的动作。"

其中一个线索就是双脚朝向的方向。根据许多针对法庭行为的研究显示，如果法官不喜欢某个证人，通常会将双脚朝向他们之前走进法庭时的大门。

同样地，当你和某个人说话时，如果对方的双脚朝向某个方向，而不是正对着你，就代表他想要结束这场对话。

如果对方突然双脚（脚踝之处）交叉，就代表他有些紧张或是觉得受到了威胁。

如果对方将身体往后移，然后跷腿而坐，这就是自信的表现，代表情势对他非常有利。

观察不寻常的动作

当然，观察不只限于刚碰面的几分钟而已，越到中后段，越能看到对方真正的行为反应。因为除非接受专业训练，否则过了一段时间，便会不经意露出马脚。因此，在过程中你必须特别注意突然出现的异常行为。

例如，当人在紧张或是有压力时，常会不自觉地做出以下这些动作：

1. 触摸或按摩颈部：我们的颈部有许多神经末梢，只要稍加按摩，就可以有效降低血压与心跳速度，消除紧张。另外，按摩额头或是摸耳垂，也都是一般人紧张时会出现的动作。而如果男生拉着领带，或是女生玩弄颈上的项链，也代表同样的意思。

2. 深呼吸或是话变多：深呼吸是立即平缓情绪的最简单方法，因此当你看到对方深呼吸，就知道他可能在压抑自己的情绪。或是在过程中对方不太爱说话，却突然话多了起来，也代表他的情绪开始变得不稳定。

3. 双手放在大腿上：紧张时我们也会不自觉地将双手放在大腿上来回摩擦，试图平缓自己的情绪。因此这个动作也是另一个重要的线索。

此外，有时候当你发现对方动作快速，决定很果断，通常这么做的目的是掩饰自己的没信心。真正有自信的人会深思熟虑，而不是不假思索就做出决定，急着展现自己的信心。

当你观察到以上的行为时，就可以依据情况决定自己是否要乘胜追击，迫使对方答应你的要求，或是说些话让对方放松，以利接下来的对话。

从肢体语言看个性

然而，身体动作除了显示对方当下的状态之外，很多时候也是个性的展现。日本管理顾问武田哲男归纳出几种常见的习惯动作，反映了特定的个性与行为模式：

1. 喜欢眨眼：这种人心胸狭隘不大能够信任。如果和这种人进行交涉或有事托付时，最好直截了当地说明。

2. 习惯盯着别人看：代表警戒心很强，不容易表露内心情感。所以面对他们，避免出现过度热情或是开玩笑的言语。

3. 喜欢提高音量说话：多半是自我主义者，对自己很有自信。如果你认为自己不适合奉承别人，最好和这种人划清界限。

4.穿着不拘小节：代表个性随和，而且面对人情压力时容易屈服。所以有事情找他们商量时，最好是套交情，远比透过公事上的关系要来得有效。

5.一坐下就跷腿：这种人充满野心与自信，而且有行动力，下定决心后会立刻行动。

6.边说话边摸下巴：通常个性谨慎，警戒心也强。

7.将两手环抱在胸前：做事非常谨慎，行动力强，坚持己见。

多搜寻周边线索

不过，外表只是线索之一，你还可以从其他不同的来源搜寻关于对方的重要信息。《冷读术》的作者石井裕之提供了一些有趣的技巧，有助于摸清对方的个性。

首先，你可以从笔迹下手：在适当的机会，请对方在一张白纸上写下你要的信息。比如请他写下他的联系方式等。如果字迹潦草而写字速度很快的人，工作速度也很快，但是通常比较马虎粗糙，因为他认为"大略做好后再修改细节就行了"；写字谨慎而慢的人，工作时会一步步边确认边进行，非常仔细，但是如果催促他加快速度，就不能发挥应有的水平。

此外，手机吊饰也是很好的线索。吊饰复杂的人，通常朋友很多，是属于怕寂寞、喜欢热闹的类型。没有佩戴手机吊饰，即使有也是式样简单的人，不大喜欢一群人在一起吵吵嚷嚷，也不大重视表面的交友关系，只与少数能真正交心的人长久交往。

以上只是简单说明几种主要的观察方法，重要的是要靠经验的累积。只要平时多与人互动、多观察，你也能拥有惊人的阅人能力。

现代生活风险

姬十三

生活充满风险。作为一个小民，你承受的生活风险，往往来自交通意外、台风、注水西瓜和手机等，毫不悲壮。

是的，还有手机。2006 年，曾经有一个图文并茂的帖子风行于各网站，说俄罗斯人做了一个实验，将生鸡蛋放在陶瓷杯里，两侧各放一部手机，让它俩"通话"65 分钟，结果这个可怜的鸡蛋就不可逆转地被煮熟了。

作为一个鸡蛋，它的下场通常是被吃掉，至于是被锅蒸熟，被温泉烫熟，还是被手机煮熟，相信都没有太大的区别。可是很自然地，读者怜香惜玉地、感同身受地看到自己同鸡蛋面临类似的凶险——尽管我们的脑袋似乎蹦不出小鸡，煮起来也未必像鸡蛋那么容易熟。

好在这是一场虚惊。不久以后的报道辟谣说，这不过是个高科技玩笑。有专家发言，还有富于实验精神的记者亲自考证——当然是用鸡蛋。专家讥讽说，各位看官的脑子不用煮都是坏的，所以才会相信这种鬼把戏。

但是，如果专家都出来唬人，你就不好判断到底是谁的脑子坏了。有媒体援引 2006 年 6 月 24 日出刊的《英国医学杂志》上的一篇文章，称雷雨天不得在户外使用手机，否则可能遭受雷击。这真是手机经销商的又一噩耗。

来自伦敦西北部诺斯威克公园医院的三位医生报告了一个骇人听闻的故

事。有位 15 岁的英国少女曾遭受雷击，虽然侥幸捡回性命，却留下了很多后遗症。一年之后，她只能靠轮椅活动，身体、认知和情绪都出现了问题，左耳鼓膜出现穿孔，以致该侧听力受到损伤。原因只不过是她在雷雨天使用了手机。

这真是个值得吸取教训的故事——不过说起来，在雷电交加的一刹那，要恰到好处地掏出手机并不是件容易的事。英国医生继续解释说，这起事件可不是因为手机的辐射太高。通常情况下，当受到雷击，人体皮肤的高电阻会令雷电跨过人体，致死率很低，但是当高导电的材料例如金属手机正巧与人体直接接触，就为雷电直接穿过人体提供了一条捷径，造成内伤。

听起来，这是个不错的警告。可惜它并未说明为什么祸首只是手机，不免教人狐疑。难道就没有人在听 MP3 时遭受不幸？如果我在雷雨天穿着暴露，骑上自行车，还戴着金属项链，跑到公园去赌硬币，结果会如何？不管怎样，这则故事令我意识到生活的凶险：你不可以在雷雨天求婚，即使求了，也得小心不要送戒指；雷电交加时还不适合带着金属框眼镜外出散步……夏季真是不适合从事各种运动啊！

关于手机的科学传闻还在继续，可惜可信度依旧不高。意大利曾有研究者发现，手机辐射会刺激邻近的大脑皮质并令之兴奋。让志愿者连续打 45 分钟手机（不晓得有没有煮熟一点儿），同时用颅刺激器监测其大脑活动，结果发现其中 12 人靠近手机的皮质运动区出现兴奋。这则严肃的科学报道听起来更像一场闹剧——不知道志愿者被安排与什么人打 45 分钟手机，如果是情人或仇人，恐怕被激活的脑区多了去了。英国政府的一位辐射研究专家评论说："科学研究的结果得能被重复才算数，不过，那些关于手机影响认知功能的研究，常常无法重复。"

研究归研究，专家们依旧乐此不疲。于是我们很欣慰地看到现代生活的一大特征：专家和媒体经常出来苦口婆心地唬人，生怕你不明白安全活着有多么不易。

（英）马库斯·乔恩

你只是 0.25% 个人

你身体内有一半的细胞都不是你自己的。科学家曾经认为，人体内的外来细胞比例高达 90%。直到近期，才有研究成果将该百分比下降到 50%。但毫无疑问，这仍是个耸人听闻的消息，毕竟这意味着你身体的一半（多达 38 万亿个细胞）都不属于你。

真菌会依附在你身上搭便车，细菌也会。但是，如果不是你胃里那几百种细菌，你连吸收食物里的养分都做不到。这也是为什么吃了抗生素后人就会拉肚子，因为抗生素会不分青红皂白，既杀了致病细菌，也吊打益生菌。

细菌可比你身体的细胞小多了。虽然细菌的数量和细胞差不多，但它的重量很轻。一个 70 千克的人体内只有 1.5 千克的细菌。

"人类微生物计划"是美国政府开展的为期 5 年的科学研究，简称 HMP。研究旨在识别人体内所有外来微生物并鉴别其作用。这是一个庞大的项目。HMP 于 2012 年发布的研究结果表明，人体内有超过 1 万种外来细胞——这是你自身细胞种类数量的 40 倍。事实上，每平方厘米的皮肤上居住着大概 500 万个细菌。即使是针尖大小的地方，都有 500 个细菌凑在一起呢。而耳朵、后颈、鼻翼两侧和肚脐眼更是细菌最为密集的地方。这些外来物种究竟在人身上搞些什么名堂，我们还不是很清楚。比如，寄居在人类鼻子里的细菌就让科学家们摸不着头脑。HMP 研究了这么久，仍对 77% 的细菌功能知之甚少。

HMP 发现有 29% 的人鼻腔通道内含有金黄色葡萄球菌，即 MRSA 超级细菌。听上去好像很可怕，其实在健康人群中，此类细菌都在免疫细胞的监管之下，不敢为非作歹。但对体弱多病的人来说，金黄色葡萄球菌就很危险了。比如，在病弱人群聚集的医院，这种病菌就是让人头痛的问题。

越来越多的证据表明，人体微生物群失衡将导致多种病症。包括各种肠道炎症——克罗恩病，以及溃疡性结肠炎。有一些迹象表明，微生物群失衡可能导致阿尔茨海默病。

没有人生来就带着各种细菌和其他微生物。但自出生时起，母亲的乳汁以及生长环境都会使细菌和其他微生物找到机会，携家带口住进你的身体里。当你长到 3 岁的时候，所有微生物群大致到位。这也是为什么说，你生来是一个 100% 的人，但去世的时候就只是半个人了——你的另一半身体是由租住的各种微生物组成的。

更为耸人听闻的是，HMP 发现人体内微生物共有 800 万个基因。每个基因都是个编码，可以编写出某种具有特定功能的蛋白质。然而，人类染色体组只含有 2.4 万个基因。也就是说，影响人体的微生物基因是人类自身基因数量的 400 倍。或者这么说吧，你体内 99.75% 的基因都不是你自己的。要是从基因角度看，你连半个人都不是呢，你只是 0.25% 个人。也可以说，你生来是 100% 的人，去世的时候却是 99.75% 的异种！

制造一个人要花多少钱

〔英〕比尔·布莱森

许多权威人士曾尝试计算制造一个人要花多少材料费。近年来，最全面的一个尝试来自英国皇家化学学会。

根据皇家化学学会计算，制造一个人需要 59 种元素。其中，碳、氧、氢、氮、钙和磷占了我们身体的 99.1%，其余的大部分元素都有点出人意料。谁会想到，没有体内的钼、钒、锰、锡、铜，我们就是不完整的呢？必须说明的是，我们人类对部分元素的需求量其实非常少，只能以百万分之几，甚至十亿分之几来度量。

人体最多的成分是氧，占可用空间的 61%。所以说，几乎人体的 2/3 是由这种无味气体组成的，这似乎有点违背我们的常识。我们之所以不像气球那么轻盈有弹性，原因是氧大多跟氢相结合（氢占了另外 10%），构成了水。氧和氢是人体内较为廉价的两种元素。假设你的体形跟本尼迪克特·康伯巴奇（英国演员，曾主演电视系列剧《神探夏洛克》——编者注）相当，你体内的氧价值 8.9 英镑（约人民币 78 元，下同），氢价值 16 英镑（约 140 元）多。氮（占 2.6%）的单价更高，但按人体内的含量计算，仅值 27 便士（约 2.3 元）。除此之外的一切就相当昂贵了。

根据英国皇家化学学会的数据，你需要大约 13.6 千克的碳，这将花费

44300 英镑(约 39 万元)。钙、磷和钾，虽然需要的量极少，但它们会让你的价值再增加 47000 英镑(约 41 万元)。其余的大多数元素，每单位体积的价值更加昂贵，好在你只需要很微小的分量。钍用 21 便士(约 1.8 元)就能买到。你需要的所有锡，价值 4 便士(约 0.3 元)，而锆和铌只需花费 2 便士(约 0.2 元)。钐显然不值钱，在皇家化学学会的账本上，它的登记费用是 0 英镑!

在我们体内发现的 59 种元素里，有 24 种传统上被称为"基本元素"，因为我们没了它们真的不行。其余的则好坏参半:有些显然是有益的;有些兴许有益，但我们说不准是哪些方面有益;其他的既无害也无益;只有极少的几种是彻底的坏家伙。例如，镉是体内最常见的第 23 种元素，占你体重的 0.1%，但毒性严重。我们拥有它是因为它通过土壤进入植物，而我们吃植物时也顺便摄入了它。

人体在元素水平上的绝大部分运作方式，都是我们至今仍在研究的课题。把你体内几乎所有的细胞抽出来，它们还包含 100 多万个硒原子。硒能制成两种重要的酶，高血压、关节炎、贫血，以及某些癌症都与缺少硒有关，为体内加入一些硒(坚果、全麦面包和鱼类中的硒含量很丰富)是个好主意，但要是摄入过多，你的肝脏会受到无可挽回的毒害。跟生活中的大部分事情一样，找平衡是一桩微妙的活计。

总的来说，按皇家化学学会的说法，制造一个人的全部成本(以本尼迪克特·康伯巴奇为样板)是个非常精确的数字:96546.79 英镑(约 84 万元)。据说，2012 年，美国电视网在老牌科学节目《新星》里播出的名为《寻找元素》中，做了一项和英国皇家化学学院完全相同的研究，计算出人身体内基本组成要素的总价值是 168 美元(约 1150 元)。这说明，有关人类身体的各种细节，往往都十分不确定。

这其实并不重要。无论你花多少钱，也不管你怎么精心地装配材料，你都没法用这些材料造出一个人来，更别说复制出本尼迪克特·康伯巴奇了。

最让我们震惊的事情是，我们只是一堆惰性成分，就跟你在一堆泥土里找到的东西一样。构成你的元素唯一特殊的地方，就在于它们构成了你。这是生命的奇迹。

打仗时，糖对军队有多重要

杜若

糖是人类维系生命的必需品之一。人类生命活动所需能量大约有 70% 依靠糖氧化分解后产生的热量维持。人一旦缺糖，轻则头晕、心慌、眼花，重则出现低血糖，甚至昏迷，危及生命。作为维系生命的重要来源，糖在战争期间的重要性更加凸显。

以第二次世界大战期间的美军口粮为例。美军口粮共有 A、B、C、D、K5 类，其中 A、B 为常规口粮，需要做熟；C 和 K 属于战时口粮，在战斗时食用；D 为应急口粮。K 口粮的标准配给除了肉罐头和压缩饼干，主要是一堆糖。而作为应急食品的 D 口粮，则是军用巧克力棒，它热量极高，方便携带，不易融化。1941 年 9 月，负责向部队提供给养的军需官在 C 口粮中增加了 5 块硬糖。这些糖可以迅速补充士兵消耗的能量，使士兵有足够的体力进行长时间高强度的战斗。

就连美国海军储备在救生筏上的口粮也是由糖——口香糖、维生素糖片和水果味的硬糖片组成的。盒子中的说明书还提醒使用者，如果碰巧捉到了一条鱼，他应该先吃鱼，把糖果留到以后吃。遇到突发情况时，救生筏上的糖果将成为维持美国海军生命的主要物资。

糖果的高热量和便携性使其成为应急口粮的不二选择。1944 年，美国进行了一项作战部队的糖果配给测试，4名美国飞行员自愿在救生筏上停留5天，只吃冰糖、喝水。结果，尽管所有人的体重都减轻了，但在医院短暂休息和进食后，他们的身体迅速恢复正常。该测试再次证明了糖果在军队中的重要性，如果跳伞的飞行员口袋里藏着糖果，他们的生存机会就会增加。

"记住，糖果是我们战士的战斗食品，是我们工人的能量食品，是我们公民的士气建设者。""二战"爆发时，由美国糖果协会主办的广播节目《华盛顿配给报告》在每次广播结束时，主持人都会这样总结。美国糖果协会主席菲利普·戈特甚至将糖果比喻为子弹："我们正在为新的军队口粮制作一些非常重要的'糖果子弹'。"的确，在行军打仗时，外部条件往往异常艰苦，饿肚子的事情时常发生，如果能够及时补充糖分，就可以有效防止军人们因过度饥饿而引起不适，从而抓住战机、赢得胜利。

"二战"期间，美国国内大量的糖被运往前线。无论美国士兵和水手走到哪里，糖果都会和枪支、汽油一起被送上战场。随着大量的糖果被转移到前线，加之美国制糖业严重依赖国外供应商，美国国内出现了糖供应困难。由此，糖也成为美国"二战"期间第一次定量供应的物品，也是唯一一种在1946年前没有被取消配给控制的物品。

"二战"期间，日本国内的糖更为紧缺。因为当时盟军封锁了日本的海上运输，所以日本国内物资大幅度短缺。在众多物资中，物价上涨幅度最大的就是糖，价格上涨了300多倍，黑市上甚至上涨了700多倍。据说，战后在日本的美国士兵只要有足够数量的糖，就可以得到他们想要的任何东西。

这也表明，在战争期间，糖成为一种不亚于黄金的硬通货。

成长与青春

青春像生命火山的第一次爆发，又像一场人生的实战演习，或是一叶小舟不自量力地出海，看似儿戏，又危机四伏。

——老　喻

"自己"是看不见的，只有跟很强的、水准很高的、可怕的东西狠狠碰撞，反弹回来，你才会恍然大悟"自己"是什么。

——樊国宾

除非你是绝世天才，否则趁早成名了，很有可能不得不"端着"，为所谓的盛名所累。

——冯　唐

一个人一辈子可以不登山，但心中一定要有一座大山。

——沈杰群

我们常常不去想自己拥有的东西，却对得不到的东西念念不忘。

——〔德〕亚瑟·叔本华

真正能够影响我们一生的，并不是你在哪里上的大学，而是在那里你学到了什么，以及与他人的不同之处。

——〔美〕理查德·H.肖

每个人都是垂钓者，每个人也可能变成别人鱼钩上的鱼。

——徐海蛟

但就像我妈说的，努力工作、爱惜身体，拓宽视野，保持乐观，这也是成功。

——刘小念

人的年龄越大，就越常听到这两种不和谐的声音：一个是肉体的声音，另一个是灵魂的声音。习惯于倾听灵魂而非肉体的声音的人，将过上好日子。

——〔俄〕列夫·托尔斯泰

如果将生命之有涯、宇宙之无穷、天地之不仁都想通透了，即使走到人生的终点，我们的内心也应该依然是充盈的。

——郭　浩

闲看他人的名利人生，是另一种境界的透彻与淡定，远胜人间无数争名夺利的痴人傻事。

——黄佟佟

我总在必须搬家之时，才发现最搬不动的行李就是自己。

——袁哲生

你在看别人的时候，看到的其实是自己。邻人之窗就是自己的窗。

——郁喆隽

当你背向太阳的时候，你会只看到自己的阴影。

——〔美〕纪伯伦

我还喜欢在雨夜，关上电灯，躺在床上，听雨打屋顶的声音，仿佛天在演奏。那是我童年的音乐。

——高　兴

童年的夏天再热也热不进心里。

——朱德庸

童年就是让你能够忍受暮年的那股力量。

——〔叙利亚〕阿多尼斯

童年的陷阱之一，就是只存有对事物的感觉，却不了解原因。当理智成熟到足以了解它的来龙去脉时，内心受到的伤害却已经太深了。

——〔西班牙〕卡洛斯·鲁依兹·萨丰

有问题了，能判断，能抓住问题的本质，这就是有用、有学问；遇到问题，茫然不能判断，无法找到解决问题的诀窍，这就是无学问。

——梁漱溟

人好比河：所有河里的水都一样，可是每一条河都是有的地方河身狭窄，有的地方水流湍急，有的地方河身宽阔，有的地方水流缓慢，有的地方河水清澄，有的地方河水冰凉，有的地方河水混浊，有的地方河水暖和。

——〔俄〕列夫·托尔斯泰

我们对自身的了解，来自大地的，比来自书本的多。因为大地桀骜不驯。人在跟障碍较量时，才会发现自己的价值。

——〔法〕安托万·德·圣－埃克苏佩里

一个人的成长，不能够只依靠前辈的经验和父母的劝告，也不能够只按照自己预想的轨迹进行。生活太复杂了，在想明白很多问题之前，你就已经被命运推着走出了门。

不要拒绝意外，因为意外是你与世界互相试探的机会。

——陶瓷兔子

如果命运没让你大笑，那是因为你根本没弄懂那笑话。

——〔澳大利亚〕格里高利·大卫·罗伯兹

蛋糕甜一点，汤咸一点，这些都是可以忍受的小瑕疵吧。虽然我们都知道，如果是恰恰好的味道会更美好，但生活教会了每个人妥协。

——陶立夏

成长的蜕变，看似蝴蝶出蛹，把丑陋的茧留在原地，自己就能翩翩飞走。但实际上没有那么容易。你和你的过去是紧紧地连在一起的，血肉相连。如果你想要挣脱出去，你一定要撕裂自己的肉，让自己的血流出。当你从过去的自我中爬出来时，你必定已是遍体鳞伤、血肉模糊。这就是成长的残酷现实，这就是青春的丑陋本色。

——何　帆

最初我们什么都怕，怕动物、天气、树木、夜空，但就是不怕同类。如今我们怕同类，却几乎不怕其他东西。没有人知道别人为何做了某事，没有人说真话，没有人快乐，没有人安全。

——〔澳大利亚〕格里高利·大卫·罗伯兹

《奥德赛》里有这样的句子："只有少数儿子长成如他们的父亲，多数不及他们，极少数比父辈高强。这对儿子而言，是多大的压力？"

——冯雪梅

有人说过，人生中 80% 的时间都不过是让自己到场而已。我相信这句话。

——〔美〕迈克尔·布隆伯格

实际上别人就是最敏感的你，附托在另一个躯壳上。

——〔美〕纪伯伦

"好人"的内核，是一个疲倦的灵魂。

——〔美〕卡伦·霍妮

哭泣是因为希望尚存，绝望反而让她平静。

——余　华

任何人的一生之中，都有顺境和逆境。顺和逆，是由环境决定的吗？少年或成年人可以这样想，但一到中年，就会明白，哦！原来顺境和逆境，都是由自己决定的。到了有更进一步的认识时，就更会知道，顺境或逆境，都是由自己的性格决定的。性格决定了一切。

——倪　匡

安逸就像一件湿衬衫紧贴在思想上，只有当我们突然想做一个动作时才会发现自己受到了限制。

——〔西班牙〕安德烈斯·巴尔瓦

真正的远见，常常与现实相悖，常常不被人理解，但那些远见，却着眼于未来。

——李尚龙

一个人成熟的过程，其实就是删繁就简的过程。就像《半生缘》里的许叔惠，经历了战争和生离死别之后，再不对着镜子顾盼自喜了。发现人生更大的痛苦、喜悦之后，那些细微的自得、琐碎的收益，就像秋天的叶子，得抖一抖，让它们落掉。

——韩松落

努力接近目标，如果力所不及，就考虑调整方向；承认已失去，接纳得不到，放弃无用功，也是生活的必修课。普普通通的日子尽管给不了人轰轰烈烈的成就，但是时光自有积少成多的力量，也许在某个转角会带给你意外的惊喜。

——李筱懿

减少不必要的压力，静下心来，规划好自己的工作与生活，通过适当的休息为自己充电，这才是成功的秘密。

——白杏珏

人魅力的基础，可能是颜值、财富、谈吐等等。但是，如果想在熟人中保持长期的魅力，你就得把自己置于一种稳定的正向关系中。

——罗振宇

一个对现状深感满意的人，必是经过努力后方能有气定神闲的享受——他走的每一步都是在调整山河，推平村庄的砾石路。这个景色起自他的胸臆，他感受到的快乐也是孩子感受到的快乐——他排列了石子，建造了城市，于愿已足。看到一堆未经自己努力而成为风景的石子，哪个孩子会欢欣雀跃呢？

——〔法〕安托万·德·圣－埃克苏佩里

少年读书，如隙中窥月；中年读书，如庭中望月；老年读书，如台上玩月。皆以阅历之浅深，为所得之浅深耳。

——李雪涛

每个人的生命都有自己的时区，它们不是流水线上标准整齐的产品，需要高效率的规划和设计。它们有属于自己的四季。时间不仅要用来追赶，一泻千里，也要用来酝酿和发酵，在静默中生长出从容安详的灵气。

——蒋　曼

和生物一样，人类社会也处在永远的生存竞争和自然选择之中。人们只有不停奔跑，才有可能停在原地，因为进化是一场永不停歇的冒险。唯一不变的是变化本身，这句话是生物世界的生存智慧，也是人类社会的生存智慧。

——王立铭

"我一无所知"，年轻人要保持这样的自省力。不要封闭自己，不要自以为是。这是一个伟大的"开锁"时代、学习时代，我们今天的年轻人要学会归零，去探索新的价值，不能固守成见、故步自封，一定要像孩子一样天真，向时代学习。

——梁永安

勿只把文字当文字读，勿只从文字上去学文字。读书贵有新得，作文贵有新味。最重要的是触发的功夫。

——夏丏尊　叶圣陶

芸芸众生，各有所长，常想"我不如卿"，能让你倨傲的脾气低回至尘埃里；每个人都不完美，常思"卿不如我"，能让你在末流中生出无穷的自信。

——丁时照

明代文学家袁中道的一段话讲得十分明白："不绝欲亦不纵欲，不去利亦不贪利，不逃名亦不贪名，人情内做出天理来。"如果你想圆满地做人处事，那么"中和"就是一个最为重要的秘诀。

——那秋生

通向智慧之路有三个必经阶段：

一是合群时期，崇敬、顺从、仿效随便哪个比自己强的人。

二是沙漠时期，束缚最牢固的时候，崇敬之心破碎了，自由的精神茁壮成长，一无牵挂，重估一切价值。

三是创造时期，在否定的基础上重新进行肯定，但这肯定不是由于在我之上的某个权威，而仅仅是出于我自己，我就是命运。

——〔德〕尼采

要到达解脱的彼岸，重要的是消除内心的无明及知见上的错误。否则，纵然祈祷一生，也是徒然！

——马明博

痛苦吗？生活里打拼的人没有多少工夫去感觉，去怜悯自己。有那么多闲眼去感觉，去怜悯的，多半还站在岸上；水有多深，水有多冷，站在干滩儿上想象着吧！

——朱西甯

惋惜过去很愚蠢，但总是追求新开始也很愚蠢。

一个人如果刻意逃避他所惧怕的东西，到头来会发现自己只是抄了条近路去见它。

——〔英〕托尔金

人这一生中，也许多少要经历愤世嫉俗的岁月。它就像种牛痘一样，让我们对未来世界产生那么一点点免疫力。

——押沙龙

蚕吐丝成茧后，将身子幻化其中，做了一个"能入能出"的美梦；蜘蛛吐丝成网后，置身其外，定了一个"能进能退"的战略。它们都替自己做了精细的盘算。

——黄永武

我一生只看重三个人：鲁迅、凡·高和妻子。鲁迅给我方向、给我精神；凡·高给我性格、给我独特；妻子则成全我一生的梦想，平凡，善良，美。

——吴冠中

骂人是和动手打架一样的，你如敢打人一拳，你先要自己忖度一下，你吃得起别人的一拳否，这叫作知己知彼。骂人也是一样。譬如你骂他是"屈死"，你先要反省，自己和"屈死"有无分别。你骂别人荒唐，你想想自己曾否吃喝嫖赌。否则别人回敬你一两句，你就受不了了。所以别人有某种短处，而足下也正有同病，那么你在骂他的时候只得割爱。

——梁实秋

中年人的坚守，已从观点上升到人格。他们知道，只要坚守着自身的人格原则，很多看似对立的观点都可相容相依，一一点化成合理的存在。在中年人眼中，更多的是把老老少少照顾在自己身边。请不要小看"照顾"这两个字，中年人的魅力至少有一半与此相关。

——余秋雨

许多时候，都市里的人就是这样，一边顽强地社交恐惧，一边非常孤独。也许，所谓的喜欢自己一个人，不过是在机场苦苦等候一条船，等得太久了，以至于相信自己真的是在等飞机，只是等的航班迟迟没有召唤登机而已。

——潘向黎

未来，如果有朋友或者商业伙伴请你破例做某事，而你自己也反感这种破例行为，那么可以告诉对方："100% 的坚持比 98% 的坚持更加容易。"

——田　林

没有谁是不可取代的。你将一个老友拉入黑名单，不久也会有一个新人通过好友申请。你被某人的朋友圈拒之门外，也意味着你会收到另一个人朋友圈的"欢迎光临"。只是希望你在下一场关系中，依然值得被爱，也值得被珍惜。

——老杨的猫头鹰

勇气与追求

人生激越之处，在于永不停息地向前，背负悲凉，仍有勇气迎接朝阳。

——萧　红

迷路也不容易，失掉生活方向的人才会迷路。

——李伟长

生活在什么地方筑起围墙，智慧便在那里凿开一个出口。

——〔法〕马塞尔·普鲁斯特

读那么多书干什么呢？就是在要紧关头，可以凭意志维持一点自尊：人家不爱我们，我们站起来就走，不作无谓的纠缠。

——亦　舒

绝望和希望之间的最佳桥梁，是一个良好的睡眠。

——〔美〕马修·沃克

对大多数人而言，人生不是什么冒险，而是一股莫之能御的洪流。

——〔美〕雷蒙德·卡佛

青年的动人之处，就在于勇气，和他们的远大前程。

——王小波

做你想做的事，走你想走的路。千人一面，灵魂该是何等无聊和疲倦。

——蒋　曼

"只有真正创造的人能体验奇迹，白昼看不到繁星。"卡夫卡在一本思考笔记中写道。

——〔西班牙〕阿兰·珀西

天才就是另辟蹊径抵达真实的人。

——〔智利〕罗贝托·波拉尼奥

没有人确切地知道：人从什么年纪开始有梦。不管是美梦还是噩梦，不管是造梦的年华，还是过了造梦的日子，梦总会偷偷地，如一叶轻舟，荡入我们的生命里。尽管梦是如此易破，醒来却又如此无处追寻，但人绝不因此而不再造梦。人已和梦结下不解之缘。你不要说："我早没有梦了。"

——丰子恺

前浪之所以仍然存在，是因为后浪不够高、不够有力，根本盖不住前浪；或者前浪虽已势弱，但转个身，化为更新、更奇的后后浪，脱胎换骨，雷霆万钧，再来一次。

——亦　舒

关于人生低谷：如果你停止努力，那就是谷底；如果你继续攀爬，那就是在上坡。

——杨仕成

本想抬头挺胸前进，却不知何时沾了一身泥巴。不过，即使那样也能坚持走下去的话，总有一天，泥巴会干燥掉落。

——王耳朵先生

当我们陷入进退两难的困境时，别忘了左右两侧的路跟前后的路一样开阔。

——蔡志忠

我们只需要拿出意愿。今后几十年是我们为自己创建稳定的家园，恢复从远祖那里继承的丰富、健康和美妙世界的最后机会。

——〔英〕大卫·爱登堡

有人说，在海那边奔跑的人，改变了天空，却没有改变自己的心。也许的确如此，但是如果不去海那边跑一遭，我们永远不会知道能不能改变自己的心。这个理由已经足够让人从一个地方去另一个地方，由此至少可以让灵魂保持鲜活觉醒，直至迟暮之年。

　　　　　　　　　　　　　　　　　　——〔西班牙〕路易斯·塞尔努达

　　自我未必就非要冲着时代逆流而上，或者和现状背道而驰；自我，不过是通过完成自己热爱的事而成全的——通过走过的路、翻过的山、克服的困难，生长出一个新的更丰满、更完整的我。

　　　　　　　　　　　　　　　　　　　　　　　　　　　　——肖　遥

　　任何在园子里耕耘的人，都必有一份敬畏。园子让人看到，自己仅仅是这天地间特殊的微尘——脚踏大地，心怀谦卑，永不放弃，默默耕耘。

　　　　　　　　　　　　　　　　　　　　　　　　　　　　——郁喆隽

　　人的命运是由大环境和自己做事情的方法决定的。没有人能够选择自己出生的年代和地点，但是人们可以通过认清自己所处的时代和环境，选择做事的方法和方向。这就如同中国老话所讲，在哪座山就唱哪山的歌。

　　　　　　　　　　　　　　　　　　　　　　　　　　　　——吴　军

　　王阳明提倡"知行合一"，否认在行动之前有什么"知"。他本人就是行动的典范，而且总是立即行动，绝不等待。如果无法行动，他也不等待。如果有一丝可能，他只寻找这种可能，而不是等待这种可能。寻找是主动的，等待是被动的。王阳明宁肯放弃，也不要被动，因为被动往往是不动、乱动、反动。

　　　　　　　　　　　　　　　　　　　　　　　　　　　　——余秋雨

　　如果愿望没有实现，不要归咎于他人、时代或者命运，不要说原本就不可能，请扪心自问：豁出性命去争取，我敢不敢？自然，命只有一条，人只能活一次，要何等强烈的热爱、心愿、念头，才能让人豁出性命呢？

　　　　　　　　　　　　　　　　　　　　　　　　　　　　——潘向黎

　　我们能做的是去看见、去观察，不要因眼见心盲而迷失方向，让爱、怜悯、尊重……让那些使人之所以为人的东西，变成我们的拐杖，指引我们前行。

　　　　　　　　　　　　　　　　　　　　　　　　　　　　——邱雨奇

我以前认为，英雄主义是完成一项伟业，做别人做不到的事；现在我觉得，只要一个老年人离开自己的舒适区，改变一点点自己的认知，往前走一步，他就是英雄。

——刘江索

英雄也会留恋生命，也会害怕死亡，如果有活下去的机会，他们也还是希望活下去，但是，他们有自己的底线。在底线之上，他们可以有种种彷徨；在底线之下，他们则义无反顾地决绝。

——押沙龙

每个经历挫折的普通人，只要坚持下来，就都是自己的英雄。

——周荣旺

挫败感是年轻人的显著特征，在一定意义上，我们的生活总是通过一系列排除而日渐成形：我们丢弃不喜欢的东西，抛却不能激励我们的东西。

——〔美〕E.B. 怀特

苦难有时的确能教人学会忍耐，而忍耐的确陶冶情操。但忍耐不是一种美德，它只是一种达到目的的手段，仅此而已。忍耐对那些想做大事的人来说是必要的，但在琐事中忍耐，也就同它所示一样，不是那么值得尊敬。如滑铁卢大桥，它本身没什么了不起，不过是连通泰晤士河两岸的一条通道而已，是桥两端伸展开的伦敦城才让它变得重要。

——〔英〕毛　姆

不奢求理解，其实也就意味着不给自己任何借口，失误就是失误，练习不够就是练习不够，不自怜，不自欺，不放纵自己任何一点点的怠惰与错误，是一个人对自己的专业和梦想最大的尊重。

——陶瓷兔子

勇气为生命扬起冒险之帆，恐惧则给它撑起安全的屏障。

怯懦者擅用恐吓；英勇者总是一往无前，势如破竹。

真正的凶猛者总是懂得藏拙。

雄狮、猎豹和猛虎不露锋芒，它们凌厉的爪只在猎取食物时显露。

——〔意〕达·芬奇

觉得自己愚蠢不是一件好玩的事。但是，一个人愿意变得愚蠢，愿意冒险去承担犯错带来的痛苦是绝对有必要的，因为不断地尝试，失败，再尝试是促使大脑成长并与外界形成新连接的方法。当涉及天赋开发时，错误并不是真正的错误，而是指引人进步的路标。

——〔英〕丹尼尔·科伊尔

赛场的边界其实并不难找。多一些空间，让最终成为冠军的人可以有疲倦、迷茫或低谷的时刻；多一些尊重，毕竟大部分人无法成为冠军，但只要有赛场，就能激活他们想要成为冠军的心。

——梁 璇

刘翔曾被身不由己地捧上云端，也曾被毫不留情地踹下神坛，他经历了常人远不能承受的成功和失败，也得到了常人所不可能得到的锤炼和磨砺。他可能是中国体育史上再也不会出现的运动员——不是说他的运动成就，而是他的人生遭遇：大起大落，大喜大悲，大彻大悟。

——张 玮

一个理智的人应该改变自己去适应环境，只有那些不理智的人，才会想去改变环境适应自己。但历史是后一种人创造的。

——〔爱尔兰〕萧伯纳

人是从什么时候彻底老去的？就是他开始活在过去，对生命只有经验，却失去了好奇，一切新鲜的东西都与他无关的时候。

——艾小羊

初心就是一个人对自己一直以来，或者说与生俱来的期许：我要成为怎样的人，我期待怎样的世界。失望与绝望在世界面前都是常态，因为他人不由你改变。但一个人仍旧可以依照初心，努力做自己。

——陈丹燕

搞摄影，干事业，还有做人，我何尝不是像拉大锯那样，目不斜视，照着墨线，一锯一锯地"拉"呢。

——焦 波

年少时，站在波光粼粼的小溪旁，梦想着梦想，这很棒；但更棒的是，奋斗一生，在生命的尽头能说一句"梦想是真实的"。

——〔英〕约翰·奥斯汀

人的心只容得下一定程度的绝望，海绵已经吸够了水，即使大海从它上面流过，也不能再给它增添一滴水了。

——〔法〕维克多·雨果

一切事都可以成功，可以失败，怕失败就不要做。自己棋艺高明，难免遇到比自己棋艺更高明的对手，便会失败；自己棋艺臭，也许遇上比自己棋艺还臭，甚至臭不可闻的对手，这时便也可成功。其他事业也是如此。

——冯友兰

比坚持更难的，其实是放弃，尤其在我们已经付出了漫长的努力之后。但是，没有什么比我们内心的声音更加值得服从。

——李碧华

守得云开见月明。其实，光守，见不到月明，要破。

——冯　唐

经典在于超越，超越在于创见。越具有原创性的思想，越可能是作者在风华正茂的时候产生的，因为那时，他们朝气蓬勃，思想最有锋芒，甚至充满偏见。

——吴晓波

机会不会凭空掉下来，机会都是稍纵即逝的。

——许倬云

谁也不应该一开始就拒绝一切。应该陷入泥淖，然后得以明白生命如梦幻泡影。

——〔阿根廷〕博尔赫斯

一个人的爱好，在生死关头总会拯救他，因为漫长的时光是无法打发的。这些爱好，可以与时间为敌。

——雪小禅

我希望各位能在高考中取得好成绩。但我更希望，当你们背负着越来越沉重的人生往前走时，依然不会失去感受幸福的能力。

——德川咪咪

真正的学习并不是像守财奴积攒财富那样积累知识，而是要像磨炼自己的赚钱能力那样，修炼见微知著、见头知尾的洞察力。为了培养这样的能力，你要随时以一种空灵、开放的心态接受新事物。真正重要的知识，是你忘记了之后还能留下的东西。

——何　帆

我妈的乐趣来自学习本身，结果并不重要，她先行一步地发现了学习过程的愉悦。这种愉悦感无须依凭，自给自足，不看别人脸色，也不用跟谁比较。因这日复一日对实现自我超越的愉悦感，即使周围慌乱不堪，她依然能够自洽。

——闫　红

为什么我们宁可要宏大的计划，也不想要微小的进步？因为只有宏大的计划才有缓解焦虑的作用，而微小的进步虽然真实，却需要很长时间的积累才会带来真正的改变。

——陈海贤

真正的竞争并不意味着彼此伤害。就像马拉松比赛，参赛者在同一起跑线上出发，各人有各人的速度、节奏与斗志。跑起来，大家心无旁骛，只想证明自己更高、更强，并不是为了压任何人一头。它绝对不是使绊子、出邪招儿，做一些不光彩的事。

——叶倾城

人生的烦恼，很多便缘于顺逆之间的错误选择。在风大时选择了顺风，懦弱退缩；在风小时选择了逆风，将自己置于徒劳无功的奋争中。于是，该抗争时退让，该悠然时忙碌，自然与快乐无缘。

——郭华悦

我们总是习惯性地认为，那些了不起的人物之所以成功，只是因为他们拥有与生俱来的天赋，并且内心强大，从不会感到害怕和恐惧。其实不然，他们不仅仅有天赋，更重要的是比常人更勤奋努力，并且在遇到困难时，不会被恐惧控制。

——徐九宁

围棋界流传着这么一句名言："选择最难。"真正折磨棋士的，不是如何发现，而是如何选择。

——唐　诺

最佳的选择往往不是最后的选择，最后选择的，常是次佳的选择。

——黄永武

理性与智慧

　　每接近真理一步，享受它们带来的温暖，享受着学术领域内那些脍炙人口的典故，比如阿兰图灵的自行车链条、福柯的烟斗、薛定谔的猫……就仿佛发现了一种取之不尽用之不竭的快乐源泉，这是独一无二、要凭智慧才能获得的奢侈，更是深藏内心、永远不会被剥夺的宝贵财富。

——曾锴

　　人类攀上了进化之树的一处高枝，回头向下看时，往往会因为自己的成功经历而带着一种马后炮式的偏见，从而忽略了下面无数根半道夭折的分枝。

——〔美〕詹姆斯·P. 霍根

　　庄子在看似"谬悠荒唐"的比喻中，彻底粉碎了我们依靠经验建立起来的知识世界，同时提供了一个无限的时空，鼓励我们从相对的"长短""小大"中超脱出来，优游于绝对的无限之中。

——蒋勋

　　这个世界的麻烦就是傻瓜非常自信，而智者总是充满疑虑。

——〔英〕罗素

　　"笔性墨情，皆以其人之性情为本"，诚哉斯言！

——徐佳

惜福先要知福，知福先要知祸。人不知祸的滋味，如何识得福的相貌？人在福中而不自知，如何知道惜福？为善不求福报，福报自来；读书不为功名，功名自至。

——刘　墉

以我的定义，贵人不是有钱人、有权人，不是在你遇到事情时帮你平事的人，而是在暗夜海洋里为你点亮灯塔的人，是在你摔断腿之后能为你当拐杖的人，是在你非常不开心的时候像酒一样的人，是你渴了很久之后像水一样的人。

——冯　唐

"坏事总会发生"似乎是植根于我们基因中，来自遥远祖先的集体潜意识。由于远古时期，人类的生存能力低下，热带丛林中一只小小的蚊虫或许就会要了人命，更何况还要直接对抗猛兽的袭击、毫无征兆的自然灾难、采集捕猎时可能出现的各种意外等。诸多的不确定因素，让人们对于未知充满恐惧和防御之心。

——曾　旻

人接受教育，不是说你受教育就能换得吃饭的工具，也不是说受教育就能知道人跟人怎么相处，而是要养成一种远见，能超越你的局限。我们要设想没见到的世界还可能是什么样，去拓展可能性，可能性是无穷的。

——许倬云

在现实中，无论我们用任何仪器都无法画出一个真正完美的圆，但"圆"这个概念本身是客观存在的。如果把"圆"看成一种关于正义的隐喻，那么每一个画"圈"的决定都是一种与正义有关的追求。

——罗　翔

风俗和法律没有关系，可我愿意这样解释风俗和法律的关系——风俗是最为亲切的法律，而法律则是最为彪悍的风俗。

——毕飞宇

老虎头痒，便让一种叫猱的猴子爬到头上不停地挠，当然挠得十分舒服。在完全取得老虎的信任之后，猱用锐利的爪子一点一点地掏老虎的脑汁吃，老虎竟然浑然不觉。老虎"走眼"，黠猱便大显身手，这般"积羽"势必"沉舟"，不高度警惕，一定会酿成大祸。

——茅家梁

很多人相信，这个世界的坐标系上存在一个"时间和空间和谐一致"的完美交点。这或许就是这些人旅行的原因：远离家园，希望抵达那个点，哪怕只能用纷乱的旅行方式完成位移，多少也能增加偶遇的概率。

——〔波〕奥尔加·托卡尔丘克

每个人都像身处一个巨大的蜂巢之中，共享一种思想、一种情绪、一种观点。我们常常一起感动，一起愤怒；我们会同时爱一个人，也会同时讨厌一个人。

我们是社会动物，我们的思想、观念，对现实的感知，都直接或间接为社会所同步。

这就是蜂巢思维。

——〔美〕萨拉·罗斯·卡瓦纳

不必对任何人都一视同仁地尽展才情，也不应投以超过必需的精力。不可徒露学识和身价。好猎手不会撒出捕获猎物所需之外的猎鹰。

切勿总是炫耀，转日可能不会再让人仰慕。

必须随时都有令人刮目相看之处，日日出新以求别人保持期许，并永远不致发现自己才尽技穷。

——〔西班牙〕巴尔塔萨尔·格拉西安

当有一辆车晚点时，人们的平均等待时间就会变长。而且，由于多数人出现在等待时间更长的时段里，人们就会感觉自己的等车时间很长。

——许　旭

进步与赶超的意识把我们禁闭在一个怪圈之中，这个怪圈，是一条永无止境的跑道。

——田晓菲

成功者可能走向新的成功，成功者也可能在辉煌一刻后，走入永远的平凡。

——阿　来

人类社会的美妙就在于此，只要给予时间，一切皆有可能。

——陆勇强

我们对一件物品付出的劳动或者情感越多，就越容易高估该物品的价值。我们为某一件事物付出的努力不仅给这件事物本身带来了变化，也改变了自己对这件事物的评价，我们为它付出的劳动越多，对它产生的依恋就越深。

——刘　润

就像一个球员上场以后凭感觉，怎么赢球就怎么来，但这种优秀的感觉能力，各种"神操作"，恰好来自平时严密的研判和规划，离不开刻板的训练，需要理性的思想。

——韩少功

数学是宇宙世界使用的语言，唯一的语言。我们什么时候找到一件事的底层数学语言，就算是真正理解了这件事。

——郝景芳

互联网时代与前互联网时代相比，变化是显著的，就说最表层的东西吧，社交语言的变化就非常大。语言本身是焦虑的，每个人都渴望自己的语言"管用"，这就是焦虑。

——毕飞宇

时代要淘汰你，与你何干？连杰克·韦尔奇都说："再牛的人，也无法预测3年后的事。"与其焦虑不可控的变量，还不如去追求可控的常量。

——良　大

每个人都是夸父，手机就是他为逐日而在上面不断奔跑的大地。拿着手机的人也实现了芝诺的"飞矢不动"悖论——无穷个瞬间的叠加画出了一条开放的曲线。在不知不觉中，我们用加速度进入了一个"倍速时代"。

——郁喆隽

"时代"是一个具有魔力的词，它就像《指环王》里的那一枚魔戒，人人都想戴上它，人人都想站在时代的潮头浪尖，人人都害怕被时代抛弃。

——刘瑞琳

能够专注地处理重要信息，是人类长期处于安全情形下才进化出来的精神状态，之后才创造出越来越多的文明成果。没承想，过度、过强的视听信息刺激几乎把我们的注意力方式直接打回了原形。这差不多是一种新的野蛮状态。

——贾行家

我们要培养一种新的心智技能，学会在现今条件下自己来建设空间层次。把从远处涌来的信息放到远处的背景上去，把注意力收拢在身边：你手头做的事情，你亲近的人，你的切身环境。

——陈嘉映

在漫长的进化过程中，人类面对冲突的处理方式，跟动物并没有太大区别：要么战斗，要么逃跑。人们在互联网上的表现，正是这两种古老策略的现代版本：要么激烈地争吵，要么陷入沉默，以后者为主。但是，在今天这个复杂多元的世界里，这两种策略都不明智。一起毁灭是很容易的，而和平共处需要智力、同情和耐心，需要我们学习如何辩论、说理、妥协，而不是埋头吵架。

——陈赛

一个人，就算英才天纵，也无法造时势，但他连接的人多了，就会被赋予幸运。群氓可以创造历史，不仅仅因为它是个超级有机体，更重要的因为它是智慧的集合体。

——孙惟微

文明是什么？文明就是，穿两只鞋的人能想着那些只穿一只鞋的人。

——曹林

凡是赞扬你的话，一百句有九十九句是虚的，而在批判你的话里，一百句往往有八十句是真的。

——梁永安

一个人永远不会受到所有人的夸奖。如果他是个好人，坏人会把他看作坏人，并且不是嘲笑他，就是指责他。如果他是个坏人，好人就不会赞扬他。一个人要想得到所有人的夸奖，他就必须在好人面前装成好人，在坏人面前装成坏人。

——［俄］列夫·托尔斯泰

法国作家沃韦纳格说："所有人生下来都很诚实，死后是个说谎者。"这句话现在大概已经不成立了，因为人去世后一切都瞒不住了。

——贝小戎

哲学家有言，人容易被琐碎的东西安抚，社交媒体即其中之一。

——青　丝

你有一定的权力，也不是说你一天就要运用所有的权力；你会许多武艺，并非一出手就要把十八般武艺全部用上。毋宁说，你用出来的手段越少就越好。一句话能解决的不必说两句话，一个鸡蛋就够补足的蛋白质需求不必用两斤鸡蛋。这本来就是常识。

——王　蒙

现在人们都喜欢说"文化"，"文化"这概念过大了，其实只是日常生活的一点常识。很多情理都是从常识里生出来的，缺乏常识就情理不通了，也就是人们常说的"不像"。

——王安忆

如果你跟明星竞争，他会压制你；但如果你跟着明星与别人竞争，他会带动你。

——万维钢

有些人，对别人的事漫不经心，许过的承诺转瞬即忘，唯一放在心上的，是他自己的事，还有别人对他的许诺。

——尤　今

职场情谊是人际关系中最复杂也最奇妙的一种形式。因为大家既无法回避这种关系，又不能自己挑选要交往的朋友。在这种充分竞争的开放环境中凝聚友谊，犹如搭建一座纸牌屋。

——青　丝

在办公室这个道场里，气定神闲胜于气急败坏，让人看出你的强势，你就输了。

——脱不花

包裹书籍是个很小的细节，依我观察，现在的很多年轻编辑打不出像样的包裹，意识上，也把这事儿视作快递员、库房工人干的杂活儿。其实呢，这个细节里埋藏着一些答案。什么是文化人，什么是书卷气，什么是好传统，这个细节里全有。

——杨 葵

书本看起来是一种很落后的文化载体，但是，因为它的成本低，网络效应差，它恰恰能更好地保留人类文明的个性。

而丰富的个性资源是什么？是能让我们组装成一个更有价值的自我的资源。所以，要读书啊。

——罗振宇

不着急，甚至意味着花些笨功夫，比如，背字典，英文词典和《新华字典》《古汉语常用字字典》都可以拿来背；比如，背诗词，可以在《唐诗三百首》《宋词三百首》《千家诗》等书上下功夫。天下武功，唯快不破；读书之法，唯笨不破。

——冯 唐

"丑小鸭怎么会变成天鹅？"因为丑小鸭的妈妈，本来就是天鹅啊！

——吴晓乐

一种优势，利用得久了往往会成为你的负资产。一个企业的领导者，无论是在经营企业还是在经营人生上，都应该在资产大幅贬值之前赶紧剥离这部分资产。道理虽然简单，但很多企业和个人，都很难做到这一点。

理解了财务自由只是通向个人自由的手段，而非人一生努力的目的，我们就不必过得那么累了，也就会在经济和时间上对自己好一点。相反，如果一个人只想着挣钱，却失去了自由，那生活也就没有意义了。

——吴 军

算法是强大的，也是可怕的：对个人来说，你不能战胜算法，算法就会战胜你；对社会来说，不控制算法，算法会腐蚀社会。

——何 帆

社交牛人大多只是利用别人来过足自己的瘾，觉得这样活着才有意义，而非真正想要与他人建立起健康的社交关系。

——青　丝

斯坦福大学心理学教授泰勒认为，"社恐"患者由于缺乏社会存在感，反而更容易投入自己感兴趣的事物当中，坚定自己的选择，不易被外界干扰。

——青　丝

英国心理学家莫里斯经过研究发现一个有趣的现象：人体中越是远离大脑的部位的动作，越能表达内心的真实感情。按照从头到脚的顺序，手位于人体的中间偏下部位，诚实度可以算中等，有研究发现，人们或多或少会利用手说谎。脚离大脑最远，相比之下，人的脚要比其他部位"诚实"得多，因此，脚的动作能够泄露人们独特的心理信息。

——刘　川

我们身上的所有器官，是进化为了人类的生存和延续而"精心打造"的利益和风险的共同体，而疾病就是妥协和折中必须付出的代价。

——薄世宁

读者

DUZHE

伴你阅读 3

读者杂志社 编

读者出版社

目　录

故乡的晚霞

每个人的傍晚都住着

程鹨眉

人们常说，在某个时刻，故乡会回来找你。

当我人到中年，面对故乡的故人，我知道这是时间保存到期、等候已久的礼物。

那一年，我们相聚在加州，我与亚男和显宗，跨越了三十五年的光阴。

到加州那天，阳光灿烂，海水正蓝，帆影漂游在天际。而此时我的家，已经在大洋彼岸的深夜里了，人们睡得正香。

第二天上午，我从旅馆出发，去亚男和显宗的家。我打开了汽车顶篷，阳光一浪又一浪地洒在我的肩上。我抱着一盆鲜花，是送给亚男的，她小时候是我们那个街区最美的姑娘。

当我把鲜花放在玄关的一刹那，一转身，我闻到了故乡红岸的味道。我不知道这个味道是从哪里发出的。我只是突然感到，我的故乡从天而降。

在很长一段时间里，我忘记了自己的故乡。我很年轻的时候，常常沉醉在别人的故乡梦里，"日出江花红胜火，春来江水绿如蓝，能不忆江南？"在我心里，江南的村庄才是正宗的"故乡"原典，是地地道道的乡愁来处。在我年轻时的定义中，"故乡"就是"故"和"乡"的结合体，然而我发现，我的故乡只有"故"，没有"乡"。

"乡"是什么？是遥远的小山村，是漫山遍野的麦浪，是村前流淌的小河，还有在巷口倚闾而望的爹娘。而我的故乡，是最不像故乡的故乡，它伫立在遥远的中国北方，那个地方叫"红岸"，那里的冬天漫天飞雪，那个地方盛产重型机器。我们的父辈亲手奠定了机械大工厂的基石，研制出亚洲第一台万吨水压机，因了这个钢铁巨人，红岸被载入史册。

我在那里长大，在那些熟悉的街区里，一群群少年走街串巷，疯狂生长。那个时候没有电话，大家相约的方式就是挨家挨户找人。在楼下大声喊彼此的名字，是那个时代最让我们感到快乐的事。

但是，这些仿佛都不是我年轻时认为的值得存忆的故乡。无处寻找稻花香和鱼米情怀，也无从怀想遥远、神秘又陌生的小小村落，更没有可归的田园，我觉得自己是被真正的故乡遗弃的人，年轻时的我曾为此感到羞愧。传说中的故乡，柔软、浪漫、多情，但是我的这个所谓的故乡，寒冷、坚硬，它不配我的深情。

三十五年后，我们围坐在加州的房子里。

我们的目光在彼此的脸上游走，女孩曾经的妩媚，男孩曾经的不羁，渐行渐远。我高中毕业后负笈他乡，一别数年，我们都已忘记最后一次相见是何年何月。是啊，连故乡都不想要的少年，怎会记得少年事？而时光穿过长长的隧道，一个纵身就是三十五年。"三十功名尘与土，八千里路云和月"，我们总以为这些世事沧桑跟我们相距甚远，我们的人生怎么也攀不上诗词歌赋中的境界。

然而，兜兜转转看尽千帆，我们蓦然回首，却发现那些为之得意的年轻步调已经戛然而止，岁月蒙在我们脸上的面纱，是揭不掉的虚妄功名与拂不去的尘世之埃。那些皱纹、斑点、下垂的眼角，无不表明这些曾经年少的人也见证过八千里路途的云波皓月。

一样的目光，双手交握，三张曾经青春年少的脸。即便再过四十年，满脸风霜的人们依旧熟谙来路。

突然，亚男想到了什么，说："现在赶紧去看落日，还来得及。"我们几乎是跑着出去的，显宗最先打开车门，他登上驾驶座，一脚油门，将我们带到了海边。

大海边，云霞漫天，金色、橘色、黄色、红色，各种颜色混合交缠，汇成一波又一波金红色的晚霞。晚霞绵延数百里，好像要燃烧整片海。周围的人都默默不语，不知这里面有多少远离家乡的人，此时此刻，他们是否也会想起故乡的晚霞？

我和亚男围着同一条披肩——出门前她急急忙忙一把抓在手里的。来到海边我才知道，这里的傍晚有多冷，海风吹着衣着单薄的我，吹得我瑟瑟发抖。亚男用她的披肩围住我，我们一人抓住披肩的一角，两个身体紧紧地靠在一起。很快，我们感觉到彼此身体的温度，那温度是那样熟悉，那是很多年前红岸少女独有的温度吧！

回来的路上，夜幕已然降临，刚才那漫天的晚霞打开了我们的故乡密码。

其实那个叫"红岸"的地方，那一大片红砖楼房，一直若隐若现地在远处矗立着。它的名字像一个被编码的符号，是被一群人共享的密码，它一直处于屏蔽状态，一旦时机成熟，只要轻轻触动，就会激活我们全部的生命记忆。

故乡的一院房子曾经是我家和显宗家共同的居处。黄伯伯身材高大，黄伯母持家有方，他们将儿子培养得干干净净、玉树临风。亚男的父亲董伯伯多才多艺，会制作小提琴，我父亲到车间劳动时，董伯伯是我父亲的老师。也正是因了这样的师徒关系，在我们出生之前，两个年轻的母亲之间有过一段动人的友情，令董伯母几十年里念念不忘。当他们年逾八旬，董伯母不顾旅途劳顿，专门来北京与我的父母相聚。当两个年迈的母亲紧紧相拥时，我和亚男泪流满面。

少女时代的亚男酷爱英语，成了改革开放后我们工厂的第一个翻译，小小年纪便与父辈共事，她聪慧刻苦，深得父辈喜爱。显宗小时候聪明顽皮，数理化成绩尤其好，但是语文成绩差得出奇，他喜欢提刁钻的问题。

当我来到他们美国的家，却发现书柜里大多是中国典籍，涉及哲学、历史和文学，那个三十几年前的顽皮男孩，已经变成一个通透豁达的哲人。

这三十多年间，万水千山的漂泊，他们经历了那么多潮起潮落，却依然能够达观生活、热爱生命。我们在经历了那么多尘世光阴后，不惧山水迢迢，依旧能寻到故乡的知音。

就在我以为自己忘记了红岸的时候，因偶然的机会我重归故里。那一天，红岸的晚霞恰如其分地迎接了我，我也默契地接受了这份只有自己知道的深情——它曾经刻骨铭心地印在我的心里。少年时的傍晚，我经常在厂前广场雕像前的大理石上躺着，痴痴地等待晚霞的到来。我迷恋故乡的晚霞，有点儿像少年迷恋爱情——遥远、陌生，又惊艳无常。每当天边出现晚霞，我的心就一下子明亮起来，像一个在旅途中迷路的孩子，找到了心安之所。那时的我还不懂什么是忧伤，但是每当晚霞消失的时候，我幼小的心怀便充满了眷恋和寂寞。

那一刻我才发现，我的故乡，何曾被我遗忘！它只是被故意埋藏了，且藏得很深——因为深情，所以不敢触碰。当轻飘飘的年华滑过，当我感知了生命中的哀痛与忧愁，故乡的晚霞，如期而至。

离开加州的前一天傍晚，亚男做了家乡菜，显宗在院子的地炉里燃起篝火。空气中炊烟的味道，很像我们小时候楼顶的烟囱里飘出的味道。《浮生六记》里说"炊烟四起，晚霞烂然"，说尽了人间事。

我突然想起杜甫的那首《赠卫八处士》。我想象着一千多年前的唐朝，也是这样一个夜色如洗的晚上，杜甫就坐在我的对面，为我们的重逢写下这样的诗行：

"人生不相见，动如参与商"，参和商是完全无法产生交集的两个星宿，二者一出一没，永不相见。我到美国的计划中，原本没有加州这一程，途中偶看微信，见有人在同学群里问我是不是在美国，一看名字，是显宗。这就是命运的安排。假如那天我错过这条微信，有可能我们此生都不得重逢。

"昔别君未婚，儿女忽成行"，曾经青梅竹马的少年，在知天命之年，漂洋过海，偶然相聚。我的两个儿子和他们的一双儿女都已长大成人。

晚饭时，他们的小儿子下楼来，"怡然敬父执，问我来何方"。他的父母慢慢给他讲我们的童年趣事，以及更早的我们父辈之间的相识相知。

"明日隔山岳，世事两茫茫"，很快，我们又要面临离别，但这个别离已经不仅仅是"隔山岳"，而是去国万里的远隔重洋。

我惊叹于时光的雷同——杜甫，这个隔世的知音，穿越到了现代。我们在复演一千多年前"他乡遇故知"的戏码，而杜甫，就是这场相聚的见证人。

这是一个无法解释的偶然，让人心生喜悦，又有苍凉之感。我不知道人生会有怎样的因缘际会和悲欢离合，如果说生命是轮回，我们跨越万水千山，漂洋过海来相聚，这算不算命运的善意？

远离故乡许多年的我们，已经成为地地道道的异乡旅人，当我们不停地怀念故乡曾经的芳华绝代时，故乡已经为我们竖起少年的祭旗。

故乡到底是什么？

一个作家说："故乡就是在你年幼时爱过你，对你有所期许的人。"

长夜花事

李修文

每天晚上，我都要去一趟县城郊外的苹果林，采回一大束苹果花，再将它们献给剧组里扮演女主角的演员——几天前，这名演员在这片苹果林里拍夜戏，突然就喜欢上了苹果花，便要求剧组每晚都给她送上一束。新晋的一线明星发了话，剧组自然不敢怠慢，赶紧找到苹果林的主人，花了高价，每天去采花。这采花的差使，莫名其妙地落到我这个跟组的编剧头上。

每天爬上粗石遍地的山坡，那满目的苹果花根本不能令我生出半点儿喜悦。相反，它们是仇敌：一朵朵的，无非呈喇叭状，无非有五片花瓣，无非有尖长的萼片和一点点若隐若现的香气。

和我一样不喜欢苹果花的还有一个人。因为我们夜夜都在苹果林里相逢，终不免攀谈起来，我由此知道这个如鬼魂一般的中年人，来自三十公里外的深山煤矿。他得了尘肺病，长年在山坡下的医院治病，唯一的女儿却在江苏打工，为他挣来一年的医药费。

大多时候，我们两个人各自在林子外的田埂上远远地相隔着，也不说话。苹果花看久了，倒是也看得过去，我便没话找话，劝他也去好好看看苹果花。他却对我说，是女儿听说苹果花开了，每天都打电话催着他前来散心，如果不是为了让女儿放心一些，打死他，他也不会跑到这里来。

这一年春天，连日风狂雨骤，渐渐地，花期很短的苹果花已经不能令女明星满意。终有一日，女明星吩咐下来，不用再去采花了。接到电话通知时，我已置身于苹果林，于大风之中，刚刚拼命采摘了最好的花。如释重负之余，我望着满园的苹果树，心底倒生出了几分不舍。再看那个中年人，他似乎想对我说几句道别的话，结果却什么都没说。

　　然而，就在第二天傍晚，风雨大作之时，旅馆里，我的房门突然"咚咚"响起来。我去开门，却一眼看见那个中年人。他一把攥紧了我的手，要我无论如何都帮帮他。

　　原来，就在当天早晨，他在外打工的女儿回来了，她路上受了风寒，发着高烧，硬撑着回来，竟晕倒在他的床边。还好女儿很快就输了液，并无大碍。只是，她在昏迷时，嘴里一直都喊着："苹果花，苹果花……"他知道，女儿最喜欢花，无论如何，他都要给女儿采一束苹果花回来。可是，昨晚风雨太大，短短一夜工夫，满树满树的花竟然一朵也没剩下。

　　所以，他打听了半个县城，好不容易找到我的住处，为的是问问我，昨晚采回的那一大束苹果花，能不能卖给他。我只好告诉他，那束花早已在女明星的房间。顿时，他的眼神黯淡了下来。

　　"怎么办呢？"他自语着，对我笑了一下，意思是打扰了我，便转过身去，慢慢朝电梯门走去。

　　可几乎就在刹那间，我下定了决心。我追上前告诉他："今晚，女明星又在拍夜戏，要不然，我们去把那一大束苹果花偷出来。"听完我的主意，他吓了一跳，低头沉吟半晌。最后，他抬起头，严肃地对我说："算了，不去了。"

　　而我，主意既然已经定下了，便没有再管他。电梯的门一开，不由分说地，我将他拉进了电梯。可等我们来到女明星的套房门口时，他死活也不肯踹开房门。在房门前站着，他先是将头顶的监控指给我看，然后又横下一条心，对我说："说到底，一束苹果花只是一桩小事，万一被人发现了，弄不好，你的工作就丢了。你的好意我心领了，但是，我无论如何都不能害了你这个与我萍水相逢的好兄弟。"说完，他推开我，奔逃着消失在走廊尽头。

　　到了这个地步，这一场历险，只能半途而废了。我走到楼梯口，打开窗户，风雨大作之声顿时横冲直撞进来。

偏巧在这时，我一眼看见，停车场里，几朵苹果花，连枝带叶，正在风中和雨水里沉浮辗转，有那么几朵，被风驱使之后，竟然朝我飞奔而来。我认得它们——它们都是我亲手从苹果林里采来的。它们是从哪里来的呢？最后，我终于看清了——停车场西侧的自行车车棚尽头，有一个半人高的垃圾桶。

那些苹果花，应该是被丢弃在那里，而后又被大风卷了出来。

两分钟后，我来到垃圾桶旁边，迎面便闻到一股香气：经过大风的洗礼，苹果花的香气不仅没有被压制，反倒像一个义士般不管不顾起来。再看那一大束花，虽说身在腥脏之地，却好似黑暗里的孤儿，好好地端坐着，等待着最后的搭救。我手忙脚乱，将它们全部抱在怀中——它们似乎从来不曾离开苹果树的枝头，还在守着贫寒，守着希望，因为它们知道自己是谁。

还等什么呢？我解开外套，用它遮住那束花，这才钻进雨幕。跑过一条店铺都早早关了门的小街，在一家小超市的门口，我看见了他——那个中年人。我大呼小叫了好半天，他才转过头来。我看见，仅仅片刻的工夫，他已经冷得全身都在哆嗦。我朝他奔跑过去，这才看见，他并不是站在小超市门前，而是站在一家已经停业的花店门前。

我从外套下掏出花来，塞进他怀里，告诉他，这束花是我从垃圾桶里捡回来的。他似乎不相信，但是，当他抱着花，慌乱地打量了我一遍，眼神里却突然增添了诸多的笃定。就好像，这一瞬间，信任，某种巨大的信任降临了。他定定地看了我一小会儿，突然给我敬了一个礼。

这一回，轮到我被吓了一跳，不知该如何是好。终于，漫长的敬礼结束了，他的脸上也奇异地多出几丝红晕。我问他是不是当过兵，他说，他没当过兵，他敬的也不是军礼。他在矿区当过保安，在那里，他总是给人敬礼。现在，无论他有多么感谢我，也无非给我敬个简单的礼而已，如果我喜欢，他可以再多敬几个。我连忙阻止了他，指着花，催促他赶紧回去。现在的他，早已被巨大的信任笼罩住了，既然相信了花，又相信了我，便不再多话，转身朝着医院的方向跑去了。

看着他奔跑，刹那间，我竟然觉得，一个真正的人，而不是鬼魂，已经从他的身体里挣脱了出来。我知道，这焕然一新的面貌和他怀里的苹果花有关，但是，那更是因为巨大的信任。我也想和他一样，去感受巨大的信任，于是，站在花店的门口，我迟迟没有离去，而是打量起周遭的一切。我对自己说，要相信，相信小花店，相信行道树，相信小店铺，说不定，它们全都是被大风吹过的苹果树，苹果树上开满了苹果花，那些苹果花，全都知道自己是谁。它们是受过的苦，是可能的收成，是一亩三分地上的求法僧。

孩子死于心碎

〔智利〕路易斯·塞普尔维达

在火地岛的石油小镇马纳提阿勒斯以北，有个叫安格斯图拉的渔港，那里有 12 幢或者 15 幢房子，因为那里恰好正对着麦哲伦海峡的第一个窄道。那些房子只有在南半球短暂的夏季才有人居住，其后在稍纵即逝的秋天和漫长的冬天，都是风景中的参照物而已。

安格斯图拉没有墓地，但有一个被漆成白色的小坟面朝大海，里面长眠着潘奇托·巴里亚——一个 11 岁时死去的小男孩。到处有人生、有人死，就像探戈曲里唱的"死亡乃习俗"，但潘奇托是个不幸的特例，因为那孩子死于心碎。

潘奇托还没到 3 岁的时候，得了脊髓灰质炎，变成残疾人。他的父母是巴塔哥尼亚的圣格雷戈里奥的渔民，每年夏天都从海峡另一边带他来安格斯图拉。孩子跟随他们，坐在几个麻袋上，就像一个凸起的松软小包袱，望着大海。

潘奇托·巴里亚 5 岁了，是个忧郁孤僻的孩子，几乎不会说话。但有一天，世界之南习以为常的奇迹又上演了——20 多头皮氏斑纹海豚从大西洋迁徙到安格斯图拉沿海。

把潘奇托的故事讲给我听的当地人信誓旦旦，说那小男孩一看见海豚，就发出撕心裂肺的叫声。海豚渐行渐远，尖叫声越来越响，越来越让人难过。最后，海豚消失了，小男孩从喉咙里发出一声尖叫，音调非常高，惊到了渔民，也吓到了鸬鹚，不过，也让其中一头海豚游了回来。

海豚靠近岸边，开始在水里跳跃，潘奇托高声尖叫着给它鼓劲。所有人都明白那孩子和鲸目动物之间建立起了无须任何解释的沟通纽带。之所以如此，是因为生命如此。

那年夏天，海豚一直停留在安格斯图拉。在冬季迫近让人必须离开的时候，潘奇托的父母和其他人惊讶地发现，那孩子没有表现出一丝一毫的遗憾之情。5岁的他空前严肃地宣布，他的海豚朋友必须离开了，否则它就会被冰困住，但是来年它会回来的。

然后海豚真的回来了。

潘奇托变了，成了一个健谈的快乐男孩，他甚至开起自己身体残疾的玩笑。他彻底变了，他和海豚的嬉戏重复了6年。潘奇托学会了书写，以及画下他的海豚朋友。他像其他孩子一样，协助家人修补渔网、准备鱼钩、把海贝晒干。他的海豚朋友总是在水里跳跃，完成只属于他的奇迹。

1990年夏天的某个早晨，海豚没来赴约。渔民惊恐地找寻它，从海峡的一头搜到另一头。他们没找到，却撞见了一艘外国捕鲸船，那个海洋杀手正航行在离海峡第二个窄道很近的地方。

两个月后，潘奇托·巴里亚死于心碎。他离去，没有流泪，没有抱怨。

我去造访了他的坟墓，在那里望向海，初冬灰色激荡的海，不久之前还有海豚欢跃的海。

半路的亲人

宁子

客气已经足够了

我躺在病床上，听着护工客气却缺少温情的声音，倍感悲凉，想起一句话：一个人不管多大，失去了父母，就成了孤儿。

正如我眼下。

于是心里的痛令伤口的痛更加剧烈，转向白色的墙壁，默默落下泪来，并没有回应护工的话。她在问，中午吃什么。

完全没有胃口。

护工唯唯诺诺的，不知再说什么——这样的雇佣关系，本就无太多话可说。

气氛略显尴尬时，忽然听到有人喊我的名字。

回过头来，看到梅姨。

我意外——这些年，和梅姨的关联是因为爸爸。六年前，我去读大学的时候，她开始和爸爸一起生活。

比爸爸小了近十岁的妇人，和城市里所有中年妇人没有任何两样，除了好像不似同年龄的人爱穿鲜艳的衣裙。印象中，梅姨总是穿得极素净。

我对梅姨的印象很浅，一方面，虽然没有反对她和爸爸的婚姻，但心里多少有一点儿本能的排斥；另一方面，她来我家时，我刚好离开家，我们在一起的时间并不多。并且因为她的缘故，所有的假期，我都是离校最晚、回校最早的那一个。也说不上讨厌她，只是没有丝毫亲近的愿望。

但是我爱爸爸，不会让他为难，所以，在一起时的礼貌还是有的，那些短暂的相处时间，我对她都客客气气的。

觉得客气已经足够了。

而梅姨好像也不是个多事的人，对我的客气，回应的是同样的客气，并不作那些嘘寒问暖的样子，也不刻意拉近彼此的关系。

这样反倒好一些。

毕业前夕，我找好了工作，本想租房子搬出去住，没想到，爸爸已经替我买好了一套房子，并对我说，现在住的房子，他想以后留给梅姨。

我在愣怔之后选择了默认。爸爸并不算富有，那套房子，想来也花去了他毕生积蓄。况且，我从来对爸爸的财富没有觊觎之心，他愿意，就随他吧。也不能指责梅姨什么，虽然对房子的事，心里还是有一点芥蒂。

然后我便搬了出去。隔一段日子也会买点东西回家，只是看望爸爸。

和梅姨之间依旧客客气气，她收下我买的东西，我吃她做的饭菜，偶尔也会打包一些带回去，比如葱油饼、小馄饨或者小瓜鸡蛋馅儿的包子。

梅姨厨艺不错，她嫁给爸爸后，爸爸倒是胖了一些，也开朗了许多。

以为日子也就会这样过下去，梅姨陪着爸爸过完后半生，而我，会恋爱结婚，有我的生活。却没想到爸爸会出事，在一个午夜，被突发的脑出血夺走了生命。

从那天起，我成了孤儿。

半路的亲人

没有想到梅姨会来。她说："本是想让你带我去你爸爸墓地看看，可是你的电话打不通，后来打到了你的公司，才知道你病了。"

我有些尴尬，讪讪地支吾："只是阑尾炎，不是什么大问题。"

"那不也得有人照顾？"梅姨看了护工一眼，又把目光转向我，低声说，"你这样，你爸会放心吗？"

刚刚止住的眼泪忽然又盈满眼眶。

原来，爸爸还在我和她中间。依然在。

伤口在慢慢愈合，医生说，愈合得很好。而梅姨明显憔悴了许多，睡眠的缺乏让她有了重重的黑眼圈，老态毕现。那些夜晚，我不管什么时候醒来，梅姨都是醒着的。白天她也没有怎么补觉，一日三餐、洗洗涮涮便花去她很多时间。

然后办完出院手续，梅姨征求我的意见："要不要跟我回家住几天？现在你自己恐怕不行，还是需要人照顾的。"

我点了点头。如何拒绝她呢？

于是，在爸爸去世一个月后，我回到了以为不会再回去的曾经的家。

家里还是老样子，一如爸爸在时，甚至门口还摆着爸爸的拖鞋，卧室的床上，爸爸睡的那边，枕头、被子、睡衣，一应俱全。

我坐在床边沉默良久。那天晚上，第一次，我听梅姨讲了她和爸爸的事情。

梅姨和爸爸是在一家老年活动中心认识的，梅姨有个女儿，早早去了国外，很少回来，而我也要去读大学，他们的生活都有些孤单，走在一起，起初只是为了做个伴。但是后来……后来他们朝朝暮暮、一餐一饭地相处，爸爸的善良、纯朴和细心，梅姨的勤快、体贴和包容，让他们对彼此越来越有好感，感情也越来越深……

梅姨的叙述很简洁，她说："其实人和人之间，除了血缘注定的情感，大多是慢慢相处以后，慢慢相爱的，比如爱情和友情，而有些亲情，也是如此，因为有些人，是半路上才做了亲人的，比如我们。现在，虽然你爸爸不在了，可我还是他的妻子，你还是他的女儿，我们，还是亲人。至少，他不在了，我还想替他爱他的孩子。"

我怔住了，这是我不曾想过的梅姨和爸爸之间、我和梅姨之间的情感真相。可是我必须承认，她的每一句话都让我心里暖暖的。我必须承认，我这样一个所谓受过高等教育的女子，在情感的认知上，远没有梅姨深刻。她可以为了爸爸去爱我，我却从没有想过，为了爸爸接受她——上天赐予我的半路的亲人。

我愿意从现在开始，和她相依，然后相爱。

那天晚上，睡在梅姨旁边——爸爸曾经睡过的地方，听梅姨睡得平静而安稳。我知道，那一刻安然睡去的，还有天堂里的爸爸。

相逢

田一浩

朋友跟我说，某天，他跟一位老人擦肩而过的时候，不经意地看了老人一眼，突然有点发蒙：老人长得很像自己的姥爷。

他赶紧转头看，老人微微佝偻着背，一条腿不太利索，走起来一拐一拐的。没错，这不正是自己的姥爷吗？

小时候，父母在外打工，他跟姥爷一起生活。那时，姥姥早已过世，舅舅姨妈们有的住得远，有的外出打工了，从四五岁到初中那段时间里，他身边最亲的就是姥爷了。姥爷已经年迈，腰很弯，一条腿因为早年摔过，总是使不上劲，走路一瘸一拐，脸上沟壑纵横，一脸的老人斑，后来很多年里相貌也没太多改变，无非是老人斑更重了，腰更弯了，走路更加颤颤巍巍了。

姥爷每天早早把他叫醒，催他吃早饭，催他读书，晚上催他洗脚睡觉，一老一少，有点相依为命的感觉。记忆最深的，一是冬天他的脚冰凉，姥爷那条残腿更冰凉；二是某次姥爷给他洗头，就在院坝上，一盆清水，一只破塑料瓢，一块肥皂，他低头闭着眼，抓着后颈的衣领，姥爷给他哗哗啦啦地洗，洗完替他抹了一把脸上的水，瞬间手上的老茧像钢丝球划过……

想着想着，不自觉地跟着老人走了一段。姥爷过世好些年了，从小他就在心里暗暗发誓，等将来挣钱了要好好孝敬姥爷，可姥爷没有等到这一天。那年他还在上大学，得知姥爷过世的消息已经是一个星期后了，母亲在电话里说，已经下葬，怕耽误你的学习就没告诉你，你不用赶回来……就这样，他连姥爷的最后一面都没有见着，又后悔之前因为勤工俭学竟两年没有回家……这些，成了他心里永远的愧疚和遗憾。

他想，姥爷还活着该多好，如果前面的这位老人，正是自己的姥爷该有多好啊……正黯然神伤地看着、想着，老人转弯了，突然又站住了，转头对他说："我一个老头子，又没钱又没色，你跟着我干什么？"

他这才发觉自己失礼了，鼻子一酸，解释说："对不起，您长得实在太像我姥爷了。"

那位老人愣了一下，转身正准备走，又转过身来对他说："要不咱唠一会儿？"

前面不远处有个公交站牌，有简易的长凳，老人走过去坐下，他也跟过去坐下了，这才发现眼前的老人是典型的城里老人，而自己的姥爷是典型的农村老人，相似的不过是神态和老态。

老人耳朵不好，就在人来人往的公交车站，两人似喊非喊、答非所问地聊了一会儿，最后老人问："你姥爷叫什么名字？是哪里人？"他如实相告，老人起身说："回头我下去，碰到你姥爷会跟他说一声，说你过得不错，也是个懂孝道的人，你看成吗？"

朋友对我说，以往想起姥爷都会一阵心痛，觉得死亡是不能承受之重，那天当听到眼前这位老人说"下去"时，口吻轻松平淡，就好像说我去散个步或是我去趟菜市场，他不由自主地笑了，对老人说："成！"

奇怪的是，从那天以后，他心里对姥爷的愧疚和遗憾减轻了很多，而且总觉得真跟姥爷重逢过。

墓碑前的康乃馨

〔美〕鲍里斯·季马诺夫斯基

2015 年夏天，我在美国住了 16 年之后，要回一次俄罗斯老家。自从我们全家人从俄罗斯移民到美国纽约，这些年我是第一个回老家的人。妈妈给了我一张手绘地图，上面标着我外公墓地的位置，她让我回家时给外公扫墓。

给外公扫墓，对妈妈来说是件心头大事。我很小的时候外公就去世了，妈妈经常给我讲外公的故事，她非常怀念外公，也希望我能记住他。但是外公去世时我太小，还不怎么记事。妈妈觉得讲讲故事不足以表达对外公的怀念。我想，我的这次扫墓能了却她的这桩心愿，所以我向妈妈保证，我回老家第一件事就是去扫墓。

不过，真的回到俄罗斯，我首先找的是我在高中时的女朋友。然后我又去联系工作上的业务，拜访了很多儿时的伙伴。直到离开俄罗斯的前一天，我才觉得必须去墓地了。

我到墓地时已经将近黄昏，墓地门口有一位卖花小姐，她的桶里只剩下 7 朵康乃馨了。我把这些花儿全买了下来，但是我拿钱包时，发现我没带妈妈给我的地图。我不知道地图是不是丢了，也不知道外公的墓在哪儿。

我可以打电话问远在美国的妈妈，但是我在前两天已经告诉妈妈，我去了墓地。现在我打电话怎么跟妈妈说呢？

无奈之下，我去了墓地总办事处。办公桌后面一位上了年纪的女士说，她会帮我找到外公亚伯拉罕·皮卡斯基的墓地档案。

她找了几分钟，拿出了一份打印文件。文件的名单里有 17 个人的名字都是亚伯拉罕·皮卡斯基，我在其中找到两个和外公年纪相近的人，把两份扫墓钱给了那位女士。

我去找这两座墓，只要一个墓碑上有照片，我就容易辨认。从俄罗斯移民到美国的人，通常会在亲人的墓碑上留一张照片。

我找到了第一座墓，墓碑上面写着"亚伯拉罕·皮卡斯基"，但是没有照片。只刻着一句碑文："爱你的妻子和孩子敬上"。

我看不出这是不是外公的墓，所以马上去找第二座墓。这个墓碑上也刻着"亚伯拉罕·皮卡斯基"这个名字，但也没有照片。碑文刻着："苦难的家人敬上"。

这又让我无所适从了，我站在墓地里，希望冥冥之中外公会给我提示。我回忆着，我的外公是个锁匠，他有 3 个孩子。他喜欢足球，死于心肌梗死。

我把 3 朵康乃馨放在这座墓前，然后回到第一座墓那里，把另外 3 朵康乃馨放在了墓前。

我的手里还有一朵康乃馨，这朵花应该给谁？或者我应该把它扔了？突然，我有了主意，我把这朵花放在了眼前这座墓前——如果这座墓的主人就是我外公，那么可以说皆大欢喜，他得到了大半数的花儿；如果不是，那么就当作我对一位陌生人的宽慰，因为别人的外孙不远万里从美国来祭奠他。

我回到旅馆，第二天坐飞机回了纽约，不过，我始终没找到那张地图。妈妈和爸爸来机场接我，坐车回家的路上，妈妈哭了起来。

我问她："妈，你哭什么？我只去了一个星期。"

妈妈说："我是高兴，你去给外公扫了墓。这对我来说太重要了。你给我打电话说去了墓地的时候，我还以为你只是在安慰我。"

原来，我还在飞机上时，妈妈在俄罗斯的侄女给她打电话，说她去了墓地，看到了摆放在那里的康乃馨，所以妈妈才确信我给外公扫了墓。妈妈停止哭泣之后，用手抹着眼泪。

　　我琢磨着：我应不应该问问妈妈，她的侄女在我外公的墓地前看到了几朵康乃馨，3 朵还是 4 朵？后来我没提康乃馨的事，给一位和外公名字相同但命运不同的老人献过花儿，我没有遗憾。

老人与树

孙家正

老人躺在乡卫生院的病床上。床头立了个架子，架子上吊了个瓶子。老人望着那瓶里的水通过一根橡胶管，正在一滴一滴流进自己的血管里。

医生说："无大碍，只是受了点风寒。挂了水，烧便会退掉；烧退了，病自然也就会好的。"老人将信将疑："唉，七十出了头，死也值了，还花这个冤枉钱！"他瞥了医生一眼，一副来去无牵挂的样子。话虽这么说，其实，并非如此。

老人原有个不算富也不算贫，不算大也不算小，不算热闹也不算冷清的家。老伴走得早了点，但儿子、媳妇还算孝顺，孙子聪明、乖巧，特让他欢欣。后来，儿子跟着建筑队进了城，接着，媳妇也去城里打工了。老人开始觉着家里的这个小院子有点儿冷清了。不过，慢慢也就习惯了，更何况还有孙子呢。

小时候，孙子成天跟着他，缠着他讲这讲那。后来，孙子长大了，上学了，不再缠他了，但做完功课，还会给他讲一讲学校里或学校外边的事。再后来，孙子考上大学，也进城去了。开始，孙子不时还会来封信，慢慢地信便少了。老人心里牵挂，但并不埋怨孙子。孙子小时候，背个大书包，老人每天目送他上学。孙子越走越远，那背上的书包似乎越来越大，大得他都看不见自己的孙子了。小学时书包便那么重，大学要看的书自然是更多了。

老人是个通情达理的人，他总是能够找到开导自己的理由。再说，孙子不在，还有门前那棵老榆树呢。

这棵老榆树有多老，老人也不清楚，反正在自己光着腚的时候，就在树下玩耍了。那时候，树干就粗得三个小孩都抱不过来。树干上长满了老疙瘩，树冠覆盖好大一片地，乡亲们坐在树下乘凉聊天，日头晒不着，雨淋不着。春天里，满树是一串串的榆树花，那淡淡的清香，满村都能闻得着。榆树的花、叶子、树皮都可以充饥，村里上了点年纪的人都记得，那几年闹灾荒，这棵老榆树救了村里不少人的命。

孙子走后，老人去看老榆树的次数明显地多了起来。他常常扶着树干，望着远处的山路，一待便是大半天。有时，人们问他："老爷子，望儿子还是望孙子？"他总是回道："谁都不望，看树呢！"

这话一半是真，一半是假。说谁都不望，是假；说看树，那倒是真话。老人祖祖辈辈住的这片山地，土少石头多，加之干旱少雨，满山长的尽是荒草和一些歪七扭八的灌木，极少有像样的大树。这棵老榆树可算得上是山里的奇迹、村里的宝贝了。记得小时候进山打柴，回家时迷路了，当爬上一个小山包时，一眼便望见了门前这棵高高的老榆树。几十年来，妈妈走了，爸爸走了，后来，老伴也走了，村上的老人一个个都走了。比自己老的，又比较熟悉的，也就是这棵老榆树了。儿子、媳妇，特别是孙子，离家去城里以后，老人的魂就好像拴在这棵老榆树上了。

可是，谁会想到，老榆树竟然也离开他，进了城。

那天，从城里开来一辆大吊车，把老榆树连根挖起，拖到城里去了。老人平时沉默寡言，懒得去理那些闲事，这次到底还是忍不住了。他冲着挖树的人责问道："这树碍着你们啥事啦，大老远跑来动它？"城里人倒也和气，一个小伙子笑着回道："老爷子，这树有福气啊，市长请它去城里住啦！"另一个中年人推开那年轻人，向老人解释，原来市里要创建生态文明城市，正在突击购树、栽树。还说，这棵树市里可是花了大价钱的，村里准备用这笔钱为村民打一口水井，今后，再也不必跑好几里山路去挑水了。

老人无言以对。这件事很难说谁有什么不是，不仅没有，甚至可以说，这是两全其美的好事：市长为城里人做了好事，村长为村里人做了好事。

一般来说，想通了的事，老人便会释然。可这次不知怎的，道理似乎明白了，可心里老是憋屈得慌。自从老榆树被拖走后，老人像掉了魂似的，丢三落四，恍恍惚惚，稀里糊涂，竟不知这几个月是怎么过来的。

春天又来了，老榆树又该冒出新芽了，无须多久，那盛开的榆树花又要串串挂挂，满树摇曳了。老人下了决心，无论如何，得进城去看看那棵老榆树。

老人还是好多年前去过城里，这次一看，委实让他吃惊不小。城里的高楼变多了，马路变宽了，路边的树木整齐挺拔，就似两排昂首站立的士兵。市中心新建了一个好大的广场，老人边看边估摸着，这么大一片土地，平平整整的，如果种庄稼，一年能收多少粮食啊！老人顾不得细想，他的心思在老榆树上。

广场四周是一个环形的林带，全是新栽的树木。他一棵棵看过去，多是银杏、香樟等名贵树木，只是不见他的老榆树。他仔细寻了一遍，仍然不见踪迹。他鼓起勇气问正在给树浇水的园工："可有榆树？"那人看一眼老人，指指不远处一个角落，不屑地回道："那儿好像有棵榆木疙瘩。"老人瞪了那人一眼，径自朝广场边上走去。

没多远，老人在众木林立之中，一眼就认出那疙瘩累累的老榆树，不觉加快步伐赶了过去。待到跟前时，老人不禁愣住了——远望是它，近看又几乎认不出来了。主要是那庞大的树冠没了，树干上面那繁密而舒展的枝权被截得七零八落，参差不齐。最让他诧异的是，老榆树的树干上还吊着两个水袋子——城里人正在给树挂水。

老人面对着老榆树，盘腿坐了好一阵，然后起身，上上下下又把老榆树打量了一番，还用手拍了拍那粗糙的、疙瘩累累的树干，摇了摇头，叹了口气，便离开了。

折回的途中，又碰上了那个让他有点反感的园工。老人犹豫了一下，还是忍不住问他："小师傅，这树干吗要挂水呢？"那园工见老人客气且诚恳，便十分和气地向他解释："树和人一样，肯定是有麻烦了，挂水是救它的命呀！"

他还指着老榆树，叹了口气道："这么老的树，搬动移栽，水土不服，要遭一劫了！"老人不再言语，脚步明显地沉重起来。

老人回家后不吃不喝，倒头睡了三天。村支书听说后，赶到家里，摸了一下老人的额头，大喊一声："送医院！"

老人躺在乡卫生院的病床上，床头立了个架子，架子上吊了个瓶子。当瓶子里的水就要滴完的时候，医生又进来了。

老人一改原来那副无所谓的样子，郑重地问医生："大夫，这挂水，真的就那么顶用吗？"老人态度的转变令医生甚为惊奇，但他并未深想，只是笑笑说："当然。"

老人脱口又问道："那么，树呢？"

"树？"医生怔怔地望着老人，一头雾水。

张天翼

从透明到灰烬

衰老像夜晚一样徐徐降临，光并不是一下子就散尽，死神有惊人的耐心，有时他喜欢一钱一钱地凌迟。壮年时的余晖犹在，八十岁时，姥姥的食量仍是全家之最。她独自住在老房子里，自己摆弄一个蜂窝煤炉子，自己买菜做饭，虽颠着一双小脚，行如风摆杨柳，但还是利索得很。她对大家都很有用，儿女的孩子尚小，都得靠姥姥帮忙看管。孙女、外孙、外孙女共六个，都经她的手抚养长大。所以，她是有威信的，说话一句算一句，小辈们都不敢不认真听，稍有点儿嬉皮笑脸，姥姥脸色一沉，扬起一只大手，喊一声："打你！"她喉咙里冒出不大不小的一个霹雳，威风凛凛。不听话者难免心头一颤，立刻收敛起嬉皮笑脸的神情，承认错误。

后来她越来越老了，城池一座又一座失守，守军一舍又一舍败退，退至膏肓之中。她不能再为家人提供帮助，只能彻底地索取，因此，她逐渐透明下去，世界渐渐看不见她了。她的威严熄灭了，儿女们上门的身影逐渐少了，孙儿辈异口同声地说工作忙，好像都在同一家公司工作。春节团聚的时候，大家敷衍地拎一箱牛奶，进来叫一声姥姥或奶奶，就算交差了。她的记忆已经被侵蚀得很严重了，一个孙女站在眼前，她要把所有孙女的名字都叫一遍，才牵带得出正确的那个。

除了行动能力，在生命的最后十年中，她也渐渐失掉正常交流谈话的智力。与人说话，一句起，一句应，一句止，她就很满足了，慢慢点着头，像回味这次对话似的，眼睛若有所思地转向别处。

有时，她想主动与人沟通，就拿手去碰触身边的人，叫着："哎，哎，哎。"她脸上带着巴结的笑，郑重地问出一个问题，比如："我有点儿不记得，想了半天了——你今年多大？"

这当然是可笑的。被问的人和旁边的人对此都有默契的认识。他们面面相觑，嬉笑着，拿不认真的嗓音说："您看我多大了？"

她却仍是认真地回答："我想你是十九岁，还是二十岁？"

被问的人哈哈大笑："姥姥，我都三十五岁啦。"

然后，人们继续各自说话，不再看她。剩她独自咂摸那一点儿愕然，并陷入喃喃地慨叹："哎呀，我外孙都三十五岁了？当初我带你的时候，你整天哭，搁不下，我只能一只手抱你，一只手捅炉子、炒菜……"人们都同意跟她说话只要敷衍过去即可，谁让她活到这样老，老得跟世界文不对题。"衰老不是一场战争，而是一场屠杀。"美国作家菲利普·罗斯说。除非你幸运地蒙召早退，逃出这环链条。

后来她的听力不太好了，人间又把她推远了一步。有时她会陷入沉思状态，陷得很深。她盘腿坐着，小脚放在膝盖折叠处，手撑着额角，眼睛盯着墙，浑浊的眼珠停滞了，犹如哲学家在整理胸中的哲思。大家围坐在她旁边的沙发上，以这个行动表示孝敬。所有人当着她的面议论她，毫不避讳，也不用压低声音，就像她是一具标本。

生命和岁月交给她的能力，她最终按原本的顺序一样一样还回去了。五年前，她很难再自己出门了，坐在轮椅上被推到外面花园里，还能搀着别人的手走两步，走到池子边看人用碎馒头喂金鱼。后来，她不再出家门，不过还能从这间屋走到那间屋。再后来，尽管她彻底不能行走，但还能勉强站立。最后，她不能站起来了，三年里整日倚枕坐着。她的食量逐渐减少，食谱逐渐缩短，需要多费牙齿之力与肠胃之力的美味一项一项与她道别。本来她还能喝几口黄酒，后来终至一喝酒就腹泻。

筛子眼越来越细，兴致、乐趣都被筛出去了，日子唯余越来越纯粹的萧索。

最后半年，她就像个婴儿那样，只吃粥、牛奶和一点点肉糜。

临终前两个月，粥和牛奶亦被肠胃拒绝了，只剩下饮水——蜂蜜调制的水、糖水。如果早上让她喝两口牛奶，她下午就能泻一床。仅余的生命力，在拼命抵抗，又把这座孤城苦守了两个月，直至弹尽粮绝。

我最后一次回家看她，她的精神已不够把眼皮撑开。她眯缝着眼看我，仍笑着，喊我的乳名，声音又小又虚弱，像一张被揉烂的纸条。阳光照着她，仿佛能透过去。

我拉起她的手，攥一攥，又放下，然后做了一次从没对她做过的动作：握着她硬梆梆硌手的肩膀，嘴唇碰着她的颧骨，轻轻一吻。那皮肤薄得像一层膜。

她眼皮下闪出一丝欣慰和快活，低声说："哟。"然后问，"你回来待几天啊？"

我说："明天就走，你等着我，我再来看你。"

她在半迷蒙的状态下一笑，代替回答。

她还会的倒数第二样能力，是吞咽。除了每天几口水，她无力吞咽更多东西，再多就累着了。

人到世上来学会的第一样本领以及丢掉的最后一样本领，都是：呼吸。

初夏的某天上午，她咽下最后一口气。

和母亲谈下厨

李濛 Lemon

25岁以前，我和我妈经常吵架。七天一小吵，每月一大吵，吵架的时候简直是天崩地裂，地动山摇。我站在地铁里，对着手机歇斯底里地大喊，即使下班高峰期的人群再拥挤，我身边的乘客也总是能惊恐地为我让出方寸空间来。与此同时，我妈就在电话那头声泪俱下，梨花带雨。每次吵架，都苦了我爸和我的那群阿姨，他们兵分两路：一路忙着给我发短信、打电话，让我平复情绪，顺带小心翼翼地教育我她也是为了我好；另一路则聚到我妈身边递纸巾、递茶水，安慰她，说我这个女儿其实蛮懂事，就是脾气大了一点。

但吵归吵，骨肉之情，血浓于水，毕竟不忍拉黑了事。任凭吵得如何厉害，我仍是她唯一的女儿，她仍是我唯一的妈妈。一次吵架后，我和她足足冷战了两个星期，最后还是她忍不住联系了我——其实每次冷战都是妈妈先败下阵来。她说："我们俩既然都爱对方，又何苦这样，我也不过是忍不住多关心你一下。这样吧，我以后尽量不去烦你，由着你瞎折腾，但你至少每隔几天给我打个电话，或者发个微信，让我知道你在异地是平安的。"

这等卑微的要求，我怎么忍心拒绝，于是赶忙就坡下驴，与她握手言和，并达成"和平协议"。之后我们果然没怎么吵过架，但之间的隔阂似乎也不见得就此消除。我与她都是刀子嘴，有时心里温柔得化成了一摊水，但脸上永远都是一副对全人类保持警惕的德行。达成协议之后的很长一段时间，我与她的交流都过分地简短冷静，甚至连寒暄都算不上，倒不是因为彼此还在生对方的闷气，而是我们吵了这么多年，早就不知道该如何保持语气亲切。

万万没想到的是，不久之后，一瓶酱油竟然充当了我们之间的破冰大使。

大概两年前，我跟男友搬到了一间两居室里。房子算得上宽敞，有厨房，房东临走前还大方地给我们留了一张金额不小的燃气卡。当时我俩都是自由职业，大部分时间大门不出，二门不迈，再加上小区周边几乎没有快餐店，如果不叫外卖的话吃顿饭至少要走上一公里，渐渐地，我们就动起了自己做饭的心思。

我妈厨艺一向不错，饭菜很合我的口味，回忆起她做饭时的场景，我发现她经常会用到一个牌子的酱油。面对超市货架上琳琅满目的酱油瓶，我的选择恐惧症又漫上心头。我掏出手机给她打了个电话，询问有关酱油的事宜。她起先一愣，随后便打开话匣子，将她多年来采购酱油的经验倾囊相授。"生抽用途比较广，老抽主要用来给炖菜上色。那个××牌的酱油，太咸，鲜味不够，别买，我这么多年一直都用××牌的。最近他们家又新出了一款少盐的，我觉得还不错……"

我推着购物车，在货架之间来回穿梭，按照她的授意把厨房用品采购齐全。那个下午，我把原本空置的厨房塞得满满当当，与此同时，我仿佛也看到，我们之间那道深深的沟壑，未必是不能填平的。

我们的对话内容骤然丰富起来，当然大多是和做饭、吃饭有关。尽管有"下厨房"这样神奇的软件，我还是喜欢在电话里询问她各种家常菜的做法。我在厨艺上表现得越无知，她就说得越尽兴。那个曾经吼出"我就是去乞讨也不用你帮忙"的倔脾气女儿，突然变得柔软了，又开始像软乎乎的婴儿那样，伸出双手寻求母亲的呵护。

"猪骨汤最好一次多熬一些，放冰箱里存着，煮面、煮菜时拿出一点来用，比味精好太多了。海带最好买那种整片整片的干海带，泡软后用剪子剪成小块，放到猪骨汤里炖一炖，味道极好，你以前最爱喝这个。"

"猪里脊切丝，用酱油和淀粉腌一下，然后和干辣椒丝爆炒出香味。炒好的肉丝就倒在焯完水切好段的茼蒿上,再放点糖和醋,拌匀后就可以吃了。这道凉菜可是我的拿手绝活。"

她在电话另一边滔滔不绝,声音显得年轻了很多,我仿佛能看到她眉飞色舞的样子。我用心记下她做饭的经验,认真钻研,后期加以改良,久而久之做出来的饭菜也算有模有样了。待她把能教的东西全部教给我后,我摇身一变,又成了她的老师。

"把姜磨成蓉,用小火慢慢煸成金黄色,然后再按照普通蛋炒饭的做法炒米饭,保准特别香。"

"新鲜鲫鱼用料酒腌好后,放到锅里煎一下,然后倒入开水,大火煮成白色的汤。再放几片白菜叶煮到软,白菜和汤鲜得你都不想吃鱼肉。"我把电话免提打开,一边在厨房备菜,一边向她传授炖鱼汤的经验。刀锋划过鲫鱼身体时,谁料那早已被掏光五脏六腑的鱼竟然在案板上又动了一下!我"啊"地叫了一声,她以为我切到了手,急得不成样子,得知是虚惊一场后,我们在电话两端不约而同地笑了起来。"慈悲为怀,喝汤的时候记得放段大悲咒,以免喝进去的都是怨念。"她开玩笑道。

就这样,我们从食物中寻找话题,借着下厨这件小事交流情感。她知道我既然能精心地布置一日三餐,就一定有照顾好自己的能力,便渐渐改掉了瞎操心的毛病。而我也意识到,我们母女的羁绊其实是如此之深,哪怕曾经有过那些伤人的争吵,我与她之间无形的脐带是怎么剪也剪不断的。

春节回家,我一头扎进厨房,跟着她包饺子、炖酸菜、烙油饼,忙得不亦乐乎。油亮的面团里裹着翠绿的葱花,往案板上一摔,再一拍,然后滑进平底锅两面煎黄,整个屋子里都弥漫着嫩葱的香味。我一边往面饼上抹油,一边说道:"最近网购了两瓶潮汕鹅油,本来打算做蛋黄酥的,但实在没耐心干烘焙这种精细活儿,就用来煎葱花饼了,真是太香了!我回去后也给你寄一瓶尝尝吧。"

她用沾满面粉的手拨了拨额前的头发,轻描淡写地说:"别给我寄了,前段时间体检查出了高血压,高压都快到180了,医生说吃东西尽量少油少盐,植物油都要少吃,更别说动物油。还有你爸最近得了痛风,蘑菇、豆腐都不能吃了，你上次寄来的冬菇还在柜子里扔着呢。唉，年纪大了，能吃的东西真是越来越少了。"

我侧头看她的脸，这才注意到她不知从何时起，光滑的皮肤变得黯淡松弛，时髦的紫红色鬈发中，冒出一绺绺掩盖不住的银丝。我心里酸楚极了，赶忙挪开目光，往薄面饼上撒了一层又一层的葱花。

"你吃过葛根粉吗？调成糊糊后放一点桂花和蔓越莓干，好吃还降血压呢。"我踱到厨房的另一侧，背对着她，把拍好的葱花饼放进热油锅内。油饼入锅后发出"刺啦刺啦"的声响，我语气故作轻松，却早已红了眼眶。

江南童谣

路明

囡囡不肯午睡。外婆坐在床边，一边给囡囡打扇子，一边轻声唱：

一箩麦，两箩麦，三箩开花拍大麦。噼噼啪，噼噼啪。

囡囡动了一下。外婆看看她，又唱：

猫咪猫咪，明朝初二。买条鳑鲏，挂在床里。

鳑鲏跳一跳，猫咪笑一笑。

囡囡翻了个身，问，猫咪为什么要笑一笑？

外婆说，猫咪看到鳑鲏鱼，知道自己有吃的了，心里开心，自然要笑。外婆拍拍囡囡的屁股说，你烦死了，快睡觉。

我要听《扇子歌》。

扇子扇凉风，扇夏不扇冬。有人问我借，要过八月中……囡囡睡着了。

那是 1986 年的夏天，囡囡 4 岁。妈妈要回镇上，她对囡囡说，囡囡，去外婆房间里玩一会儿。囡囡玩够了，四处找妈妈，妈妈只剩下一个模糊的背影。囡囡追出门，摔倒在地上，哭着爬起来，又摔倒。外婆抱起囡囡，在她耳边唱：

囡囡宝，侬要啥人抱？我要姆妈抱，姆妈纺花做袄袄。

囡囡宝，侬要啥人抱？我要阿爹抱，阿爹出门买糕糕。

囡囡宝，呒人抱，还是自家走走好。

囡囡在前面跑，外婆端着饭碗一路追。囡囡嚷嚷，不吃不吃，我不爱吃蒸鸡蛋。外婆说，阿太，这也不吃那也不吃，以后囡囡长不高。囡囡说，长不高就长不高。

外婆又跑了几步，蹲下去说，囡囡，等等外婆，外婆跑不动了。

外婆养蚕，囡囡帮忙喂桑叶。初生的蚕宝宝只有火柴头那么大，黑乎乎的，在囡囡手上扭来扭去。蚕宝宝个头小，胃口却一点都不小，嫩嫩的桑叶铺满竹匾，不一会儿就被咬得千疮百孔。外婆说，新蚕很娇气，只吃芽尖的第二片叶子。以后，新蚕长大了，可以吃第三片，第四片……等吃到最后一片叶子，就可以吐丝了。

囡囡早上醒来时，外婆已经采完桑叶回家了。桑叶只能在早晨或黄昏时采，白天叶子晒干了，蚕宝宝吃不得。

蚕宝宝吃饱了就睡觉，头眠，二眠，三眠，每睡完一觉就胖一圈。三眠之后就是老蚕。老蚕肥嘟嘟的，吃起桑叶来，沙沙沙，像下雨一样。这是养蚕人最辛苦的时候。外婆每天夜里要起来好几次，添桑叶，清蚕沙。

快到端午了，老蚕不再进食，身体变得透明。外婆说，囡囡你看，蚕宝宝肚子鼓鼓的，都是要吐的丝。

卖茧子那天，外婆和舅舅天不亮就起床。舅舅摇着小船，去镇上的茧站。中午，外婆回来了，笑眯眯的。囡囡扑过去，在外婆的布口袋里乱掏，掏出一盒彩色蜡笔，一个好看的本子，还有一件花衣裳。

梅雨天到了，外婆在灶前烧饭，柴火带着潮气，烟囱口冒不出青烟，只是白茫茫一片。囡囡在门里望着廊下的泥地，水花溅起，远处的稻田被雨水冲刷得一片幽绿。仿佛连日子都变慢了。

外婆病倒了。囡囡跑去外婆床边。外婆摸着囡囡的头说，外婆死了，囡囡就看不到外婆了。

囡囡睁大眼睛，什么是死呀？

外婆笑了，人死了，就像蚕宝宝吐完了丝，躲在茧子里面，别人就找不到它了。

蚕宝宝躲在茧子里面干吗呀？

蚕宝宝咬啊咬，等把茧咬开了一个口，蚕宝宝就飞走了。人也会飞走的。

外婆不要飞走。

乖囡。外婆会在天上看着囡囡。

囡囡每天早上跑去看外婆。外婆闭目休息，囡囡拉拉外婆的手，问，外婆外婆，你死了没有呀？

外婆摇摇头，还没有呢。外婆满脸的褶子堆出一个笑脸：外婆舍不得离开囡囡呀。

外婆一天天瘦下去。到后来，外婆说不出话，只是笑眯眯地看着囡囡。六月天，外婆身上盖着被子，像一条老蚕。

那天家里来了好多人，闹哄哄的，有人一进门就放声大哭。囡囡想找外婆，怎么都挤不进去，急得团团转。这时，囡囡被一双手抱了起来，回头一看，妈妈满脸的泪水。囡囡，妈妈没有妈妈了。

外婆被埋在村后的桑树林里。囡囡每天早上醒来，自己穿好衣服，梳好辫子，噔噔噔跑到桑树林，看外婆有没有飞走。

囡囡绕着坟转了两圈，地上没有洞。外婆还在，囡囡放心了。

村里人说，囡囡这孩子懂事，重情义，外婆没白疼她。

一个礼拜过去了。两个礼拜过去了。囡囡天天来。

外婆，你怎么还没有飞走呀？我知道你舍不得我，我也……我也舍不得你呀。

囡囡的眼泪掉了下来。

妈妈要带囡囡去镇上。囡囡跑去桑树林，外婆，我要走啦，这下你可以放心地飞啦。囡囡跪在外婆坟前，咚咚咚磕了三个头。你在天上能看见囡囡吗？囡囡戴两个蝴蝶结。

囡囡在家里睡午觉。她朝右侧卧，右手轻拍着自己的左胁，唱道：

扇子扇凉风，扇夏不扇冬。有人问我借，要过八月中。

扇子扇凉风，时时在手中。谁要来借扇，请问主人公。

扇子扇凉风，打马过桥东。要问我是谁，扇子老公公。

囡囡唱不下去了。外婆说，一共有十二把扇子。可惜每次唱到第三把扇子的时候，囡囡就睡着了。

外婆你看见了吗？囡囡很乖……囡囡好好吃饭，好好睡觉……囡囡好想你。

囡囡有了新发现。原来侧卧的时候，左眼流出的泪，会流到右眼里的。

此生未读完

予安

从未料想过，有一天，我会陪着一位 87 岁的残疾老奶奶，在闹市区的灯红酒绿下"乞讨"。也许不该用这么赤裸的字眼，毕竟我们面前摆放了一些可供购买的商品。

北方晚秋的风已经有了打透薄衫的力道。它们欢呼着钻过老奶奶轮椅间的缝隙，胡乱地翻动着地摊上泛黄的书页。

奶奶非常坦然地对路过的人说："来看看我卖的书吧，这本讲的是做人要诚信，5 块钱。还有这些杂志，是学生们捐给我的，讲穿衣搭配的，10 块钱。"她吐字清晰，态度真诚。奶奶说，这些书她全都看过，有的还做了笔记。我在她的旧书摊前，听到她给中学生讲《狂人日记》，也遇到她跟音乐学院的硕士，在马路边谈论莫扎特和肖邦。

有人用简洁的语言描述了奶奶的一生："自幼患小儿麻痹症无法行走，父母早亡，靠收废品、卖旧货为生，低保户，无人可依靠。"

华灯初上，这座城市里最繁荣的商圈就在奶奶身后，正在用一层层上升的霓虹勾勒出自己的轮廓。而奶奶的故事，也随着这璀璨的灯火，在一次次接触和交谈中，逐渐清晰起来。

1

初次见她，是在一场读书会上。那是一场关于"命运"的见解分享。大家正在讨论付出与回报在人世间是否遵循某种规律时，一个衣着时尚的女孩敲开门，随后转身，轻巧地推进一个坐着轮椅的老奶奶。她戴着黑底紫花的渔夫帽，帽檐压得很低，只露出半张脸。夹棉的浅褐色外套，把她瘦弱的身体包裹得格外严实。

"大家好，我又来了。"门口的几个人赶忙起身，把椅子凑紧些，好给老奶奶让个位子。大家对她都极为尊敬，邀请她分享自己的心得。只见她从轮椅扶手上挂着的编织袋里，掏出一个平整的笔记本，缓慢翻开，略带羞涩地说道："我这个月读了一本有关家庭教育的书，讲的是如何给孩子布置一间好的书房。"

大家听她娓娓道来，没有人指出她的发言与当天的主题并不相符。我猜测，这位老人或许是某所高校的退休教师，因为她的谈吐见解并不似寻常老妇。

"这个奶奶都87岁了，是个寡居的拾荒老人，平时在繁华商圈的角落里摆摊，但是上知天文下知地理，撮合成了十几对新人。其中一对夫妻生了龙凤胎后，大伙儿就开始传，说她是送子观音，幻化成凡人模样，来普度众生。"邻座姐姐的解释，让我的思绪瞬间回到现实。

读书会结束时，我们怀着好奇与敬意，轮流去加奶奶的微信。是的，她有微信。一个公益组织为她捐赠了老人机，教会她使用，并为她申请了二维码，便于她摆摊做生意时收款。我想为她捐款，又怕亵渎了这平凡的尊严，便询问她常去摆摊的地点。

2

傍晚的街头，行人熙熙攘攘。正是下班高峰，身后写字楼的玻璃大门被推开，一个小伙子率先蹿了出来。冷风趁着打开的门涌进了大堂，衣着时髦的白领丽人被突然兜进的寒凉打了个措手不及，纷纷用手捂住衣领，鱼贯而出。

小伙子的目光瞥到了台阶旁奶奶的摊位，本已经走了老远，又犹犹豫豫地跑了回来。"大娘，这本书怎么卖？"他随手指了一本。"5块钱，小伙子，这本书是……""我扫码付款。"没等奶奶说完，小伙子便拿起书揣进包里，随着"微信到账5元"的播报声，拔腿就走。奶奶突然拦下他："麻烦你等一下，能给我留个姓名和联系方式吗？"说着，她从编织袋里掏出一个被反复粘贴过的笔记本，上面一行行记录着上百个人名和手机号，有的人名后面还写了一些备注，有的打了对钩，有的画了圆圈。

奶奶把本子和笔递给他，小伙子迟疑片刻，接过去写了起来。"你别担心，我只是想把帮过我的人都记下来，看看有什么能帮你们的。小伙子，你结婚了吗？"奶奶认真询问起对方的择偶要求。小伙子不好意思地挠挠头："我们干程序员的，没时间交女朋友，我是单身，单身，哈哈。"这一老一少，一个坐着，一个蹲着，就在马路边聊起了家常。

小伙子离开后，我接过奶奶记录好的笔记本，详细地看了一遍。奶奶如数家珍地指认着这些人名，告诉我哪些人喜欢读书，哪些人正在寻找伴侣，哪些人工作中遇到了难题。我告诉她自己会一门外语，她马上翻到一个人名，旁边的备注是："彤彤，14岁，想补习英语。"

人与人之间的连接其实很玄妙。这座城市每天有数百万人擦肩而过，谁承想，因为一位老人的笔记本，我们成为照亮彼此的微光。

3

奶奶说她最大的愿望就是活到100岁，把这辈子帮过她的恩人都报答完。

数九寒天的早上，奶奶没有如往常一般带着旧书和小杂货出摊，而是约了我和另外两位义工到一个居民区门口见面。

我拎着一袋前一晚收拾出来的旧书，准备见面时送给奶奶。我们在约定时间到达，远远地望见奶奶摇动着轮椅朝我们这边过来。大家跑过去帮忙时，我触碰到她的手，奶奶的手像一块冻干龟裂的大地，凸起的倒刺如枯石般嶙峋。"摇轮椅时会打滑，我出门时就不戴手套了，捡纸箱时也方便。"奶奶跟义工们解释道，"周末打扰你们休息了，不好意思，我今天想请你们帮帮这家人。"我们循着奶奶手指的方向，把她推到一户人家门口。

当那扇纱窗掉落的防盗门打开时，一股浓烈的中药味扑鼻而来。一个头发花白的大爷探出头来，看清楚是奶奶带来的人，便让我们进了门。昏黄的灯泡垂头丧气地搭在简易挂钩上，吃力地关照着这间老旧的屋子。顺着裸露的电线，我们看见卧室内的床上有个熟睡中的宝宝，紧挨着孩子的是大爷的老伴儿，她正在轻轻拍着孩子，掖了掖被角后想来招呼我们。

奶奶示意她赶紧坐下照顾孩子。然后，她从怀中的夹层口袋里掏出一个布包，抠开三粒芝麻扣，取出了一小沓 100 元的纸币和皱巴巴的十几元零钱。

"这次不多，我攒了两个多月，想着你们缺钱，就赶紧给送过来了。"奶奶有些失落地说，"孩子的病治得怎么样了？"义工们的目光一下子转移到宝宝身上。"不是这个孩子，是孩子的爸爸，出了车祸来咱们这儿治病，他们是孩子的姥姥、姥爷。"大家明白了。

"还住在医院，跟烧钱一样，这日子……可怜孩子了，这么小，他妈妈天天在医院，都顾不上他。"姥姥眼里噙着泪，满脸的疲惫。

"你不是说给我们筹钱吗？这些连一天的花销都不够。早知道不等这些日子了，我们给电视台打电话，网上也能捐。"

大爷突然插话，打破了屋里的沉默。

"对不起啊，我尽力了，今天带了义工，一起想想办法吧。"奶奶压低了声音回答，像个做错事的孩子。

"先来 30 万，1000 块钱连孩子的奶粉钱都不够。"大家再次沉默，我的手已经攥成了拳。

走出小区的时候，空气终于清新了。大家都不知道该说些什么，升米恩斗米仇的故事，竟发生在一个也需要他人救助的残障老人身上。我们只能宽慰奶奶，说她已经尽力帮助他们了，不要难受。奶奶却说："别怪他们，这一家人真的太难了，姥姥有心脏病，姥爷身上长了瘤子，他是急的。国家给的低保足够我生活了，大家捐给我的钱，我再捐出去，回馈社会。还有很多人，没被看见。"

那袋书，我拎在手上，最后竟忘了给奶奶。我想着，以后总有机会。不能去地摊的时候，我偶尔会在微信里跟奶奶打个招呼。她也会给我发一些去养老院和福利院慰问时的照片，聊聊近况。她朋友圈里有段视频，我每每回味，都仿佛心尖上最柔软的地方被抓了一下。那是一个小婴儿被母亲环抱着，母亲鬓边的发丝垂下几缕，偶尔扫着婴儿的脸庞，婴儿笑着望向母亲。也许是因为那时我也正值孕期，容易被感动。恍惚间，我脑海里浮现出屏幕背后也在看着视频的奶奶。她是以什么样的心情在观看？她是否想起了小时候的自己也曾被妈妈抱在怀里亲吻着……

　　光阴的长廊里，脚步声吵嚷，又是一个四季轮转，窗外的枝丫绿了又黄。一转眼，襁褓中的孩子已经开始蹒跚学步，我也终于有时间重新连接外面的世界。整个孕产期，我从老房子里收拾了不少杂志书报，计划开春送给奶奶。

　　打开微信，编辑文字发送，等了一周，却没有回音。此后的几个月，我会带着那包一直没有送出的旧书，来到她常常摆摊的地方。这里一如往常，人头攒动，只是再没见过她的身影，我们之间的交集，终止得不声不响。我私心里希望，她真如那位邻座的姐姐所说，只是换了一个街头去"度人"了。

　　我不知道她真实的姓名，只知道她的网名叫作"莲"，大家都称她"轮椅奶奶"……

姥姥的春节

樊晓敏

这些年，我常常想，当年老姥爷是怎样到内蒙古的啊。

现世的亲人都已经无法说清到底是哪一年，只知道那时老姥爷家很穷，租种人家的二亩薄地，收成总是不好，一双幼小的儿女却正嗷嗷待哺。不知他从哪儿听说内蒙古有个叫临河的地方，荒地多得数不清，很能养人。

就像在黑暗中看到一丝微弱的光，老姥爷想试一试，看看能不能到那里寻一条活路。抱着那点儿渺茫的希望，他出发了。可哪里有钱买车票呀？于是，他就一咬牙，一步步走过去。

我看了看地图，从我的家乡河北行唐到内蒙古临河，将近1000公里的路程，中间有山，有河，有戈壁，有茫茫沙漠。我无法追问，亦无从想象，那么遥远的路途，他一个人，没有地图，没有路标，不知前方如何，他是怎么走的？我不知道朔风呼啸、落雨下雪的时候，他怎么办？住在哪里？饥肠辘辘的时候，他又该怎么办？

但他就那样，一步一步，山一程，水一程，4个月后，他老人家终于到了临河。放眼一望，风吹草低，地广人稀，真是好地方啊！

没有来得及休整，带着对美丽新世界的无限憧憬，他又一步一步，花了4个月的时间，长途跋涉，回到家乡。

他和老姥娘决定举家迁徙。临行，心里却愁肠百结，那么远的路程，怎么带得了两个孩子？最后，无奈之下，他们咬了咬牙，留下了不到8岁的女儿，也就是我姥姥。他们对寄养的人家说："如果我们回来，就好好酬谢你们；如果不回来了，你们就将她当童养媳吧。"

在女儿撕心裂肺的哭声中，一家三口孤勇的迁徙开始了。老姥娘蹒跚着一双小脚，费力地跟着，老姥爷挑着担子，一头是简单的铺盖，一头是才3岁多的儿子，也就是我的小舅姥爷，一路上经历了说不尽的艰难与凄冷。

小舅姥爷从小就由他的姐姐带着，一开始总哭喊着要找姐姐，可几天过去，他也知道没有了指望，就不再吭气。又过了些日子，孩子问："娘，娘，怎么总是黑夜，不见白天啊？"他们这才知道，孩子的眼睛看不见了。

很快，小舅姥爷死了，被埋在途中一个不知名的地方。老姥娘哭倒在小小的坟堆上，怎么也不肯再走下去，她给老姥爷跪下，求他回去。老姥爷好说歹说，悲痛欲绝的老姥娘才跟着他继续走下去。

发生的这一切，我姥姥那时当然无从知晓，一年又一年，她到底成了人家的童养媳。

在地里干活时，一次又一次，姥姥看到春燕从南方归来，她常不由得站起身来痴望，然后又在粗暴的斥骂声中惊醒。燕声清脆，她心里却只有一片凄楚。

在那个封闭孤寂的小村子，支撑她活下去的，就是这份无望又苦涩的等待。

每年临近除夕，姥姥都会频频梦到爹娘和小弟。醒了，又闭上眼，想再回到梦里，只有在那里，她才能见到自己最亲的人。

大年初一那天，总是天还未亮，姥姥就悄悄起身，到村外一个高岗上，一个人埋在荒草里哭。哭完了，她也不知道该对着什么方向，只是大声地喊："爹，娘，小弟，你们在哪儿啊？我想你们……"

当时的姥姥当然不会知道，到了临河，老姥爷起早贪黑，不要命似的干活。没几年，老姥爷就置下百十亩地，开始雄心勃勃地筹划着，要风风光光还乡接女儿。

他老人家想，买上几匹大骡子一路赶回去。过年的时候给骡子挂上大红花，驮上肯定受了不少委屈的女儿，在村子里风风光光地转上两圈，向大家宣告曾经的穷汉子阔气地回来啦。

好一个衣锦还乡梦啊！

然而，这浩大的梦还未来得及实现，日本人的军队和枪炮就先启程了，我的家乡成了一片惨烈的战场……

回乡的路和梦就这样生生被切断了。

到临河最初的那几年，除夕晚上这一餐，老姥爷和老姥娘几乎没正经吃过饭，餐桌上放着两双筷子、两个碗，老姥娘总止不住掉泪："妮儿，小儿，就这么撇下你们，过年了，你们陪娘吃顿饭……"

动荡的岁月，辽远的故土山河，难料的变故，艰难的归乡路啊，任亲人的思念如山如海，却也没有办法，没有办法。

不知有多少个年，姥姥和她的爹娘就这样遥遥相盼却互不相知，在对彼此的呼唤和流淌的泪水中度过。

后来，也一样不记得是哪一年，姥姥的村子来了一个高个子的老太太，逢人就打听："小名冬妮儿，大名王金荣，她家在哪儿？"人们围上来，把一个人推给她，看看，是这个人不？老姥娘抹着眼泪拥上去："怎么不认得，这不是我的妮儿吗？"

这时她的妮儿，我的姥姥，已经差不多是母亲当年离开时的年纪了，我的妈妈已经能走会跑了。

姥姥又哭又笑，抱着她娘不松手，又着急地东看西看，连声问："爹呢？弟弟呢？"

他们全都没了……

后来，直到现在，我还能清晰地记得，童年时，每一次去姥姥家拜年，她总是天不亮就起床打扫，每次都要剁好多的饺子馅。她搜罗出家里所有好吃的，其中总不乏妈妈之前带给她，却被她藏得变质了的食物。在那个香油还是奢侈品的年代，别人做饭总是用筷子头点上几滴，她却总是出溜一倒，让饭菜香得发腻，让孩子们抱怨。

多少年之后，我才真正理解，为什么不管物质是否匮乏，姥姥家的年看起来总是隆重、盛大，因为她太珍惜亲情环绕的滋味。

姥姥一生遭受的生离死别不止于此，她的种种凄苦，我无法一一细说。生命暮年，她又卧床七八年之久，饱受病痛的折磨，她的离世不过是种解脱。

这些年，每每大年初三，妈妈总是给姥姥烧很多很多的纸钱，嘴里总念念叨叨那几句话："你苦了一辈子，省了一辈子，在那边，别再苦了，和我姥爷姥娘他们过个欢欢喜喜、丰丰盛盛的年。"

我想那个世界的姥姥，也一定会是这样的吧。

活着的一万零一条理由

秦文君

不知是由于天性中的忧郁、孤独，还是因为成长的受挫、痛楚，有一段时间，我心里时常会冒出许多有关生命的疑惑，而那时，我的外祖母已年届80，银发飘飘，说话气喘吁吁，走路时双手不停地哆嗦，像被巨大的无形之手牵引着。但她却像一棵顽强的老树，勤勉地活着，将慈爱的笑容给予她所爱的人。

外祖母常说活着的理由有一万零一条，所以她才留恋生命，留恋那洒进来满房间的阳光。当我追问究竟那一万零一条理由是什么时，她总是笑而不答，并让我自个去寻找答案。

我果真准备了个本子，到处找人攀谈，请他们说出活着的理由。很快，那些理由铺天盖地而来：

有个常来送信的邮差说，他活着是为亲人，他爱他们，要与他们厮守，共度长长的一生；有个邻居是大学生，他说活着是为了荣誉和生命的尊严；我还问过一位陌生的过路人，他说为了不白白来人世一趟，他要到处走走看看，跋山涉水，去领略生命中的许多潜藏的景观，这就是他活着的理由。

最难忘的是一个身患绝症的少女，她长着圆圆的白白的脸，走路都已经弯着膝盖了，还常常出来坐在树下，倾听鸟儿的歌唱。她起初并不知晓自己的病情，后来有人说话不慎露出了口风，少女却没有为此哭泣，而是更长久地坐在树下，抱住她爱的树。很久很久以后，人们才发现她在树干上刻下三个字：我要活。

渐渐地，我那本子上记载的已有数百条了。过了一年，又变成了数千条。虽然远不及外祖母所说的那般浩瀚，但字里行间的真挚动人，却足以证明：热爱生活，善待他人，怀有追求，是多么明智和高尚的选择。

然而，并非人人都能眺望到希望，因为希望总在遥远的前方，具备放眼远望能力的人才能看到它。我曾听一位身世坎坷的少女说，16 岁那年她遭受了一次巨大的不白之冤，她发誓说，如果第 99 天她还讨不回清白，就毁灭自己。可到第 90 天时，她看到了希望，及时修正了誓言。结果，她抗争了整整一年，终于得到了公正的结局。

断断续续好几年，我都认真地搜集着一条条"理由"，终于有一天，我不再热衷于这方面的抄录，而且，我估计，也许那儿的理由已达到了一万条。

就在这时，外祖母病危，我赶到医院去看她。当时，她定定地睁着眼，侧着双耳，专注而又陶醉地聆听着什么，我悄声问她在听什么美妙的声音。

外祖母喃喃地说："我在听心跳的声音。"

这何尝不是世上最美的仙乐呢？生命多么辉煌灿烂，多么值得去珍惜。

我流着泪，郑重地将这第一万零一条活着的理由镌刻在心中，永远，永远……

你就是他

狮 心

我奶奶今年九十岁了。

她的两只耳朵重度耳聋，要凑近了喊，才能听到。她的膝盖有骨刺，不能走太多路。

她一辈子生活在上海的郊区，听不懂普通话，只能说上海郊区的土话。

对了，她还不识字。

因为奶奶听力不好，打电话给她时，我会特意用手遮一下下面的送话器，因为这样，电话里的声音会大很多。

如果有人对她说话，奶奶只能"啊？啊？"地反问。她问得多了，别人就不耐烦了，比如我爷爷。

至少在外人看来，我爷爷对我奶奶的态度特别差，经常凶她。

奶奶胆子小，害怕，就找了一个诀窍，就是"嗯，是的，是的"地回答。

但她其实什么都没听到。

她每天在家待着，自己有一个菜园，种一些野菜，到了中午，就坐下来看电视。

她不识字，看不懂电视屏幕下面的字幕；她听不懂普通话，就不知道剧中人在讲什么，只能看一看画面。

所以，我奶奶看得懂的只有一类节目，就是很多人嗤之以鼻的跳水闯关节目。

她看到有挑战者被机关打下水，就特别开心。爷爷不喜欢看这类节目，就出去打牌。

下午，我奶奶做饭，爷爷回来，吃顿饭还挑三拣四，骂骂咧咧。

我为此和爷爷沟通了好几次，但没什么用。

有一天晚上，我回爷爷家，敲了很久的门，都没人来开，我以为两个人都睡了。

于是，我就趴在窗边确认，看到电视机开着，里面播放着电视剧，爷爷正在我奶奶耳边解释电视剧的剧情，在她手上比画。

小老头人前凶巴巴的，没人的时候，却轻声细语的，像在教一个小学生。

后来，我才知道，他大声说话，是希望奶奶听见。

我们表面上很关心奶奶，对她"友善"，其实很多话到嘴边都吞下去了。因为在潜意识里，我们认为她听不到。

只有这个小老头骂骂咧咧，甚至有时候恼羞成怒。因为他想要她听见。

说句实话，两个人如果百年了，我希望奶奶先走。

如果爷爷先走了，奶奶就只能活在一个人的世界里。她看不懂电视在演什么，听不懂别人在说什么；走两步膝盖就会疼，也走不远。

本来她的世界就很小，如果爷爷先走了，她就什么都没了。

真心喜欢一个人是什么体验？

我觉得，爷爷奶奶最初在一起，可能不是因为爱情。但是，他们相处五六十年后，多少会发生点化学反应吧。

我爷爷不喜欢看跳水闯关类节目，但偶尔打牌也会爽约。等节目开始了，他也会叫上我奶奶，两个人一起看。

年轻人谈恋爱大体也是如此吧。

有好吃的东西，第一时间给她吃；有好笑的笑话，第一时间讲给她听；有什么糗事，也希望她来骂骂自己。

人生这场冒险，就算是些边角料，你都想双手为她奉上。

我想，真心喜欢一个人，你会微笑着成为他的嘴巴、他的鼻子、他的耳朵、他的眼睛……因为你就是他。

最后一颗珍珠

瑞娴

那是一个风和日丽的四月天，天气好得叫人生出很多希望，我的心也像小树一样悄悄发出了嫩芽：这天是我的生日，不知道母亲记不记得？

这是我一年到头最盼望的日子，也是我在家中唯一能引起注意的时刻，可是我没有勇气提醒大人们。他们都忙，而我又是个不讨人喜欢的小丫头，孤僻卑怯，像只蛹一样将自己封闭在茧中。

我一边趴在窗台上写作业，一边偷偷盯着窗外的母亲。她正忙碌着，从小院这头忙到那头，一会儿扫地，一会儿浇花，一会儿磨镰刀，看来压根不记得我的生日。接着，她将全家人的衣服收到篮子里，让我换上那件过节时才舍得穿的粉红色上衣。

然后，母亲就挎着篮子往渠河的方向走去——她爱干净，在村里无人不晓。

我就这样坐在窗前发了一上午的呆，连作业都没有写完。我没有勇气跑到渠河边去呼唤我的母亲，一分一秒都变得十分漫长。

母亲回来了，清清爽爽地回来了！她在河水中洗净了衣裳，还洗了头，洗了脚，像薄荷一样清新，隆重得像要回娘家一样。

五颜六色的衣裳很快搭满了衣绳，河水的腥气随风四散，小院在我眼里顿时变得像天堂一样明媚。

收拾完了，母亲走过来摸摸我的头发，小心翼翼地问我想不想吃水饺，像怕声音大了吓着我似的。她的脸白皙精致，手却像松树皮般粗糙，带着河水的微腥，抚摸我时粘起细细的头发。母亲的爱抚让我既激动又紧张。刹那间，我明白了：原来，她没有忘记我的生日。

吃水饺，是我们家人间的一种默契，只有在过年或者谁过生日的时候才能实现一次。

这时，父亲从饲养场回来了。他是不是也记得我的生日？我甚至大胆地猜测，他们是不是约好的？

父亲曾经是个文化人，他清秀文弱，一身书卷气，胆小怕事却脾气暴躁。没想到这一天，父亲的态度竟然出奇地好，不但没骂人，还亲自到河边自留地的小菜园里，拔回一篮子水灵灵的红萝卜和香菜。小院里顿时变得喜气洋洋。

父亲放下菜后，就又回饲养场伺候他的马牛羊去了。

母亲开始笑盈盈地擦萝卜、剁葱姜、调馅、和面，我也碍手碍脚地帮着忙。准备就绪后，我擀皮，她包，母女俩不说话，却配合默契。

母亲手中的水饺突然掉到了地上，她说头疼。她面色苍白，几乎是摸索着爬到炕上去躺下来，声音微弱地让我去找小哥哥。我看见她的手抖动着，手上沾着的面粉撒得到处都是。

那种不好的预感涌上来了，我顾不上多看她一眼，拎起鞋子就跑出去。我手忙脚乱地蹬上鞋，发现穿反了又换过来，继续往学校跑。

我跑过坑坑洼洼的大街，跑过一排排低矮的土屋，眼前不停闪现出母亲一次次晕倒的画面。自从大哥哥因溺水离去后，她就经常晕倒。没有一个人敢上前扶她，因为村里的医生告诫说，要是立即扶的话，她的大脑就会缺氧甚至出血。多少次，她就这样无声无息地倒下，又无声无息地醒来。我披头散发地跑到学校，找到正在值日的小哥哥。他听了二话没说，就跑去找村里的医生。

我独自跑回家去，无助地面对着我的母亲。

母亲躺在炕上，穿着洗得干干净净的淡蓝色褂子，眼睛半睁半闭，阳光将她的五官照得几近透明，散发着一种不可思议的光辉。

见我回来了，她的眸子顿时迸出一丝亮光。她嗫嚅着，像要交代什么，又像在等待我说什么。母亲的手无力地伸向我，用眼睛诉说着欲说不能的话。

这时我才发现，她的手中有一根粉红色的头绳，这应该是她为我准备的生日礼物。我终于懂得了她的意思，将头伸向她。她颤抖着抚摸我的头发，试图为我绑上头绳。

她的手指好像带着电流，通过每一根发丝传递给我。我的心里顿时涌起倾诉的渴望，我想告诉她：我爱你！我想用来自内心最深处的话留住她，求她不要离开我。可是，让一个封闭的孩子一下子打开心扉，谈何容易。

也许，在我小小的心里蕴藏着一座火山。可是，它已经被冰封了千万年，我找不到引爆它的芯子，即使找到了也不知该如何将它点燃！

母亲终于将头绳绑在了我的辫子上，为此，她几乎耗尽了全身的力气。她喘息着，嘴角露出欣慰的笑意。而我，憋得面红耳赤，却依旧喊不出那三个字！

我就这样眼睁睁地看着母亲挣扎着、等待着，终于等累了，等不及了。她的喉咙发出咕噜声，眼神也开始变得恍惚混沌，终于渐渐熄灭了最后的火焰。我眼睁睁地看着生命从她的眼里、唇上、指尖一寸寸撤走。她的脸变得惨白如纸，嘴角却依旧挂着一抹淡淡的微笑。

我终于没能迸发出最后的勇气，我的悲伤，突破不了我的羞涩。哪怕这是最后的机会。

小哥哥带着村里的医生跑来了。医生趿拉着鞋，从破了皮的药箱里掏出小手电筒，慌慌张张地扒开母亲的眼皮照了照，摇了摇头。

父亲回来了。左邻右舍都来了。

我盯着母亲，这才意识到她从没照过一张相，我是她的女儿，我要把她留在记忆里。

三婶开始张罗着为我母亲换衣服，却发现她身上穿着的，正是她最好、最干净的衣服。三婶抹着泪说："她最爱干净，她是洗得干干净净才走了的，大家都该为她感到欣慰才是。"

可是，我发现母亲脚上的袜子是破的——她那么爱美，却没有一双新袜子！

我想起那次赶集，她本想买双新袜子的，可是她手中只剩下一两张纸币，她犹豫了半天，也没舍得买，而是给我买了个草绿色的书包。

小哥哥哭了，说："娘，儿不孝啊！咱家再穷，也不能让你穿着破袜子上路啊……"

我一声不吭，从衣橱里掏出那个没舍得用的新书包，那里面有一双新袜子。那是我背着母亲用各色绒线织的，很丑，怕她看见，一直没敢拿出来。

我把袜子双手托给小哥哥，他愣了一下，分了一只给我。我们俩一起跪下来，小心地给母亲穿上袜子，又一起给母亲磕了个头，一起说："娘，你走好！"

这时，我清清楚楚地看见：一滴泪水，从母亲紧闭的眼睛里滚出来！它辉映着生者的世界，又如一个句点，诠释着母亲的今生今世。

逝去的人流泪，也许没人相信。可是我真真切切地看到了，前来为母亲送行的每一个人都看到了。母亲流了一生的泪，这是最后的一滴。

多少年后，我长大了，在他乡的漂泊中，我已经不再有当初那种突如其来的预感，却依旧保持着敏感的心灵。每当微风拂过谁家檐下的风铃，或者野外串串熟透的豆荚，我就会想起母亲叮当作响的银耳环。

黑白色的记忆

孙世豪

1

外公站在椅子上，从家里最高的柜子上，把"爸爸"取了下来。那时的我还小，还不知道为什么。

"回去画画，小孩子别多管闲事，待会叔叔来的时候乖一点儿……"

我跑进爸爸曾经的卧室，坐在他曾经坐过的位置上，看着书架上以前他最喜欢看的书，望了望他那因无人照料而枯萎的向日葵，拿起铅笔，想在一张空白的素描纸上留下些什么，但迟迟难以落笔。于是我开始回想从前，希望能在时光里找回一丝快乐，但我的记忆是一片空白。

叔叔走后，妈妈和外公外婆看起来很高兴，妈妈把白玫瑰插到花瓶里，摆在向日葵旁边，走到远处看了看。

"向日葵还是扔了吧……"她有着那么一丝不舍。但她还是抱起花盆，将它放在了家门外。处理好事情后，她来看我了。

"壮壮，你画了什么呀？"接着，她看了看我的画纸，愣住了。

被眼泪打湿的素描纸皱巴巴的，歪歪扭扭的灰色铅笔字也因泪水而变得不再清晰。上面的内容依稀可见，一个小男孩和爸爸一起在公园写生，画小鸟，底下还配着一行小字：我想爸爸……

我不了解，也不敢去了解妈妈的看法，但从她撕掉整幅画的行为来看，她也许生气了，或许，也和我一样难过。

半夜，我还在想着那盆向日葵，我觉得我和爸爸一样都喜欢它，爸爸也很想它。我不想它被丢掉，于是悄悄溜下床，跑到门口，试着把花盆搬进来。

借助着微弱的光芒，我好像又一次看到了彩色的花盆，看到了和爸爸一起在金色阳光下浇灌向日葵的日子。

"哐当！"

家里人赶忙走进客厅，打开白色的大灯，只见我靠在灰白色的墙上，看着地上被黑色泥土覆盖的彩色花盆碎片，痛哭流涕，手上流着鲜红的血。

2

门铃响了。

那天是我的初中班主任来家访的日子，外婆和妈妈一反常态，满脸挂着笑容，迎接老师的到来。我站在一旁，看着老师走进我的家门。

妈妈从鞋柜里翻出一双白色的一次性拖鞋，递给老师，随后微笑着领着她走向桌前。我知道她只是在试图给老师留下一个好印象。但老师并没有领情。有些高龄的她顶着一头刚被染得乌黑的鬈发，扶了扶眼镜，一脸冷漠。

"以后我会接手上一任班主任的工作……"

她开始说起学校的事情，但我的思绪早已像往常一样开始飘扬，我只看见我一个人穿着灰色的校服，在白茫茫的雪地里奔跑，寻找着他的身影。

"我的孩子有些特殊，他上小学时就没什么朋友，性格也比较内向……"

我在雪地里漫步，看不到任何人，更找不到父亲在哪里，但我还是漫无目的地四处游荡，好似一个人在漆黑无灯的黑夜之中。

"他从小就失去了父亲，受了点儿刺激，一直没走出来……"

我突然看到一串脚印，顺着脚印的方向，我看到前方有一个人，他的身影是如此熟悉，却又如此陌生。

"我们一直都在试着了解他的内心，但是我们体会不到他的那种感受……"

我向前狂奔，努力试图追上那个身影，泪水不自觉地夺眶而出，滴落下来。我的视线也逐渐变得模糊。眼前的身影变成了一团黑灰色的乱麻。

老师面无表情，扶了扶眼镜，镜片反射了白色的灯光，白光直射入我的眼中，亮得我睁不开眼。

我看见那团黑灰色不断变大，膨胀，瞬间吞噬了我的视线，吞噬了周边的一切，最后吞噬了我。

她转过头，看着我。

"这没什么问题。虽然他的父亲过世了，但我相信其他的爱总能弥补的……"

我的眼前，此时只有一片黑暗。

"不，你们永远不会理解！"

我愤怒地拍了一下桌子，猛地站起身，睁开眼睛。

"有些爱，有些人，有些记忆，是永远无法被代替的……"

我头也不回地离开客厅，走回房间，关上了房门。

3

"你是几号？"

"40。"

"这是你的药，吃掉。"

我将白色的药片送入口中，喝下一口水。

"张嘴。舌头抬起来。"

我张开嘴巴，抬起舌头。

护士看了看，从白大褂里掏出记事本，在纸上写下记录。

"40号精神状态正常，配合治疗。"

吃完药，病人们开始各种娱乐活动，有些人搬起椅子，凑到电视前，看着电视上的节目；有些人则是扎堆在一起打牌，引来不少人围观，期待拿着黑桃3的那个人打出第一张牌；还有的则是坐在椅子上望着窗外黑色的夜空和皎洁的月亮。

我与自己下起了国际象棋，我执白，也执黑。一段时间后，黑王便倒下了，我不禁想起父亲逗我开心的样子。

我掏出日记本，开始写今天的日记：

"第44天，还要一段时间我才能出院。家里人觉得我的思想生病了，实则不然：生病的的确是我，但也不只是我，只是谁轻谁重罢了。有时候真希望我会被诊断出什么重病、绝症，这样我也可以向生活示弱，得到他人的同情。而不是这种病，没有同情，只有不解……"

写到这里，黑色的字迹变得断断续续，原来是钢笔没墨水了。我拿出铅笔，接上刚才的话。灰色的字与黑色的字产生了明显的反差。

"我感觉到孤独，一种奇异的孤独，一种别人不经历就不会理解的孤独。就好比你用着自己的语言，却来到了一群外国人中，没人知道你在说什么。而孤独的我，只能期待，有另一个同样孤独的人能找到并理解我的言语。"

写到这里，刚好写完一张纸，我注意到笔记本的下方还有一个小小的图案，是一朵黄色的、鲜艳的向日葵，面朝我，在微笑。

4

"能和我说说你现在的想法吗？"

"我想念我的父亲。"

"但是你知道的，人死不能复生。"

"所以我难过，我痛苦，我无法接受。我希望我也能去另一个世界，去找他。只有有他的世界才是彩色的。"

"为什么这么认为？"

"我不想说。"

"你一直强调的东西往往并不重要，重要的是你不愿意说的。试着把它说出来吧。这才是我们心理咨询最重视的东西。"

"我……我……"

"慢慢来。"

"因为，我的记忆里，只有有他的那一部分，才是让我真正感觉快乐的部分。可随着他的离开，我的快乐也离开了。"

"继续说。"

"我……我渴望回忆起那份快乐，可我渐渐地，再也感觉不到快乐。当我小时候，看着父亲的向日葵从黄色慢慢枯萎，变成黑色，我发现我身边的一切也开始变为黑白。家里的花从漂亮鲜艳的向日葵，变成了一成不变的白色菊花；因为没有人看电视，家人再也不付有线电视费，打开电视只会看到雪花点；还有一抬头就能看到的父亲的照片，可连他也变成了黑白的。"

"难道你就再也没有看到过其他颜色吗？"

"不，我看到过。"

"那是什么？"

"红色，血液是红色的。"

"没错，但是你想想，血液是红色的，这代表什么？这代表你心里依然是有色彩的……"

"我心里还有色彩吗？我的记忆再也没能出现彩色！"

"不，只要你还活着，你就是彩色的。只要你的血管里还流淌着你父亲为你留下的生命之血，你就是彩色的。"

"为什么？"

"的确，你再也没有看到彩色，但是，有没有可能，从来就没有彩色？"

"什么？"

"彩色本来就不存在，它只是一种感觉。你真正怀念的，正是那种感觉，那种名为父爱的感觉。你无数次地追寻彩色，就像小时候留下父亲的向日葵一样，希望找回父爱，但有些失去的必然无法回来。"

"那我又该怎么办？"

"抛下彩色吧。"

"什么？"

"那根本不重要了，因为只有在一切被打破之后才会出现新生；只有在死亡之后，才会迎来复活；只有在黑白后，你才能再次看到彩色……所以，回到一切的根源上吧，为了你鲜红的血液，而彩色的含义就是……"

"黑白……没有任何意义……只是为了我的父亲，而继续坚强地活下去，不受所谓黑白的煎熬，不再沉溺于过去的色彩……"

"那你现在看到了什么？"

"我的眼前，我的眼前是……"

<h1 style="text-align:center">5</h1>

我走在公园里，金黄色的阳光洒在大地上，春日的阳光十分温暖，刚出冬的日子，令人感到惬意。

树上，粉色的樱花正在开放；树下，绿色的草地正在不断蔓延。

残雪正一点点地融化，消失，直至不见。

我向前走去，看见一位中年男人正端着画板写生，画的是面前的一只喜鹊。

那个男人的背影有些熟悉，像极了父亲。他戴着黑色的帽子，穿着灰色的休闲服，拿着铅笔，专心致志地画着。

喜鹊黑白相间，有着蓝绿色的尾巴，十分好看，我忍不住想走近些观察。即使我已十分小心，却还是惊动了它。那个男人看到喜鹊飞走了，也停下了手中的笔。

我向他走去，给他道歉。

"抱歉，我不小心吓跑了它。"

男人摘下帽子，我看到了他已然斑白的鬓角，若父亲健在，可能也是这样吧。他对着我笑了笑，露出雪白的牙。

"没关系，我已尽数记在脑中……"他说道。

我也笑了笑。

"是呀，我也全部记住了呢……"

两个人的车站

北村

我居住的城市，有件奇怪的事。这两年每到情人节，便有人抱一大捧玫瑰花，等在 18 路三元巷站台上，每对候车的情人都可能得到一枝玫瑰，甚至有人为这枝玫瑰而专在那里等车。

人们只知是花店受人之托来做这件事。情人节这天的玫瑰，总要 10 元以上一枝，送一天，花销 1 万，可是没人知道是谁，为什么。

我的一个学生刘力山告诉我这件事，我又在闲聊时转述给别的朋友。故事总是这样传播开来。

年底的某一天，我突然接到刘力山的电话，说他抓到了大新闻，幕后的那位送花人出现了。

这是本市新开的一家临终关怀医院，环境幽雅，铺着优质的英格兰草皮，三层的小楼显得格外宁静。

刘力山说，送花人是他曾经采访过的一位款姐，在苏州做窗帘生意，开了六七家连锁店。老城区改造时，她抓住机会拓展业务，半年不到就垄断了当地的批发和零售市场。当她知道自己得了绝症后就搬回老家。

刘力山说，她今年 32 岁。大夫说，癌细胞已经扩散，最多还有一两周的时间。我们走进病房时，心情沉重。

她深陷在白色之中。四壁的白墙和包裹着她的白被单，使她显得格外瘦小羸弱。脸色极差，身上插了好几根管子。她的眼睛很大。

　　"我只有养父母，没其他亲人。临走，就想找个人说说。做生意这几年，没什么谈得来的朋友。找你，是把你当朋友，别搞得像什么似的。"

　　她断断续续地说，既像和我们攀谈，又仿佛自言自语。她的故事出乎我们的意料，竟如此简单。

　　"我一直生活在这个城市，除了去苏州的那几年。养父母对我很好，宠得我特别任性。大学毕业，我找了家合资企业，没服从学校分配。

　　"我在大三谈了男朋友。他很普通，高中毕业就工作了，没两年因为打架被厂里开除——他打了他们厂长。他在街上晃悠，有帮兄弟跟着他。偶尔也帮他舅舅做些小生意。因为有主见，人又'棍气'，挺有号召力。

　　"有一次他来学校跳舞，他的一个小弟兄偷我的包，被抓到校卫队。他出来顶，结果两人一起给送到派出所。临走时他乜斜了我一眼，那种满不在乎又若有所思的眼神令我难忘。

　　"就这么认识了。所有的人都反对，包括他的舅舅。我不知道是什么吸引了我，反正我是不顾一切地爱上他了。

　　"他这个人不喜欢说话，永远是一种无所谓的表情。但我知道他深爱着我。在我的坚持下，他渐渐和弟兄们疏远，不喝酒、不赌钱，甚至悄悄地读起电大课程来。其实他根本不是那块料。我太任性，后来回过头想，他当时一定很痛苦，因为他向往的是那种无拘无束的生活。

　　"我在公司的业务很忙，经常要加班到晚上。公司在郊外，只有18路中巴通宵往返。我在公司两年，无论刮风下雨，寒冬酷暑，下班时他都会到三元巷站台接我。'反正我有的是时间。'每次车到站，我都能看到他斜侧身子、玩世不恭的样子。

　　"我们已经在打算结婚的事。养父母仍然反对，坚持要他找个工作。后来联系到一家商场，做仓库保管员，总算有工作了。其他的事，我们也开始忙着筹备。

　　"那天又加班到很晚，9点多钟上了车，突然下起大雨来。我想，他肯定会带伞来车站的。可他没来。我在站台上等了好久。

"后来我知道他被一辆货车撞死了，就在来车站的路上，还有十几步了。是他的错，他无视交通规则横穿马路。

"他死的时候手中握着两把伞。他舅舅说，突然下雨，他赶回去拿伞，怕来不及，走得很急。"

刘力山的眼圈红了。她停了好一会儿，才继续说：

"我没哭。养父母以为我傻了，一个劲儿叫我哭出来。我恍恍惚惚的，两天后才有眼泪。

"我辞职了。没办法，每次经过那个车站，我仿佛都能看到他站在那儿，斜侧身子，似笑非笑地看着我。我已经习惯了在夜色中走下车梯，靠向他的怀抱。我只能提前一站下车，我受不了。后来我离开了这个城市。

"再后来我有钱了。我总忘不了那个车站，我想祝福所有活得快乐和不怎么快乐的有情人……"

走出来的时候，我问刘力山，还想写吗？他摇摇头。我叹了口气，下一个情人节，站台上不再会有玫瑰花了。

几个月过去了。每次经过那个站台，我都会下意识地向窗外看去，站牌下依稀有个斜侧身子的青年……

情人节那天，偶然经过那里，竟发现又有人抱着玫瑰站在那里。惊讶地告诉刘力山，他平静地说，是他买了一百枝……

我一直不敢写这个故事，怕有一天经过时，看到车站上堆满了玫瑰。

心中的高山流水

方锦龙

传说教伯牙弹琴的老师叫成连。成老师的教学方法可谓一绝。伯牙已经掌握了各种演奏技巧，只是弹起琴来有时有音无乐，也就是只听见音符而不得神韵。成老师心生一计，说："你的琴艺进步很快，我现在已经教不了你了，我师父方子春住在东海，我带你去向他取经，肯定能让你更加长进。"伯牙听后，便高高兴兴备了干粮跟着老师一起乘船去寻高人。

谁知刚到东海，成老师说了一句"你留在这里练琴，我找师父去"后，就消失不见了，留下伯牙一个人在岛上。伯牙百无聊赖、左顾右盼。四周没有了市井的嘈杂和尘世的喧嚣，只有山林里的风声、鸟儿的鸣叫声和大海的波涛声。纯粹又美妙的大自然使他灵感迸发，反正闲着也是闲着，他便抚琴抒怀，看见高山弹高山，看见流水弹流水。不知过去了多久，成老师回到岛上。听完学生的演奏，他兴高采烈地说："你已得到真传，是天下数一数二的琴家了！"

即兴是演奏的最高境界，是灵魂的自由释放。我认为，伯牙就是即兴演奏的鼻祖！

古人自律内敛，所以对万物也常以人的品格来定位，比如岁寒三友"松竹梅"、四君子"梅兰竹菊"。对古琴的品格审美，就非常符合这个习惯，它的制作遵循"大音希声""太古遗音"的原则。为了让琴音不张扬，要用几十层大漆，涂上鹿角霜等抑制音量，因此古琴的五声音阶是往里收、往人心里钻的，特别"走心"。所谓"拨动心弦"，便是如此。

"语言的尽头是音乐"，音乐的尽头，是人心。地球人也好，外星人也罢，有心就有情感交流和呼应。我猜想，即使是外星人，他们听到《流水》的那一刻，也会感同身受。

朋友

朋友为五伦之一。轧上等的朋友，轧到君子，我们容易学为善人；轧下等的朋友，轧得小人，我们马上变成匪类。我们轧朋友，总要抱定"无友不如己者"。

"金石交"作坚固的友情解。除了金石交，古书中还有刎颈交、忘年交、口头交、势利交等等。以势交者，势倾则绝；以利交者，利穷则败。君子不与也。说一个古时"西洋三友"的故事：

尤笪米达士有两个至交，一个叫蔡李葛薛诺士，一个叫亚力秀士。尤极贫穷，蔡、亚富有。尤在临终之际，立了一个遗嘱："一，致亚力秀士君：请你维持吾母亲的生活。二，致蔡李葛薛诺士君：吾女将嫁，请预备相当的妆奁……倘亚、蔡二人有一人死亡，其子应代行父职。"

这种遗嘱，全世罕有；这种交情，我国绝少。据书本讲，尤的遗嘱，亚、蔡两家，一一实行。

戳人痛处

丁时照

置身人间，爱恨情仇，缠绕一生。磕碰久了，就落下疤痕。

赵简子派家臣尹铎治理晋阳城，要求他完成两个任务：一是将晋阳建成赵家的"根据地"，二是拆除旧城墙。尹铎走马上任，轻徭薄赋，终至民无二心。赵简子来工地视察，一眼就发现一个严重的问题：旧城墙不仅没拆除，反而加固增高。他怒火攻心，一定要先杀掉尹铎才进城。众人苦苦规劝，赵简子不依不饶。这时，赵简子的另一个家臣邮无正挺身进谏，说明尹铎的所作所为都是从赵氏家族的根本利益出发，是在正确的时间做正确的事。赵简子恍然大悟，改罚为赏，重奖尹铎。邮无正与尹铎之前有怨仇，事后，尹铎带着奖赏找到邮无正说："是您救了我的命，奖赏应该归您。"邮无正断然拒绝："我是为君主考虑，不是为你。咱俩'怨若怨焉'。"怨恨还是怨恨，半点儿都没改变。

还有一个比这更著名的揭人伤疤的故事，也和赵简子有关。

晋国大夫解狐，为人耿直倔强。他有个爱妾，长得如花似玉，却移情于年轻英俊的管家邢伯柳，事情败露后，邢伯柳被赶出府门。有一天，赵简子请解狐帮忙物色一个精明能干的人做上党郡守。他推荐了邢伯柳。邢伯柳把辖区治理得井井有条，赵简子十分满意，夸奖说："你干得真不错，解大夫没看错人。"邢伯柳这才知道是解狐推荐了自己。他以为解狐已经解开心结，就前去感谢。解狐对着他开弓就是一箭，说："举荐你，是公事，因为你能胜任；和你有仇，是私怨，私怨不入公门。""子往矣，怨子如初也。"说罢，解狐弯弓又射，邢伯柳吓得落荒而逃，一溜烟消失在解狐的视线中。

解狐心中的伤疤是夺爱之恨，戳一下，剑拔弩张。邮无正心中的伤痛书上没说，但一样触碰不得，碰一下，跟你没完。赵简子一看到旧战场的痕迹，就仿佛看到仇人，他心中的疤痕是旧城墙，见不得，一见就要杀人。

人无完人，每个人心中都有不痛快。最难得做事有底线，最贵于公私能分明。

宠辱若惊

且庵

宠辱若惊，语出《老子》第十三章："何谓宠辱若惊？宠为下，得之若惊，失之若惊，是谓宠辱若惊。"

宠辱若惊，颇不好看。而老子又更进一步说，"宠为下"，这是说得宠也是卑下的，并不是什么光彩的事。陈鼓应对此有一段话说得直白："受辱固然损伤了自尊，得宠何尝不是被剥落了人格的独立完整。得宠者的心里，总是感觉到这是一份意外的殊荣，既经赐予，就战战兢兢地唯恐失去，于是在赐予者的面前诚惶诚恐，曲意逢迎，因而自我的人格尊严无形地萎缩下去。"世上要宠人要辱人的，无非是大人与小人，大人我原就不想见，小人我没放在眼里，什么宠什么辱，于我就都是不相干的东西了。宠也宠不了我，辱也辱不了我，做人做到此处，自有一种洒落和不羁，不亦快哉。

家长陶渊明

董梅

陶渊明的长子阿舒出生时，初为人父的幸福感，让陶渊明整整熬了一个通宵。他写了一首很长的诗，而且是用最隆重的《诗经》雅颂体写成的。他一边向列祖列宗汇报，一边对刚出生的儿子千叮咛万嘱咐，总之，就一个愿望，希望他长大能够成才。

在这首诗里，陶渊明历数了陶这个姓氏的光荣家族史，他从尧舜禹的尧写起，也就是说，他差不多往前追溯了三千年，从陶姓的始祖开始写。他说，孩子啊，我们姓陶的人很了不起啊！我们的始祖是伟大的尧帝，而且历史上每一个时代，都有我们姓陶的杰出人物建立伟大的功业，所以孩子，你身上的责任很重啊！

为人父母者，都希望孩子能够成龙成凤，陶渊明也不例外。

但是，陶渊明点灯熬油写到最后，他转念一想，如果儿子就是一个普普通通的人，那怎么办呢？所以在这首诗的最后，他竟然笔锋一转："尔之不才，亦已焉哉！"

如果你实在不能成才，那你就做你自己好了，就当我前面的话都没说。

这样的陶渊明，实在是太可爱了，丝毫不纠结。每次读到这里，我都会忍不住笑出来。前面的一大段是陈述人之常情的陶渊明，但是最后几句，才显现出那个独特的、通达的陶渊明。

毕淑敏

附耳细说

韩国的古书,说过一个小故事。

一位名叫黄喜的相国,微服出访,路过一片农田,坐下来休息。

他瞧见农夫驾着两头牛正在耕地,便问农夫:"你这两头牛,哪一头更棒呢?"农夫看了看他,一言不发。

等耕到了地头,牛到一旁吃草,农夫附在黄喜的耳朵边,低声细语地说:"告诉你吧,边上那头牛更好一些。"黄喜很奇怪,问:"干吗用这么小的声音说话?"

农夫答道:"牛虽是畜类,但心和人是一样的。我要是大声说这头牛好,那头牛不好,它们就能从我的眼神、手势、声音中分辨出我的评论,那头虽然尽了力、但仍不够优秀的牛,心里会很难过……"

由此可以想到人,想到孩子,想到青年……

士为知己者死

杨铄今

豫让是晋国人。早年间曾在范氏和中行氏家族打过工。范氏和中行氏都是晋国的上卿，算得上是最早期的世家大族。豫让在他们两家干了一段时间后，觉得薪资待遇和福利都差一点儿，再想到这两家有那么大的产业，却对员工这么抠门儿，写一封离职信就炒了东家。后来，豫让听说智伯（春秋时晋国执政正卿，智氏家族首领）那里不错，不仅工资高，福利也特别好，就投奔了智伯。到智伯那儿以后，智伯对豫让十分器重。

后来，智伯和赵襄子（春秋时晋国世卿，赵氏家族首领）闹掰了。智伯在攻打赵襄子的时候，赵襄子和韩、魏两大家族联合起来玩套路，反手把智伯灭了，顺便瓜分了智伯的土地，这就是历史上的"三家分晋"。要说胜败乃兵家常事，智伯失败了，人死如灯灭，再大的仇也可以化解了。偏偏这个赵襄子却对智伯的怨念极深，他竟然把智伯的头盖骨做成了酒具，平常喝酒的时候就用它。

智伯失败之后，豫让侥幸逃到山里。风波平息之后，豫让回到城里打探消息。当他听到赵襄子拿智伯的脑壳当酒具的消息时，他回想起智伯对自己的礼遇。豫让心如刀割，他来到智伯坟前，跪倒在地，仰天悲呼："嗟乎！士为知己者死，女为悦己者容。今智伯知我，我必为报仇而死，以报智伯，则吾魂魄不愧矣。"

豫让为了报仇，改名换姓，伪装成受过刑罚的人，卖身为奴，进了赵家去修整厕所，寻找机会刺杀赵襄子。

按说，豫让的想法是没错的，人有三急，厕所总是要去的。而且，人在上厕所的时候防范能力和警惕性都比较差，所以选择在厕所中暗杀赵襄子无疑是最好的选择。可惜这个赵襄子命不该绝。

话说这一天，赵襄子进了厕所，突然感觉到背后传来一股杀气，心里一阵惊悸，想也不想就冲出厕所，而此时，豫让的匕首已经拔出了一半。

跑出来的赵襄子赶紧命令侍卫去厕所里搜查，豫让来不及逃脱，被抓了个正着，还被搜出了匕首。赵襄子厉声喝问："你是何人？受何人指使？为何要谋害我？"

豫让虽然被擒，却面无惧色，大义凛然道："大丈夫行不更名坐不改姓，我就是智伯的家臣，豫让。没有任何人指使我，我来就是为智伯报仇的。要杀要剐，随你便！"

赵襄子制止了正要动手的侍卫，说："彼义人也，吾谨避之耳。且智伯亡无后，而其臣欲为报仇，此天下之贤人也。"意思是说，不要杀他，这是个忠义之士，我以后小心防备一点就好了。智伯没有后人，他仅仅是个家臣，却想要为智伯报仇，这是难得的义士。然后他命人把豫让放了。

此事过后，豫让并没有放弃行刺。他为了让自己的形体相貌不被人认出来，用有毒的漆涂遍全身，导致皮肤肿烂；吞下烧得通红的木炭，让自己的声音变得沙哑难辨；他装扮成乞丐沿街乞讨，最后连他的妻子都认不出来他了。

有一天，豫让的一位朋友在路上觉得这个人眼熟，就试探性地问道："你是豫让吗？"

豫让回答说："是。"

这位朋友一听，鼻子顿时一酸，关切地问道："你怎么弄成这样了呢？"

豫让便把自己这样做的原因，原原本本地告诉了这位朋友。朋友听完之后泪流满面，一边哭一边说："兄弟，你这是何苦啊，凭借着你的才能，如果委身侍奉赵襄子，他一定会亲近宠爱你的，那样的话，你刺杀他不是更容易吗？

现在你把自己的身子弄残了，想刺杀他不是更难了吗？"

看着朋友哭，豫让也哭了，他对朋友说："如果我委身侍奉了赵襄子，后来又要杀掉他，这是不忠不义、怀有二心地侍奉君主啊，我知道我现在的做法很难，但是我就是想让天下后世那些不忠不义、心怀二意的人感到羞愧。"

和朋友诀别后的豫让准备再次刺杀赵襄子，他藏身在赵襄子每天出行必经的一座桥下面。这一天，赵襄子和往常一样，骑马来到桥边，刚要上桥，马突然惊了，他死活不肯上桥。赵襄子心中一动，对手下说道："快去桥下看看，豫让肯定在桥下。"

几个侍卫纷纷拔刀出鞘，到桥下一看，只看到了一个要饭的，并没有看到豫让。赵襄子却说道："快快快，快拿下他，此人就是豫让。"

豫让一脸惊奇，疑惑不解地问道："你是怎么知道的？"

赵襄子双眼一闭，一声长叹道："豫让先生，你先别管我是怎么认出你来的。我只想问你，你也曾经侍奉过范氏和中行氏，后来智伯把他们都灭了，你为什么不替他们报仇，现在却偏偏和我过不去呢？"

豫让听了赵襄子的问话，从容答道："臣事范、中行氏，范、中行氏皆众人遇我，我故众人报之。至于智伯，国士遇我，我故国士报之。"这句话的意思就是，我当初确实侍奉过范氏和中行氏，但是他们都把我当一般人来对待，所以我也只把他们当作一般人。而智伯却以国士之礼待我，所以我自然就要像国士那样报答他。赵襄子听了豫让的话，长叹一声，说道："豫让先生，你对智伯的忠义，我很感动，之前我敬你是一位义士，宽恕了你，但是你一而再、再而三地想取我性命，这次我不能再放过你了！"于是，他命令侍卫把豫让团团围住。

狂笑中的豫让冲着赵襄子大声说道："臣闻明主不掩人之美，而忠臣有死名之义。前君已宽赦臣，天下莫不称君之贤。今日之事，臣固伏诛，然愿请君之衣而击之，焉以致报仇之意，则虽死不恨。"意思是说，我知道您是明主，您之前宽恕了我，天下没有不称赞您的。今天的事，我本该受死，但是我希望能借您的衣服刺上几下，也算实现了我报仇的愿望，这样的话，即使我死了，也没有什么遗憾了。

赵襄子见此情此景，不禁泪流满面，赞赏他的义气。然后便命人把自己的衣服拿给豫让。豫让拔剑三跃而击之，然后，冲着众人说道："我豫让终于可以报答九泉之下的智伯了。"

　　随后，双眼一闭，面含微笑，横剑自刎。

　　豫让的故事动人心魄，他坚持为智伯报仇，根本原因就在于智伯理解他、赏识他，所以才有了"士为知己者死"，也才有了"智伯国士遇我，我故国士报之"的无声承诺。

友谊与棉花糖

王立群

据《后汉书》记载，山阳金乡范式（字巨卿）与汝南张劭（字元伯）是同窗好友，二人同在京师游学，后来一起告假返乡。范式对张劭说："两年后重回太学，我会到你家拜见你的父母，见见你的孩子。"二人遂约定了日期。待约期临近，张劭把这件事告诉母亲，请母亲准备酒菜招待范式。母亲问："分别两年，相隔千里，他会来吗？"张劭回答："范式是一个讲信用的人，他一定不会违约的。"母亲说："那我就为你酿酒。"到了约定之日，范式果然来了，两人登堂饮酒，尽欢而别。

后来张劭病死。临死时，叹息道："遗憾的是没能再见一下我那生死与共的朋友。"而远在异地的范式，忽然梦见张劭匆匆赶来对他说："巨卿，我在某日死了，要在某日下葬，永归黄泉，你如果没有忘记我，能来再见一面吗？"范式醒来，放声大哭，身着丧服，快马加鞭前往奔丧。范式到时，灵车已行至墓穴。下葬之时，棺材突然怎么也抬不动了。张劭的母亲抚摸着棺材说："元伯，你是否还有什么未了的心愿呢？"于是就命人把棺材停放在墓边。一会儿，便看见远处有人素车白马，痛哭而来。张劭的母亲说："这一定是范巨卿了。"范式赶到，吊唁说："行矣元伯！死生路异，永从此辞。"参加葬礼的上千人"咸为挥涕"。范式牵引棺材下葬，随后还住在墓地边，为张劭种了树，然后才离去。

这个故事非常感人，"范张鸡黍"也成为生死之交的象征，后代文人不断使用这一典故，元代的剧作家官天挺还以此为素材写过一个剧本，就叫《死生交范张鸡黍》。

其实，真正的友情不是秀给人看的棉花糖，大多数时候它是默默无闻的。然而，"一死一生，乃知交情"，一个人在患难时刻，要看看谁还站在你身边，给你温暖、给你鼓舞、给你力量。记住他，然后，一辈子对他好。

知足还是餍足

孔子在周游列国的过程里，在卫国待的时间最长。卫国是君子之乡，贤人多，如史鱼、蘧伯玉、宁武子、公子荆等。

我们现在就来看看孔子眼中的公子荆。

《论语·子路》记载，孔子谈到卫公子荆时说："善居室。始有，曰：'苟合矣。'少有，曰：'苟完矣。'富有，曰：'苟美矣。'"

孔子说，卫国的公子荆善于管理家业。开始有些财产时，他说："差不多合乎我的要求了。"财产稍有增加时，他说："差不多完备了。"到财产富足时，他说："差不多非常美好了。"

孔子夸公子荆"善居室"，不是指他善于积累财富——孔子对善于聚财的人，抱有深刻的戒备之心，连对子贡都如此。孔子夸奖公子荆，是称赞他对待财富的心态。公子荆的财富状况，有三次变化：始有，少有，富有。但他的快乐是持续的，他在家庭财富积累的每一个阶段都很知足，不贪婪，不奢求，在有限的财富中感受到满足和幸福。下一阶段没来之时，不奢求；下一阶段既来之时，不拒绝。素贫贱行乎贫贱，素富贵行乎富贵。

一句话，公子荆值得赞扬和学习的智慧在于——知足常乐。

知足常乐，一般人理解为：懂得满足，便会常常快乐。这样理解，很好。

但是，这个"知足"的"知"，不光是我们常说的"懂得"，还有"感知"的意思。

因为，快乐不是源于对因何快乐的理性认知，而是来自对快乐生活的感性体会。

懂得"知足常乐"的道理，并不能真的就因此而快乐。

快乐在于，我们的心灵能否在有限中感知无限，在单薄中感知丰富，在缺憾中感知圆满，在匮乏中感知充足。

一句话，能否在不完美的世界中感知幸福。

我们有感知色彩的"视觉"，感知声音的"听觉"，感知滋味的"味觉"。

但是，自然还赋予我们更为重要的能力：一种感知幸福的知觉。这种知觉，我们可以称之为"足觉"——一种对满足的感知能力。

足觉，是一种心灵的感知能力，是比视觉、听觉、触觉更为重要的知觉能力。

世上有自感幸福的盲聋之人，也有倍感不幸的聪明之人。前者丧失了视觉和听觉，却保有足觉；后者耳聪目明，却丧失了足觉。

失去了味觉，就不能感知滋味。失去了听觉，就不能感知音乐。失去了视觉，就不能感知色彩。而失去了足觉，就不能感知幸福。

足觉，让我们感知人间的温暖，感知世界的诗意。拥有足觉，才会知足。

多少失去足觉的人，沉沦于物欲之海，欲壑难填，贪得无厌，与物相刃相靡。最终麻木不仁、灯红酒绿、醉生梦死。

所以，一个人拥有足觉，保持自身感知幸福的能力，比贪得无厌地去追求外在物质的餍足更重要。

因为，对幸福来说，"知足"比"餍足"更接近"幸福"的本质。

吴鹏

请客吃饭点几个菜？

1

春秋时期，齐国名相晏子（晏婴），历事齐灵公、庄公、景公三君，名显诸侯，却"以节俭力行重于齐"。他"食不重肉"，一餐只吃一个肉菜。肉菜之外，主食是"脱粟之食"，即只去壳没有精制的糙米，配菜不过是"五卵、苔菜而已"。

晏子吃饭以够吃为限，景公的使者突然到他家里，没有准备多余饭菜的晏子只能"分食食之"，结果"使者不饱，晏子亦不饱"。晏子以勤俭之道相齐辅政，"政平民说"。

遗憾的是，并非每个王朝都能视"俭"为国宝。三国曹魏后期，奢纵之风弥漫朝堂。西晋建立当月，开国皇帝武帝司马炎就下诏"大弘俭约"，力图扭转奢靡风气。司马炎下令从皇宫中撤出"珠玉玩好之物"，却将之"颁赐王公以下"，间接诱导开启了王公大臣的奢欲，弘扬节俭的政策竟然走向反面。

武帝虽然个人极度反感奢侈浪费，但因皇权不振，在制止贵族重臣的"豪侈"行为上一直有心无力。西晋开国元勋何曾"性奢豪，务在华侈"，平日吃的蒸饼不蒸出十字开花的形状就不吃。每次进宫参加御宴，何曾都看不上御膳房所做的饭食，觉得不如自家厨房做出的美味，无法下咽。武帝特许他赴宴时自带美食。何曾"食日万钱"，一天的饭菜就要耗费一万钱，以致留下"何曾食万"的成语典故，还"犹曰无下箸处"。

软弱的武帝后来甚至随波逐流，参与到重臣贵戚的斗富争豪之中。武帝舅父王恺与大臣石崇互相"以奢靡相尚"。王恺用糖水刷锅，石崇就用蜡烛当柴烧。王恺用不常见的赤石脂做涂料，石崇就用当时难得的花椒刷墙。二人一时不分胜负，武帝亲自下场"助恺"，赐给他一株"高二尺许，枝柯扶疏，世所罕比"的珊瑚树。王恺用这棵珊瑚树向石崇叫阵，石崇"便以铁如意击之，应手而碎"，随后让人拿出六七株高三四尺，"条干绝俗，光彩曜日"的珊瑚树。王恺看罢，怅然若失。

在朝廷大臣的竞相炫富和武帝的推波助澜下，新生的西晋王朝很快气息奄奄。朝堂之上乌烟瘴气，八王之乱兵连祸结，西晋传国仅51年就走向灭亡，导致中国古代历史进入长达将近300年的南北大分裂时期。

2

隋唐再造一统后，吸取西晋斗富奢纵的灭国教训，勤俭成为上至皇室百官、下至黎民百姓的共同价值追求，尤以隋文帝、唐太宗的身体力行为甚。

有一年关中地区闹饥荒，隋文帝派左右亲信出宫察看民情。亲信给他带回百姓吃的杂糠豆屑，文帝看过之后泪流满面，从此不吃酒肉将近一年。即使是平时御膳，文帝也只吃一道荤菜，后宫嫔妃的衣服都是多次缝补后才换新。隋朝经济在历经近300年战乱疮痍后能迅速恢复，和文帝的勤俭为政密不可分。

在节俭方面，文帝对诸子也是严格要求。可惜文帝没能识破杨广简约朴素假面具背后的穷奢极欲真面目，导致了隋朝的迅速灭亡。

隋文帝在对皇子节俭教育上的失败，给唐太宗留下了深刻的印象。坚持节衣缩食、勤俭治国，创造出"贞观之治"的太宗，尤其注意对太子李治的教导，以确保治国路线的延续。太子"临食将饭"，太宗借机问道："汝知饭乎？"太子回答"不知"，太宗告诉太子，端起饭碗就要想到农民在地里劳作的艰辛，只有爱惜民力，不夺农时，才能确保粮食丰收，官民百姓有饭可吃。

3

在"众人皆以奢靡为荣"的北宋中期，司马光"独以俭素为美"。在家训中，司马光要求儿子"以俭为美德"。司马光认为，节俭是品德高尚的标志，"有德者，皆由俭来也"，节俭寡欲，可以不为外物所累，不为利益所惑，而奢侈是罪恶的源泉。

和司马光同时代的苏轼，不仅以诗词书画流芳千古，还是著名的美食家，自称"老饕"。相传东坡肉等100多种"东坡美食"，大多出自苏轼之手。可如此热爱美食的苏轼，在饮食生活上却异常节俭。他曾写下《节饮食说》，给自己定下规矩：平时自己吃饭，一杯清酒，一个肉菜；请人吃饭不超过3个肉菜，甚至可以酌情减菜；别人请他吃饭也不能超过3个肉菜，否则就不赴宴。苏轼如此节俭的用意，"一曰安分以养福，二曰宽胃以养气，三曰省费以养财"，这正是"人间有味是清欢"的注脚。

自古以来，勤俭节约不仅是关系个人生活习惯和道德品行的小事，更是关乎社会风气和家国兴衰的大事。

春秋末期，昏庸的晋灵公派人刺杀大夫赵盾。刺客钻进赵家后，见赵盾正在吃晚饭，餐桌上只有一条鱼。按照春秋时期的饮食等级制度，赵盾身为卿大夫，按级别可以享受一餐吃掉一头猪的生活待遇。而一餐只吃一条鱼，是普通士人的用餐标准。

刺客见赵盾的晚餐只有一条鱼，不胜唏嘘慨叹，认为赵盾"为晋国重卿而食鱼飧，是子之俭也"，遂不忍刺杀赵盾，可又不能违抗国君的命令，只得自刎而死。

林下风气

钟叔河

王羲之的太太郗夫人回娘家，对她的两个弟弟郗愔和郗昙说：

"我见谢安、谢万来王家做客，你们的姐夫总是兴高采烈，叫家人翻箱倒柜，把好东西全拿出来招待。你们俩来时，他却是平平淡淡的，应付而已。依我看，你们以后也就不必多到王家走动了。"

王、谢、郗三家都是高门，又都是亲戚。郗太傅向王丞相求女婿，王家说男孩子都在东厢房里，叫郗家的人自己去选，结果没看上"闻来觅婿，咸自矜持"的诸郎，却选中了"在东床上坦腹卧，如不闻"的王羲之。王羲之同郗夫人所生的第二个儿子凝之，又娶了谢太傅的侄女谢道韫。若论亲戚，亲家不会比妻弟更亲。若论官位，谢家有太傅，郗家也有太傅；谢万是中郎（将），郗昙也是中郎（将）。王羲之不是"朝势走"的人（湖南俗谚云"狗朝屁走，人朝势走"），更不会从中分厚薄。其所以在二谢来时兴高采烈，二郗来时却平平淡淡，也只是气味相投不相投的缘故。六朝人物的可爱，就在这一点上。

郗夫人对丈夫并无责怪之意，反而劝弟弟识趣，和她的二媳妇一样，可谓有"林下风气"。

历史，让我们看见

　　赵简子是春秋后期的牛人，据说孔子都对他望而生畏，止步于黄河南岸，没敢去晋国。从他考察儿子的题目，就可以看出此人的志趣和作风。

　　赵简子对儿子们说："我把一个宝符藏在常山上，你们去找找吧。"儿子们骑上快马，上山寻找，一无所得。一个地位最低的、婢女生的儿子叫毋恤，最后回来，却告诉父亲："宝符找到了。"赵简子说："呈上来。"毋恤说："我从常山上俯瞰山那边的代国，代国就是我们的囊中之宝啊！"赵简子毫不犹豫，废了原先的太子伯鲁，立毋恤为太子，这就是赵襄子。

　　赵襄子比其父更加蛮横狠毒。

　　赵简子一死，还在服丧期的赵襄子，就亲亲热热地请来代王及其僚属，进行友好访问。招待他们宴席时，赵襄子安排每人后面站着一个厨师伺候，厨师们用硕大的铜勺子为他们斟酒。当代王和僚属带着对襄子的感激之情，仰脖子喝酒时，厨师们一起动手了：他们挥起铜勺子，猛击代王和僚属的脑袋，代王和僚属瞬间血肉横飞，陈尸灯影，代国的整个精英阶层瞬间化为一具具血肉模糊的尸体，杯盘与陈尸共狼藉，酒水与血肉同淋漓。

　　然后，赵襄子挥兵伐代，精英阶层完全丧失的代国一片混乱，毫无抵御之力，于是代国并入赵家版图。

这是历史的大叙事，为历史讲述者们津津乐道。

但是，打动我的却是这大叙事中的一个小细节。

被赵襄子的铜勺子击碎脑袋的代王，正是赵襄子的姐夫——代王的夫人是赵襄子的亲姐姐。弟弟开疆拓土了，姐姐则在一夜之间丧夫亡国。而且，弟弟不仅让姐姐夫死国灭，还陷她于不仁不义之境。姐姐面临的不仅是自身命运的悲惨，还有感情与道德上的两难：一边是相亲相爱、琴瑟相谐的丈夫，一边是手足之情、家族代表的兄弟。丈夫死了，麻木不仁，不为夫报仇，是无情；向弟弟复仇，损害娘家家族利益，是不义。

赵襄子倒没有这种纠结，他坦坦荡荡地派使者去接姐姐归国。

没有道德感的人，自然也没有来自道德的痛苦和纠结。没有来自道德的痛苦和纠结的人，也就没有道德负担和道德顾忌。没有道德负担和道德顾忌的人，常常就显得果断和有力。

悲惨的是，这种果断和力量，往往又为俗人所赞美和崇拜，为众多历史讲述者所津津乐道、啧啧称赞。

是的，恶在很多时候比善显得更有力量。

战国时代，就充斥着这种无道德甚至不道德的力量，它们强大到操纵了历史的进程。对这种力量的赞美和崇拜，鼓噪到淹没了人们的良知。

但是，我们不要忘了，道德也有力量。这种力量往往在细微之处、在宏大叙事的疏忽之处，悄悄地影响着历史的进程，改变着历史的成色，决定着历史的性质，创造着历史的正面价值。

我们来看看下面这一历史大叙事下的小细节。

姐姐面对着弟弟派来的接她归国的使者，掩面悲泣。旷野上，姐姐与使者做片刻休息。环顾破败的江山、兵燹过后的家园，姐姐悄悄拔出头上的簪子，在石头上悄悄地磨砺。

末了，她收泪站起，手握锋利的簪子，以令人猝不及防的动作，一下子扎进自己的喉咙。

来不及阻拦，那位使者呆立一旁。

深为这人间悲剧所震惊，目睹这世间的冷酷，对人性、对人间深感绝望的使者，在姐姐的尸首旁默立良久，最后，拔剑自刎，跌倒在她的身旁。

代人哀怜代王夫人的不幸，把她自杀的地方称为"磨笄之山"。

司马迁的《史记·赵世家》记叙了这样一个细节。知道司马迁为什么伟大了吧？

一个史学家，一个历史的书记员，他不仅看到了历史上那位叱咤风云、永垂史册的弟弟，还看到了那位柔弱的，跌倒于荒野、埋没于荒草的姐姐。他不仅听到了弟弟的金戈铁马之声，还听到了姐姐的饮泣之声。

在一帮大人物为权为利斗得你死我活时，一个弱小的女人，纠缠在仁、义之间，不能自解，只好自尽；一个不知名的使者，为这样的一个女人感动，不能自释，又随之自尽。读史至此，只有一声浩叹！

透过历史天空中遮天蔽日、攻城略地的刀枪剑戟，让我们看见那根细小的闪着凄光的簪子。

透过历史长河中熙熙攘攘争权夺利的帝王将相，让我们看见这位柔弱的悄悄泣血的姐姐。

这位姐姐的血，这位不知名的使者的血，是一个民族最干净的血，最高贵的血！这才是一个民族真正的光荣，最后的力量。

你可以欣赏铁血的历史，但是，不要忘了，还有泣血的历史。

五千年，有帝王将相的伟大事业，也有他们留下的宏伟的王陵和宫殿，但是，如果我们的良知还醒着，就能在深夜听见——还有孟姜女这样的妻，代王夫人这样的姐，在荒野中低低地泣诉。

鹊玉轩

周汝昌

雪芹好奇地问祖母："我爷爷也考过吧，进过贡院吗？"

祖母自豪地答道："考过，中了举人。后来康熙老皇上不让咱们旗人再考高的功名，说咱们本来世代有官位，不必和那穷念书的争这点儿名利。可你爷爷心里还是盼着儿孙有高中的。他说过，我并不喜欢功名利禄这条道儿，可是世代没有得功名的家门，人家看不起，总当粗人看。你爷爷作那么好的诗，才气谁都难比，怎奈江南的那些书香世家，背地里就轻薄他。你爷爷为这个心里窝着气呢。是他主张的要供个魁星！"

雪芹开始深思。"爷爷一辈子那么大的名声，还有不舒心的事？"

祖母笑了，又叹口气："你到底是个孩子。你爷爷那心事可大了，大约你现在也难明白。他给园里一个房子起名叫鹊玉轩。"

"什么是鹊玉轩？"雪芹急切地问。

"也是你爷爷讲过我才懂的。他说，古时有一座名山，山上尽出玉石。你知道，玉可珍贵了，难得找到玉。可是当地人却不知其贵重，从小就把它当作一般的石头来看待，只要弯下腰，就能拣到一块玉，因为没有用，总是拿它赶喜鹊！所以你爷爷叹息，说多么好的人才，没人识，不就是一块'鹊玉'吗？"

雪芹觉得像被雷电轰了一下，半晌不语。很久以后，他从爷爷的诗集中，看到了两句诗，才明白了其中的意思。

"娲皇采炼古所遗，廉角磨砻用不得！"

这说的是，传说在荒古时代，忽然天塌了半边，日夜漏雨，天下洪水为灾，人都淹死了。女娲就炼制了无数大石块，把天补上了，雨也停了，他又用泥土创造了人类。

雪芹终于明白了：爷爷把自己比作能够补天的神石，可是单单这一块没用上，被扔在地上，万年亿年，石头的棱角都磨没了——就是有人想再用它，也用不得了，成了废物！

雪芹深深领悟了爷爷的精神世界，这使他不禁一阵心酸，泪流满面。

玉和石头的故事，使雪芹小小的心灵受到了震撼，永难忘记。

后来，他的小说就是以玉和石头为开端而书写的，名为《石头记》。

真正让人受辱的，只有德行

马德

三国时，有个人叫袁涣。有次吕布让他写信骂刘备，袁涣不骂。吕布再三强迫他，他还是不骂。吕布急了，拿着兵器威胁袁涣说："你要是不骂，我就杀了你。"

这句恐吓的话，《三国志》里是这么写的："为之则生，不为则死。"在这样的威逼面前，袁涣还是不骂，脸上没有一点害怕的神色。

对此，袁涣是这么解释的："这个世界上，真正可以让人受辱的，只有德行。德行不足，才使人感到羞耻，我还没听说过骂人可以让人受辱的呢。更何况，如果刘备是个君子，他不会感到耻辱；如果刘备是个小人，他非但不感到耻辱，还会用同样的方法对付你。"

当然了，真正把吕布说服的还是最后这句话："且涣他日之事刘将军，犹今日之事将军也，如一旦去此，复骂将军，可乎？"意思是，今天我伺候你的时候骂刘备，明天我要是去伺候刘备时回骂你，你觉得这样好吗？袁涣这招效果明显，以至"布惭而止"。

大人物的小心思

苦茶

灯下读到一段文字，关于曹操的，我窥见了大人物的小心思。这位乱世枭雄，有匪气、有戾气，"对酒当歌"里，还有那么一股仙气，却在小心思里，透出了一点人间暖意。

曹操死前，著《遗令》，内容全是琐事安排。一生戎马，临别人世，他最急切要说的话是：爱妻爱妾们平时都很勤劳辛苦，我死了以后让她们住在铜雀台，不要亏待她们。

后面的话更有点不可思议：余下的熏香分掉，不要用来祭祀，免得浪费；各房的女人闲着也是闲着，可以学着编丝带、草鞋卖钱。

曹操还说：我一生不觉得对不起谁，唯独不知到了九泉之下，如果子修向我要妈妈，我该怎么回答。曹操夫妻俩曾经闹别扭，曹操一气之下将子修的妈妈轰到了乡下，后来去请也请不回来。

曹操临终前放心不下的还有小儿子曹干。曹干3岁时，生母陈姬就去世了，这时也才5岁。

曹操的遗言，很让一些名人雅士看不起。苏东坡就是其中之一。苏轼说，像曹操这样，临死前哭哭啼啼，"留恋妾妇，分香卖屦"，这算什么事呢？

可人之将死，其言也善，谁又没那一缕柔肠百转的真性情呢？千百年后，正是这一缕真性情，才让曹操摘去"白脸"面具，成为一个真切的人。

大人物有大情怀，也有寻常人的小心思。

崎岖人世，别具怀抱的诗意小心思，是漫漫人生中一个温暖的微笑。

数遍历史，再怎么诗意的人，都不能脱离开一笼烟火的熏染。当年，杜甫背井离乡，后被叛军掳至长安，感叹的是"烽火连三月，家书抵万金"，一封家书，传递的是亲情牵挂、人间至暖。长安的那轮明月下，浮游着杜郎万般儿女情："今夜鄜州月，闺中只独看。遥怜小儿女，未解忆长安。"此时，杜郎望月，念的是远方妻儿的安康；叹的是，儿女尚小，不能分担妻子的苦。

乱世牵挂，至痛至切至暖啊。"挈妇将雏"，小心思之一，若无一腔婉转柔情，哪有如此深刻的诉说。

苏东坡也一样，其命也多乖蹇，其心也多豁然。即便在政治生涯喧闹的起伏沉降里，他依然保有一份天真稚拙的小情怀。他初贬黄州，常与朋友出去游玩。出去时，有一项必玩的活动——挟弹击江水。想来该是我们幼时常玩的打水漂吧：拿一块小瓦片或者石头，抛出去，让它贴着水面一跳一跳地漂，激起一串串浪花！作为一个年过45岁的中年人，这游戏玩得不亦乐乎，不天真吗？

还有更天真的，他居然会用竹箱去装白云！一天，苏轼走在路上，看到白云从山中涌出，像奔腾的白马，直入车中。他将竹箱子打开，将白云灌满，带回家，再把白云放出，想看它们变化腾挪。他诗中有这样的句子："搏取置笥中，提携反茅舍。开缄乃放之，掣去仍变化。"

他诗中白云的"掣去仍变化"，是真、是幻，还是他在逗趣呢？成人极少能保全的天真，他一直都有。正是这种小情怀大境界，陪伴他走过一程又一程，甚至很恬静地"一蓑风雨任平生""也无风雨也无晴"。

胡雪岩的考题

何慧慧

晚清著名商人胡雪岩不仅善于经商，在识人方面也独有一套。早年，胡雪岩打算派人去湖州做主管，看中一个名叫陈世龙的伙计。但有人推荐一个名叫李郁的主管，说他做过多笔买卖，从未失手。胡雪岩拿不定主意，便决定出题考查。

一天，胡雪岩把两个锁上的柜子分别放在两间房内，然后吩咐陈世龙和李郁各自打开一个，先打开者获胜。他俩立刻开始绞尽脑汁想办法。李郁很快打开了柜子，陈世龙则花了很长时间。其他人都认定李郁获胜，胡雪岩想了想却问："柜子里有什么东西？"李郁抢先答道："里面全是铜钱。"胡雪岩又看向陈世龙。陈世龙尴尬地摸着头，回答："我只顾埋头开锁，没有看到柜子里装着什么。"胡雪岩笑了，拍拍陈世龙的肩说："你才是我真正需要的人，我放心把湖州的生意交给你了。"

面对众人的疑惑，胡雪岩解释道："我只叫他俩去开锁，没让他俩看里面。陈世龙照此去做，没有逾越界线，这便是我选定他的理由。"胡雪岩没有选错人，陈世龙果然把湖州的生意打理得井井有条。

在胡雪岩看来，做人要懂得守规矩、讲分寸，特别是对他人所托之事要毫无差错地去完成，如此才值得信任。

关山远

『药神』与『神棍』

一

陶仲文比李时珍大43岁，他们都是今湖北黄冈人。1541年，当23岁的李时珍屡试不中，决心放弃科举专心致志当医生的时候，66岁的陶仲文已经被嘉靖皇帝奉为上宾，恩宠无边了。

嘉靖是明朝历史上非常特殊的一个皇帝，任性、倔强又敏感。经过短暂的"嘉靖中兴"，他丧失进取之心，甚至创下20年不上朝的纪录。

不上朝，干什么？修道。方士陶仲文就是在这个背景下粉墨登场的。

陶仲文的引路人叫邵元节，江西贵溪龙虎山的道士，颇得嘉靖宠信。大约在1539年的时候，皇帝召邵元节进宫驱魔，当时天黑，邵元节年纪大了，老眼昏花，干不了这活儿，就推荐陶仲文替代自己。陶仲文瞎猫碰上死耗子，运气不错，史载他"以符水喷剑，绝宫中妖。庄敬太子患痘，祷之而瘥，帝深宠异"。他装神弄鬼，误打误撞，居然治好了太子的痘疾。嘉靖一看，哇，比邵元节强多了，从此将他留在身边。方士陶仲文从此开始飞黄腾达，这一年他64岁。

陶仲文受宠长达20余年，当他以高龄去世时，嘉靖伤心不已。嘉靖宠信这个方士到什么程度？ 1544年，地方官员在大同抓到了一个间谍，嘉靖认为这是陶仲文祷祠之功，加授他为少师（此前他已获得少傅、少保的官衔），史评"一人兼领三孤，终明世，惟仲文而已"。陶仲文的儿孙、门徒也鸡犬升天，个个加官晋爵。一个方士位极人臣，让那些苦读诗书、皓首穷经的儒生情何以堪！

陶仲文对嘉靖很有影响力，他为保自己的恩宠地位，胡诌说因为"二龙"不能相见，所以不能立太子，嘉靖居然信了。《明史·陶仲文传》载："又创二龙不相见之说，青宫虚位者二十年。"可见，嘉靖对陶仲文的"法术"是深信不疑的。在他心中，陶仲文是上天派来辅佐自己的，他给这个方士赐了一个长长的封号：神霄保国弘烈宣教振法通真忠孝秉一真人。

陶仲文是一个聪明人，受宠而不骄，最终得以寿终正寝。《明史》载："仲文得宠二十年，位极人臣。然小心慎密，不敢恣肆。"

但"神棍"就是"神棍"，历史对陶仲文评价很差，《明史》关于他的传记，归于"佞幸"一类。

二

嘉靖宠幸陶仲文，学道修玄，服用陶仲文炼出的"仙丹"。上梁不正下梁歪，各地的皇族、官僚、乡绅纷纷效仿，设坛炼丹，甚至朝中大臣有的也戴起方上帽，以取悦皇帝。虽然远在黄冈，李时珍也能感受到他这个显赫同乡的流毒：黄冈蕲州玄妙观，成为方士炼丹之处，他们在观内掘了一口水井，专供炼丹之用，曰"丹井"。井旁有一"丹炉"，以丹砂、水银、硫黄、铅锡等矿物质为原料炼丹。方士们鼓吹，这是在炼令人"长生不死""羽化登仙"的仙丹。

作为一名医生，李时珍怎不懂服食丹药的危害？但在那个环境下，说真话需要勇气。要知道，当时一些医生为"跟上形势"，也终日谈论"灵芝仙鹤""天仙地仙"等邪说，许多人也服食丹药。一时间，"九转丹""六一泥"之类的丹药充斥医药界。

李时珍挺身而出，态度坚决地说，丹砂、水银、砒霜、铅锡之类怎么能和在一起？炮制出来的玩意儿与其说是仙丹，不如说是毒药！水银是极毒的东西，人吞下去，就会因其"入骨钻筋，绝阳蚀脑"而死。

为了证明自己的观点，李时珍征引前人的例子：宋朝学者沈括的一个表兄，误将一块丹砂当成丸药吞下，旋即不省人事，很快就死了；唐朝的一个官员信了方士柳沁的邪说，服了他的丹药，结果便血多年，痛苦不堪地死去。

灵芝，也是嘉靖因陶仲文之流的忽悠而钟爱之物，逼各地进献。李时珍鄙夷道，灵芝为"腐朽余气所生"，说它是瑞草，吃了可成仙，真是荒唐无稽！

1567年1月23日，嗑药成瘾的嘉靖感觉自己不行了，遂从西苑搬回乾清宫，当夜即驾崩。至此，方士们的黄金时代结束了，继任的隆庆皇帝对他们深恶痛绝。陶仲文已死，便罢了，但他的谥号被取消，官阶被剥夺，其他的方士则绝不放过。新皇帝捉拿、处死方士，废坛醮，撤炼丹所。方士们作鸟兽散，那些以炼丹嗑药为时髦的官员纷纷变身为"反方士先锋"，那些违背良心鼓吹"仙丹妙药"的医生噤若寒蝉，连炼丹用过的雄黄等药材也不敢提了。

但李时珍又一次"不合时宜"了。他说，炼丹术对医学还是有好处的，比如，水银的确不能吞服，但是它治病的功用是不可抹杀的。《本草纲目》中，就记载了用水银和猪油治疗某些皮肤病的方子。

《明史》中也有李时珍的传记，但篇幅极短，远不如陶仲文。有的人，机缘巧合，走了捷径，红极一时，却迅速被遗忘，沦为被遗落在历史深处的一粒尘埃。有的人，信念坚定、埋头苦干、不求显达，却能在大浪淘沙中彰显价值，人格光芒辉映历史的甬道。

回溯历史，来到李时珍生活的年代，我们会看到一位有着超强意志力的男人，不畏艰险地入深山、攀悬崖，以那个年代中国人罕有的科学精神，采摘草药、辨识药理。自1565年起，李时珍先后到武当山、庐山、茅山、牛首山及湖广、安徽、河南、河北等地收集药物标本和处方，并拜渔人、樵夫、农民、车夫、药工、捕蛇者为师，参考历代医药等方面书籍925种，"考古证今、穷究物理"，记录札记上千万字，弄清许多疑难问题，三易其稿，于明万历十八年（1590年）完成了192万字的巨著《本草纲目》，是当时中国最系统、最完整、最科学的一部医药学著作。

完成《本草纲目》时，李时珍已经72岁了。

李时珍生前没有见到《本草纲目》的刊印，在他去世3年后，这部巨著才在南京面世。

三

无论行医还是制药，皆需要敬畏与悲悯。北宋名臣范仲淹有言："不为良相，便为良医。"

在李时珍的时代，朝廷没有良相，反而有严嵩这样的奸相。幸好，在民间，还有李时珍这样的良医。

欺世盗名者，终将被扫入历史的垃圾堆，李时珍却英名不朽。

这就是"良医"的价值。

智慧之巅是德行

鲍鹏山

在《史记·孔子世家》里，记录着老子送给孔子的临别赠言。

老子说："送别，有钱的人送财物，仁德的人送教导。我没钱，就冒充一下仁德的人，送你几句话吧。"

第一句话是："聪明深察而近于死者，好议人者也。博辩广大危其身者，发人之恶者也。"

一个人聪明，明察秋毫，很好。可是这样的人，往往比那些笨人更容易招来杀身之祸。为什么？因为他"好议人"。一个人知识广博，能言善辩，很好。可是他却因此时时处在危险之中。为什么？他喜欢揭发别人的隐私。

聪明会使一个人对别人的缺点一目了然，善辩会使一个人对别人的毛病一针见血。

笨人倒并不一定不好议人，不好揭人隐私，而是眼拙、嘴笨，看不出别人的问题所在，无从议起。即使议论别人，也不得要领，不至于戳在痛处。

老子想告诉孔子什么？单纯的智力如同没有柄的刀片，让握住它的人自己受伤，且刀片越锋利，人握得越紧，伤得越深。

孔子十有五而志于学，到此时，三十而立。就是一个聪明深察、博辩广大的人。

老子提醒了孔子，人生有两个过程：第一个过程是让自己聪明起来，第二个过程是要善于把聪明藏起来。

接着，老子又对孔子讲了两句话："为人子者毋以有己，为人臣者毋以有己。"

做儿子，不要太坚持自己。做臣子，也不要太坚持自己。

谁不是别人的儿子呢？谁不是别人的从属呢？后来庄子直接说，这就是我们"无所逃于天地之间"的伦理之网。在这样的网里，我们要学会谦恭，学会听取并欣赏别人的主张，学会服从权威。

其实，我一直想把这两句话中的"子"和"臣"两个字去掉，变成一句话——"为人者毋以有己"。

这不是我自作聪明，删改前贤嘉言。庄子早就这样改了，他的句子比我的更简洁，只有三个字："吾丧我。"

吾——即自我的本体，本来的自我。

我——附寄于"吾"的自以为是的观念、知识、经验、是非、好恶等"成见""成心"。

"我"总是遮蔽着"吾"，但没能使"吾"与世界赤诚相见、互相洞开，反而使得"吾"认"我"为"吾"，"我"把"吾"李代桃僵了。

所以，智慧的根本在于呈现本来的"吾"，汰除附寄的"我"——吾丧我，与他人赤诚相见。

谁没有"己"？谁没有"我"？每个人都固执己见，每个人都我行我素，世界将被切割成无法互相包容与理解的碎片。

老子的"无己"，庄子的"无我"，是道德的境界。智慧的顶端，就是德行。

海的坟墓

〔荷〕赫·布洛魁仁

在北海岸旁几处零星的沙丘中间，有一间穷苦渔夫的小屋。当海滨的暴风袭来时，窗子上插在边框里的玻璃"哐啷"地响着，屋内炉火的烈焰高高地喷着。

但现在是在寂静的夜晚，满天的星星闪烁着光芒；镜子一般平的海面上，全没有汹涌的波浪；只有那海水碰在岸上，时刻发出单调的"噼啪"声。月儿放射出银灰色的光辉，照在光赤的沙丘上面，而且在海水里映出一个浑圆的影子。

从那小屋的矮窗里，透射出依稀的灯光，时时地移动着，到后来就熄灭了。显然那渔夫已经睡下了。一切都已睡着了，只有那周围的沙丘依旧寂静地立着；连那飞沫拍岩的海水，也渐渐地困倦下来，仿佛想要休息一会儿，养一养神，待到明天，暴风袭来时，再鼓起些新的勇气。只有那受了惊的海鸥的叫声，偶然打破夜的静寂，但是随后，一切又变得静寂了……

这时候有人开门，一个女孩子从屋里出来。她看起来非常温柔，金色的鬃发，披散在优美的颈上，在微风中飘动着。她的轻软的脚步，踏在海边的沙粒上，几乎一步一步都听得出来。

走近了海边，她就停下来，拿出一顶小花冠，放在海水上面。海水的小波浪玩弄着，跳着舞，把那花冠卷去了。她一边默默地想着，一边看着那水中的花冠，那可爱的月光趁势在她的百合花一般雪白的额头上吻了一下。

她是渔夫的小女儿。每天晚上，她走到海边放一束鲜花在波浪上面——算是送给在远方的她的恋人的礼物。她的恋人出去好久了，从这一处到那一处，走遍了无尽的海洋。没有人给她带来一个信息，谁也不知道他是活着，还是已经死了，更不知道几时她才能看见他。但是她挟着坚贞的爱情，她坚信着上帝，而且她希望着……

他们是这样地约好了的，在他们最后一次互相拥抱的时候：他们两人间要有一个信号，每天夜晚，在星月皎洁的时刻，他们各在异地，同声地唱恋爱之歌。他在远处的海船上，高高地攀在桅杆的顶端，除了水天相接的汪洋大海，看不见什么，她呢，却是在北海岸旁的家乡。

现在她站在海岸上，胸中充满着一腔坚贞的爱，仰头向着天上的繁星，用缠绵的音调唱出她的恋爱之歌。清晰的歌声，在静夜里，传播到很远的地方。

夜风吹来，她的肩头微微颤动。她又仰着头看了看青青的天色，随后便缓步走回家了，心里还暗暗地替他祈祷着；他呢，此时此刻，还漂泊在远方无情的海水上。

有一次，暴风带着黑云猛烈地袭过天空。海鸥在旋卷着的浪花上面飞，惊恐地叫着。

可是那晚，那女孩子依旧走到了海边，送一束鲜花给她远方的恋人，而且依旧唱了一回恋爱之歌。虽然狂风把她的鬈发吹散了，大雨把她的玉容打坏了，浪花拍打着她光赤的双脚。

一年一年都这样地过着，她的恋人依旧不曾归来。

许多勇敢的水手们都向她敬礼，用最美丽的话来恭维她。她却毫不欢悦，因为这些不是他的声音。他的声音，只有在幻想里还隐约听得见。

岁月来去匆匆，和海边的波浪一样。渔夫的女儿的玉颜变得忧郁，灰白而且干枯，她的眼角布满了泪痕；

因为如今——她知道了——

他将永不回来了。

那时她便不再在夜晚歌唱，因为他也已不再在桅杆上歌唱了。但那鲜花，每天晚上，她还是送去，放在波浪上面。她这样算是装饰他的坟墓——那无边无际的大海……

史铁生，你在哪儿

陈希米

著名作家史铁生逝世两周年，他的妻子陈希米首次出书《让"死"活下去》，倾诉一段超越生死的爱情传奇：

谁也不知道那一天会是最后一天。那个星期四，直到最后我也没有任何预感，你会离开我。在救护车上，你对我说的最后一句话是："我没事。"

我在下班路上接到你打给我的最后一个电话。五点半我们还在家，你说："今天全赖我。"我知道，你是指上午透析前我们为护腰粘钩设计是否合理争执时，你的坏脾气又上来了。或许是因为这个导致了出血。虽然已经叫了救护车，我还在犹豫去不去，我想这么冷的天去医院，别得不偿失给你弄感冒了。

在医院，知道了是颅内大面积出血，我没有听立哲的话做开颅手术，很快就决定放弃。我冷静得出奇，史岚也没有丝毫的不理解，我们非常一致。

在你进了手术室等待做器官移植之后——事实上，这已经意味着永远没有了你——我居然还可以跟别人大声说话。几个月后，我却很难做到，除非必须。

那一天是最后一天，是 2010 年的最后一天。你不再管我，自己走了。

你在哪儿？

我们说过无数次的死终于来了，我终于走进了你死了的日子。

别人都说，你死了。

上帝忙完，创造了世界，就到了第七天。

到第七天，我第一次有梦，并且梦见了你。

你说你没生病，是骗他们的，你说，咱俩把他们都骗了。

你是说你没死？你骗他们的，我也知道你没死？咱俩一起骗的他们？

咱俩怎么会分开？这当然不会是真的。你老研究死，不过是想看看死究竟是怎么回事，所以你就开了个玩笑？不管怎么样，我总是知道的，你骗人，我肯定会发现，我没发现你也会告诉我。所以，是我们俩一起骗了大伙儿。

这个梦是什么意思？或许，真是一场骗局，我是在梦里做梦？只要醒来，就没事了？

邢仪记得你说过的话："我们等着吧，等我们走到那儿，就会知道那边是什么，反正不是无，放心吧，没有'没有'的地方。"我一听就知道她一个字也没记错，是你说的。

陈雷拿来好多好多纸，烧了好久好久，一定要把它们烧"没"。让它们"没有"，才能去"没有"的地方。他迷信。你不回来，我只能跟着他们烧，我什么感觉也没有。你有吗？

选骨灰盒，他们七嘴八舌的，有很多建议。

我不认真听，扭头就要问你，才知道，已经与你无关。

你死了，是真的。

何东说，走在街上，看见一个人，仿佛是你，就追上去……

我也走在街上，对自己说，不会的，真的不会，你不可能出现，再像你的人也不会是你。你死了，世界上确实有死这回事，这所有的人都知道。我不怀疑，我知道。但我还是想，你在哪儿？我生活的这个世界是哪儿？我不理解这件事。每天，我都要反复告诉自己，真的发生了，这样的事在这个世界上无比正常。特别是听到别人的死，证明了确实有死这样的事。既然这样，你也会遭遇这样的事。这符合逻辑。

我在经历你的死，是真的，可我一点都没法理解。它到底是什么？明明你还在，我天天都和你说话，每时每刻都知道你只是不在我身边，不在家，不在街上。但是你在的！要不然什么是我呢？我的整个身心都充满了你，你不可能不在。但是你在哪儿？

每天，在路上，在路上是我们在一起的时候，没有人会插进来，没有人会打搅我们。我慢慢地开车，我不着急去上班，不着急去任何地方，你似乎就在我上面，一直陪着我……

我一个人在街上。

小庄往南，有一条新路，我们俩曾经走过……我看见你穿着那件蓝色冲锋服，开着电动轮椅在前面，一个蓝色的影子，一直在前面，恍恍惚惚，慢慢悠悠，就是永远，永远都不等我，不和我在一起。

街上几乎没有人，只有凛冽的风。我一个人在街上，不知道过了多久……

是啊，不知道过了多久，你自己一个人，开着电动轮椅不知道走了多远，不知道过了多长时间，天都快黑了，撞见了下班回家的刘瑞虎，他惊异地向你喊："铁生，你知道你跑到什么地方了吗？"

什么地方并不重要，我知道你心里想的是：开到死吧，看看能不能走出这个世界……

从此我将一个人，一个人决定一切，一个人做一切。你即使看见、听见，也绝不会说一个字。你死了，就是决定永远袖手旁观。到底发生了什么？世界上每个人都会死？死了都是这样？每个人都必将离开自己所爱的人？彻底离开，永远离开？你们死去的人，会看见我们在世上的身影吗？会知道我们想念你们吗？会和我们联络吗？你说过，你要给我发信号的，会尽一切力量去做，让我感知。可是我没有收到任何信息！

我去了地坛。我没有别的方式，我不知道该做些什么才能与你相关。虽然地坛不再荒芜，不再宁静，可那些大树还在，那些曾经长久地陪伴过你的大树还在，在初春的阳光里，安静从容。我仿佛看见你的身影，你开着电动轮椅一个人远远跑在前面，悠然自得，一会儿又迅速地转回来，告诉落在后面的我们，哪里又添了篱墙，哪里又铺了砖路……

现在我被思念笼罩着，我不知道我能做什么，又到哪里去找你！我到了地坛，却分明感到你不在！不，你说过的，你说，只要想到你，无论在何处，你就在那儿，在每一处，在我们想你的地方。

毛姆 | **家**

　　农场坐落于萨默塞特郡群山间的某个山谷中。一幢老式的石头房子，旁边是牲口棚、禽畜的圈栏和几间外屋。大门上方刻着农场建成的年份：1673 年，用的也是那个时代的优雅字体。而这房子本身，经历了风吹雨打，俨然和遮蔽它的树木一样，成了风景的一部分。

　　屋前是座精致的花园，和外面的大路通过一条林荫道连接，两排榆树长得如此华美，即便放在名门望族的豪宅前也是难得的。住在这个农场里的人和他们的房子一样，稳重、刚毅、朴实，只有一件事他们愿意吹嘘，即他们父传子、子传孙，世世代代生与死都在这里，自农场建成之日起，未曾断绝。周围的土地他们也耕种了三百年。

　　乔治·梅多斯今年五十，比妻子长一两岁，正值壮年，他们都是高贵、正直之人。他们有两个儿子、三个女儿，也都外形俊美，体格健壮。他们清楚自己立身于世的根本，并且为之自豪。

　　我从来没有见过那么团结的家庭：他们欢乐、勤恳、和善，遇事听从长辈的决断。这种生活有一种确凿无疑的美，就像贝多芬的交响乐和提香的画。他们不但幸福，而且配得上他们的幸福。

　　不过这家的一家之主却不是乔治·梅多斯，而是他的母亲。老太太七十岁了，身材高挑，腰板也还直挺，气质高贵。花白的头发，脸上皱纹虽不少，但眼神明亮又锐利。她的话在家里和在农场上就像是律法，但她也不乏幽默；她管家虽然专断，可也充满温情。人们常被她逗得发笑，然后把她风趣的话不停地传播开去。老太太的确是不同凡响之人。像她那样和善的人本来就少有，她还对荒唐好笑之事那么敏锐。

那天在回家的路上，乔治太太喊住我，一脸慌张的样子。（我们只认一个梅多斯夫人，就是她的婆婆）"你知道今天谁要来吗？"她问我，"乔治·梅多斯叔叔。你知道，就是那个去了中国的乔治。"

"咦，不是说他已经死了吗？"

"我们都以为他已经死了。"

乔治·梅多斯叔叔的故事我已经听了不下十几回。大概五十多年前，当梅多斯夫人还是埃米莉·格林的时候，乔治·梅多斯叔叔和他的哥哥汤姆·梅多斯都曾追求她，后来她选择嫁给汤姆，乔治就远赴他乡了。

他们听说他到了中国的沿海地区。有二十年的时间，他时不时寄礼物回来，然后就断了消息。汤姆·梅多斯去世的时候，遗孀写信通知小叔，也石沉大海。最后他们只能推断乔治已经死了。但两三天前，他们收到了朴次茅斯一个"海员之家"女主管的信，看后都大为惊诧。照信上说，过去十年乔治·梅多斯因为风湿病，行动不便，一直由"海员之家"照顾，现在他觉得来日无多，想再见一见自己出生的房子。他的侄孙阿尔伯特·梅多斯已经开着福特车去朴次茅斯接他，下午就会回来。

"你想啊，"乔治太太说，"他已经有五十年没回来过了。他甚至还没见过我的那位乔治，等生日一到他就五十一了。"

"梅多斯夫人怎么说？"我问道。

"你也知道老太太的脾气，她就坐在那里，自顾自笑了笑。她只说：'他走的时候可是个英俊的小伙子，只是没有他兄长那么沉稳。'那也是她选择汤姆的原因。她还说：'不过现在他也应该平和些了吧。'"

乔治太太邀请我下午去见见那位叔叔。她以为既然我们都去过中国，肯定有一些相通之处。当然，我接受了。下午一进门，我就发现他们全家人都聚齐了：在那个石砖铺地的大厨房里，梅多斯夫人还是挺直了脊背坐在炉火边的老位子上，而她的儿子、儿媳，以及他们的孩子都坐在桌边。我觉得有意思的是老太太穿上了自己那身最好的丝绸长裙。壁炉另一边坐着一个老头，蜷缩在椅子里。他很瘦，皮肤挂在骨架上，好似一件过于宽大的西服；蜡黄的脸上都是皱纹，牙齿基本就没剩下几颗。

我和他握了握手。

"真高兴您能顺利到达，梅多斯先生。"我说。

"梅多斯船长。"他纠正道。

"他是走过来的，"他的侄孙阿尔伯特告诉我，"车到大门口的时候，他要我停车，说他想走走。"

"你要知道，我已经两年没下床了，是他们把我从床上抱到车里的。我以为我永远都不能走路了，可当我看到那些榆树，就想起我父亲当年那么在意这些树，忽然觉得我又能走了。五十二年前我离开的时候，走的就是这条道，现在我又沿着它走回来了。"

"要我说呀，你又在犯傻了。"梅多斯夫人说。

"对我有好处，我有十年没觉得自己这么强健了。埃米莉，我肯定得把你先送走了。"

"你净会吹牛。"她回答道。

我猜有整整一代人的时间大家没听过梅多斯夫人的教名了，我还微微惊了一下，感觉好像这个老头刚刚是对老夫人无礼了。老夫人看着小叔的时候眼里带着伶俐的笑意，而老头一边和嫂子说话，一边笑得露出空空的牙床。看着这两位老人，我有些异样的感触，想到很久之前，他那么爱她，而她却爱着另一个人。我不知道他们是否还记得当时的心情，是否还记得当时对彼此说过的话。不知道对梅多斯先生而言，看到这位老太太，想到自己曾经因为她离开了世代定居的土地，抛弃了本属于自己的财产，过了一辈子流浪的生活，会有怎样不寻常的心思。

"您结婚了吗，梅多斯船长？"我问。

"我可不结婚，"他笑着说，声音一直有些抖，"我太了解女人了，哪里还会想娶一个？"

"你说是这样说，"梅多斯夫人呛道，"要是有人跟我说，你这些年养过半打的黑人妻子，我也不会吃惊的。"

"埃米莉，中国女人可不黑啊，这糊涂话可不像你说的，她们是黄种人。"

"可能你自己也就是这么黄起来的吧，刚才见你，我心里想：'他是得了黄疸病吧？'"

"埃米莉，我说过非你不娶的，所以我就没有结婚。"

他说这话时听不出有悲情和怨恨，仿佛只是陈述一件事实。语气中有一丝得意。

"要是你真娶了我，恐怕早后悔死了。"她回道。

我和老头聊起了中国。

"我对中国任何一个港口的熟悉程度，都超过你对你大衣口袋的了解。只要船能到的地方我都去过。我当年见过的事情，你在这儿坐六个月，我都未必能讲完一半。"

"要我说，有一件事情你始终没干成，乔治，"梅多斯夫人说，眼神中的笑意依然像是在嘲弄他，但也很温暖，"就是你从来没挣着大钱。"

"我不是会存钱的人啊。挣了就得花，这才是我的座右铭。但我要替自己说一句：要是让我选的话，我这辈子还是愿意照这样再活一遍。世上又有几个人能说这句话。"

"的确不多。"我说。

我看着他，心里满是仰慕和敬意。他是一个牙齿残缺、不能行动、身无分文的老头，但他的人生是成功的，因为他过得很快乐。我走的时候他让我第二天再来看他——我对中国那么感兴趣，他可以把那些我想听的故事一个个全讲出来。

第二天一早，我琢磨着可以去问问老头是否愿意见我。我沿着那条美不胜收的林荫道走到花园中，梅多斯夫人正在摘花。听到我跟她问好，她站起身来，怀里是一大捧白花。我瞟了一眼房子，发现百叶窗都合起来了。我有些意外，因为梅多斯夫人向来喜爱阳光。

"等你入了土，有的是时间享受黑暗。"她经常这么说。

"梅多斯船长好吗？"我问道。

"他一向是个胡乱行事的人，"她回答我，"早上莉齐给他送茶的时候发现他已经死了。"

"死了？"

"对啊。睡梦里走的。我刚刚摘了些花想放到他房间里。不管怎样，他能在老房子里过世也是好的。对梅多斯家的人来说，这可是大事。"

昨天夜里他们费了好大的劲才说服老头就寝。他回顾自己漫长的一生，事无巨细都要一一讲给大家听。他回到老房子很开心，能完全靠自己走完门前的林荫道更是让他自豪不已，说他最起码还要活二十年。但命运还是仁慈的：死亡把句点放在了正确的地方。

梅多斯夫人闻了闻臂弯中的白花。

"好了，最起码他能回来，我很高兴。"她说，"其实吧，自从我嫁给汤姆，乔治又离家之后，我一直不太确定自己是否嫁对了人。"

冬日夜宴

张佳玮

以前被称为"江南乡间"的那片父亲的故居，如今已不再是那么纯粹的田园风景了——拓了路，修了楼，田野间建起了住宅区。然而到了冬天，乡间夜宴，还是要在家吃的。

乡下摆宴席，按惯例要请师傅上门，在院子里支起锅灶做菜，丁零当啷，喧腾热闹。父亲跟叔叔们聊天，母亲和阿姨们拉家常，嗑瓜子、剥花生、吃糖果。来探亲的远房亲戚中，年轻的姑娘红着双手，提着开水为长辈们泡茶，一被人夸貌美就红着脸，转身跑了。

黄昏时，狗吠声会传很远，各家的亲戚坐在大圆桌旁吃喝。凉菜先上，随后是热炒。大师傅们不断吆喝菜名，大人们喝酒说话，女人们把菜分夹出一些搁在碗中，任胳膊短的孩子们吃。乡间土菜，不甚精细，但肥厚重味、气势雄浑。霉干菜蒸蹄髈、炖整鸡之类，如不是大肚汉，看着就发怵。到了这时还有胃口下筷子的人已不多，更多的早已去拼酒叙话，或是自寻其乐了。大师傅们被请到桌旁，上酒上汤，吃自己做的饭食。别人敬烟，夸他菜做得好，他便将烟别在耳后，哈哈大笑。

然后，要开始喝酒了。我们那里的老式宴席，各桌有不同的酒。我小时候，家乡曾经流行一种乡下工厂酿制的东西，厂方将其吹嘘为香槟酒，乡人不买账，呼为汽酒。现在想来，多半是汽水兑酒的产物。气很足，像汽水，入口后才觉得略有酒味。酒量不大的奶奶、婶婶、阿姨、小妹妹们都可以喝，喝了也不醉。

年轻人或上年纪的女眷，喝啤酒或葡萄酒，再就是黄酒——南方人喝黄酒常用抿的，尤其是老人家，抿得唇间咝咝作响，然后吸个田螺或者吃口田鸡，眯着眼回味那股醇甜。

感情再好一点的，就得喝所谓"有力气"的酒了。每桌总有这么一瓶酒。白酒、保健酒，无所谓。总之，有力气的酒，少年不喝、女眷不碰。就是几个老爷们儿，尤其是长辈，碰了一杯又一杯；喝了几杯后，喝这些酒的人自发地组成一个小圈子，聊天、拍肩、大笑。天色暗下来，宴席吃完一巡，大家三三两两地散了。男人们喝得醉眼迷离，红着脸去隔壁串门。隔壁家还没吃完的，听见敲门声赶紧打开，各自拍肩欢笑，说起一年未见的想念。各家门前都挂了灯，怕喝醉了的汉子摔着。女人们在房间里收拾了桌子，便开始打牌。孩子们这时已有些累了，坐在妈妈膝上看打牌的也有，在沙发上睡着的也有，还有些不甘寂寞的，从后门跑去河边，惊起一片鹅叫声。

男人们半醉而归，一个个摔在沙发上，边聊边接着喝。他们就这样微笑着谈论生活里的琐碎小事，谈论生活本身。偶尔夹杂着一些对过去的回忆，仿佛只要就着酒，一切辛苦都能过去。

临近午夜，主人家把消夜摆上桌来。宴席没用完的食材，简单整治一下，端出淡一些的茶、用鸡汤下的粥，以及一些甜点和面食。小孩子们不知饥饱，看见甜点就扑上去。大人们则相当矜持斯文地喝起汤和粥，并且各自慨叹着。吃完这顿，大家或是各自散了，或是去主人家安排的房间睡了。

我记得那个寒冷的冬夜。我们一家三口到了客房，正待收拾床铺，却有人敲门。打开门，是我的叔叔和两位姑父。他们拿着酒，红着脸，对我父亲挤眉弄眼。我母亲叹口气说："去吧。"我叔叔看着我道："你来不来？"我去了。我们爬上屋顶，坐在屋顶的瓦楞上。我叔叔提了一个炉子上来搁在平整处，大家围着炉子，看着满天星光，哈着气，看见下面一片灰黄的田野和一路远去的萧疏林木。叔叔和两位姑父开了瓶酒，给我爸倒了一碗，给我倒了一点儿，叮嘱我："别急着喝，抿一点点。"我哈着气、搓着手，不知道该期待什么，只记得他们四个人——在小时候的我看来，那时他们又高又大——说了些我听不懂的话，指点着这片他们生长于其间的乡土。我不记得他们说了什么，只是从未见过他们现出如此模样。大概，那天夜色下他们喝的，才是真正的酒。

话说乡味

费孝通

口味和口音一样是从小养成的。"乡音无改鬓毛衰",我已深有体会。口音难改,口味亦然。我在国外居留时,曾说"家乡美味入梦多",不是虚言。近年来我常回家乡,解馋的机会变多了。但时移境迁,想在客店里重尝故味,实属不易。倒不是厨师的技艺不到家,究其原因,说来相当复杂。

让我举一个例子来说明。我一向喜欢吃油煎臭豆腐。这是一种很常见的大众食品。臭豆腐深受人们喜爱,原因就在于用鼻子闻时它似乎有点臭,但入口即香,而且越嚼味道越浓,令人舍不得狼吞虎咽。

它这个特色是从哪里来的?我念小学时,家住吴江县松陵镇,平日吃的臭豆腐都是家里自己"臭"的——从市面上买回压得半干的豆腐,泡在自家做的卤里,腌渍一定时间后取出来,在油里炸得外皮发黄,咬开来豆腐发青,真是可口。其鲜美程度,取决于卤的浓度和腌渍时间的长度。

我家在吴江期间,县城里和农村一样,家家有自备的腌菜缸,用以腌制各种咸菜。我家主要是腌油菜薹。每到清明前油菜尚未开花时,菜心长出细长的茎,趁其嫩时摘下来,可以当作蔬菜吃。油菜薹在市场上有充足的供应,货多价廉时大批买回来泡在盐水里,腌制成常备的家常咸菜。腌菜缸里的油菜薹变得又嫩又软,发出一种气味——香臭因人而异,喜吃这种咸菜的说香,越浓越香；不习惯的就说臭，有人闻到了要犯恶心。把豆腐泡在这种卤里几天就"臭"成了臭豆腐。由于菜卤渗入其中，泡得越久豆腐颜色越青，味道也越浓、越香、越美。我是从小就习惯这种味道的人，所以不臭透就觉得不过瘾。

1920 年我家从吴江搬到苏州后，家里就没有腌油菜薹的专用缸了。要吃臭豆腐得到店里去买，有时也有人挑了担子沿街走动，边炸边叫卖。但味道总是比不上早年家里做的，在我总觉得是一件憾事。当时我还不明白有越臭越美之味感的人，必须是从小在有腌菜缸的人家里长大的。在苏州城里居住的人，像我这种从小镇上搬来的并不多，他们的口味自然不同了，挑担叫卖的人当然不能不按照大多数买客乐于接受的标准来决定让豆腐臭到什么程度。在我看来是降低了质量，而大多数人可能觉得臭得恰到好处。

乡味还是使人依恋。这几年我回家乡，主人问我喜欢吃什么，我还常常以臭豆腐作答。每次吃到没有臭透的豆腐，总生发出一点今不如昔的怀古之情。有一次我说了实话，并讲了从小用菜卤腌制豆腐的经验。主人告诉我，现在农民种油菜已经不摘菜薹了，哪里还有那种卤呢？卤已不存，味从何来？我真懊悔当时没有追问现在的臭豆腐的制作方法。其实知道了也没用，幼年的口味终难满足了。

我小时候的副食品多出自酱缸。我们家的餐桌上常有炖酱、炒酱——那是以酱为主，加上豆腐干和剁碎的小肉块，在饭锅里炖热，或是用油炒成，冷热都可下饭下粥，味道极鲜美。酱是自家制的，制酱是我早期家里的一项定期家务。每年芒种后雨季开始的黄梅天，阴湿闷热，正是适于各种霉菌孢子生长的气候。这时就要抓紧将去壳的蚕豆煮熟，和定量的面粉，做成一块块小型的薄饼，分放在养蚕用的匾里，盖上一层湿布。不出几日，这些豆饼全发霉了，长出一层白色的毛，逐渐变成青色或黄色。这时安放这些豆饼的房里就会传出一阵阵发霉的气味。霉透之后，把一块块长着毛的豆饼，放在太阳下晒。晒干后，用盐水泡在缸里，豆饼变成一堆烂酱。这时已进入夏大，太阳晒着缸里的酱，酱的颜色由淡黄变成紫红。三伏天是酿酱的关键时刻。太阳光越强，晒得越透，酱的味道就越美。

逢着阴雨天，要盖住酱缸，防止雨水落在缸里。夏天多阵雨，守护的人动作要快。这项工作是由我们弟兄几人负责的。暑假里本来闲待在家，一见天气变了，太阳被乌云挡住，我们就要准备盖酱缸了。

这酱缸是我家的味源。首先是供应烹饪所需的基本调料——酱油。在虾怀卵的季节，把虾子用水洗净，加酱油煮熟，制成虾子酱油。这也是乡食美味。我记得我去瑶山时，从家里带了几瓶这种酱油，在山区没有下饭的菜时，就用它拌白饭吃，十分可口。

这酱缸还供应各种日常酱菜，最令人难忘的是酱茄子和酱黄瓜。我们家乡出产一种小茄子和小黄瓜，普通炖来吃或炒来吃，都显不出它们鲜嫩的特点，放在酱里泡几天，滋味就脱颖而出，不同凡响。

我20岁离开老家，至今已整整65年。这样长的岁月里，我已和上面所说的那种多少还保持一些自给经济的家庭脱离了。在学校里有食堂管饭。自己独立成家后，在乡间自理伙食，但租屋而居，谈不上经营那些坛坛罐罐。我们的菜篮子也全部市场化了。只有在清华园住的几年，分到一所住宅，房子四周有不少空地，我和老伴就垦地种菜。所种的茄子和西红柿一度自家吃不完，便以分送邻居为乐。我们还养鸡取蛋，完全可以自给。可惜这种生活并不长，几年后离开清华园，菜篮子又完全靠市场供应了。

我这一代人，在食的文化上可说是处于过渡时期。我一生至少有四分之一的岁月，是生活在家庭食品半自给时代。

在那个时代，除了达官贵人、大户人家会雇用专职厨师，普通家庭的炊事都由家庭成员自己操持。炊事之权一般掌握在主妇手里。以我的童年来说，厨房是我祖母的天下。她有一套从她娘家继承来的烹饪手艺，后来传给我的姑母。祖母去世后，我一有机会就溜到姑母家，总觉得姑母家的伙食合胃口，念了社会人类学才知道这就是文化单系继承的例子。

一代有一代的口味，我想我应当勉力跟上"历史的车轮"，从那个轨道转入这个轨道。现在的臭豆腐固然在我嘴里已没有早年的香了，但还是从众为是。即使口味难改，也得勉强自己安于不太合胃口的味道了。说来也惭愧，我下这个决心时，早已越过古稀的年限了。

爱情是一条流动的河

周国平

一个人只要领略过爱情的纯真喜悦，那么，不论他在精神和智力生活中得到过多么巨大的乐趣，恐怕他都会将自己的爱情经历看作一生旅程中最为璀璨耀眼的一个点。这段话不是出自某个诗人之手，而是引自马尔萨斯的经济学名著《人口论》。一位经济学家在自己的主要学术著作中竟为爱情唱起了赞歌，这使我倍觉有趣。

可是，我们要提出一个异议：爱情经历仅是一个人一生旅程中的一个点吗？它真的那么确定，那么短促？

这个问题换一种表达便是：当我们回顾自己的爱情经历时，我们有什么理由断定哪一次或哪一段是真正的爱情，从而把其余的排除在外？

毫无疑问，热恋的经历是令人格外难忘的。然而，热恋往往难以持久，其结果或者是猝然终止，两人含怨分手，或者是逐渐降温，转变为婚姻中的亲情或婚外的友情，在现实生活中，这种情况造成了许多困惑。一些人因为热恋关系的破裂而怀疑曾有的热恋是真正的爱情，贬之为一场误会，就像一首元曲中形容的那样彼此翻脸，讨回情书"都扯做纸条儿"。另一些人则因为浪漫激情的消逝而否认爱情在婚姻中继续存在的可能性，其极端者便如法国作家杜拉斯所断言，夫妻之间最真实的东西只能是背叛。

究竟什么是真正的爱情？如果它是指既不会破裂也不会降温的永久的热恋，那么，世界上究竟有没有真正的爱情？如果没有，那么，我们是否应该重新来给它定义？正是一系列疑问促使我越来越坚定地主张：在给爱情划界时要宽容一些，以便为人生中种种美好的遭遇保留怀念的权利。

在最宽泛的意义上，爱情就是两性之间的相悦，是在与异性交往中感受到的身心的愉快，是因为异性世界的存在而感觉世界之美好的心情。一个人的爱情经历并不限于与某一个或某几个特定异性之间的恩恩怨怨，而且也是对于整个异性世界的总体感受。因此，不但热恋是爱情，婚姻的和谐是爱情，而且一切一切与异性之间的美好交往，包括短暂的邂逅，持久而默契的友谊，乃至毫无结果的单相思，留在记忆中的深情的一瞥，在这最宽泛的意义上都可以包容到一个人的爱情经历之中。

爱情不是人生中一个凝固点，而是一条流动的河。这条河中也许有壮观的激流，但也必然会有平缓的流程；也许有明显的主航道，但也可能会有支流和暗流。除此之外，天上的云彩和两岸的景物会在河面上映出倒影，晚来的风会在河面上吹起涟漪，打起浪花。但我们承认，所有这一切都是这条河的组成部分，共同造就了我们生命中的美丽的爱情风景。

水样的春愁

郁达夫

　　同芭蕉叶似的重重包裹着的我这一颗无邪的心，不知在什么地方，透露了消息，终于被课堂上坐在我左边的那位同学看穿了。一个礼拜六的下午，下课之后，他轻轻地拉了我的手对我说："今天下午，赵家的那个小丫头要上倩儿家去，你愿不愿意和我一道去玩儿？"这里所说的倩儿，就是他那两位邻居的女孩子之中的一个。我听了他的这一句密语，立时就涨红了脸，喘急了气，嗫嚅着说不出 句话来回答他，净在拼命地摇头，表示我不愿意去，同时眼睛里也水汪汪的，像要哭出来的样子；而他却似乎已经看破了我的隐衷，得着了我的同意似的用强力把我拖出了校门。

　　到了倩儿她家的门口，当然又是一番争执，但经他大声一喊，门里的三个女孩却同时笑着跑出来了。已经到了她们的面前，我也没有什么别的办法了，自然只好俯着首，红着脸，同被绑赴刑场的死刑囚似的跟她们到了室内。经我那位同学带了滑稽的声调将如何把我拖来的情节说了一遍之后，她们接着就是一阵大笑。跟她们再到客房里去坐下，看他们四人捏起了骨牌，我坐在我那位同学的背后，眼睛虽则时时在注视着牌，但间或得着机会，也着实向她们的脸部偷看了许多次。等他们的输赢赌完，一餐东道的夜饭吃过，我也居然和她们伴熟，有说有笑了。临走的时候，倩儿的母亲还派了我一个差事，点上灯笼，要我把赵家的女孩送回家去。自从这一回后，我也居然入了我那同学的伙，不时在赵家和另外的两个女孩家进出了；可是生来胆小，又加上毕业考试将要到来，我和她们的来往，终没有像我那位同学似的繁密。

正当我14岁的那一年（1909年）春天，是农历正月十三的晚上，学堂里于白天给了我毕业文凭及增生执照之后，就在大厅摆起了五桌送别毕业生的酒宴。这一晚的月亮好得很，天气也温暖得像二三月的样子。满城的爆竹，是在庆祝新年的上元佳节，我干喝了几杯酒后，心里也感到了一种不能抑制的欢欣。出了校门，踏着月光，我的双脚，便自然而然地走向了赵家。女仆陪她母亲上街去买蜡烛、水果等过元宵节的物品去了。推门进去，我只见她一个人，拖着一条长长的辫子，坐在大厅桌子边的洋灯底下练习写字。听见了我的脚步声，她头也不转，只曼声地问了一声："是谁？"我故意屏着气，提着脚，轻轻地走到了她的背后，一使劲一口就把她面前的那盏洋灯吹灭了。月光如潮水似的浸满了这一座朝南的大厅，她于一声高叫之后，马上就把头朝我转来。我在月光里看见了她那张大理石似的嫩脸，和黑水晶似的眼睛，觉得怎么也熬忍不住了，顺势就伸出了两只手去，捏住了她的手臂。两人的中间，她不发一语，我也并无一言。她是扭转了身坐着，我是向她立着的。她只微笑着看看我看看月亮，我也只微笑着看看她看看中庭的空处，虽然此处的动作，轻薄的邪念、明显的表示，一点儿也没有，但不晓得怎样一般满足，深沉、陶醉的感觉，竟同四周的月光一样，包满了我的全身。

两人这样在月光里沉默着相对，不知过了多久，终于她轻轻地开始说话了："今晚你在喝酒？""是的，是在学堂里喝的。"到这时我才放开了两手，向她边上的一把椅子里坐了下去。"明天你就要上杭州去考中学去么？"停了一会，她又轻轻地问了一声。"噯，是的，明朝坐快班船去。"两人又沉默着，不知坐了多长时间，忽听见门外头她母亲和女仆说话的声音渐渐儿近了，她于是就忙着立起身来擦洋火，点上了洋灯。

她母亲进到了厅里，放下了买来的物品，先向我说了些道贺的话，我也告诉了她，明天将离开故乡到杭州去。没谈上半点钟的闲话，我就匆匆告辞出来了。在柳树影里披了月光走回家，我一边回味着刚才在月光里和她相对时的恍惚，一边在心的底里，忽而又感到了一点极淡极淡，同水一样的春愁。

我要心形的

三毛

每次过圣诞节或情人节什么的，我从不奢望得到先生什么礼物。先生说，这种节日本意是好的，只是给商人利用了。还说，何必为了节日才买东西送来送去呢？凡事但凭一心，心中想着谁，管它什么节日，随时都可送呀！

我也深以先生的看法为是，所以每天都在等礼物。

有一天先生独自进城去找朋友，我对那批人不耐烦，就在家里缝衣服。先生走时，我检查了他的口袋，觉得带的钱太少。一个男人要进城去看朋友，免不了吃吃喝喝，先生又是极慷慨的人，不叫他付账他会不舒服的，所以又塞了几张大钞给他，同时喊着："不要太早回家，尽量去玩到深夜才开开心心地回来。不要忘了，可以很晚才回来哦！"

站在小院门口送他，他开车走的时候挥了一下手，等到转弯时，又刹了车，再度停车挥手，这才真走了。邻居太太看了好笑，隔着墙说我怎么还站在门口送，跟生离死别似的。我也讲不出什么道理，刷一下红了脸。

没想到才去了两个多钟头吧，下午一点多钟，先生回来了。他站在客厅外面，把头伸进来问："天还没有黑，我可不可以回家？""当然可以回家喽！神经病！"我骂了他一句，放下正在缝的东西，走到厨房做午饭给他吃。做饭的时候，我问先生："怎么了，朋友不在吗？"先生也不作声，从后面抱住我。

他说："想你，不好玩，我就丢了朋友回来了。"

等我把饭菜都放在桌上，去洗干净手上桌后，发现桌上多了一个印度小盒子。而先生，做错了事似的望着我。

我一把抓起盒子，看他一眼，问："你怎么晓得我就想要这么一个盒子？"先生得意地笑一笑。我放下盒子，亲了他一下，才说："可你还是弄错了，我想要的是个鸡心形的，傻瓜！"

先生也不辩解，笑着朝我举一举饭碗，开始大吃起来。等我去厨房拿汤出来的时候，要给先生的空碗添汤，他很大男子主义地把手向我一伸——那个空碗里，被他变出来一样，就是我要的鸡心形小盒子。

这一回轮到我，拿着汤勺满屋子追他，叫着："骗子！骗子！你到底买了几个小盒子？快给我招出来——"

8 年就这么过去了。说起当年事，依旧泪如倾。

小学一年级的暑假里，我去北京外婆家做客。正是"七岁八岁讨人嫌"的年龄，外婆的四合院里到处都有我的笑闹声。加之隔壁院子一个名叫世香的女孩子跑来和我做朋友，我们两人的种种游戏更使外婆家不得安宁了。

我们在院子里跳皮筋，把青砖地跺得砰砰响；我们在枣树下的方桌上玩"抓子儿"，"羊拐"撒在桌面上一阵又一阵哗啦啦啦、哗啦啦啦；我们高举着竹竿梆枣吃，青青的枣了滚得满地都是；我们比赛着唱歌，你的声音高，我的声音就一定要高过你。外婆家一个被我称作表姑的人对我们说："你们知不知道什么叫累呀？"我和世香互相看看，没有名堂地笑起来——虽然这句问话没有什么好笑的，但我们这一笑便没完没了，上气不接下气。是啊，什么叫累？我们从来没有思考过累的问题。有时候听见大人说一声"喔，累死我了"，我们会觉得那是因为他们是大人呀，"累"距离我们是多么遥远啊。

当我们终于笑得不笑了，表姑又说："世香不是有一些糖纸吗，为什么你们不花些时间攒糖纸呢？"我想起世香的确让我参观过她攒的一些糖纸，那是几十张美丽的玻璃糖纸，被她夹在一本薄薄的书里。可我既没有对她的糖纸产生过兴趣，也不打算重视表姑的话。表姑也是外婆的客人，她住在外婆家养病。

世香却来了兴致，她问表姑："你为什么让我们攒糖纸呀？"表姑说糖纸攒多了可以换好东西，比方说一千张糖纸就能换一只电动狗。我和世香被表姑的话惊呆了——我们都在百货大楼见过这种新式的玩具，狗肚子里装上电池，一按开关，那毛茸茸的小狗就汪汪叫着向你走来。电动狗也许不会被今天的孩子所稀罕，但在二十多年以前，在中国玩具单调、匮乏的时候，表姑的允诺足以使我们激动很久。那该是怎样一笔财富，那该是怎样一份快乐！更何况，这财富和快乐将由我们自己的劳动换来呢。

我迫不及待地问表姑糖纸攒够了找谁去换电动狗，世香则细问表姑关于糖纸的花色都有什么要求。表姑说一定要透明玻璃糖纸，每一张都必须平平展展，不能有皱褶。攒够了交给表姑，然后表姑就能给我们电动狗。

一千张糖纸换一只电动狗，我和世香若要一人一只，就需要攒两千张糖纸。这不是一个小数目，但我们信心满满。

从此我和世香再也不跳皮筋了，再也不梆枣吃了，再也不抓子儿了，再也不扯着嗓子比赛唱歌了。外婆的四合院安静如初了，我们已开始寻找糖纸。

当各式各样的奶糖、水果糖已被今日的孩子所厌倦时，从前的我们正对糖有着无限的兴趣。你的衣兜里并不是随时有糖的，糖纸——特别是包装高档奶糖的玻璃糖纸也不是到处可见的。我和世香先是把零花钱都买了糖——我们的钱也仅够买几十块高级奶糖，然后我们突击吃糖，也不顾糖把嗓子齁得生疼，糖纸总算到手了呀；我们走街串巷，寻找被人遗弃在犄角旮旯的糖纸，我们会追随着一张随风飘舞的糖纸在胡同里一跑半天；我们守候在食品店的糖果柜台前，耐心等待那些领着孩子前来买糖的大人，等待他们买糖之后剥开一块放进孩子的嘴，那时我们会飞速捡起落在地上的糖纸，或是"上海太妃"，或是"奶油咖啡"；我们还曾经参加世香一个亲戚的婚礼，婚礼上那满地糖纸令我们欣喜若狂。我们多么盼望所有的大人都在那些日子里结婚，而所有的婚礼都会邀请我们！

我们把那些皱皱巴巴的糖纸带回家，泡在脸盆里使它们舒展开来，然后一张一张贴在玻璃窗上，等待着它们干后再轻轻揭下来，糖纸平整如新。

暑假就要结束了，我和世香每人都终于攒够了一千张糖纸。在一个下午，表姑午睡起来坐着喝茶的时候，我们走到她跟前，献上了两千张糖纸。表姑不解地问我们这是干什么，我们说狗呢，我们的电动狗呢？表姑愣了一下，接着就笑起来，笑得没完没了，上气不接下气。待她笑得不笑了，才擦着笑出的泪花说："表姑逗你们玩呢，嫌你们老在院子里闹，不得清静。"

世香看了我一眼，眼里满是悲愤和绝望，我觉得还有对我的藐视——毕竟，这个逗我们玩的大人是我的表姑啊。这我忽然有一种很累的感觉，我初次体会到大人们常说的累，原来就是胸腔里那颗心的突然加重吧。

我和世香拿回我们的糖纸来到院子里，在院子门口，我把我精心"打扮"过的那一千张纸扔向天空，任它们像彩蝶一样随风飘去。我长大了，在读了许多书识了许多字之后，每逢看见"欺骗"这个词时，总是马上联想起"表姑"这个词。两个词是如此紧密地在我意识深处挨着，岁月的流逝也不曾将它们彻底分离，让我相信大人轻易之间就能够深深伤害孩子，而那深深的伤害会永远藏进孩子的记忆。

孩子是可以批评的，孩子是可以责怪的，但孩子是不可以欺骗的，欺骗本是最深重的伤害。我们已经长大成人，可所有的大人不都是从孩童时代走来的吗？

老舍 | **我的母亲**

母亲的娘家是在北平德胜门外，土城儿外边，通往大钟寺的大路上的一个小村里。村里一共有四五家人家，都姓马。大家都种点不十分肥美的地，但是与我同辈的兄弟们，也有当兵的，作木匠的，和当巡查的。他们虽然是农家，却养不起牛马，人手不够的时候，妇女便也需下地做活。

对于姥姥家，我只知道上述的一点。外公外婆是什么样子，我就不知道了，因为他们早已去世。至于更远的族系与家史，就更不晓得了；穷人只能顾眼前的衣食，没有工夫谈论什么过去的光荣；"家谱"这字眼，我在幼年就根本没有听说过。

母亲生在农家，所以勤俭诚实，身体也好。这一点事实却极重要，因为假若我没有这样的一位母亲，我之为我恐怕也就要大大地打个折扣了。

母亲出嫁大概是很早，因为我的大姐现在已是六十多岁的老太婆，而我的大外甥女还长我一岁啊。我有三个哥哥，四个姐姐，但能长大成人的，只有大姐、二姐、三姐、三哥与我。我是"老"儿子。生我的时候，母亲已有41岁，大姐二姐已都出了阁。

由大姐与二姐所嫁人的家庭来推断，在我生下之前，我的家里，大概还马马虎虎过得去。那时候订婚讲究门当户对，而大姐丈是做小官的，二姐丈也开过一间酒馆，他们都是相当体面的人。

可是，我，我给家庭带来了不幸；我生下来，母亲晕过去半夜，才睁眼看见她的老儿子——感谢大姐，把我揣在怀中，致未冻死。

一岁半，我把父亲"克"死了。

兄不到十岁，三姐十二三岁，我才一岁半，全仗母亲独力抚养了。父亲的寡姐跟我们一块儿住，她吸鸦片，她喜摸纸牌，她的脾气极坏。为我们的衣食，母亲要给人家洗衣服、缝补或裁缝衣裳。在我的记忆中，她的手终年是鲜红微肿的。白天，她洗衣服，洗一两大绿瓦盆。她做事永远丝毫也不敷衍，就是屠户们送来的黑如铁的布袜，她也给洗得雪白。晚间，她与三姐抱着一盏油灯，还要缝补衣服，一直到半夜。她终年没有休息，可是在忙碌中她还把院子屋中收拾得清清爽爽。桌椅都是旧的，柜门的铜活久已残缺不全，可是她的手老使破桌面上没有尘土，残破的铜活发着光。院中，父亲遗留下的几盆石榴与夹竹桃，永远会得到应有的浇灌与爱护，年年夏天开许多花。

哥哥似乎没有同我玩耍过。有时候，他去读书；有时候，他去学徒；有时候，他也去卖花生或樱桃之类的小东西。母亲含着泪把他送走，不到两天，又含着泪接他回来。我不明白这都是什么事，而只觉得与他很生疏。与母亲相依为命的是我与三姐。因此，她们做事，我老在后面跟着。她们浇花，我也张罗着取水；她们扫地，我就撮土……从这里，我学得了爱花，爱清洁，守秩序。这些习惯至今还被我保存着。

有客人来，无论手中怎么窘，母亲也要设法弄一点东西去款待。舅父与表哥们往往是自己掏钱买酒肉食，这使她脸上羞得飞红，可是殷勤地给他们温酒做面，又给她一些喜悦。遇上亲友家中有喜丧事，母亲必把大褂洗得干干净净，亲自去贺吊——份礼也许只是两吊小钱。到如今，我的好客的习性，还未全改，尽管生活是这么清苦，因为自幼儿看惯了的事情是不易改掉的。

姑母时常闹脾气，她单在鸡蛋里找骨头。她是我家中的阎王。直到我入了中学，她才死去，我可是没有看见母亲反抗过。"没受过婆婆的气，还不受大姑子的吗？命当如此！"母亲在非解释一下不足以平服别人的时候，才这样说。是的，命当如此。母亲活到老，穷到老，辛苦到老，全是命当如此。她最会吃亏。给亲友邻居帮忙，她总跑在前面：她会给婴儿洗三——穷朋友们可以少花一笔"请姥姥"钱，她会刮痧，她会给孩子们剃头，她会给少妇们绞脸……凡是她能做的，都有求必应。但是，吵嘴打架，永远没有她。她常吃亏，不斗气。当姑母死去的时候，母亲似乎把一世的委屈都哭了出来，一直哭到坟地。不知道哪里来的一位侄子，声称有继承权，母亲便一声不响，叫他搬走那些破桌子烂板凳，而且把姑母养的一只肥母鸡也送给他。

可是，母亲并不软弱。父亲死在庚子闹"拳"的那一年。联军入城，挨家搜索财物鸡鸭，我们被搜两次。母亲拉着哥哥与三姐坐在墙根，等着"鬼子"进来，街门是开着的。"鬼子"进门，一刺刀先把老黄狗刺死，而后入室搜索。他们走后，母亲把破衣箱搬起，才发现了我。假若箱子不空，我早就被压死了。皇上跑了，丈夫死了，鬼子来了，满城是血光火焰，可是母亲不怕，她要在刺刀下，饥荒中，保护着儿女。北平有多少变乱啊，有时候兵变了，街市整条地烧起，火团落在我们院中。有时候内战了，城门紧闭，店铺关门，昼夜响着枪炮。这惊恐，这紧张，再加上一家饮食的筹划，儿女安全的顾虑，岂是一个软弱的老寡妇所能受得起的？可是，在这种时候，母亲的心横起来，她不慌不哭，要从无办法中想出办法来。她的泪会往心中落！这点软而硬的性格，也传给了我。我对一切人与事，都取和平的态度，把吃亏看作当然的。但是，在做人上，我有一定的宗旨与基本的法则，什么事都可将就，而不能超过自己划好的界限。我怕见生人，怕办杂事，怕出头露面；但是到了非我去不可的时候，我便不敢不去，正像我的母亲。从私塾到小学，到中学，我经历过起码有几十位教师吧，其中有给我很大影响的，也有毫无影响的，但是我的真正的教师，把性格传给我的，是我的母亲。母亲并不识字，她给我的是生命的教育。

当我在小学毕了业的时候，亲友一致的愿望是去学手艺，好帮助母亲。我晓得我应当去找饭吃，以减轻母亲的辛劳困苦。可是，我也愿意升学。我偷偷地考入了师范学校——制服，饭食，书籍，宿处，都由学校供给。只有这样，我才敢对母亲说升学的话。入学，要交十元的保证金。这是一笔巨款！母亲作了半个月的难，把这巨款筹到，而后含泪把我送出门去。她不辞劳苦，只要儿子有出息。当我由师范毕业，而被派为小学校校长，母亲与我都一夜不曾合眼。我只说了句："以后，您可以歇一歇了！"她的回答只有一串串的眼泪。不久，姑母死了。三姐已出嫁，哥哥不在家，我又住学校，家中只剩母亲自己。她还须自晓至晚地操作，可是终日没人和她说一句话，新年到了，正赶上政府倡用阳历，不许过旧年。除夕，我请了两小时的假，由拥挤不堪的街市回到清锅冷灶的家中。母亲笑了。及至听说我还须回校，她愣住了。半天，她才叹出一口气来。到我该走的时候，她递给我一些花生："去吧，小子！"街上是那么热闹，我却什么也没看见，泪遮迷了我的眼。今天，泪又遮住了我的眼，又想起当日孤独地过那凄惨的除夕的慈母。可是，慈母不会再候盼着我了，她已入了土！

儿女的生命是不依顺着父母所设下的轨道一直前进的，所以老人总免不了伤心。我 23 岁，母亲要我结了婚，我不要。我请来三姐给我说情，老母含泪点了头。我爱母亲，但是我给了她最大的打击。时代使我成为逆子。27 岁，我上了英国。为了自己，我给六十多岁的老母亲以第二次打击。在她 70 大寿的那一天，我还远在异域。那天，据姐姐们后来告诉我，老太太只喝了两口酒，很早便睡下。她念她的幼子，而不便说出来。

"七七"抗战后，我由济南逃出来。北平又像庚子那年似的被鬼子占据了，可是母亲日夜惦念的幼子却跑到西南来。母亲怎样想念我，我可以想象得到，可是我不能回去。每逢接到家信，我总不敢马上拆看，我怕，怕，怕，怕有那不祥的消息。人，即使活到八九十岁，有母亲便可以多少还有点孩子气。失了慈母便像花插在瓶子里，虽然还有色有香，却失去了根。有母亲的人，心里是安定的。我怕，怕，怕家信中带来不好的消息，告诉我已是失了根的花草。

去年一年，我在家信中找不到关于老母的起居情况。我疑虑，害怕。我想象得到，没有不幸，家中念我流亡孤苦，或不忍相告。母亲的生日是在九月，我在八月半写祝寿的信，算计着会在寿日之前到达。信中嘱托千万把寿日的详情写来，使我不再疑虑。12 月 26 日，由文化劳军的大会上回来，我接到家信。我不敢拆读。就寝前，我拆开信，母亲已去世一年了！

生命是母亲给我的。我之能长大成人，是母亲的血汗灌养的。我之能成为一个不十分坏的人，是母亲感化的。我的性格、习惯，是母亲传给的。她一世未曾享过一天福，临死还吃的是粗粮。唉！还说什么呢？心痛！心痛！

莫言

我的老师

这是一个被千万人写过还将被千万人写下去的题目。用这个题目作文章一般都抱着感恩戴德的心情，当然我也不愿例外。但实际生活中学生有好有坏，老师也一样。在我短暂的学校生活中，教过我的老师有非常好的，也有非常坏的。当时我对老师的坏感到不可理解，现在自然明白了。

我5岁上学，这在城市里不算早，但在当时的农村几乎没有。这当然也不是我的父母要对我进行早期教育来开发我的智力，主要是因为那时候我们村被划归国营的胶河农场管辖，农民都变成了农业工人，我们这些学龄前的儿童也像城里的孩子一样通通进了幼儿园，吃在那里，睡也在那里。幼儿园里的那几个女人经常克扣我们的口粮，还对我们进行准军事化管理。饥肠辘辘是经常的，鼻青脸肿也是经常的。于是我的父母就把我送到学校里去，这样我的口粮就可以分回家里，当然也就逃脱了肉体惩罚。

我上学时还穿着开裆裤，喜欢哭，下了课就想往家跑。班里的学生年龄差距很大，最小的如我，最大的已经生了漆黑的小胡子。给我留下印象的第一位老师是一位个子很高的女老师，人长得很清爽，经常穿一身洗得发白的蓝衣服，身上散发着一股特别好闻的肥皂味儿。她的名字叫孟宪慧或是孟贤惠。我记住她是因为一件很不光彩的事。

那是这样一件事：全校师生都集中在操场上听校长作一个漫长的政治报告，我就站在校长的面前，仰起头来才能看到他的脸。那天我肚子不好，内急，想去厕所又不敢，就将身体扭来扭去，实在急了，就说："校长，我要去厕所……"但他根本不理我，就像没听到我说话一样。后来我实在不行了，就一边大哭，一边往厕所跑去。一边哭一边跑还一边喊叫："我拉到裤子里了……"我当然不知道自己的行为带来的后果，后来别人告诉我说，学生和老师都笑弯了腰，连校长这个铁面人都笑了。我只知道孟老师到厕所里找到我，将一大摞写满拼音字母的图片塞进我的裤裆里，然后就让我回了家。十几年之后，我才知道她与我妻子是一个村子里的人。我妻子说她应该叫孟老师姑姑，我问我妻子："你那个姑姑说过我什么坏话没有？"我妻子说："俺姑夸你呢！"我问："她夸我什么？"我妻子严肃地说："俺姑说你不但聪明伶俐，而且特别讲究卫生。"

　　给我留下深刻印象的第二个老师也是个女的，她的个子很矮，姓于名锡惠，讲起话来有点外地口音。她把我从一年级教到三年级——我自己也闹不清楚上了几次一年级——从拼音字母教起，一直教到看图识字。30多年过去了，我还经常回忆起她拖着长调教我拼音的样子。今天我能用电脑写作而不必去学什么五笔字型，全靠着于老师教我的那点基本功。

　　于老师的丈夫是个国民党的航空人员，听起来好像洪水猛兽，其实是个和蔼可亲的老人。他教过我的哥哥，我们都叫他李老师，村子里的人也都尊敬他。文化大革命期间，兴起来往墙上刷红漆写语录，学校里那些造了反的老师，拿着尺子、排笔，又是打格子，又是放大样，半天写不上一个字；后来把李老师拉出来，让他写，他拿起笔来就写，一个个端正的楷体大字跃然墙上，连那些革命的人也不得不佩服。于老师的小儿子跟我差不多大，放了学我就跑到他们家去玩，我对他们家有一种特别亲切的感情。后来我被剥夺了上学的权利，就再也不好意思到他们家去了。几十年后，于老师跟着她的成了县医院最优秀医生的小儿子住在县城。我本来有机会去看她，但总是往后拖，结果等到我想去看她时，她已经去世了。听师弟说，她生前曾经看到过《小说月报》上登载的我的照片和手稿，那时她已经病了很久，神志也有些不清楚，但她还是一眼就认出了我。师弟问她我的字写得怎么样,她说:比你写得强!

第三个让我终生难忘的老师是个男的,其实他只教过我们半个学期体育,算不上"亲"老师,但他在我最臭的时候说过我的好话。这个老师名叫王召聪,家庭出身很好,好像还是烈属,这样的出身在那个时代真是像金子一样闪闪发光。一般的人有了这样的家庭出身就会趾高气扬、目中无人,但人家王老师却始终谦虚谨慎,一点都不张狂。

他的个子不高,但体质很好。他跑得快,跳得也高。我记得他曾经跳过了一米七的横杆,这在一个农村的小学里是不容易的。因为我当着一个同学的面说学校像监狱、老师像奴隶主、学生像奴隶,学校就给了我一个警告处分,据说起初他们想把我送到公安局去,但因为我年龄太小而幸免。出了这件事后,我就成了学校里有名的坏学生。他们认为我思想反动、道德败坏,属于不可救药之列,学校里一旦发生了什么坏事,第一个怀疑对象就是我。为了挽回影响,我努力做好事,冬天帮老师生炉子,夏天帮老师喂兔子,放了学自家的活儿不干,帮着老贫农家挑水。但我的努力收效甚微,学校和老师都认为我是在伪装进步。

一个夏天的中午——当时学校要求学生在午饭后必须到教室午睡,个儿大的睡在桌子上,个儿小的睡在凳子上,枕着书包或者鞋子。那年村子里流行一种木板拖鞋,走起来很响,我爹也给我做了一双,我穿着木拖鞋到了教室门前,看到同学们已经睡着了。我本能地将拖鞋脱下提在手里,赤着脚进了教室。这情景被王召聪老师看在眼里,他悄悄地跟进教室把我叫出来,问我进教室时为什么要把拖鞋脱下来,我说怕把同学们吵醒。他看了我一眼,什么也没说就走了。事后,我听人说,王老师在学校的办公会上特别把这件事提出来,说我其实是个品质很好的学生。当所有的老师都认为我坏得不可救药时,王老师通过一件小事发现了我内心深处的良善,并且在学校的会议上为我说话。这件事,我什么时候想起来都感动不已。后来,我辍学回家成了一个牧童,当我赶着牛羊在学校前的大街上碰到王老师时,心中总是百感交集,红着脸打个招呼,然后低下头匆匆而过。

后来王老师调到县里去了,我也走后门到棉花加工厂里去做临时工。有一次，在从县城回家的路上，我碰到了骑车回家的王老师，他的自行车后胎已经很瘪，驮他自己都很吃力，但他还是让我坐到后座上，载我行进了十几里路。当时，自行车是十分珍贵的财产，人们爱护车子就像爱护眼睛一样，王老师是那样有地位的人，竟然冒着轧坏车胎的危险，载着我这样一个卑贱的人前进了十几里路。这样的事，不是一般的人能够做出来的。从那以后，我再也没见到过王老师，但他那张笑眯眯的脸和他那副一跃就翻过了一米七横杆的矫健身影经常在我脑海里浮现。

毕淑敏

翡翠菩提

在南亚某国王宫，供着一块美丽的翡翠菩提叶。它晶莹剔透，翠绿欲滴，没有丝毫杂质。最为奇特的是，在这块菩提叶中，可见到清晰的脉络，丝丝缕缕渗透叶心，与真叶毫无二致。阴天时，若把它挂在御花园的树上，任你火眼金睛，也找不到翡翠的踪影。不过别急，只要太阳一闪，你就立刻能发现它。它倾泻出的莹莹碧光，把树荫全部染绿。

翡翠菩提有一段故事。

一户贫苦山民，靠种菠萝为生。父亲对儿子莫罕说，祖上赶过马帮，到北方贩卖杂货。一次返程的时候，因为马背两边的分量不均，老祖爷就随手拣了一块石头，压在驮篓的一边。回来后，有人识货，说那石头原是一块翡翠，卖了个好价钱，祖爷才娶了祖奶，有了咱这一支人。

莫罕说，我要到北方去寻翡翠。

老父说，多少人都去找过翡翠。空手而归算好的，数不清的人死在了路上。

莫罕说，找不到翡翠，我不回来见您。

莫罕攀过无数大山，蹚过无数红水河，终于找到了一座山。山主说，山洞里可能藏有翡翠，你给我挖矿石，干得好，年底我付给你一块矿石做工钱。

莫罕说，矿石就是翡翠吗？

山主说，小伙子，那就看你的运气了。矿石被一层砂皮包着，谁也不知道里面藏的是什么，挖翡翠是要赌的。挖宝的人挤破了头，如果不干，你就滚下山吧。

莫罕留了下来。矿洞窄得像个蛇窟，工作艰辛危险。到了年底，山主说，我说话算话，你拣一块矿石吧。

莫罕挑了一块鹅蛋大小的矿石。他本想揣着矿石回家，但若万里迢迢赶回去，把矿石一打开，里面是普通的石头，老父该多失望啊！他就留了下来，一年后又得到了一块矿石。

矿石中含有翡翠的机会，也许只有万分之一。莫罕害怕无功而返，埋头干了16年。

他决定回家。矿石装进麻袋，沉甸甸的，如同金子。

山主说，你这样走远路，太不方便了吧，我帮你把矿石解开。是石头，你就扔掉；是翡翠，你就揣走。

莫罕答应了。

山主将矿石一块块解开。第一块是石头，第二块是石头，第三块还是石头……一直解了14块，满地碎石。

山主说，你手气太糟了。最后这两块矿石，算你卖给我好了。一块石头的钱，够你路上的盘缠。还有一块石头的钱，够你回家盖一间草房。

莫罕说，老爷，谢谢你的好意。但是，我只卖一块矿石。剩下的那一块，我要带回家，让我的老父看一看。

山主给了莫罕一块石头的钱，然后把莫罕退回来的那块矿石解开。随着工具的响声和砂皮的脱落，一块蓝绿如潭水的蛋型翡翠显现在大伙面前。

莫罕在众人的惊叹和惋惜声中，头也不回地上了路。集市上，他看到一条巨大的蜥蜴，被人耍着叫卖。他问，为什么不放它回竹林？

那人说，你买了，就能把它放回竹林。如果你不愿放走它，也可以用它的肉熬汤。

莫罕看到绿色的蜥蜴眼里哀怨的神色，动了恻隐之心，把仅有的盘缠掏出来，买下了巨蜥。到了竹林，他把巨蜥放生了，自己吃野果回家。没想到巨蜥不肯远离，总是伴在他身边，夜里绕他而眠，保护着他不受猛兽的袭扰。巨蜥看起来笨重，其实在丛林和山地爬行得很快，简直是草上飞。

莫罕回到家，父亲已经垂垂老矣。爸爸，我带来一块可能是翡翠的石头，和当年我们的老祖爷一样。明天，当着乡亲们把它解开吧。如果是翡翠，全村的人都有一份。莫罕说。

孩子，你回来了，这比什么翡翠都好啊。父亲摸着矿石说。

第二天，乡亲们预备好象脚鼓，一旦翡翠现身，就敲鼓庆贺。没想到，万事俱备，矿石却突然找不到了。于是有人说，什么矿石啊，出外鬼混了十几年，做梦吧！老父不停地解释：我看到了那块石头。可是没人信他的话。

莫罕想了很久，好像找到了答案，可是他什么也不说。

由于长年劳苦跋涉，莫罕病了。他为了弥补自己不在家时对老父的歉疚，加倍干活。他的病越来越重。有人说，把巨蜥斩了熬汤吧，大补元气。莫罕说什么也不肯。

莫罕临死前对老父说，求您一定善待巨蜥。如果它不肯走，那就等它寿终，才可把它剖开，埋在我的身边。

莫罕逝后，巨蜥不吃不喝，守候在莫罕的坟墓旁，几年以后，干瘦得如同一卷柴火，在一个夜晚悄然死去。

老父把巨蜥剖开，在它的肚腹里看到了一块硕大的翡翠。由于体液的腐蚀，矿石砂皮已完全剥落，露出了晶莹无瑕的质地。肠胃的蠕动，把翡翠切割成了菩提叶子的吉祥形状。巨蜥最后绝食绝水，干枯的内脏紧紧包裹着翡翠，镌刻下精巧的纹路，如同菩提的叶脉。

后来，国王得知了这件奇事，给了山人很多粮食和布匹，换走了莫罕老父的珍宝。

从此，寨子里的人都迁到城里了，只有一个孤独的老人，伴着一座大的坟墓和一座小的坟墓，在菠萝地里恒久地守望着。

雪 | 蒋勋

　　雪落下来了，纷纷乱乱，错错落落，好像暮春时分漫天飞舞的花瓣，非常轻，一点点风，就随着飞扬回旋，在空中聚散离合。

　　每年冬天都来 V 城看母亲，却从没遇到这么大的雪。

　　在南方亚热带的岛屿长大的我，生活里完全没有见过雪。小时候喜欢搜集西洋圣诞节的卡片，上面常有白皑皑的雪景。一群鹿拉着雪橇，在雪地上奔跑。精致一点的，甚至在卡片上撒了一层玻璃细粉，晶莹闪烁，更增加了我对美丽雪景的幻想。

　　母亲是地道的北方人，在寒冷的北方住了半辈子。和她提起雪景，她却没有很好的评价。她拉起裤管，指着小腿近足踝处一个小铜钱般的疤，对我说："这就是小时候生冻疮留下的。雪里走路，可不好受。"

　　中学时为了看雪，我参加了合欢山的滑雪冬训活动。在山上住了一个星期，各种滑雪技巧都学了，可是等不到雪。别说是雪，连霜都没有，每天艳阳高照。我们就穿着雪鞋，在绿油油的草地上滑来滑去，摆出各种滑雪的姿势。

　　大学时，有一年冬天，北方的冷空气来了，气温陡降。新闻报道台北近郊竹子湖附近的山上飘雪。那天教秦汉史的傅老师，也是北方人，谈起了雪，大概勾起了他的乡愁吧，便怂恿大伙儿一起上山赏雪。学生当然雀跃响应，于是便停了一课，师生步行上山去寻雪。

还没到竹子湖，半山腰上，四面八方都是人，山路早已壅塞不通。一堆堆的游客，戴着毡帽，围了围巾，穿起羽绒衣，彼此笑闹推搡，比台北市中心还热闹嘈杂，好像过年一样。

天上灰云密布，有点要降雪的样子。再往山上走，山风很大，呼啸着，但仍看不见雪。偶然飘下来一点像精制盐一样的细粉，大家就伸手去接，惊叫欢呼："雪！雪！"赶紧把手伸给别人看，但是凑到眼前，什么都没有了。

没有想到真正的雪是这样下的。一连下了几个小时不停，像撕碎的鹅毛，像扯散的棉絮，像久远梦里的一次落花，无边无际，无休无止。这样富丽繁华，又这样朴素沉静。

母亲因患糖尿病，一星期洗三次肾。我去 V 城看她的次数也愈来愈多。洗肾回来，睡了一觉，不知被什么惊醒，母亲有些怀疑地问我："下雪了吗？"

我说："是。"

扶她从床上坐起，我问她："要看吗？"

她点点头。

母亲的头发全灰白了，剪得很短，干干地贴在头上，像一蓬沾了雪的枯草。

我扶她坐上轮椅，替她围了条毯子。把轮椅推到客厅的窗前，拉开窗帘，外面的雪下得更大了。刹那，树枝上、草地上、屋顶上，都积了厚厚的雪。只有马路上的雪，被车子轧过，印下黑黑的车辙，其他的地方都成白色。很纯粹洁净的白。雪使一切复杂的物象统一在单纯的白色里。

地上的雪积厚了，行人走路都特别小心。一个人独自一路走去，路上就留着长长的脚印，渐行渐远。

雪继续下，脚印慢慢被新雪覆盖，什么也看不出了。只有我一直凝视，知道曾经有人走过。

"好看吗？"

我靠在轮椅旁，指给母亲看繁花一样的雪漫天飞扬。

母亲没有回答。她睡着了。她的头低垂到胸前，裹在厚厚的红色毛毯里，看起来像沉湎在童年的梦里。

没有什么能吵醒她，没有什么能惊扰她，她好像一心在听自己故乡落雪的声音。

有一群海鸥和乌鸦聒噪着，为了争食被车轧过的雪地上的鼠尸，扑扇着翅膀，一面锐声厉叫，一面乘隙叼食地上的尸肉。雪，沉静在地面上的雪，被它们扑扇着的翅膀惊动，飞扬起来。雪这么轻，一点点风，一点点不安骚动，就纷乱了起来。

"啊……"

母亲在睡梦中长长叹了一声。她的额头、眉眼四周、嘴角、两颊、下巴、颈项各处，都是皱纹，像雪地上的辙痕，一道一道，一条一条，许多被惊扰的痕迹。

大雪持续了一整天。地上的雪堆得有半尺高了。小树丛的顶端也顶着一堆雪，像蘑菇的帽子。

被车轮轧过的雪结了冰，路上很滑，开车的人很小心，车子无声滑过。白色的雪掺杂着黑色的泥，也不再纯白洁净了，看起来有一点邋遢。路上的行人怕摔跤，走路也特别谨慎，每一步都踏得稳重。

入夜以后，雪还在落，我扶母亲上床睡了。临睡前她叮咛我："床头留一盏灯，不要关。"

我独自靠在窗边看雪。客厅的灯都熄了，只有母亲卧室床头一点幽微遥远的光，反映在玻璃上。室外因此显得很亮，白花花、澄净的雪，好像明亮的月光。

没有想到在下雪的夜晚户外是这么明亮的。看起来像宋人画的雪景。宋人画雪不常用锌白、铅粉这些颜料，只是把背景用墨衬黑，一层层渲染，留出山头的白、树梢的白，甚至花蕾上的白。

白，到了是空白。白，就仿佛不再是色彩，不再是实体的存在。白，变成一种心境，一种看尽繁华之后生命终极的领悟。

唐人张若虚，看江水，看月光，看空中飞霜飘落，看沙渚上的鸥鸟，看到最后，都只是白，都只是空白。他说："空里流霜不觉飞，汀上白沙看不见。"

白，是看不见的，只能是一种领悟。

远处街角有一盏路灯，照着雪花飞扬，像舞台上特别打的灯光。雪在光里迷离纷飞，像清明时节山间祭拜亲人烧剩的纸灰，纷纷扬扬；又像千万只刚刚孵化的白蝴蝶，漫天飞舞。

远远听到母亲熟睡时缓慢悠长的鼻息，像一片一片雪花，轻轻沉落到地上。

娘　彭学明

这是娘的第 4 次婚姻。

在乡下，下堂的女人（即改嫁的女人）是被人看不起的。随娘改嫁而来的孩子，也是被人看不起的。可我和妹的学习成绩偏偏最好，这在我们那个小小的山寨等于放了一颗卫星。

继父也很高兴，时间长了，高兴也就没有了。他的孩子成绩不好。心不好的人常常在他耳边挑拨：你苦死苦活盘什么书？你个人（自己）的孩子读不得书，盘去盘来都给她的孩子盘了，她的孩子翅膀一硬就飞出去了，还认你这个后老子？你到时候两只手伸到灰窝里，什么都没有。

继父讲：明天都不要读书了，跟大人上工去。

娘讲：哪门不读了？

继父讲：不听话，读什么书？我盘不起。

娘讲：吃你好多？穿你好多？盘不起？

继父讲：就是不准读了，我讲了算。

娘讲：就是要读，你讲了不算。

继父讲：我的儿反正不让读了，你的儿也不能读，一碗水端平。

娘讲：你儿不读，是你儿啰阔（做事不认真），读不得书，我儿煞闹（了不起），读得，就是要读。

这下戳到继父的痛处，他一直因为自己的儿子不争气抬不起头来。身前身后，他听到太多对我们兄妹的赞美，太多对他的儿子的贬损，娘这样讲，他对准娘就是一拳头。

好，我儿是枉耽精（差劲的人），你儿是文曲星，我就是不准读！

娘的嘴角破了，血流如注。娘立时像发怒的老虎，一口咬住继父的手，与继父厮打起来。

放学回家时，我经常看到娘跟继父或寨上人吵架，却从没问过娘为什么跟继父和寨上人吵架。我总责怪娘，却从没想过娘吵架、打架是为了我们兄妹不被人欺负。老牛护犊不惜舍命的娘，是在牺牲她的尊严来争取孩子的尊严，用她身心的痛苦来赢取孩子的幸福。

我想，伙伴们之所以不和我们玩，是因娘不跟大家搞好关系。再就是，我和妹成绩都太好，老师天天表扬，伙伴们嫉妒。跟伙伴们的那道鸿沟，我得想办法填。

于是，打球时我故意给伙伴们输球；赛跑时我故意崴了脚落在伙伴们后面；考试时我把答案偷偷告诉伙伴，自己故意做错，让伙伴们也得几回表扬。

为了讨好继父的儿子和伙伴，我还卑躬屈膝地背他们上学放学。

有一次放学后，我们一群孩子还舍不得转到屋里，在学校里玩。我们猴子一样爬上高高的屋梁，看哪个敢跳下来。结果是哪个也不敢跳，就是我一个人一连跳了好几次。

继父的儿子一个劲地鼓掌叫好：你看你们有什么用？就学明胆子大，是英雄。

其他的人也跟着鼓掌叫好。

我感觉大家接纳了我，越发快乐、来劲，对着继父的儿子感激地笑。哈里哈气（傻乎乎）地，爬上房梁又跳了几次。

继父的儿子似乎还未尽兴，又提出比力气大，摔抱鸭子（就是摔跤）。继父的儿子讲：你狠，你一个人摔我们大家试试？

我平时力气大，加上刚刚从高高的屋梁上跳下来的那种英雄气和骄傲劲，满口应承。于是来一个我放倒一个，来一双我放倒一双。一个一个全被我放倒。继父的儿子见难不倒我，又讲，你那么狠，你躺到地上让我们压，有本事你翻起来，那才叫狠！

3个人压在我身上，我不费吹灰之力翻过身来，把他们一个个撂倒在地；6个人压在我身上时，我费了点力翻过身来；当十几个人使劲压在我身上时，我虽然能够动弹，却始终未能翻身。

僵持了半个小时后，我还是翻不过身来。站在一旁的妹急得大哭，上前扯住大家，要大家放开，可大家都在征服我的胜利喜悦中，哪里肯放。妹只好赶忙跑到屋里把娘喊来。

看到我被十几个人压在身下，娘气不打一处来，顺手绰起一根棍子，朝十几个孩子一顿乱扫，把孩子们打得七零八落，然后又给我一顿猛打。人家喊你跳楼你跳楼！喊你吃屎你吃屎！你一天到晚还背起人家打窝螺旋（打转转）！你骨头贱，打死你！

娘不是心狠，是要我长记性。事后孔家大婶娘的二女儿告诉我们，继父的儿子要比跳房梁和摔抱鸭子，是事先预谋好的。继父的儿子就是想把我害死。

当娘得知我没有骨气地讨好伙伴时，更生气，又把我绑在柜子上狠狠打了一顿。娘讲：人从小就要有硬骨头。你骨头软，我把你打硬起来！

世界上本没有什么好孩子坏孩子，孩子的好坏都是大人教出来的。这就是娘经常讲的"跟好人成好人，跟着瞎子扯倒琴"。

我在孤独中变得自闭，也在孤独中变得坚强。我做人的骨头，一天比一天硬起来，直到堂堂正正，宁折不弯。

娘与继父整个家族的战争，发生在我10岁时的深秋。

那天，放学回家的我们忽然发现路边的羊屎泡（一种野果）一夜间红了、熟了，欢呼着扑进了满山绿色。

伙伴们蜂拥上前，摘啊，抢啊，一边往口里塞，一边往书包里装，还一边叽叽喳喳地闹个不停。你喊这蔸是你的，他嚷那蔸是他的，抢得手忙脚乱，欢快无比。继父的儿子依然容不得我，邀了几个亲戚的孩子，扑向我这蔸，抢我的地盘和羊屎泡。抢不赢时，他们就拽下羊屎泡，往我的头上猛扎。羊屎泡是一种长满刺的灌木，那一排排的刺，锯齿一样，尖利无比。我站在地势较矮的坎下，他们站在地势较高的坎上，拽下的羊屎泡树枝，刚好直击我的脑袋。他们一下一下地猛拽，刺一排一排地扎进我的脑袋，虽然很痛，但我满不在乎。我要多抢一点，好给我妹和娘。我不晓得鲜血早已把我的头、脸和脖子都染遍了。直到大婶路过制止，他们才停止了对我的进攻。那位大婶赶忙扯了一把草药，用嘴嚼烂，敷在我的头上。

当我裹着一阵深秋的寒风像个血人滚进家门时，娘的惊讶和震怒可想而知。娘一边大哭，一边端来水给我清洗一头的血。一盆的血水，仿佛不是羊屎泡刺扎出来的，而是娘心里流出来的。当娘看到我的头上密密麻麻地扎满了断刺时，娘大哭。那刺，一截截扎进了我的头皮，也扎进了娘的心里。

我担心娘跟人拼命，被打吃亏，就怎么都不肯讲是谁干的，而是说是自己不小心弄的。

小孩的谎不是天衣，娘很快就晓得是继父的儿子干的。娘冲到每一个参与"残害"我的孩子们屋前，叉腰大吼：有娘养无娘教的，你们喊人谋我儿的命算什么本事？有本事谋我的命！我把命送上来了，你们有本事就谋！

自知理亏的人家，起先不敢接嘴。见娘越骂越起劲，就开了门来，对娘一顿猛踢猛打。人家人多势众，对付一个外来的弱女子，就像对付一只小蚂蚁。

娘身上的血和伤，当然不会换来继父的同情。那些都是他的亲戚，他不会为了娘去找他们算账，何况他的儿子是主谋。这个寨子除了孔姓人家，全是亲戚。因为山高路远，男不好娶，女不好嫁，就一个寨子之间相互结亲，一个寨子都是扯葛藤动一寨的亲戚了。

继父不但不教训儿子，还狠狠地把娘打了一顿。

娘像一只孤苦无助的羊，被狼群撕咬得伤痕累累，倒在地上。

就这样一次次争吵。

就这样一回回挨打。

内外交困的娘终于觉得自己救不了孩子，成不了孩子的靠山，娘选择了逃避和死亡。娘想，她一死，我和妹就成了孤儿，我和妹就是党的孩子，政府的孩子，就没有人敢欺负了。

在一个月黑风高的夜晚，娘拿了一根绳索，走到屋后上吊了。幸好我和妹及时发现，行将赴死的娘，被我和妹的眼泪救活。

为了我和妹能够读书，娘和继父离了。

离了3次婚的女人再离，在农村将意味着什么。

娘跟继父离婚后，没马上搬走。我们还跟继父同在一个屋檐下，法院判的，继父再不乐意，也无可奈何。

两家人分开了，两家的日子却连起来了。哪个屋里炒了一点好菜时，都会分一点给对方；哪个屋里什么没有了，另外一屋就会借给对方或者送给对方；哪个屋里大人出远门没有转来，另外一屋的大人就会主动照顾小孩的吃住。继父跟娘也不吵架、打架，相互客气了。继父的儿子也不跟我斗气赌狠，经常在一起玩了。吃完饭，两家人会坐在一起聊天，讲家长里短，讲是非小话，娘和继父还会轮流给我们摆龙门阵、讲故事。

生活，有时候就像一潭深水，我们只能在水边踏浪、嬉戏，而不能在水里泛舟、游泳。我们只要不往深处走，就不会被卷进漩涡，不会被淹死。两家人原来水火不容，可能就是把生活之水蹚得太深、太浑，全是漩涡了。

相安无事且有点其乐融融的生活，使得继父想跟娘复婚。向汉英大婶娘也劝娘跟继父复婚。但娘似乎已经看懂生活了，娘不想打破这种平静，更不想破坏我和妹难得的快乐生活。几次婚姻，让娘彻底明白，男人并不是女人唯一的天，婚姻也不是女人唯一的山，女人的一生不是男人和婚姻就可以庇护和依靠的。当男人和婚姻都靠不住时，女人只能靠自己。女人只有从男人的怀抱和对婚姻的幻想与依赖里走出来，才会变得身直骨硬、扬眉吐气。为了孩子，娘宁愿吃更多苦，也不愿孩子受一点委屈和磨难。

一生最大的勇敢都来自母亲

余秋雨

1

九旬老母病情突然危重，我立即从北京返回上海。几个早已安排好的课程，也只能调课。校方说："这门课很难调，请尽量给我们一个机会。"我回答："也请你们给我一个机会，我只有一个母亲。"

妈妈已经失去意识。我俯下身去叫她，她的眉毛轻轻一抖，没有其他反应。我终于打听到了妈妈最后说的话。保姆问她想吃什么，她回答："红烧虾。"医生再问，她回答："橘红糕。"说完，她突然觉得不好意思，咧嘴大笑起来，之后就再也不说话了。橘红糕是家乡的一种食物，妈妈儿时吃过。生命的终点和起点，在这一刻重合。

在我牙牙学语的那些年，妈妈在乡下办识字班、记账、读信、写信，包括后来全村的会计工作，都由她包办，没有别人可以替代。做这些事情的时候，她总是带着我。等到家乡终于在一个破旧的尼姑庵里开办小学时，老师们发现我已经识了很多字，包括数字。几个教师很快找到了原因，因为我背着的草帽上写着4个漂亮的毛笔字："秋雨上学"，是标准行楷。

至今我仍记得，妈妈坐在床沿上，告诉我什么是文言文，什么是白话文。她不喜欢现代文言文，说那是在好好的头上扣了一个老式瓜皮帽。妈妈在文化上实在太孤独，所以把我当成了谈心对象。我7岁那年，她又把扫盲、记账、读信、写信这些事全都交给了我。

我到上海考中学，妈妈心情有点儿紧张，害怕因独自在乡下的"育儿试验"失败而对不起爸爸。我很快让他们宽了心，但他们都只是轻轻一笑，没有时间想原因。只有我知道，我获得上海市作文比赛第一名，是因为已经替乡亲写了几百封信；数学竞赛获大奖，是因为已经为乡亲记了太多的账。

2

医生问我妻子，妈妈一旦出现结束生命的信号，要不要切开器官来抢救，包括电击？妻子问："抢救之后能恢复意识吗？"医生说："那不可能了，只能延续一两个星期。"妻子说要与我商量，但她已有结论：让妈妈走得体面和干净。

我们知道，妈妈太要求体面了，即便在最艰难的那些日子，服装永远干净，表情永远优雅，语言永远平和。到晚年，她走出来还是个"漂亮老太"。为了体面，她宁可少活几年，哪里会在乎一两个星期？

一位与妈妈住在同一社区的退休教授很想邀我参加他们的一次考古发掘研讨会，3次上门未果，就异想天开地转邀我妈妈到场。妈妈真的就换衣梳发，准备出门，幸好被保姆阻止。妈妈去的理由是，人家满头白发来了3次，叫我做什么都应该答应。妈妈内心的体面，与单纯有关。

妈妈如果去开会了，会是什么情形？她是明白人，知道自己只是来替儿子还一个人情，只能微笑，不该说话，除了"谢谢"。研讨会总会出现不少满口空话的人，相比之下，这个沉默而微笑的老人并不丢人。在妈妈眼里，职位、专业、学历、名气都可有可无，因此她穿行无羁。

3

大弟弟松雨守在妈妈病床边的时间比我长。在我童年的记忆中，他完全是在妈妈的手臂上死而复生的。那时的农村谈不上什么医疗条件，年轻的妈妈抱着奄奄一息的婴儿，一遍遍在路边哭泣、求人。终于，遇到了一个好人，又遇到一个好人……

我和大弟弟都无数次命悬一线。由于一直只在乎生命的底线，所以妈妈对后来各种人为的人生灾难都不屑一顾。

我知道，自己一生最大的勇敢都来自母亲。我6岁那年的一个夜晚，她去表外公家回来得晚，我瞒着祖母翻过两座山岭去接她。她在山路上见到我时，没有责怪，也不惊讶，只是用温热的手牵着我，再翻过那两座山岭回家。

我从小就知道生命离不开灾难，因此从未害怕灾难。后来我因历险4万公里被国际媒体评为"当今世界最勇敢的人文教授"，追根溯源，就与妈妈有关。妈妈，那4万公里的每一步，都有您的足迹。而我每天趴在壕沟边写手记，总想起在乡下跟您初学写字的情形。

妈妈，这次您真的要走了吗？乡下有些小路，只有您和我两人走过，您不在了，小路也湮灭了；童年的有些故事，只有您和我两人记得，您不在了，童年也破碎了；我的一笔一画，都是您亲手所教，您不在了，我的文字也就断流了。

我和妻子在普陀山普济寺门口供养了一棵大树，愿它能够庇荫这位善良而非凡的老人，即便远行，也宁谧而安详。

好人总会有人疼

简媜

一个我不认识的朋友的友人，据说是个擅长园艺的雅士，年轻时颇有几段浪漫情事，可惜薄缘难以深耕，就这么孑然一身老了。朋友跟他的交情不深不浅，近 20 年了，比普通朋友黏些但还揉不成知己，往宽里说，算是放在心坎儿上的。

朋友得知他罹患重症，即刻动用人脉打探权威医师并且陪他看病。刀，免不了要开，按着还得承受一连串复杂且艰辛的治疗过程。

她买了一顶时髦的扁帽送他，在帽上签名的不是哪位炙手可热的政治人物，而是她的法师朋友及几个莫名其妙被抓来签名的比丘、比丘尼。她说她拿着帽子跑去佛寺，虔诚地找了一下午的"祝福"。

"戴着吧，"她对即将动手术的友人说，"不管遇到什么事，永远永远记住，你不是孤独一人，我会陪你走这段路。"

好大的气魄，真是好大的气魄！敢对人说"我会陪你走这段路"。一句话，让人听了觉得这还是个有诺言的社会，是个执手不相忘于江湖的美好时代。

我叹了口气。忽然，没头没脑地勾起一丝念头，觉得他俩之间绝非一张白纸，遂大胆地问："你恋过他对不对？要不然怎会……"

"年轻时候的事情，不重要了。"朋友说，"他是很好的人，好人应该有人珍惜。人跟人之间有什么、没什么很重要吗？疼一个好朋友需要百千万个理由吗？俗脑袋！"

友人的病情不乐观，两人都知道往下的路不只是泥泞，更是暗无天日的暴风雪。起初，他们互相瞒着对方，用尽虚言浮词鼓舞对方的心情，倒分不出谁是病人了。后来，两人都词穷，在病房里相拥痛哭。他，近60岁的人，哭得涕泪纵横，哭得忘却过去、遗失未来，哭罢也疲了，沉沉而睡。

她守在床边，看他睡着。那一刻，她知道很快会失去他，心里却不再悲伤。她说，他那张布着霜发乱髭的瘦脸仿佛是暴风雨之后平静的湖面，没有天光云影来打扰。因而她明白，这趟路的目的是陪他走到十丈红尘的边境，那儿亦是众神花园的入口，他得一路蜕去肉身皮囊，才能进入灿烂的园子，重新恢复成婴儿。

朋友的友人终究进了加护病房。她天天去探，比家人还勤。她附在他耳畔，牵着他的手，第一句话说："老家伙，今天有没有用功做功课？有的话，握拳头。"他一共握了20多个拳头给她，然后，在深夜，猫似的走了。

世界仍然忙碌，死去的人往天上走，诞生的人一一落地。

当友人的家人告知她死讯时，朋友正在繁华商业区的大厦内上班。她只说了一句不深不浅的话："我知道了。"没问往下的事。后来，她连葬礼都没去，她知道他的灵魂不会乖乖坐那儿让众人鞠躬的。

朋友说，她得知消息时，外头正在打雷，接着下起了大雨。她没别的感觉，只是有点想笑，心里骂他："一辈子都不会看脸色、看天气的家伙，选这种日子出远门，够你淋的吧。"

她流下泪。雷，响得如痴如醉、死去活来。

邂逅温暖的陌生人

邂逅是人生最美好的际遇之一。

记得有一天打车，上车的时候司机对我摆摆手说："哎呀，我要去吃饭了，都9点了。"站了半小时才打到车的我心中一急，说："师傅您放心，我下车的地方有个砂锅店，便宜又好吃，很多师傅都在那里吃饭。"他看看我，点了点头。

他开车开得飞快，忍不住抱怨："你说人怎么活得这么累啊？11点吃的中饭，现在都10个小时了。"

我想起包里还有一块小蛋糕，就问他："我还有一块压扁的蛋糕，您要先垫一垫吗？"

他推辞了两句就接了过去。

我逗他："好吃吧？"

他说："现在就是给我一个干馒头，我都觉得香。太饿了！你说在上海生活怎么这么累啊？我明天就回老家去。"

高架桥上堵了起来，他在等待中一边吃蛋糕，一边跟我说他的家乡，说那里山清水秀，那里日落的时候大家都回到了饭桌上，父母和孩子们一起吃饭，然后搓几把麻将，早早地歇下。

他在远未到达目的地的时候就把计价器停了。

到了砂锅店，我对他说："就是这里了。"

他对我说："那姑娘你去的地方到了吗？"

"到了，走过去就两分钟。"

我下车的时候才看清他的脸：30多岁，算得上英俊，眼神真诚。

"你觉得昨天在车上吃到的蛋糕美味吗？"——如果我来写一则找他的Missed Connection。

"昨天那家砂锅店果然不错。你可以告诉我哪里能买到昨天在车上吃到的蛋糕吗？"——如果他来写一则 Missed Connection。

当我和朋友说起这件事的时候，他开玩笑说："那司机怎么敢吃陌生人给他的东西呢？万一你是来劫车的呢？"按照流行的说法，世界无比险恶，不要和陌生人说话。

可这样的邂逅依然会发生。我总相信大多数人是善良的，在这个奔忙的都市里，被陌生人温暖的瞬间让人觉得安慰。感受和付出善意是生而为人的一个额外收获。

记得有一年去德国的一个小镇度假，离开的时候旅行箱沉得吓人。旅店隔壁那家希腊饭店的小伙子看见我拖着箱子艰难地走在路上，就说："嘿，我送你去火车站吧。"

我至今没有想明白，他为什么要帮助我。

他是隔壁希腊饭店老板的远亲，本来生活在阿富汗，因为美国人打进了阿富汗，他就来投奔在德国的亲戚。他本来读的是医科，就快拿到行医执照了，可战火一起，什么都作废了。他现在的工作是用他拿手术刀的手在厨房里切洋葱和牛肉。

我前一天晚上吃的招牌菜就出自他手。

"为什么不在德国继续学医呢？"

"完全不一样的知识系统。语言不一样，要求不同，要在德国当医生，好难。"他用流利的德语说着。

"阿富汗那边，你还回去吗？"

"现在没法回去了。妈妈和姐姐在战争开始的时候就已经不在了，爸爸在上一次战争中失踪了，我再也没有见过他。"

我一阵难过，说不出话来。偷偷看了他一眼，阳光洒在他轮廓分明的脸上，他很平静，仿佛和命运已经和解。

"到了。"

"谢谢！"

他帮我把箱子提到了火车上，见我安顿好之后，才放心地离开。

他越是周到，我越是难过。那一刻我越发痛恨战争，怎么可以伤害这么善良的人！

行走在这个动荡的世界，我们常常被告知陌生人有着各种诡计，算计着我们的善良。或许这是真的吧，可是，我依然希望世界上多一些善良和正能量，希望每个人都能被信任、被善待。

我知道，这是一种奢望。

现在看国际新闻，提到阿富汗的时候，我就会想起那个阿富汗小伙子来，不知道他现在怎么样。

"你拿到德国的行医执照了吗？"——不对，这不是我想问他的问题。

"你在德国找到自己的归属了吗？"——这太抽象了，他难以回答。

我到底想问他什么？

"善良的陌生人，命运开始对你好些了吗？"

范春歌 | 不
卖

　　我有个朋友是收藏爱好者，尤其喜欢收集民间工艺品。

　　一天，一对抱着小孩操乡村口音的年轻夫妇在天桥下问路，朋友是个热心人，给指了路。那对夫妇好像是第一次到武汉，尽管他说得很详细，他们还是一副找不着北的样子。天冷，风大，小孩冻得直咧嘴。朋友拿出笔给他们简单画了个路线图。

　　当那对夫妇要转身的时候，他忽然发现对方提的一个塑料袋里露出一双虎头鞋。虎头做得粗眉圆眼，古朴可爱，虎身的刺绣也十分少见，便动了心思，问对方能否卖给他。

　　夫妇俩愣了一下，互相看了一眼笑道，这是孩子他太姥姥做的。

　　他又问老人多大岁数了，夫妇俩说，80多啦。他摸摸虎头鞋说，20块钱卖给他怎么样。年轻的夫妇只是说，孩子他太姥姥做的。

　　他将虎头鞋拎到手里看了又看：50块。夫妇俩有点不知所措：师傅，这是孩子他太姥姥……

　　他着急地打断他们的话，掏出钞票：好，不说了，100！

　　年轻的夫妇没有接钱，从他手里拿过虎头鞋，俩人站在路边轻声商量着什么。他不甘心地喊：120！

讲到这里，因为激动，朋友的脸微微泛红，说当时真有些生气了，虎头鞋虽好，但就值这个价了，也应该是让这对乡村夫妻动心的价格，足可以给小孩买双好鞋。

夫妇俩商量了一会儿，拿着虎头鞋微笑着走向他：师傅，你这么喜欢，就送给你好了。说实话，我们一路问路，就数你最热情，还给画张图。真不知怎么谢你！

这下我的朋友愣住了。当夫妇俩将虎头鞋塞到他手里时，他不好意思了：我肯定要付钱，讲好120块，一分不会少。

夫妇俩说，这是孩子他太姥姥做的，不卖。

朋友劝道，你们告诉老人，虎头鞋在城里卖了这么多钱，老人家不知会多高兴。

对方笑了，女人说：太姥姥知道有人这么喜欢她做的鞋，要掏这么多的钱买，就很高兴了。你拿去给孩子穿，我们让太姥姥再做，方便。

听到这里，我和先生站起来，都想看看这双虎头鞋。

朋友摊开双手：我没有拿，把虎头鞋给他们放进了塑料袋，说，你们告诉太姥姥，她做的鞋漂亮极了，有人出很大的价钱你们都没卖。她老人家一定更高兴。

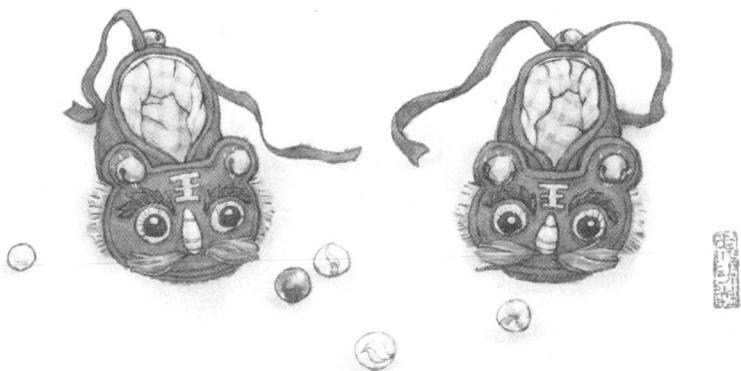

刘同

人生的一碗面

回家第一天正巧是表弟考上大学的庆功宴，我在他身边，看他从一个街头的篮球少年老老实实地长成一个大学生。他穿的还是往常的服装，只是又小心翼翼地在外面套了一件米白色的马甲，上面缀了一朵胸花以示重视。

他母亲看了，觉得很好笑。我只是在一旁默默地看着他，看他递烟，发口香糖，面对陌生的长辈局促的样子。怎么想象得出他长时间的旷课，一个星期便穿坏一双 NIKE 篮球鞋，一天到晚不愿好好看书的过去。

爷爷奶奶从姑爹的车上下来，颤颤巍巍的，几乎让人看不出他们的精神状态。离我上一次看到他们，似乎已经过去了很长时间。

我走过去扶他们，他们从我身边经过时没有任何反应。我愣生生地喊了声"奶奶"，她也只是看了我一眼。在旁人的提醒之下，她才恍然大悟，面前的年轻人是她的长孙。她非常歉意地握着我的手，说我变胖了，头发剪短了，连说话的语气都变得跟以往不同了。上次见面是在半年前，这半年我的变化不足以令她陌生，她的变化却让我感到莫名的恐惧，那是生命逐渐衰败而暂时遗忘世事的现实。

味觉是最易存留在内心的东西。

去年春节，奶奶一动不动地坐在沙发上，看着她看不清楚的电视，听着她听不清楚的声音。与旁边喧哗嬉闹的其他人硬生生地隔离成两个世界。突然想起她曾经给我做的面，里面放了无数的小料，那是只有她才知道的小料。每年回家，我都会吃上好几碗。其他人在吃大鱼大肉时，只有我会要求奶奶给我做一碗简单的面，然后过一个满足的除夕。

那一刻，她静静地坐在那儿，我突然对奶奶说："我想吃一碗面。"

于是她站起来，摸摸索索进了厨房，开始为我重新做起味道永远不会变的那碗面。

我静静地站在一旁，无心地按动着相机的快门。我知道，或许她的每一个动作都有可能是她给我做面的最后一个动作。我不知道那天之后，我是否还可以再吃到她给我做的放了油渣和蒜姜小料的面。

也许除了我，不会有人再关心世界上是否还有同样味道的面。奶奶不会，父母不会，其他人也不会。至于我的弟弟妹妹们，他们已经可以在麦当劳、肯德基里安排他们的除夕晚餐了，他们永远也不会知道他们的奶奶原来可以做出那么好吃的面。

一碗面的历史，长达十几年，深深扎根在了一个人的记忆里，略显寂寞。热气腾腾的清面汤水，油腻黑厚的窗台映着奶奶那张已分不出怅然所失或欢喜满心的脸。我的内心非常失落，就像小时候，在夕阳遍野的下午，第一次考虑到死亡时的惘然。

翻出九个月前的相片，说不出是庆幸还是难过。但总归是有了一个回忆的由头，有一处私人的纪念得以保留。奶奶已经很难认出我了，这是事实。

外公离开的时候，我在几千里之外的北京。一个人独处时号啕大哭。对于离开，我仍不似大人般可以对自己宽慰。对于奶奶生命节奏的逐渐缓慢，突然在飞机落地的那一刻，在《素年锦时》这本书里找到了打破胸腔、长久以来内心呼喊出的回应。

生命的意义不在于人健壮时有多么辉煌，而是在它逐渐凋落时，有明白她的人在一旁静静地陪着她，不言，不语，屏息中交换生命的本真，任凭四周的嘈杂与纠纷。

陪着她，静静地。

三个和一个

李蔚红

在经县城通往省城的公路上，有三位年龄都在七十岁以上的老人正在换车。他们从一辆普通的长途汽车上下来，沿着飞驰着各种车辆的柏油路，走进售票大厅，在那里买好了车票以后，又坐上了一辆豪华的大巴车，向省城的方向驶去。

春天的早晨，明媚的阳光照耀着这三位与蓬勃的景致不怎么协调的老人。他们白发苍苍，满脸皱纹，步履蹒跚。他们向别人问路的言语含糊不清，只有他们几个彼此熟悉，而陌生人却要好半天才能弄清楚他们的意思。

他们好久都没有出远门了，但是今天他们要出一趟远门，他们相约去看望另一位老人。

他们要去看望的这位老人是我的父亲。

父亲听说他们要来以后，就打电话给我，要我给他们找一个住处。父亲极力地压抑着激动的情绪，让自己的声音平缓下来，他知道他这个年纪的人，已经没有激动的能力了。

"他们三个都是我的老朋友，我们有二十多年没有见面了。年轻的时候，我们在一所学校里教书。有一个时期，教育界很混乱，到处搞武斗。我正患肝病，有一次被折磨得昏迷了过去。他们三个听说后，就挤进人群把我送到了医院，救了我一命。那时候，很多亲近的人，甚至自己家里的人，都躲避着这样的事情，但是他们三个站了出来，在我生命危急的时候这样做了。我一直忘不了他们。他们中性情急躁一点的那个，小时候练过武功。后来他经常跟着我，那些搞武斗的人，就不怎么敢折磨我了。"

父亲年轻的时候，是一所中学的校长。他一个人住在学校里，放学以后，喜欢炒两个小菜，与几位同人一起喝酒、吟诗作乐。父亲的经济状况比那些家在农村的老师要好一些，所以他的宿舍就像是老师们的一个小饭店，他们饿了、馋了、想喝酒了，都去那里满足一下，家里有了困难，也去那里诉说一番。父亲一直是一个有"大庇天下寒士俱欢颜"思想观念的人，他能够在涨工资和分房子的时候，好几次都把自己应该得到的让给了那些生活极为艰难贫困的人。

父亲总是说，人的一生一晃而过，不需要处心积虑地积攒财富。财富也不一定能使人幸福。一定要善待周围的人，与他们好好相处，让他们因你而受益。

中午的时候，那三位老人就到了省城。父亲已经不能自己忙活饭菜了，他在一家酒店里招待了自己的老朋友。这三位老人中，年龄最大、面容最苍老的那位，去年做了心脏搭桥手术。他望着父亲说："老李啊，我这是最后一次见你了，我再也来不了啦，我们下辈子再见面吧。下辈子，我还和你在一个学校教学生，我喜欢跟你在一起。"三人中年龄最小、脾气最犟的那位，也七十二岁了，他就是当年背着父亲去医院的人。他坐在父亲的身边，不断地为父亲添茶。他说："咱们都老得不能喝酒了，多喝点茶吧。在学校的时候，有一回我在你宿舍里喝醉了，回家的路上掉进了一口枯井里，我在那里面睡了一晚上。"那第三位老人是一个性情温和的人，他是地主的儿子，但他一直辛勤地教育学生，是学校里教学最好的老师。他说有一个时期，地主出身的人不能做教师，但父亲没有让他回家。父亲说，什么样的人都可以做老师，只要他教学教得好，对待学生好。

晚上，三位老人住在附近的一家招待所里。父亲回到家里后，正有一轮明月挂在空中。父亲站在小院里看了一会儿明月，他不知道他和他的老朋友们还能再看几回这样的明月了。

第二天早晨阳光明媚，我打电话给父亲，想开车送他们去广场和几处名胜看看。但是父亲说，他的朋友什么也不想看，他们就是在还能走动的时候来见他一面的。他们已经对很多事失去了兴趣。他们已经回去了。

"他们不辞辛苦来这一趟就是为了看看我，我们互相再看看。这一辈子，我们怕是再也见不着了。这是我们的最后一次见面。"父亲在电话里说。

父亲一直把三位老人送到了车站。分别时的那个情景可以想象：车站里很多的车一字排开，就要驶向远方。车要开动的时候，三位老人和父亲又分别握了一次手，说着告别的话。这些话也是他们这一生互相面对面说的最后几句话了。父亲拉着他们的手，摇着，不舍得松开。这也是他们最后的握手了，父亲禁不住流下了眼泪。那三位老人终于上了车，他们从窗户里挥着手，混浊的眼睛里，也禁不住涌出了泪水。

一个人，在他年轻有为的时候，他是靠个人的能力来征服别人的；而在他衰老无力的时候，他是靠一生的品行来拥有真正的朋友的。

遵从本性

子沫

　　不知从何时起，很多东西成了概念。比如"慢生活"。自从慢生活被提出来后，它一度成为时尚名词。很多人急迫地消费着慢生活，刻意地停、刻意地慢，但节奏被打乱后更急迫、更焦虑。

　　这倒让我想起一位友人的先生。友人提起先生，说他的研究工作繁忙，但节奏从来不乱，不谈慢也不谈快，只按自己的节奏行事：孩子住院，他陪床时带着红酒，每天喝一小杯，该干什么就干什么，不急不乱；开车去外地，到了午睡时间，他找个服务区停下，小睡一会儿再走，也不急着赶路。友人说以前先生在大学教书，他们一家人都习惯午睡，周末有时一觉醒来，发现天都黑了。每每想起她说的场景，总让人乐不可支。

　　按自己的节奏过日子，这倒真比刻意强调慢生活强多了，只是跟随自己的节奏，任何时候都不乱，这样往往更有效率。而当一些节奏成为日常时，便没有了慢生活这一说，慢生活往往只是个概念，是概念便容易附着些什么，真成了概念，也就离无趣不远了。刻意强调慢生活，还不如该干什么就干什么，保持自己的节奏。

　　再比如"断舍离"，这好像也成了概念。这个概念有时到了一个偏颇的地步。比如有个电视剧叫《我的家里空无一物》，但是想想，真要空无一物，这种生活有意思吗？真正的断舍离不是说什么都不要，而是有选择、有放弃，惜物而已。我理解的"断舍离"，是买一件东西是因为真心喜爱，自己真的需要，而不是因为虚荣心或是认为别人拥有了自己也得拥有。

一位台湾作家这样描述他的家："我很少去想什么理想的样子，我很爱我窄小狼狈、破破烂烂的家，我爱我的家人。"断舍离其实与物质不相干，还是在心。如果内心密不透风，空无一物也没有用；如果内心清简，美物未尝不是一种锦上添花，使人乐在其中。

"养生"也是个近些年特别火的概念化名词。其实，它无非是指吃什么，走多少步，快步还是慢步。曾有人说，散步没有用，要快步走才能锻炼。可是，对于我这个很享受散步乐趣的人，连这点乐趣都要牺牲，那有什么意思？各人的体质不一样，养生的方法对有些人有用，对有些人也许无用。

我又想起一位很有活力的友人说："忙就是养生。"她能干，喜欢做事情，过得很充实，对于她来说，忙才是养生。她说她的有些亲戚今天听别人说绿豆健康，就吃绿豆，明天听有人说红豆好，就改吃红豆……她觉得他们才是活得最不健康的，整天这么紧张地活着，再健康又有什么意义，一个人的精气神才更重要。正如另一位友人主张心情好就是最好的养生。

还有"家教"。此教育非彼教育，这是被概念化的教育。很多焦虑的家长把教育当成一个生硬的名词，认为去外面培训就是教育。我觉得，良好的家庭氛围才是最好的家教，一个和谐安宁、懂交流的家庭，教育出来的孩子不可能差到哪儿去。

前两天，一位友人写了一些关于失眠的文字，看得我直乐。她说自己是容易失眠的人，失眠就吃安眠药吧，至于副作用，比起睡一个好觉或是内心纠结，都不值一提。人到中年，得学会携带问题前行，与不那么如意的事情同生共长，尽量让自己步态正常，少去纠结——真是可爱的人生态度，懂的人都会会心一笑吧。

很多概念只是概念，却容易扰乱人的耳目。万事还是要依性情而往，遵从本性：如果你是外冲型的性格，尽管冲吧，因为这样会让你更快乐；如果你是内敛型的，那么就守住内心，往深处走，因为这样才能让你心生愉悦。

脏话 胡晴

美国心理学家蒂莫西·杰认为，咒骂是人类的原始本能，甚至是人类灵魂的止痛剂。他举例说，一些阿尔茨海默病患者虽然连亲属的名字都忘记了，词汇量也大幅度减少，但说起污言秽语来毫不费劲儿。

一些神经科学家发现，尽管脏话也是一种语言，但是人类大脑加工脏话并不在"高级"的大脑皮质，而是在"低级"的功能区。当人们说脏话时，大脑中主管情绪活动的部分，即额叶系统会被激活。这或许可以解释，为什么当人们开车遭遇"马路杀手"时，说的脏话往往要比平时多得多——这无疑是最简单的舒缓情绪的办法。

在某些特殊的场合，一句恰到好处的"他妈的"还真能胜过万语千言。

2011年，英国基尔大学的理查德·斯蒂芬斯教授进行了一个实验：两组实验对象把手放进冰水里，一组可以大声咒骂，另一组则不能出声。然后两组人员交换位置，体验对方的处境，再分别测试他们忍耐的时长。实验结果表明：大声咒骂组的实验对象的心率加快，忍受冰水的时间大多能坚持60秒到90秒；而"沉默"组的成员则很少能坚持到60秒。

2006年，哲学家诺埃尔·卡罗尔在越南河内参加一场国际会议。头一天，为了打破冷场，越南学者和西方学者轮流比赛讲笑话。越南学者因为担心会惹是生非，坚持讲正经笑话，所以大家彬彬有礼。最后，作为西方学者的卡罗尔讲了一个关于公鸡的下流笑话，所有人都放松下来。后来会议开得很成功。

脏话有打破隔阂的作用，在军队、体力劳动者、爵士乐团等群体中，脏词儿的使用频率非常高。

《赞美脏话》的作者迈克尔·亚当斯提出，脏话之所以能够提升人际关系，是因为它们以信任为前提，我们相信交谈对象跟自己有着共同的价值观，因此不会讨厌我们使用犯忌的词。如果一种关系通过了脏话测试，就形成了亲密的关系。

《脏话简史》的作者梅丽莎·莫尔认为："拿走脏话，我们就只剩下拳头和枪了。"

日本棒球明星铃木一郎对《华尔街日报》说，他最喜欢在美国打球的一个原因是能骂人，他学会了用英语和西班牙语骂人。他说："西方人的语言使我能够说我本来说不了的话。"

不过，即使科学在某种程度上给脏话正名，但在相当长的历史时期里，脏话仍然被视为禁忌。《牛津英文词典》直到20世纪70年代才把"fuck"这个词收录进去，《兰登书屋韦氏大学英语词典》直到1987年才收录它。

一位美国学者说："我们要赞扬和感激那些继续审查脏话的人和机构：法庭，一本正经的语文老师，出版物，不许孩子说脏话的父母。因为当对脏话最后的禁止消失时，脏话也将失去其力量。"

人最容易迷失的地方是人群

廖之坤

英国作家道格拉斯·亚当斯有一句广为流传的名言："人是很麻烦的。"这是一句大实话。

水，最容易消失在水中；人，最容易消失在人群里。一滴水清晰可见，但是，当它融入水中，你还能找到那滴水在哪里吗？同样，你是一个有个性、有思想、有自我的人，如果迫切希望被别人接纳，渴望合群，常常也会磨掉自己的棱角，隐藏自己的个性，屏蔽自己内心的声音。马克·吐温说："跟世界上所有的人一样，我所暴露给世人的只是修剪过的、洒过香水的、精心美容过的公开意见，而把我私底下的意见谨慎小心地、聪明地遮盖了起来。"因为，只有当你变得与人群中的其他人没有多大区别的时候，这个群体才会接纳你。

人们总是喜欢接纳与自己相同的人，排斥与自己不同的人。人们渴望被什么样的人群接纳，就容易变成什么样的人。需要警惕的是，渴望被人群接纳的心理常常会让我们削尖脑袋，扭曲自己的个性，甚至做出违心的事情。最后，我们虽然被人群接纳了，但自我却消失了。

一个人独自走在乡间小路上，这是一个"人"。很多人聚集在一个社交场合，推杯换盏，彬彬有礼地交谈，这就是"人群"。这之间有什么不同呢？最大的不同就是，一个走在乡间小路上的人，他不用在乎别人的看法和目光，不用考虑自己的姿态和着装。他会按照自己喜欢的方式，想怎么走就怎么走。而在社交场合交谈的人，特别关心别人对他的看法，很在乎自己给别人留下的印象，他会把真实的自己隐藏起来，按照别人喜欢的方式行动。

正如张爱玲说的那样："装扮得很像样的人，在像样的地方出现，看见同类，也被看见，这就是社交。"人需要社交，但不需要把自己的整个人生都变成社交。如果我们时时刻刻都在乎每个人的感受和想法，在乎每个人的议论和评价，那么，我们就会失去自我的空间，忽视自己的感受，泯灭自己的思想，消失在茫茫人海中。

30年后，人们如何对抗时代的洪流

〔以色列〕尤瓦尔·赫拉利

今天出生的婴儿，到 2050 年才 30 出头。如果一切顺利，这个婴儿可能到 2100 年还活着，甚至到 22 世纪还是个积极公民。

我们到底该教这个婴儿什么，才能帮助他在 2050 年或者 22 世纪的世界里存活，甚至大显身手？他需要什么样的技能才能找到工作，了解周围的一切，走出生命的迷宫？

不是灌输信息，而是教他判断信息

目前有太多学校的教学重点仍然是灌输信息。这在过去说得通，因为过去信息量本来就不大。

比如，如果你住在 1800 年墨西哥的某个偏僻小镇上，就很难知道外面的世界到底是怎样的。毕竟，那时既没有收音机、电视机，也没有报纸或公共图书馆。

现代学校的出现，使绝大部分孩子都能学到读写技能，了解地理、历史和生物的基本知识，这其实是个极大的进步。

但是，在 21 世纪，我们被大量的信息淹没。如果你现在住在墨西哥的一个偏僻小镇上，只要有一部智能手机，光是看维基百科、TED 演讲、免费在线课程，就需要花费大把的时间。一方面，现在没有任何政府有能力隐藏信息；另一方面，现在如果想用各种互相矛盾的报道、无关紧要的话题来影响大众，也是轻而易举的。

在这样的世界里，老师最不需要教的就是更多的信息。学生手上已经有太多信息，他们需要的是理解信息，判断哪些信息重要、哪些不重要，而最重要的是能够结合这点点滴滴的信息，形成一套完整的世界观。

不应该看重工作技能，而要强调通用的生活技能

除了太强调提供信息，大多数学校也过于强调让学生学习一套既有的技能。然而，我们并不知道 2050 年的世界和就业市场会是什么模样，所以我们也不会知道人类到时需要哪些特定的技能。

我们可能投入了大量的精力，教孩子如何用 C++ 语言编程、学说中文，但到了 2050 年，人工智能可能比人类更会写程序，谷歌翻译应用也能让只会说"你好"的外国人，近乎完美地用普通话、粤语或客家话来交谈。

那我们该教什么呢？许多教育专家认为，学校现在该教的是，批判性思考、沟通、合作和创意。说得宽泛一点儿，学校不应该太看重特定的工作技能，而要强调通用的生活技能。最重要的是能够随机应变，认识新事物，在不熟悉的环境里仍然保持心态平衡。想跟上 2050 年的时代步伐，人类不只需要新的想法和新的发明，更重要的是得一次又一次地重塑自己。

这么做的原因在于，随着改变的步伐加速，除了经济会改变，就连"作为一个人"的意义也可能不同。

1848 年，几百万人失去了乡间农场的工作，到大城市的工厂里上班。但他们到了大城市之后，性别并不会改变，也不会忽然多个第六感。而且只要在某家纺织厂找到工作，就能在这个行业待上一辈子。

但到 2048 年，人类可能要面临的就是迁移到网络空间、流动的性别认同，以及计算机植入装置所带来的新感官体验。就算他们找到一份有意义的新工作，如为 3D 虚拟现实游戏设计最新的流行趋势，但可能在短短 10 年内，不仅是这个职业，几乎所有需要类似艺术创意的工作都会被人工智能取代。

所以，你在 25 岁的时候，交友网站上的自我介绍如果是"25 岁的异性恋女生，住在伦敦，从事时尚工作"，到了 35 岁，就可能变成"年龄调整中，非特定性别，新大脑皮质活动主要发生在'新宇宙'虚拟世界，人生的使命是要前往其他时尚设计师未曾踏足的领域"。到了 45 岁，就连"约会"和"自我定义"都成了过时的概念，只要等待算法帮你找到（或创造）完美的另一半就行了。

上面这个例子当然只是个假设。没有人真正知道未来将如何变化，而且任何假设都可能与真正的未来相去甚远。

"不连续性"时代，需要不断"重塑"自己

如果某个人向你描述 21 世纪中叶的世界，听起来像是一部科幻小说，那么他很可能是错的。但如果某个人向你描述 21 世纪中叶的世界，听起来一点儿都没有科幻小说的意思，那他肯定是错的。虽然我们无法确定细节，但唯一能确定的就是一切都会改变。

未来的重大改变，很有可能改变人生的基本架构，让"不连续性"成为最显著的特征。

从远古时代开始，人的一生分为两个阶段：学习阶段和工作阶段。

你在第一阶段累积各种信息，发展各种技能，建构起自己世界观的同时，也建立了稳定的身份认同。就算在 15 岁的时候没去上学，而是在自家田地里工作，你仍然是在学习：学习怎样让水稻长得更好，怎么和大城市贪婪的米商谈判，以及怎样解决和其他稻农之间抢水抢地的问题。

在人生的第二阶段，你依靠累积下来的技能闯荡世界，谋取生计，贡献社会。当然，就算到了 50 岁，你还是会在种稻、谈判、处理冲突这些事情上学到新知，但都只是对已然千锤百炼的能力做点微调而已。

但到 21 世纪中叶，由于改变的速度加快、人的寿命延长，这种传统模式将无以为继。人一生之中的各个接缝处可能出现裂痕，不同时期的人生也不再紧紧相连。"我是谁"会变成一个比以往更加复杂的问题。

一切都在改变，一切都如此新奇。人们都忙着自我重塑。对大多数青少年

来说，这有点儿吓人，但也令人兴奋。

但到50岁的时候，你不想改变了，大多数人也都放弃了征服世界的梦想。这辈子能看的、能做的、能买的，好像也就那样。这时的你更喜欢稳定。然而在21世纪，"稳定"会是我们无福消受的奢侈品。如果还想死守着稳定的身份、工作或世界观，世界只会从你身边"嗖"的一声飞过，把你远远抛在后面。因为人类的寿命会更长，有可能你有几十年的时间，只能活得像一块无知的化石。想让自己在这个世界上还有点儿用（不只是在经济上，更重要的是在社会上），就需要不断学习，重塑自我。而且到时候，50岁可能还算年轻。

等到改变成为新常态，个体或人类整体过去经历的参考标准都只会慢慢降低。无论是作为个体或整体，人类都将越来越多地面对以前从未遇到过的事物，比如超高智能的机器、基因工程改造的身体、能够精确操控自己情绪的精妙算法、急速袭来的人工气候灾难，以及每10年就得换个职业的需求。

面对前所未有的局面，到底该怎么做？被大量信息淹没，绝无可能全部吸收和分析，该如何应对？如果"不确定性"已经不再是例外，而是常态，又要怎么过下去？

想在这样的世界过得顺风顺水，需要心思非常灵活，情感极度平衡。人类将不得不一再放弃某些自己最熟悉的事物，并学会与未知和平相处。但麻烦的是，教孩子拥抱未知、保持心态平衡，比教他们物理公式或第一次世界大战的起因要困难许多。

工业革命让我们对教育的实践就像一条生产线。有人会告诉你地球是什么形状，另一个人告诉你人类的过去如何，还有一个人告诉你人体是什么样的。我们很容易对这种模式嗤之以鼻，而且很多人都认为，就算这种教育模式在过去取得了一些成就，现在也已经过时。

但到目前为止，我们还没有找出可行的替代方案。至少，这种替代方案不能只适用于加州市郊富人区，而要能够扩大规模，即使在墨西哥乡村也可以实行。

认识你自己，不要被算法操控

如果有个15岁的孩子被困在墨西哥、印度或美国亚拉巴马州某所观念过时的学校，我能给他的最好建议就是：不要太依赖大人。多数大人都是一片好意，但他们不太懂现在这个世界。

过去，听大人的话是个相对安全的选项，因为在当时，他们确实懂那个世界，而且世界变化的速度并不快。但在 21 世纪就不一样了。变化的脚步越来越快，你永远无法知道，大人告诉你的到底是永恒的智慧，还是过时的偏见。

所以，你到底可以依赖什么呢？也许是技术？这个选项更冒险。技术可以带来许多帮助，但如果技术在你的生活里掌握太多权力，它就可能把你当作人质，走向它想达到的目标。

几千年前，人类发明了农业技术，但这只让一小群精英富了起来，大多数人反而沦为奴隶。

技术本身并不坏。如果你知道自己想要什么，技术就能帮助你达成目标。但如果你不知道自己想要什么，它就很容易为你塑造目标，控制你的生活。特别是随着技术越来越了解人类，你可能会发现，好像是自己在为技术服务，而不是技术在为你服务。有没有见过街上的行人像僵尸一样游荡，脸几乎贴在手机屏幕上？你觉得是他们控制了技术，还是技术控制了他们呢？

那么，你该依赖自己吗？

大多数人就像《头脑特工队》里的莱莉，其实并不了解自己，打算倾听自己内心的声音时，很容易受到外界的影响。

随着生物技术和机器学习能力的不断进步，要操控人类最深层的情绪和欲望只会变得更简单，于是"跟着感觉走"就会越来越危险。

面对这项令人生畏的任务，你必须下定决心，了解自己这套操作系统，要知道自己是什么、希望在人生中达到什么目标。

几千年来，先知和哲人谆谆教诲，要人们认识自己。而到了 21 世纪，这个建议的迫切性更是前所未见，因为现在已经不是老子或苏格拉底的时代，人类已经有了强大的竞争对手。

可口可乐、亚马逊等争先恐后，都想非法侵入你。不是侵入你的手机、计算机，也不是侵入你的银行账户，它们想"黑"进的就是"你"，以及你的生物操作系统。你可能听过，有人说这是个非法攻击计算机的时代，但事实并非如此。事实上，现在已经是非法攻击人类的时代。

算法现在正看着你，看着你去了哪里、买了什么、遇见了谁。再过不久，算法就会监视你走的每一步、每一次呼吸、每一次心跳。

凭借大数据和机器学习，算法对你的了解只会越来越深。等到这些算法比你更了解你自己，就能控制你、操纵你，而且让你无力抵抗。你会住在母体里，或是活在楚门的世界里。到头来，这就是个简单的经验问题：如果算法确实比你更了解你身体内部发生的一切，决定权就会转到它的手上。

当然，也有可能你很高兴把所有的决定权都交给算法，相信它们会为你和世界做出最好的决定。

但是，如果你还想为自己的存在、为人生的未来保留一点儿控制权，就得跑得比算法快，在它了解你之前认识你自己。如果想跑得更快，就要轻装上阵，把过去的所有幻想都放下，它们是相当沉重的负担。

男女配对的真相

逐影狐　编译

该实验出自麻省理工学院著名经济学家丹·艾瑞里的《怪诞行为学2：非理性的积极力量》。其结果很有趣，也在我们的生活中尤为常见。

一

实验人员找来100个正值青春年华的大学生，男女各半。然后制作了100张卡片，卡片上写了从1到100的数字。

实验规则：

1. 男女共100人，男生编号为单数，女生为双数。

2. 编号为1～100，但他们不知道数字最大的是100，最小的是1。

3. 编号贴在背后，自己只能看见别人的编号。

4. 大家可以说任何话，但不能把对方的编号告诉对方。

5. 实验要求：大家去找一个异性配对，两人加起来的数字越大，得到的奖金越高。奖金归他们所有。

6. 配对时间有限。

奖金金额为编号总和的10倍。比如，83号男生找到了74号女生配对，那么两人可以获得（83+74）×10=1570美元的奖金。但如果2号女生找到了

3 号男生配对，那么两人就只能拿到 50 美元了。

二

实验开始：

由于大家都不知道自己背后的数字，因此首先就要观察别人。很快，分数高的男生和女生被大家找出来了。

例如，99 号男生和 100 号女生。这两人身边围了一大群人，大家都想说服他们和自己配成一对。

"来跟我一起嘛！我会给你幸福的！"

"我们简直是天作之合啊！"

但一夫一妻制决定了，一人不可能同时和 N 个人配对，因此他们（高分者）变得非常挑剔，他们虽然不知道自己的分数具体是多少，但他们知道一定比普通人的要高。

为什么？看看围在自己身边的狂热追求者就知道了。

那些碰壁的追求者迫于无奈，只能退而求其次，原本给自己的目标是一定要找 90+ 的人配对，慢慢地觉得 80+ 也可以，甚至 70+ 或者 60+ 也能凑合着过了。但那些数字太小的人就很悲催了，他们四处碰壁，到处被拒、被嫌弃。

最后他们想出来的办法无外乎：

一是找个数值差不多的凑合凑合算了，比如 5 号和 6 号两人配成一对，虽然奖金只有 110 美元，那也好过没有。

二是和对方商量，如果你愿意和我配对，那么拿到奖金的时候就不是对半分，我愿意给你更多，比如三七分成或四六分成等等，或者事后再请你吃饭。虽然请客吃饭花的钱肯定多过奖金数额，但是找不到人配对实在太没面子。

这个过程在现实中就像婚姻交易，交易条件包括房子、财产、其他物质、代际婚姻、假婚姻等。

眼看时间就要到了，还有少数人没有成功配对，这些人没办法了，只能赶紧找人草草完成任务。因为单身一人的话，拿不到奖金……当然也有坚持不配对，单身结束游戏的大学生。

三

心理学家发现，绝大多数人的数字与配对对象背后的数字都非常接近，换言之，中国古人说的"门当户对"还是很有道理的。

比如55号男生，他的对象有80%的可能性是50号～60号之间的女生，两人数字相差20以上的情况非常罕见。

好玩的是，100号女生的配对对象竟然不是99号男生，也不是97号或95号，竟然是73号男生，两人相差了27！

原来100号女生被众多的追求者冲昏了头，她采取的策略是"捂盘惜售"（因为她并不知道100是最大值，也不知道自己就是100号），她还在等待更大数字的男人，等到大家都配对完毕，她开始慌了。于是她在剩下的男生里找了一个数字最大的，就是那位73号幸运儿。她最后也尝试过去找90+的男生，但是人家都已经有女伴了，让男生抛弃现有的女伴跟她配对并不现实，何况已经配对的男生不会为了这点钱而损害自己的名声。

从实验中，我们还可以总结出很多经验：

1.因为人太多、地方太小，你并不可能跑去看每个人背后的数字（空间、圈子、地域限制）。

2.你只要看谁边上围着的人多，谁就是数字较大的人，而那些孤苦伶仃、门可罗雀的人，肯定是数字小的（多数抉择，光环效应）。

3.小数字的人追求大数字的人一般都很辛苦，因为要大数字的人接受小数字的人总不是那么甘心，因此追求方要付出更大的努力才行，但更大的可能是你再怎么努力，对方也不理你。

四

每个人在遇到一个异性的时候，会出于本能开始评价对方的价值，这完全是下意识的。但人类的价值非常难评估，没有谁会把数字贴在自己的背后，人们往往还会故意夸大自己的价值。

我们在生活中所遇到的人也远远超过了 100 个，我们面临的是一个更加复杂的环境，这让我们做出决定的难度成倍增加。正因为选择的难度很大，因此人类进化出了一些很简单的指标。比如，我们更倾向于基于别人的判断来决定自己的判断。

如果爱情是一场精确的匹配游戏，最最重要的是你自身的价值有多高（即背后数字的大小），而你采取什么办法去恋爱可能是次要的。

还有一点，我们每个人眼中的价值标准都不一样，所以我们可以看到如此多元的爱情：张生与崔莺莺、白瑞德与郝思嘉、罗密欧与朱丽叶……这些故事代代传颂，足以证实每个年代都有在世人看来"不可能"的爱情发生。

这里的世人是谁？就是那些"大多数人"。是你的邻居、三姑、八姨婆、九舅舅、隔壁学校的同学，甚至是你的父母。

这个社会的风潮是由这些"大多数人"决定的，所以当你看到社会的价值倾向时，你看到的就是大多数人的标准。但大多数人的标准就一定是正确的吗？

婚姻的本质就是一种利益交换，就像经济学里所有东西都可以量化，用等额的货币来取代。但是我们都是有感情、有弱点的动物。婚姻的神奇之处在于，这种利益交换有时候是不对等的，而让它不对等的原因，是我们所说的变量。这个变量叫感情。

一个教经济学的老头，曾经给学生说过爱情的经济学：

"姑娘，有一天一个百万富翁向你求婚，他愿意给你一切，这本来是一件非常美好的事情。算一下，你以为自己赚了一百万。但同时又有一个千万富翁看上你了，那么你与百万富翁结婚的机会成本就是一千万。也就是说，如果你嫁给了百万富翁，那么你会亏损九百万。"这是经济学。

"我非常庆幸，我的太太经济学没有学好，那时候她非常漂亮，而我却没有钱，但她还是嫁给我了。"这是爱情。

至于你是被这些思潮所裹挟，还是有自己的爱情观，完全取决于你自己。

美满婚姻＝每年10万美元

王逢

在对婚姻状况的诸多调查中，人们大多偏重了解婚姻生活对夫妻感情、身心健康、子女和家庭、社会工作等方面的影响，很少有人会以金钱来衡量婚姻的快乐程度。最近，美国和英国的一些社会学家便作了这样的一项类似的调查，结果发现，婚姻生活如果美满幸福，那个家庭就仿佛每年增加了10万美元的收入。

美、英两国的研究人员共调查了两国10万人的生活状况。研究人员发现，并非经济状况优越，人们的婚姻就快乐。但是，美满的婚姻却可以弥补经济上的不足。一段持久满意的婚姻，就像每年额外得到10万美元的收入一样，使人感到快乐。

研究人员还发现，不管经济状况如何，人们婚姻的快乐程度大多随着年龄的增长呈现出 U 字形。也就是说，人们的婚姻状况，在年轻和年老时最容易愉快。而在四十岁左右的年纪，是相对最不愉快的婚姻时期。

燕黎

男脑大 女脑巧

结婚 20 年以后，我丈夫仍然看不懂我。他想知道：为什么我总能在同一时间做三件事？还有，我怎么从来不会没有话说？另外，我是如何记住那对数年前过节时偶尔相遇的夫妇的名字的？

现在我知道告诉他什么了：那是我的脑子！

总体来说，女子的大脑，就如同她的躯体一样，要比男子的小 10%～15%，然而，她脑中管理较高层次意识——如语言等——的区域，却可能充满着更密集的神经。

据研究者提供的成果，此处介绍女脑区别于男脑的几个最重要的模式。

1. 女人更爱动脑筋

"无论女人在做什么——甚至仅仅是扭动她们的大拇指——她们的神经细胞活动都会更剧烈地散布到整个大脑。"精神病和神经病学家马克·乔治说。

当一个男子把脑筋用在工作上时，神经细胞往往集中于大脑的某些特定区域，而当女人用脑工作时，她的脑细胞却点亮了五彩缤纷的一大片范围，乍一看，像拉斯维加斯的夜景。

一个尚引起争议的解释是：女性的胼胝体——跨越大脑中心的纤维桥——较厚实，这可能导致了感性的、直觉的右半脑与理性的、客观的左半脑之间更多的"串话"，从而形成这样一种效果：女性大脑能制造出某些不可能在男性大脑里发生的交流。有人把这一技巧称为情感智慧的特别类型；其他人则把它想成女人的天性。

然而，至少在某些时候，男人可能认真、专注起来比女人有更好的表现。这可以解释为什么我丈夫在电话铃声大作或狗吠不止时能依然沉浸在一本书或一叠报纸里。

2. 女人更易动感情

当乔治观察男女在回忆情感经历期间各自大脑的变化时，他发现，两性对情感尤其是对忧伤的反应差异极大。尽管都被相同类型经历所催动，然而，忧郁感能在女脑中的更大区域内激活神经细胞，比男脑中神经细胞"动起来"的区域大8倍。我们的大脑对悲伤的积极反应，至少在理论上，会增加受抑郁症袭击的概率。而妇女患抑郁症人数果然是男子的两倍。

女性的大脑也能更敏锐地体察到其他情感。神经与精神病学家拉奎尔·居阿和她丈夫、心理学家鲁本·居阿对一群志愿者进行了脑变化观察。他们让这些志愿者观看演员演示各种各样不同情感的照片。对于快乐，男性和女性都能很顺利地从照片上辨别出来；但在辨认女性的悲伤时，男人们却碰到了很大的困难。"一张女人的脸必须真的悲痛欲绝，才能让男人看懂这是怎么回事儿。"鲁本·居阿说。

3. 女人天生会说话

女孩子们一般总是说起话来"抢"，读起书来"快"。原因可能是女性在阅读时将神经中枢的两边都调动、利用起来了——耶鲁大学小儿科和神经科教授多尔斯·赛丽及本纳特·沙维兹介绍说。相反，男性言语时只牵动大脑左半球的神经区域。

成人之后，妇女也倾向于成为更熟练的"口语专家"。在测试中，女性总能想出更多的以某个字母开头的单词，总能罗列出更多的同义词，并且总能比男人更快地说出颜色或形状的名称。

或许更重要的是：女性大脑的"双球语言处理系统"还帮助着那些遭撞击或大脑受伤的妇女更容易地康复。"因为女子说或读时调动的神经网络比男人大。"乔治说，"如果部分大脑受损，她们受影响较小。"

4.女人一路看风景

在路上，妇女把更多注意力集中在她们所看到的东西上，特别是路标性质的东西，如拐角的咖啡店，或操场那端的教堂。当重走某条路线或为别人指方向时，妇女就依靠这类"路标"，而男人脑中却只有方位与距离（"往西半公里，然后向北两公里"）。

"我怀疑男人从娘胎里带来某种生理成分，给他们以得天独厚的完成空间任务的优势。"科普作家德波拉·布鲁姆说，他注意到男人在诸如"三维空间转动物体"等智力操练中总能得更高的分。这可以解释为什么我丈夫能把一辆货车停妥在"比邮票大不了多少"的空间里。

5.女人记性特别好

在每一年龄，女人的记忆力都比男人的要强，心理学家托马斯·克洛克报道说。他是美国一家测试了超过5万男女记忆力的研究机构——"心理学会"的主席。"女人有比男人更厉害的看面孔联想名字的能力，而且她们在背条目方面也做得更好。"

"人们记得最牢的事件，都与某种情感相联。"克洛克说，"由于女性更多地运用她们的右脑，而右脑承载感情，所以她们可能自然而然地就做到了这一点。"

6.女脑老化比较慢

一项在《神经学档案》上报道的研究发现，男脑萎缩快于女脑。其结果包括：记忆力差，集中思想能力减弱，情绪更压抑，以及由此而造成的更爱发火。"没错，男人随着年龄增长会变得脾气坏，"鲁本·居阿说，"你可以在他们的大脑里找到根源。"

男人大脑如此剧烈地改变尺寸，也许不得不与"燃料效率"联系起来。女子的大脑看来能够自我降低新陈代谢率——即它能超时使用脑葡萄糖，但上了年纪的男人脑葡萄糖的新陈代谢率却比他们年轻时要高得多。

然而，女性的大脑虽然更经久耐用，它们却也不能免于受岁月的侵蚀。在400万患早老性痴呆病的美国人中，据统计四分之三是妇女。同一项研究还发现，妇女采用雌激素补充疗法可降低患此病的风险并延缓症状发生。

当我们还不明白所有这些发现的错综复杂关系时，有一件事是清楚的，拉奎尔·居阿说："男脑和女脑做同样的事，但它们以不同的方式来做。"

7. 生活中的实例

滑稽：95%的"三小丑迷俱乐部"成员是男性。"小丑们长得不好看，没有稳定工作，饭桌上风度极差——女人为什么要喜欢他们？"俱乐部主席加里·拉森说。

锻炼：据纽约一项调查，男人锻炼主要是为了改善外表，而对女人而言，锻炼的最大理由是健康。那么，就不必奇怪为什么男士们在锻炼时总是更频繁地往镜子里看。

赌博：走进任何赌场你都会看到女人守在吃角子老虎机和电视扑克前，而她们的丈夫却占据着"海盗旗"和"掷骰子"赌博桌。"男女为不同的理由而赌，"心理学家琳达说，"对男人而言那是竞争、战斗，对女人而言那更多的是某种形式的逃避。"

浪漫：尽管存在着那么多性质上的沟壑，看来男人和女人还是命中注定要在一起。在美国，90%的男人和女人都结婚。在那些离了婚的人中，72%的女人和80%的男人又再婚。

佚名 | 科学家眼中的爱情

对于爱情，科学家的解释不知要枯燥到何种程度，但它更真实，更接近于爱情的本质。

基因决定你爱谁

芸芸众生中，谁是她的白马王子？你的红颜知己又是谁？古人将此归于"缘分"，所谓"有缘千里来相会"。不过，科学家新近提出了"基因决定你与谁情投意合"的观点，细加揣摩，"缘分"之说有一点科学根据。

科学家在研究中发现，大鼠在选择配偶时受到一种被称为 MHC 主要组织相溶性复合体基因的制约，雌性鼠总是挑选与自身 MHC 基因不同的雄性鼠为"丈夫"。雌性鼠之所以如此，乃是出于一种"优生"的本能，因为拥有多种多样不同类型的 MHC 基因的生命个体，抵抗疾病侵袭的能力更强，选择相异基因配偶生下的后代拥有更强的免疫系统。

那么，雌性鼠是凭借什么来识别对方基因的异同呢？是气味。MHC 基因不同，则雄鼠身上的气味（又名体臭）也不一样。

人类也是如此吗？瑞士伯恩大学伍德卡因·克拉里教授及其同事根据大鼠试验的原理设计出嗅闻 T 恤衫的方案。方法是，先让几名男子连续几天分别穿一件 T 恤衫睡觉，染上浓浓的体味后，再让受试的女大学生嗅闻。令人惊异的是，凡没有服用过避孕药的女性所喜欢的 T 恤衫气味，其男性体内免疫系统的基因果然与之不同。

学者们据此得出结论，假如你是一位未服过避孕药的女性，有朝一日被某一位男子的气味所吸引，可以肯定这个男子体内的免疫系统基因与你的不一样。换言之，体内基因不同，异性方能互相吸引而终成眷属。如果相同，很可能落个"无缘对面难相识"的结局。"基因"说无疑给了"比例分论"一个较为贴切的注脚。

爱之源头在何处

有过恋爱史的人都品尝过爱情这杯神奇之酒的滋味。那么，这种令人如痴如醉、神魂颠倒的情感来源于何处呢？科学家回答来源于大脑深处的丘脑。

美国医疗心理学家乔恩·马奈这样描述人在恋爱时脑中电化学活动的过程：在柔和的烛光下，男子望着女子，丘脑下部的神经活动受到突然激发，神奇的爱情物质大量产生，并随血液循环流遍全身，引起飘飘欲仙的感觉；女性也一样，脑细胞发生同样的电化学活动过程，于是两颗心灵激发出炽热的爱情火花。当然，这样的词句不知枯燥到了何种程度，但它更真实，更接近于爱情的本质。

科学家的爱情源于丘脑之说是有充分根据的。他们系统地观察了一批脑垂体异常的男女，发现这些人没有热恋中的狂热心理活动，即使有伴侣，也无情欲的燃烧与美妙无比的感觉，补充激素也只能保证其体格方面的发育。究其奥妙，在于这类人丘脑下部通道的某一特定部位出现了故障，而这个部位恰在脑垂体附近，因而引起脑垂体病变。事实上，脑垂体受到各种损害（如肿瘤或结核的侵袭等），都可能"株连"爱欲。

"一见钟情"之谜

《西厢记》中张生与崔莺莺一见面便互生爱慕之心，《白蛇传》中白娘子与许仙偶遇于西湖而订下"终身"。这种瞬间产生的男女之爱可能吗？是不是文学家故弄玄虚而编撰出来的呢？不是！这确实是生活中的真实写照，科学家已经解开个中之谜。

原来，男人和女人各自把所梦想的对象特征储存于大脑之中，就像把数据储存于软盘中一样，这被称为"爱之图"。这张图最早由父母勾画，并不断受到外界因素的修正与补充。年龄越大，图像越具体。由于某种契机而第一次目光相触时，眼睛就捕捉到对方的身高、体形、眼神、肤色、发型、风度以及服饰等信息，以每小时四百多公里的速度，通过视觉神经传给大脑，对方特征与所储存的图像越是相吻合，大脑发出的信息就越强烈，体内的"化学工厂"便开足马力产生大量兴奋物质，在脑中形成一种幸福激素，引起诸如心跳加快、手心出汗、颜面发红等变化，心中激情涌荡，即"一见钟情"。

研究表明，"爱之图"的细致与独特性是我们难以理解的，因而出现有人喜欢甲而讨厌乙，但客观地讲似乎乙的条件更好一些的怪现象。如有的女性喜欢大胡子男人，有的则对"秃顶佬"格外垂青。

当然，实际上的配偶与"爱之图"并非完全一样，但人们总是在孜孜不倦地追求着。"众里寻他千百度"，这就是存在于现实生活中的恋爱过程，有人形象地喻之为"苦旅"，确实如此。

"爱情物质"知多少

当一个人坠入爱河时，文学家喻之为被丘比特之箭射中。所谓丘比特之箭，实质上就是体内的"爱情物质"，又被称为"恋爱兴奋剂"。

据美国精神学专家里伯慈与柯赖思的研究，"爱情物质"有多巴胺、异丙肾上腺素、苯乙胺、内啡肽等。其中苯乙胺最为突出，它是神经系统中的兴奋物质，当人遇到所爱慕的人时，体内此种物质就会起作用，一个动人的微笑便呈现于脸上，一种兴奋感便突如其来。正如欧洲哲人薄伽丘所说"真正的爱情能鼓舞人，唤醒内心沉睡的力量和潜能"。苯乙胺的神奇作用，由此可见一斑。这也是医学家建议失恋者吃点巧克力的奥秘之处，因为巧克力富含苯乙胺，可以提高因失恋骤然降低的苯乙胺水平，从而改善苦闷抑郁的情绪。

离婚的七大发现

韦盖利

全球正在迎来一个新的离婚高潮。美国人口统计年鉴公布的数据显示，美国和欧洲的离婚率长期居高不下，以韩国、中国为代表的亚洲国家的离婚率也在不断攀升。与此同时，各国针对离婚的科学研究也越来越多。7月6日出版的美国《赫芬顿邮报》总结了离婚的7大新发现，给读者以参考。

1. 年轻时离婚对健康伤害更大。美国密歇根大学婚姻研究所的研究者对1282对已婚者进行了长达15年的跟踪调查。结果发现，30岁前离婚的人生活方式会变得更糟糕，更易出现酗酒、熬夜等坏习惯，健康也易出问题。

而年纪大些的人离婚后，化解压力和接受改变的能力较强，健康受影响也不大。

2. 80%的"离婚"由女性提出。瑞典科学家研究发现，女性体内携带的一种基因让她们在婚姻遇到困难时更想做出改变。中国民政部发布的统计数据也显示，婚姻出现问题时，女性并不像人们想象的那样有忍耐力，在所有离婚案件中，80%是由女性最先提出的。

3. 穷人离婚代价更大。美国俄亥俄州立大学的研究显示，越来越多的夫妻因"离不起婚"而选择分居。研究者在1979年至2008年间跟踪研究了7272对夫妻，结果发现，经济状况越差的夫妻越害怕离婚，因为抚养孩子、偿还房贷等问题会让他们的生活更窘迫。

4. 双方父母会影响婚姻。美国密歇根大学进行的一项长达 26 年的研究显示，当丈夫跟岳父岳母的关系亲密时，离婚的概率就降低 20%；而当妻子跟公婆的关系较亲密时，离婚的概率就提高了 20%。这一现象在亚洲国家尤为明显。因为很多妻子认为，公婆进入她的生活是多管闲事，而丈夫往往对岳父岳母进入他的生活没有太多感觉。

5. 不爱讲话的人更易离婚。英国剑桥大学的一项研究发现，沉默不语比整日争吵对婚姻的伤害更大。不爱讲话的人在遇到问题时会选择逃避，进而淡化夫妻感情，给婚姻带来致命的伤害。

6. 长时间工作的女人更可能离婚。《欧洲经济评论》公布的研究显示，女性每周多工作 12 分钟，其婚姻瓦解的风险就提高 1%。因为工作时间更长会让女人觉得她的独立能力很强，就算婚姻出问题也无所谓。

7. 家务分配不合理容易破坏婚姻。挪威科学家研究发现，家务分配不合理可能让离婚率升高 50%。相反，一个人独揽家务反而会提升婚姻质量。不过，在现实生活中，专家还是建议夫妻要进行协商，共同完成家务。同时，学会感谢和赞扬对方十分重要。

发现快乐

夏天阳

"当我站在水面，拉着绳索，而随船飞驰时，我简直快乐得要哭出来了，我从没想到滑水是这样快乐！"

朋友告诉我时，眼睛仍闪着亮光，在他三十多年的生命中，这一个发现，简直比发现一个金矿还叫人快乐，"因为我发现了自己的能力，发现了自己禀赋的潜能，发现了新的乐趣……"

我想人生中许多的发现，都能带来类似的喜悦，像婴儿的第一句话语，新学会的一首歌，或是刚学会的技艺……这一种由内在的意愿而化成事实的振奋，实在是人性中的至美！

瑞士心理学家容氏曾将人类内心的探索与发现称之为个人成长的过程。然而一切有形或无形的成就，都得先由内心的意愿与组织开始。一个人若是内心荒芜，毫无头绪，自然无法成事。汤因比曾说过："个人内心的发展，经由外在的行动，才造成了人类社会的成长。"正是如此。

发现内心的自我，而发展成自我的人格，是一个人内心成长的过程。儿童由于心智尚未成熟，必须从不断的赞美与肯定中，得到鼓励。别人的赞美与批评，都是外在的因素，我们不能永远依赖外来的评判来了解自己，只有自己的探索、发现才能接近真正的自我。一个成长的人，越能明白自己的优缺点，越不会受外界的干扰，也越能明白内心的世界，而能控制自己的喜乐。脱离了童稚的依赖心理，心智才能成熟快乐。

对于写作的人而言，最能感受到的是创造的快乐，在创造的过程中，多少的沉思与煎熬，通过心灵的整理，而使之结晶呈现。艺术作品与文学创作一样，有福至心灵的佳作，也有勉强凑成的败笔，去芜求精，唯有从不断的探索与努力中去求得，而自己往往第一个领略到这种快乐。别人的赞美、批评，其实都是外在的形象，真正最了解自己优缺点的，还是自己。能丢弃败笔而保留真迹就是成长。人类在追求圆熟通达的途径中，必然也会有许多失望，在这不快乐的背后，正是快乐的源头。能丢弃一些否定的、消极的感受，才能有空间去接纳新的发现。快乐的最大秘诀是，"做自己最爱做的事，而不是去跟随别人、模仿别人"。

发现，不断地发现自己的内心世界，也同时能与自己的内心对谈交流。善待自己的短处，让自己有机会有空间去接纳更多的机会，能明白自己内心的需求，这个感觉，化成行动，成了事实，就是内心充实快乐。

从音乐聆听内在情感

林萃芬

你喜欢听流行音乐？古典音乐？还是摇滚乐？别以为听音乐只是单纯的打发时间，它可以反映出听者"当时的情绪"与"深层的情感"。

刚认识一个人的时候，我们常会"没话找话说"地问对方："平常都做些什么休闲活动？"

听到这个"有点八股"的问题，相信不少人都会"很标准"地回答："我喜欢在家听听音乐！"

如果你以为听音乐只是"无意义地打发时间"，那你可就太小看音乐的力量了，其实它还会反映出听者"当时的情绪"与"深层的情感"。

在《感官之旅》这本书中，作者黛安·艾克曼就曾经研究过音乐与情绪之间的关系。她以为："音乐就如感情一般，有波涛汹涌的时刻；也有平静的时刻，会狂暴，也会安静。它就像我们的情绪，能象征、反映，也能传达……"

因此，下次当你听到有人跟你说"我喜欢听音乐"的时候，千万别急着"转移话题"，不妨进一步问对方："那你喜欢听什么类型的音乐？"或是"你最爱听谁的歌？"

从对方喜欢听的音乐中，你往往可以推测他当时的"感情状态"。譬如，"热恋中的人"喜欢听的歌一定和"失恋中的人"完全不一样——像张学友的

《你爱他》就是热恋中人最爱听的情歌，充满了温馨幸福的感觉；相反的，黄品源的《你怎么舍得我难过》刚好敲中失恋者的痛处，我有个朋友失恋的时候就真的"听它千遍也不厌倦"。

通常一个人在某个阶段会受到情绪的影响，特别会喜欢听某一首歌，等情绪转换后，他又"移情"听另一首歌。所以，在此我并不针对单一歌曲分析一个人的内心情感，而是根据音乐的种类来聆听他的内在情感。

当然，很少人会只喜欢听一种音乐，大部分人的架上都会同时陈列好几种不同类型的音乐（从流行音乐到古典音乐什么都有）。这个时候，你就得花点时间观察：什么样的音乐他最常听？还有，他对什么音乐最有感觉？

等你听出他"最爱"的音乐之后，才能进一步聆听他的内在情感。

喜欢流行音乐的人

不管流行音乐的"替换率"有多高，一首歌只要被归类为"流行音乐"，大概都拥有曲调简单、歌词浅显的共同特征，因为这样大家才能朗朗上口嘛！

就跟流行音乐的特性一样，喜欢流行音乐的人也不爱太过复杂的人和事物，他们比较能够接受简单易懂、一目了然的东西。

谈恋爱的时候，他们很容易被对方的外表所吸引，一旦他们觉得"这个人看起来蛮顺眼的"，很快就会坠入爱河，而不会先伤脑筋去思考"我们的生命基调合不合""人生的价值观如果不一致""双方家庭处不处得来"这些烦人的问题。

一般喜欢听流行歌曲的人多半都很爱看电视，尤其爱看歌唱综艺节目（否则，他怎么知道现在流行什么歌）。此外，他们也很关心娱乐新闻，哪个歌星又出了新专辑，哪个朋友又有新恋曲，他们都一清二楚。

若想和爱听流行歌曲的人成为好朋友，方法很简单，只要约他们去KTV，很快就能打成一片。

由于爱听流行歌曲的人，内在情感都很"简单易懂"，你也不必花太多心思去揣摩他的"心意"，最好的相处之道便是，轻松愉快地打打牌、唱唱歌，双方的友谊即能长存。

喜欢听古典音乐的人

就像"古典"与"流行"是属于两个不同时空的产物一样，爱听古典音乐的人和爱听流行音乐的人，也分别活在两个完全不同的世界。

热爱古典音乐的人非但思想比较复杂，他们同时也偏爱有深度的人、事、物，最怕跟"肚子里没有什么东西"的人聊天，这会让他们觉得自己是在"浪费生命"。

谈恋爱的时候，他们会非常重视自己和对方的"心灵层次契不契合""生命基调能不能产生共鸣"，假使你让他感觉两人交往无法谱出"荡气回肠的乐章"，那他很可能就会为爱情"画上休止符"！

对于喜欢听古典音乐的人来说，生命过程的严谨比什么都重要。因此，除了少数"制作过程严谨"的节目（如 Discovery 频道）之外，他们是不愿意浪费太多时间看电视的。

此外，他们也特别喜欢到"有点历史"的地方去旅游，譬如博物馆、美术馆或名胜古迹，都是他们的最爱，他们会花很多时间细细地浏览；用心地阅读旁边的说明文字，而不会走马看花，随便走一圈就算"到此一游"。

我认识很多建筑师都是古典音乐的赞赏者，他们不仅做事态度严谨、有组织，连内在情感都非常地理智内敛，一般人比较难跟他们混熟。

喜欢听轻音乐的人

很多人在工作或读书的时候，喜欢听点轻轻柔柔的音乐，一方面缓和紧张的气氛，一方面缓和紧张的情绪，让自己可以更专心地工作。

爱听轻音乐的人大部分都很"怕吵"，他们的内心非常渴望安静，无论工作或生活都不喜欢被人打扰，最痛恨没有事先约好就突然跑来的不速之客，如果有人冒冒失失地闯来，那他们绝对不会给他好脸色看的（即使是自己的亲人亦不能拥有"豁免权"）。

可想而知，连日常生活都如此有气氛的人，谈恋爱的时候，他们自然更加讲究气氛。也因此，想要打动他们的芳心，一定要懂得如何制造罗曼蒂克的气氛，这样他们才会"情不自禁"地爱上你。

有趣的是，很多爱听轻音乐的人的外表都不属于娇柔型，但不管他们的外表看起来多么"强壮"，他们的内在情感依然浪漫，千万不要被他们的外表给骗了。

还有，爱听轻音乐的人也普遍不能容忍压力，举凡工作压力、人际压力，都会让他们产生"逃跑"的欲望，他们只能接受"轻量级"的感情与工作。

喜欢听摇滚乐的人

假使你到现场听过摇滚乐团演唱的话，应该都曾经被擅于带动气氛的主唱"耍得团团转"：他要你尖叫你就尖叫；他要你摆动双手你就摆动双手；他要你鼓掌你就鼓掌，仿佛有股强而有力的力量带领你"非得乖乖照着他说的话做不可"。

许多热爱摇滚乐的人都觉得自己"又酷又叛逆"，事实上刚好相反，他们的内心深处其实需要一个强而有力的人，引领他们找到"人生方向"（当然，这个"强人"一定要让他们崇拜得五体投地才行）。

除了会疯狂地崇拜偶像之外，他们也很喜欢在人群中摆动身体，当他们强烈感觉到自己是团体中的一分子时，似乎就能从中获得"认同感"。

或许是生活中太习惯音乐的存在吧！他们甚至连谈恋爱或交朋友，都必须借由音乐来交流彼此感情。要不然，他们就会认为双方"感觉不对"！

万一你的朋友刚好是个摇滚乐迷，那你最好祈祷老天爷赐给你一双能耐高分贝音量的超强耳朵，因为噪声非但会破坏你的听力（小心啊！听力若惨遭破坏可是永世不得恢复的），还会导致"心情不安""注意力不集中"等后遗症。

更悲惨的是，听力衰退的人由于听不清楚别人在说些什么，所以老是觉得有人在背后说他坏话，久而久之，就会变得疑神疑鬼，严重者甚至会产生被迫害妄想症。

吴淡如

太有反应与太没反应

玉儿和泰丰到网络上好评颇多的餐厅吃饭。

不知是不是因为天气太好，这家餐厅早就人满为患。"麻烦您给我电话，登记候位姓名。"泰丰问："我们要等多久？"

"不知道呢。"站在门口的服务生看起来两眼茫然，没有表情。

"那你总可以告诉我，前面候位有几组吧？"泰丰又问。

服务生瞄了眼密密麻麻的登记表："嗯，有30至40组……"

"这样我们可以在一个小时内吃到中饭吗？"

这时服务生开始接手机。泰丰又问了几个问题，他都像没听见似的。

泰丰生气了，拉起玉儿："走，我们离开这家烂餐厅！哪有人这样，一点反应也没有！"

玉儿并没有生气，她的嘴角带着神秘微笑，想到了某件事情。

有些事情很奇妙，我们自己常做，却容不得别人做。

她想到，虽然泰丰算是个不错的老公，他很负责任，很正直，但是他也常用没有表情、没有回答、好像没有听到的态度来对待她。她自认为不是个啰唆的女人，有时只想告知他一些事，有时想跟他聊聊天。但也许他上班累了，或开车想要专心点，她的话语像水被吸进绵密的沙子里一样，她没有接收到一点回应的声音。

所以她会再讲一遍。

"刚刚我听到了啊。"

"那你为什么没有反应？"

他的答案是，他并不知道他一定要有反应。他以为只有带问号的问题才必须回答，她跟他说话，他不必要有反应。

这对女人而言，是不可思议的。对男人而言，听长官说话或训话时没有反应是理所当然的。

这归因于泰丰长在一个阳刚的家庭，一个不聊天的家庭。

去他家吃年夜饭也好可怕，如果她不讲话，那么大家一句话也不聊，好像在遵守"吃饭不说话才健康"的训示似的。

她明白，所以可以体谅，虽然还是偶尔会把他的这种没反应的习惯解读为"把我当空气啊""我是否哪里得罪你了啊"而有点不高兴。

玉儿是个懂事的人，她没有当场点破这一点。在某天他看来心情还不错的时候，她才告诉他："你会因为服务生没反应，觉得他不尊敬你；我说话你没反应，我也有被漠视的感觉啊。"

他挠挠头说抱歉，尽量改。

她明白，来自原生家庭的习惯，要立刻改很难。

说不定，他也觉得她"太有反应了"。她来自一个热情的家庭，当家庭成员发生事情时，大家嗓门都很大，同情心都很足，在他眼里，也很像一出狗血连续剧。

就是这种冷热中和，才让他们维持一个稳定的家吧。

太没反应，家庭成员之间很冷漠，没有感情滋养，家中便没有蓬勃生气；太有反应，家庭则很不平静，常慌成一团，做不出理智决定。

最美好的相处平衡，就是有人冷静，有人热情，并且愿意为对方改变那可以改变的一点点。

看恐怖片能增强
我们的记忆力吗 ｜库逸轩

记忆是稍纵即逝的，我们需要不断地复习以巩固它。为什么当你老的时候，还能想起小时候学习的知识呢？实际上，这是大脑中的一个神奇的结构——海马体在发挥作用，海马体决定了短时记忆到长时记忆的巩固过程。

现在大家都追求"活在当下"。在历史上，确实有这样一个人，只活在"当下"。

20世纪50年代，有一个叫亨利·莫里森的病人。亨利从小就患有癫痫，发病的时候会口吐白沫、双手抽搐，这是会危及生命的。医生找到他脑中引发癫痫的位置，并将其切除，这个地方就是海马体。

切掉海马体后，医生发现，亨利的智力还是正常的，甚至超过普通人的平均智商水平。医生让亨利回忆小时候的事情，例如回忆某一年美国总统是谁，他都清楚地记得。但是亨利没办法形成新的记忆，他认不出给他开刀的医生和护士。

20世纪90年代，也有一个非常著名的病人，叫S.M.。她因为类磷脂蛋白沉积症丢失了部分脑区。她缺失的脑区叫作杏仁核，是一块小小的区域，位于海马体的前端。

丢失了这块脑区之后，相比正常人，她变得无所畏惧。很多人喜欢看恐怖片的原因是挑战自我，但S.M.不一样，她看到恐怖片会觉得有趣、好奇、兴奋，却没有绝大多数人会感受到的害怕。

缺失恐惧也给她造成很大的困扰，因为她根本不会感到害怕，在几次面对危险时，她都无所畏惧，为此，她差一点儿丧命。

在基本的情绪分类里，负性情绪比正性情绪多得多。当然，不同的情绪都有它的驱动力，都是我们在生活中不可或缺的。

那么，情绪是如何影响记忆的呢？简单来说就是我们刚才讲到的两个区域——海马体和杏仁核的交互作用。

举个例子，大部分人看恐怖片时会留下深刻的印象，看纪录片时却没有太多印象，为什么？研究者做了一个实验，让被试者看一个新的影片，然后检测他能记住多少。

结果发现，在先放恐怖片再放纪录片的测试过程中，被试者对两个影片的记忆精度相差不大。先放纪录片再放恐怖片时，被试者对两部影片的记忆精度都比较低。

先放恐怖片，被试者的情绪被调动了，相对的，记忆就会变好。

为什么这样的情绪唤起会造成记忆增强呢？研究发现，看恐怖片时，被试者产生的负性情绪增强了杏仁核对海马体的作用，所以让记忆变得更加深刻。

其实，不管是正性情绪还是负性情绪，都可以提高杏仁核的活性。但是只有负性情绪可以让记忆的痕迹变得更深。

情绪会让一个人的记忆变得深刻、生动。我们每个人都应该学会做情绪的主人，去接纳那些看上去负性的情绪，也许它会给你带来正性的改变，可以让你在某一些方面变得更强、更好。让我们每一个人都成为情绪的调色师，把我们的记忆涂抹得更加生动和美好。

我们心里的『大象和骑象人』

陈海贤

有一项医学调查显示，假如心内科医生告诉病情严重的心脏病患者，如果不改变个人生活习惯，比如吃得不健康、不运动、抽烟等，他们将必死无疑，结果也只有 1/7 的人会改变自己的生活习惯。其余 6/7 的人是不想活了吗？当然不是。他们肯定也知道该怎么做，却依旧没有改变。

事实上，我们的躯体里有两个自我，一个是感性的自我，一个是理性的自我。心理学家乔纳森·海特曾用一个有趣的比喻来描述两个自我之间的关系。他说，人的情感就像一头大象，而理智就像一个骑象人。骑象人骑在大象背上，手握缰绳，好像在指挥大象。但事实上，和大象相比，他的力量微不足道。一旦和大象发生冲突——骑象人想往左，而大象想向右时，他通常是拗不过大象的。

对改变而言，理智提供方向，情感提供动力。如果人的理智想达成改变的目标，就需要了解情感这头大象的脾气和秉性，利用大象的特点，才能事半功倍。否则，改变将非常困难。

大象的脾气有两个特点：

它的力量很大，一旦被激发，理智很难控制它。

第二，它受情感驱动，既容易被焦虑、恐惧等负面情绪干扰，也容易被爱、怜悯、同情、忠诚等积极的情绪影响。

那么，什么是期待的好处，什么是经验的好处呢？

期待的好处是想象中的好处。比如，每天早起跑步，会让人更有精神；不拖延会让人更高效地完成工作，更有成就感。但这些都是想象出来的，我们可能并没有深刻地体验过这些好处。相反，我们体验过睡懒觉时被窝的温暖、打游戏的快乐、胡吃海喝的刺激，这些都是经验的好处。

期待的好处发生在未来，而经验的好处发生在过去或者当下。当期待的好处和经验的好处发生冲突时，虽然骑象人想要寻求期待的好处，他身下的大象却不由自主地转向了经验的好处。

大象为什么会被经验的好处支配呢？操作行为主义的创始人伯勒斯·斯金纳曾经设计过一个斯金纳箱。这个箱子里有一群鸽子，鸽子一开始在箱子里漫无目的地迈步，可是，假如它做了某个特定的动作，比如用嘴啄了实验员画的一个圈，或者用脚踩了笼子里的杠杆，就可能有食丸掉下来。几次以后，鸽子就会不断重复这类动作，我们就可以说，鸽子的动作被食丸强化了。如果给鸽子一个特定的刺激，比如亮红灯的时候啄不会掉食丸，亮绿灯的时候才会掉，鸽子也能很快掌握这个规律。在这个实验里，灯光的颜色就是刺激，而鸽子做了动作以后出现的食丸就是强化。

人的某些行为也是依据这样的原理被塑造的。我们可以把强化看作经验的好处，一旦我们因实施某种行为获得了好处，它就会被保留到经验里。哪怕我们没有意识到，它仍然会影响我们的行为。

强化不仅有正强化，还有负强化。正强化是一个人表现出某种行为时，获得了更多他想要的结果，从而让这种行为得到巩固。比如，获得高额奖金会让一个人努力工作。而负强化是当一个人表现出某种行为时，他不想要的结果减少了，从而使这种行为被巩固了。比如，为了防止奖金被扣，一个人也会努力工作。我们可以这么理解，正强化的好处是"增加快乐"，而负强化的好处是"减少痛苦"。

我曾接待一位来访者，她当时大学刚毕业不久，在一座陌生的大城市工作。每晚下班后，她都会搜寻当地有名的小吃店去吃东西，而且吃的时候总是控制不住自己，即便吃撑了也不能停下。她很苦恼，想要改变。

她告诉我，她所在的公司是一家世界五百强企业，工作压力很大，经常要加班到晚上八九点。她一个人租房子住，回去后屋子里空荡荡的，因此，寻找美食就成了她唯一的娱乐方式。每天下班后，她都会坐上地铁，到市区找家小吃店，一边吃，一边看着熙熙攘攘的人群，感受闹市的烟火气，结果吃着吃着就吃撑了。

在这个例子中，引起行为的刺激是什么？是美食吗？并不是，是孤独。

那么，与刺激相对应的行为是什么？不是吃，而是包括吃在内的挤地铁、到闹市区、看着人群并感受烟火气这一系列行为。食物当然是一种强化，但重要的不是美食，而是寻找食物的过程和吃东西带来的感官刺激可以缓解独在异乡的压力和孤独感。

说到孤独时，我看到她眼里有泪花，便知道我说的是对的。于是我对她说："人生已经如此艰难了，你不需要完全否定吃，这毕竟也是一种减压方法。最重要的是，你要找一个更健康的替代方式，比如跑步健身、参加读书俱乐部、跟朋友看电影等，用它们代替吃。"我建议她每周一三五去试验新方法，二四六用"吃"这个老方法，看看哪个感觉更好。最后，她找到一家羽毛球俱乐部，还在那里认识了几个新朋友。慢慢地，她能够控制自己的饮食了。

改变失败的时候，责怪自己是没用的，因为我们的行为并不是独立于环境而存在的。所谓的好处或者坏处，其实就是我们与环境交换信息、获得反馈的过程。刺激和强化就是我们与环境建立联系的方式。了解了这一点，我们就能触及改变的本质了。

改变的本质，其实就是创造新经验，用新经验代替旧经验。创造新经验需要通过新的行为，获得新的反馈、新的强化，并切身体验它。切身体验的经验，信息浓度非常高，这跟听来的、看来的道理不一样。如果只有想象中的期待，而没有新行为带来的新经验，改变就很难发生。

远离达克效应

雷炳新

达克效应，全称邓宁－克鲁格效应。简单地说，就是知道得越少，反而认为自己知道得越多。这是一种认知偏差，越是缺乏知识和能力的人，往往越容易盲目夸大自己，更容易成为对某件事本身一无所知却最能表达观点，而且坚信没有人比自己更懂、更正确的人。

达克效应的受害者不仅常发表观点和意见，还会将观点强加于他人，仿佛自己掌握着绝对真理，其他人都是无能或蒙昧之辈。

匹兹堡曾经发生了一件堪称奇特的事情，一个44岁的男子麦克阿瑟·惠勒一天之内抢劫了两家银行，没有遮脸，也没隐藏身份。在认罪时惠勒表示，他原本在脸上涂了柠檬汁，应该能让他的脸在摄像头中隐形。惠勒的回答让警察哭笑不得，警察很快就弄清楚涂柠檬汁这个点子来自惠勒朋友的玩笑，他们说可以用这一技术去抢劫银行并避免被抓，惠勒听后便决定利用这个"妙计"去完成自己的"天才"计划。

这个荒诞的事件流传到了康奈尔大学，社会心理学教授戴维·邓宁无法相信这件事。这份好奇心驱使他与同事贾斯廷·克鲁格一起，去探究这个现象。在开展了一系列实验后，得出的结论让他们感到震惊。

在同一系列的4项实验中，研究人员分析了人们在语法、逻辑推理和幽默这 3 个领域内的能力，实验要求参与者评估自己在上述领域内的各项能力。之后，参与者接受了一系列测试，这些测试的目的就是评估他们的实际能力。结果，研究人员发现：能力越匮乏的人，越意识不到这一点。更奇怪的是，能力最强或最擅长某个领域的人，通常会低估自己的技能和知识。由此，达克效应诞生了。

实际上，达克效应在生活中的各个方面随处可见。惠灵顿大学的一项研究表明，有 80% 的司机认为自己的开车技术高于平均水平——显然，这在统计学上根本不可能成立。这一认知偏差在心理学领域同样存在。之所以有人说"最好的心理学家就是我自己"，恰巧是因为他们完全不懂专业人士能够提供什么样的帮助，更不了解众多心理学技巧的复杂性。因无知而妄言，大抵如此。

无知者妄言，多智者慎言。努力读书，开阔自己的知识视野，是远离达克效应的一条捷径。

为什么伤心的时候听慢歌

〔加拿大〕丹尼尔·列维廷

从古至今，无论来自何种文化背景，母亲都会唱歌给自己的孩子听。音乐能安抚婴儿，是因为听觉刺激与其他感官刺激不一样——声音能在黑暗中传递，因此即使婴儿闭着眼睛也没关系。声音仿佛是在我们的脑中产生的，不像图像是从外界获得。在婴儿的视觉感受器完全成熟（即能分辨母亲与其他人的模样）之前，他的听觉感受器已经能分辨出母亲的声音。

为什么母亲会不自觉地对婴儿唱歌而不是说话？为什么婴儿会觉得歌声听起来尤为安心？我们没有确切的答案。不过，神经生物学研究表明，音乐（而不是说话）会激发人脑中某些非常古老的部位，包括小脑、脑干和脑桥，这些部位在所有哺乳动物的脑中都可以发现。音乐有重复的节奏与旋律，这赋予它语言所不具备的可预测性，而这种可预测性能抚慰人心。

摇篮曲是最经典的安慰之歌。我们所知的大部分摇篮曲都有着相同的特点和类似的结构。第一，它们有实际用途，我们用摇篮曲来安抚别人而不是安抚自己。第二，它们有模式可循——摇篮曲通常以一个很陡的起伏开始，然后才慢慢舒缓下来，这是为了先抓住听众的注意力，再平复听众被撩起的情绪。当然，摇篮曲并不只是用来安抚婴儿的。新手妈妈在育儿过程中会有强烈的不确定感与担忧，唱歌既能安抚婴儿，也能安抚母亲。因为唱歌需要有规律、有节奏的呼吸，对母亲来说，这如同冥想。摇篮曲缓慢而平稳的节奏，可以稳定呼吸、降低心率、放松肌肉。

在焦虑、难过的时候，很多人都选择听悲伤的慢歌，这是怎么一回事呢？乍一看，快乐的音乐才能振奋人心，但研究结果表明事实并非如此。我们在伤心难过的时候会分泌催乳素，这是一种具有镇静效果的激素。悲伤会造成生理上的变化，这种适应反应可能是为了帮助我们储存能量，让我们在受到创伤后重新规划未来。不过，化学分析表明，不是所有的泪液中都含有催乳素——它不在我们喜极而泣流下的泪液中，不在双眼干涩或受到刺激时分泌的泪液中，只出现在我们感到悲伤时分泌的泪液中。悲伤的音乐可以"骗过"我们的大脑，让它分泌催乳素来响应我们通过音乐想象出来的无害的创伤，从而调节我们的情绪。

除了神经化学层面，我们还能在心理学与行为科学层面找到更好的解释。在难过的时候听悲伤的歌通常能抚慰人心。研究人员表示："这基本上就是在说，现在有另一个人陪我站在悬崖边上了。这个人理解我，了解我的感受。"哪怕这个人是陌生人，这种关系也能帮助我们度过恢复期，因为仅仅是被理解的感觉，似乎就能让我们好许多，这也是谈话型心理治疗对治疗抑郁症效果显著的原因。

钱如何买到快乐

领研网

《科学》杂志上刊登了一项研究：科学家想弄清楚，金钱是否能买到快乐。如果是，有一点又令他们困惑，那就是在过去的二三十年里，美国和其他发达国家的人们一直在赚更多的钱，幸福感却没能随之提升。

结果他们发现，钱是可以买到快乐的，不过只在你把钱花在别人身上时。在其中一项实验中，科学家要求志愿者评估他们的幸福感，然后分给每人5美元或20美元的现金。科学家告诉一半的志愿者要把钱花在自己身上，而让其他人把钱送出去。

一天下来，幸福感提升最显著的是把钱送出去的那些人，哪怕只是5美元。因此，如果你想变得快乐，不如去打赏一下为你服务的外卖小哥或喜欢的自媒体作者等。

为什么压力会勾起欲望

〔美〕凯利·麦格尼格尔

　　为什么压力会带来欲望？因为这是大脑援救任务的一部分。神经科学家证明，压力包括愤怒、悲伤、自我怀疑、焦虑等消极情绪，会使你的大脑进入寻找奖励的状态。只要你的大脑和有关奖励的承诺联系起来，你就会渴望得到那个"奖励"。你确信，只有获得那个"奖励"，才是得到快乐的唯一方法。

　　奖励的承诺和缓解压力的承诺会导致各种各样不合逻辑的行为。比如，一项经济学研究发现，那些对自己的经济状况表示担忧的女性，会通过购物来排解内心的焦虑和压抑；当暴饮暴食的人为体重增加或缺乏自控力而感到羞愧时，他们会吃更多的东西来抚慰自己；当拖延症患者想到自己已经远远落后时，他们反而会继续拖延。在每个案例中，"想要更快乐"的目标总是战胜了自控力要达成的目标。

　　美国心理学家协会的调查发现，最有效的解压方法包括：锻炼、阅读、听音乐、与家人相处、按摩、散步、做瑜伽，以及培养有创意的爱好。最没效果的解压方法则包括：赌博、购物、抽烟、喝酒、暴饮暴食、上网等。

　　真正能缓解压力的不是释放多巴胺或依赖奖励的承诺，而是增加大脑中改善情绪的化学物质，如血清素、γ-氨基丁酸和让人感觉良好的催产素。这些物质会让大脑不再对压力产生反应，减少身体里的压力荷尔蒙，产生有治愈效果的放松反应。因为它们不像释放多巴胺的物质那样让人兴奋，所以我们往往低估了它们的作用。

讲一个也许有效的方法，为大家提供一点小帮助。

丹尼斯只要工作上遇到困难，就奖励自己一瓶红酒，同时浏览自己最喜欢的房地产网站。她不只看自己现在住的街区，还看远在波特兰、罗利或迈阿密的待售房屋。大约一小时后，她感觉更多的是麻木，而不是放松。

几年前，丹尼斯喜欢下班后去做瑜伽。这既能让她放松身体，又能让她精神焕发。现在，每当要去上课时，她总会觉得很麻烦，喝杯酒的欲望也变得更强烈。作为课程实验的一部分，丹尼斯答应至少去上一次瑜伽课。她真的去上课之后，觉得那比记忆中的感觉还要好。

但她知道，自己很可能回到原来的生活状态，因此，她用手机存了一条语音备忘，描述自己做完瑜伽后的美妙感觉。每当她受到诱惑想逃课时，她就会听听这条语音，提醒自己，不能在压力面前向自己的冲动妥协。

有没有什么可以提醒面对压力的你，到底什么才能让你感到更快乐？在你感到压力之前，能不能先想出一些鼓励自己的方法？

花钱买什么 深陷痛苦时，你应该

周欣悦

何以解忧，唯有花钱？

在生活中，我们可能会遭遇一些悲剧性事件——失恋、失业、离婚、失去亲人或朋友。当这些事情发生时，我们应该花钱买点什么才能让自己觉得更好过呢？一项有趣的研究告诉我们：应该花钱买罪受！

我们常常被疼痛搅得天翻地覆，一个简单的偏头痛都可能要了人的半条命。为了让自己少受点罪，我们花钱买药。

2016 年 11 月，美国联邦公共卫生署公布了一份名为《面对美国成瘾症》的研究报告。报告指出，美国全国仅滥用阿片类止痛药的人数就高达 1900 万，止痛药销售总收入超过 4000 亿美元。

有趣的是，一方面，人们花钱想要减轻痛苦，另外一方面，人们又经常花钱买罪受。在英国就有这样一项活动，叫作"强悍泥人"。

"强悍泥人"是一项非常痛苦的挑战，要求参与者在半天时间内穿越 25 个军事化障碍，其间参与者需要承受莫大的痛苦。

下面随意列几个障碍让大家感受一下。电鳗：参与者必须爬过 1 万伏高压的电网；水下通道：参与者必须穿过水下冰冷泥泞的通道；走火族：参与者必须穿过燃烧的稻草堆（草堆用煤油浸过）。

看到这里，你可能会想，这些障碍听起来恐怖，但是应该和游乐场的那些刺激项目一样，不会真的对身体造成损害吧。事实上，这些障碍挑战可没有看起来那么简单，参与者会不同程度地受伤，不光是皮外伤，也有可能出现脊髓损伤、脑卒中、突发性心脏病，甚至死亡。

　　这种饱受痛苦的活动，就算刀架在脖子上我也不会去参加。但即使要差不多1000元人民币的门票，仅2016年9月那一场，就有250万人兴致勃勃地跑去参加。为什么有人花钱让自己少受罪，有人却花钱买罪受呢？

　　英国卡迪夫大学商学院讲师斯科特为了回答这个问题，亲自参与了这项痛苦的活动。当然，她还采集了大量的数据，包括观察、视觉材料，深入访问等。她揭示了人们花钱买罪受的几个根本原因：

　　首先，痛苦会让我们觉得自己获得了新生。在日常生活中，我们的身体适应了平静的运作规律，一旦产生强烈的疼痛、刺激，就会迫使我们去关注以前很少注意的身体部位。我们的身体在强烈的疼痛刺激下开始变得跟从前大不相同，就好像重获新生。我们对自己忍受痛苦和在极大的压力下迸发出的潜能也有了新的认识，就好像遇见一个未知的自己。这就是为什么很多人从西藏艰苦旅行回来后，觉得自己变成了一个新的人。

　　在这项活动中，痛苦还伴随着一种仪式感。"强悍泥人"有着严格的时间顺序，参与者需要一项一项完成，似乎是在进行一个残酷又有意义的仪式。在经历了这些痛苦的洗礼后，就能获得身体和精神的重生。

　　其实，世界上很多地方的成人礼都伴随着痛苦。瓦努阿图的成人礼就是陆地跳极。这种活动类似于蹦极，但会用藤蔓代替弹性绳索。参与者一般从18至23米的高处沿着土坡往下跳，头必须擦过地面才算合格。只有他幸存下来，才会被承认是一个真正的男人。

　　伴随着疼痛的仪式，一个阶段结束，另一个阶段开始。对那些经历了人生真实不幸的人，例如刚刚离婚、丧偶、失业的人来说，他们迫切需要开始新的生活。因此，他们欣然接受参加一个痛苦的活动来获得新生。

　　其次，痛苦不但会让我们觉得重获新生，还会让我们忘掉自己。社会心理学家利里在他的著作《自我的诅咒》中提到，很多动物都有思考能力，但是只有人类会花很多时间思考自己。反复思考自己可不是什么好事，高度的自我意识会让人患上精神疾病。有研究证明，精神病人说"我"的次数是正常人的 12 倍。只有伴随着精神疾病的康复或稳定，他们才能减少说"我"的次数。高度的自我意识是非常痛苦的。著名心理学家鲍迈斯特认为，自我意识高的人很容易认为自己没有价值，从而倾向于自我毁灭，也就是通过自杀来终结自己的痛苦。

疼痛，还可以让我们暂时逃离自我。"强悍泥人"中经历的强烈疼痛，能让我们不再去思考自己的心理感受，而是更多地去注意自己的身体感受。

这就是人性的矛盾之处，一些人在逃避疼痛时，一些人还在花钱买罪受。你身上留下的那些愈合了的伤痕，会让你感觉到自己不但浴火重生，而且变成了更加强悍的升级版的自己。

提前症

姚乃琳

普通人中有20%的人会经常拖延，但也有一部分人不仅无法忍受拖延，还喜欢早早完成任务。这叫作提前症。有提前症的人通常会在一件事情的截止日期到来之前就早早地把这件事解决了，因为他们无法忍受一件事情一直拖着不做。

有科学家设计了实验来研究提前症的心理根源。参与实验的大学生需要穿过一段长长的通道。在穿越通道的过程中，通道的左边和右边各有一个重量相同的小桶，但两个桶到终点的距离不一样。实验参与者需要在穿过通道的过程中，任选一个桶并提着它走到终点。

结果很有意思。有"提前症"的大学生看到第一个桶时，便会直接提起来一路拎到终点，而不是去提第二个桶，即使第二个桶距离终点更近，提起来也更省力。

为什么有"提前症"的人宁愿选择更费力的做法呢？科学家在研究结束之后，询问了这群似乎做出"不理性"选择的大学生。他们的回答十分接近：因为先拎起桶就可以先减轻思想负担，无须再想着拎桶这件事。对他们而言，身体负担不像思想负担那么令人难以忍受。所以，提前症"患者"之所以选择不拖延，甚至早早地把事情做完，是因为他们无法忍受滞留在大脑中的思想负担。

爱己与爱人

一个心地干净、思路清晰、没有多余情绪和妄念的人，是会带给人安全感的。因为他不伤人，也不自伤；不制造麻烦，也不麻烦别人。某种程度上来说，这是一种持戒。

——林语堂

只有在你检视内心深处时，你的视野才会变得清晰。向外探究的人只是在做梦，朝内挖掘的人终将开悟。

——荣　格

发现世上只有家乡好的人，只是一个未曾长大的雏儿；发现所有地方都像自己家乡一样好的人，已经长大；只有当认识到整个世界都不属于自己时，一个人才最终走向成熟。

——〔法〕维克多·雨果

对自己温柔一点。你只不过是宇宙的孩子，与植物、星辰没什么两样。

——〔美〕麦克斯·埃尔曼

我敬佩简单的快乐，那是复杂的最后避难所。

——〔爱尔兰〕奥斯卡·王尔德

人是很孤独的，再深切的爱也难以改变孤独。

——苗 炜

不合群只是表面的孤独，合群了才是内心的孤独。

——刘 同

我最擅长的事情，大概是独居。电话一天不响，周末无人邀约。孤独，是一个伙伴。这个伙伴，让我从不孤单。

——凉 炘

我是一个真正的"独行者"，从未全心全意地属于过我的国家、我的家乡、我的朋友，乃至我最亲近的家人。面对这些关系，我从未消除那种疏离感，以及对孤独的需求——这种感觉随着岁月的流逝与日俱增。

——〔美〕阿尔伯特·爱因斯坦

如果我真的对云说话，你千万不要见怪。城市是一个几百万人一起孤独生活的地方。

——〔美〕梭 罗

孤独对你而言无处不在，你的一切都在孤独里。你曾多少次在那片快乐的岛屿上藏身，更好地融进生命和它的设计，带去的扰动的气流慢慢让影像和思考沉静，就像从集市带回的几朵花，花瓣小心翼翼地绽放。

——〔西班牙〕路易斯·塞尔努达

不知道说什么的时候，就去做饭吧，用生涩的厨艺、诚挚的美食，表达我们的深情。

——肖 遥

有时候，孤独不是因为缺少人和关怀，而是因为生活和生命、亲人和爱人都填补不了这孤独。这孤独，是作为一个必须活着的生命在这个世界上面对的无奈和恐慌。

——冬 子

要能够与自己谈话，必须让心从世俗事务和人际关系中摆脱出来，回到自己。这是发生在灵魂中的谈话，是一种内在生活。

——周国平

我们最后变成什么样，并不取决于我们选择了哪条道路，而是取决于我们的内心。

——米 哈

志同道合的相遇，总会让人觉得不再孤寂。曾读到这样的诗句："世上如果有人，碰巧和我在差不多的时刻，读了同样的书，那你就是我的远亲。"

——舒 州

你身体里的每一个原子都来自一颗爆炸了的恒星。形成你左手的原子可能和形成你右手的来自不同的恒星。这是我所知关于物理的最有诗意的事情：你们都是星辰。

——〔美〕劳伦斯·克劳斯

我会被音乐打动、被诗歌打动，如果有一天我不再被打动了，我就会死。你知道我的意思吗？被打动实在太重要了。

——〔德〕安塞姆·基弗

碰到好的喜欢的东西，总是要留得一份清淡余地，才会有中正的情缘。

——安妮宝贝

人常常被自己的所爱而害，爱之深，失之痛，所爱便成了一个人的死穴，白鹇爱尾、鲋鱼惜鳞，皆如是。

——迂夫子

当我真正开始爱自己，我才认识到，所有的痛苦和情感的折磨，都只是提醒我：活着，不要违背自己的本心。我们无须害怕自己和他人的分歧，因为即使星星有时也会碰在一起，形成新的世界，这就是生命。

——〔英〕查理·卓别林

我希望我得到的爱是醇厚的，而且醇厚地爱着我，它不是一种始终的清醒，而是闪烁在苦与乐的海洋中间，永不分别。

——骆- 禾

男子气概就像一件束身衣，从各方面限制男人的自我解放。男性迫切想要主宰一切，但他们也可能忘记，自己首先是一个普通人，特别是在心理健康方面。他们渴望成为男子汉典范，因此可能无法让自己在更高层面收获幸福。

——〔英〕格蕾森·佩里

精神上亲近，是精神范畴的亲人；肉体上亲近，是荷尔蒙范畴的亲人，多数时候这二者不统一。人也会因为这种不统一而感到疲惫。

——樊小纯

年轻人的眼泪啊，总是来去自如，多好，像任性的小顽童，前一秒嚷嚷着要离家出走，后一秒就将妈咪拦腰抱紧。

——朱成玉

要去爱，缺乏所爱的人，他的自我是空荡荡的。仇恨虽然可以把自我撑得鼓胀，但它造成了与他人的隔绝，报仇雪恨的那一天，也是自我变得干瘪的日子。

——贾行家

人心里真的有一片海，一直在翻滚着，而自己的魂灵如果没有一个重重的东西去压住——类似于压舱石的东西，只要某一刻某一个小小的情绪的浪过来，魂灵就会被这么打翻，沉入那海底去了。

——蔡崇达

爱并不是静止如同沙漠，爱也不是呼啸如狂风。站在一个遥远的距离之外去观察万物，就像你所做的，也不能叫爱。爱是改变和改善天地之心的力量。

——〔巴西〕保罗·科埃略

爱在心？在口？在手？在细节？也许都是，但最重要的是，你要把它当作一个动词。

——罗　西

我喜欢的人，好像也都有一种野花杂草的气质：朴素自得、向内而生，择一事，终一生，充实地活着，被真实的生命穿过身体，发出小小的痛或快乐的声音。他们独步于思想的幽径，向深处走，一直走。"兰草已成行，山中意味长。坚贞还自抱，何事斗群芳？"这样的人，看上去，是低调的，不是那种高谈阔论、慷慨陈词的智力明星。

——黎　戈

初恋像云雾在山峰的心上游荡，有无数美丽的幻象。那美丽的初恋已够我咀嚼一生；它虽没有成功，但确曾使我沉溺在幸福里。我相信，以后不会再有比这更动我心魄的爱情了，那么我今生又有何再求呢？

——林海音

幻想的爱急于求成，渴望很快得到圆满的功绩，并引起众人的注视。有时甚至肯牺牲性命，只求不必旷日持久，而能像演戏那样轻易实现，并且引起大家的喝彩。

——〔俄〕陀思妥耶夫斯基

有一种爱情像烟：紧挨着它，你会迷醉，给它自由，会消失不见……做一道烟，但会青春永在。

有一种爱情像影子：白天卧在你的脚下——看着你，夜晚无声把你拥抱……做一条影子，但会朝朝暮暮，永不分开……

——〔俄〕伊·安年斯基

真正的爱情，参与者稀少。大部分人只是观众，一辈子偷享别人的故事。

——王开岭

看到一句话，说什么是爱？就是八个字，叫"很有时间，不怕麻烦"。我拍案叫绝。

——罗振宇

所以生死、危险、千钧一发之际，都是把握爱情最好的时机。把爱情仅仅定义为花好月圆、花前月下，看上去仿佛很美，但把握当下才最美。

——梁永安

如果是最美的一个男子，我会爱。不需要以允诺偿还允诺，以泪眼辉映泪眼的爱法。只是去爱，没有目的，没有未来，不必起誓，不必结盟。爱可以实现，但不在人世的尘土上。爱等量于自由。

——简 媜

真正的爱是走心的，它不仅仅是肉体的愉悦，也不是单纯的算计，更不是一种感觉，它更多的是命运赋予的一份美好的责任与期待。

——罗 翔

最好的爱情，也许就是两个人以最大的诚意、最大的努力，尽可能地爱着对方。轮流低到尘埃，轮流不讲道理，轮流向对方道歉，轮流意气风发，轮流害怕失去，不知不觉走过一生。

——陈鲁豫

一段爱情的成功，不在于找到那个完美的另一半，而在于长久不断的浇灌与抚育。爱情首先是"给"而非"得"。这种"给"不是以交换为条件，更不是"自我牺牲的美德"，而是一种丰沛的生命力的展现。

——陈赛

爱就是这样，如果在追求爱情的道路上一直畅通无阻，他就不会谨慎行事，最终受到的惩罚便是久处生厌。最持久的爱情是永远得不到回报的。

——〔英〕毛姆

保持坚强的两个人，就像镜子照着镜子，照得人越来越亮，感情却埋藏得越来越深，什么都表达不出来。痛铺天盖地地生长着，让人透不过气来，无处可去，只好沉入自己的心，沉入对方的心。

——张春

你想哭，我会陪你掉泪，尽管前一刻我的心情其实是雀跃的；你要笑，我会陪你笑出声，尽管我上一秒其实是沮丧的。

——张爽

不管我本人多么平庸，我总觉得对你的爱很美。

——王小波

一辈子那么长，一天没走到终点，你就一天不知道哪一个才是陪你走到最后的人。有时你遇到了一个人，以为就是她了，后来回头看，其实她也不过是在这一段路给了你想要的东西。

——辛夷坞

爱之中需要存在怜悯。它本是海中的船，摇晃颠簸，朝不保夕。有了怜悯，才可以成为海中倒映的云影，与大海互不相关，又融为一体。有了怜悯，爱将处于整体性的时间和空间的概念之中。人与人之间，才不会轻易而盲目地分离。

——安妮宝贝

我只愿在心里永远留存她那张世上最单纯的少女容颜。倘若她还记得我呢，亦永远是一个十六岁少年的懵懂模样。

——王 平

谁说现在是冬天？当你在我身旁时，我感到百花齐放、鸟唱蝉鸣。

——〔英〕夏洛特·勃朗特

他要她幸福，她便努力过得幸福。而幸福，是对爱情最好的回报。

——黎 戈

爱不是将对方理想化，每一个货真价实的情人都知道，假如你真的爱一个人，你不会将他理想化。爱意味着，你接受某个人的失败、愚蠢、丑态，然后这个人对你来说依然是绝对的……这个人令你觉得，人生值得活下去。你在不完美中看见了完美，这就是我们爱这世界的方式。

——〔斯洛文尼亚〕齐泽克

大部分的爱都是死了便永远地死了，活着的是造化，是要珍惜一生一世的吧。

——马 良

婚姻只是对生活状态的一种调整，而不是与过去彻底断掉联系，又重新植入崭新的系统。它无法把你从孤单中拯救出来，也无法把不够好的你变得更好。

——杨时旸

婚姻不但要求有友谊和爱情，还要能在生活上谐调一致，所以最难圆满。

——金克木

夫妻生活是一个有颜色、有生息、有动静的世界。在我的认知里，夫妻的世界几乎没有无怨无尤、幸福无边的例子，因此，要在"怨"与"尤"间找到平衡，才能是永世不移的鸳鸯。

——林清玄

爱情是一种巨大的力量，爱情也有一个巨大的对手，那就是财产，这是我们恐惧婚姻的原因之一。

——苗 炜

爱情多半是不成功的，要么终成眷属烦死了，要么未成眷属想死了。

——钱锺书

作为一种长久的许下承诺的关系，婚姻的难，可能就在于你们会逐渐认清彼此的全部真相：真正的你们并不怎么迷人。你们都会在某些时刻软弱、自私、愚蠢……人性的全部真相都展现在你们面前，让人喘不过气来。但很可能，婚姻的意义和魅力就在于此：当一个人在看清你的全部之后，依然愿意和你在一起。

——徐菁菁

人们总是对喜欢的人不说"我喜欢你"，却说"我想你"；对想见的人不说"我想你"，却说"要不要一起吃个饭"。

——佚　名

凝视逝去恋情中散落碎片的时间不要过长，主动出击，踏入新的恋爱河流，感受不同河水带来的不同温度及速度，这才是正解。

——欧阳宇诺

在一段好的亲密关系里，我们是可以安心暴露自己的脆弱的，而这份脆弱在对方眼里，并不会成为减分的缺点，反而能够成为激发更多爱意的源头。

——Snow

当然是结婚：娶到一个好妻子，你可以得到幸福；娶到一个坏妻子，你会成为哲学家。

——〔古希腊〕苏格拉底

世界上最可怕的事，不是孤独终老，而是跟那个使自己感到孤独的人终老。

——〔美〕罗宾·威廉斯

对于等待者，时间太慢；对于忧惧者，时间太快；对于悲伤者，时间太长；对于欢乐者，时间太短；对于相爱的人，时间永恒。

——〔美〕亨利·凡·戴克

人类是抽象的，并无具体的对象。爱人类无须投入真心，收放自如，还可以为自己赢得道德上的优越感。但具体的人总是有那么多的问题，总是那么不可爱。其实，在某种意义上，这正是环境在训练我们的爱心，因为真正的爱往往是对不可爱之人的爱。

——罗　翔

我们在反复加强的仪式感之中把自己也浪漫化了，因为有爱的人，或者因为有人爱，自己得以成为旁人关注的焦点，成为特别的人，而我们很可能只是用爱情来遮掩自己平凡甚至平庸的事实。

——钱佳楠

亲情与家庭

当故乡的钟声响起，我们在外面世界猎取的一切美妙，皆可放下。啊，未来将至的一切，都不会再有昔日光彩，不会比得上捕蝶男孩在园中度过的一日日。

——〔德〕赫尔曼·黑塞

故乡到底是什么？

一个作家说："故乡就是在你年幼时爱过你，对你有所期许的人。"

——程黧眉

家是没有标准答案的。只要居住者自己住得舒服，自然就没什么问题。家的答案，人人不同。真实的家庭也不像社交平台上发布的美图那样精美，它一定是充满人间烟火气的：客厅的地上散落着孩子的玩具，以及没有来得及丢掉的垃圾袋。相较于冰冷的样板间，一个不够精致但充满温度的住宅显然更为迷人。

——逯薇

家承载着团聚、联系、关怀、牵挂和共同成长的岁月。在无数次的妥协背后，我们学会尊重、原谅和宽容，也学着给家人留一方清静而空寂的月亮地。

——蒋曼

生活，是一家人的功课，无法切割。琐碎与幸福，也是共有的，归咎或者归功，非但毫无意义，还会徒增嫌隙。朝夕相处，取彼此之长，更要容彼此之短。

——林　深

白天和晚上是粘住的，一家人的生活也是彼此粘牢的。一人有浮沉，所有人都会在涟漪中感受到波动，日夜不息。

——于　是

那时我长得的确不像父母，但这 20 年间发生了太多事情，我的头发已经变得跟父亲一样稀疏，我开始认同母亲的观点：世间的幸福和房子一样，要么买不起，要么白送也不要。

——〔美〕理查德·拉索

孩子若是平凡之辈，那就承欢膝下；若是出类拔萃，那就让其展翅高飞。接受孩子的平庸，就像孩子从来没有要求父母要多优秀一样。穷不怪父，孝不比兄，苦不责妻，气不凶子。

——梁晓声

我想，应该被感谢的是孩子，是他们让父母的生命"更完整"，让父母的虚空有所寄托，让父母体验到生命层层开放的神秘与欣喜。最重要的是，让父母体验到尽情的爱——那是一种自由，不是吗？能够放下所有戒备去信马由缰地爱，那简直是最大的自由。作为母亲，我感谢你给我这种自由。

——刘　瑜

小时候，父亲在我心目中，是严厉的一家之主，有着绝对的权威，是靠出卖体力供我吃穿的人，是我的恩人，也是令我惧怕的人。

——梁晓声

这个男人，曾经是我心中的天地，头顶的日月，远望的山海。而那一刻，我才意识到，他只是我的父亲，一个正在老去的男人。

——毕啸南

每当看到我父亲，我便立刻知道自己是在做梦。当失去一个对我们来说很重要的人时，就会发生这样的事情。它在我们的生活中撕开一个洞，吸走了我们的笑声和无忧无虑。人的离开让我们崩溃，突然之间，真实和梦想之间的界线清晰地呈现在我们眼前，就好像只有死亡才能让我们进入两个世界"之间"的世界。

——〔德〕妮娜·乔治

身为一个父亲，那些曾经被孩子问起"这是什么字？"或者"这个字怎么写？"的岁月，像青春小鸟一样一去不回来。我满心以为能够提供给孩子的许多配备还来不及分发，就被退藏而深锁于库房了。

——张大春

做了父亲后，我回去得少了，但经常念及父亲，想象我这个年龄时的他，想象孩子这个年龄时的父亲。起初是做反面教材，警醒自己别像他。慢慢地，我谅解了父亲，开始与他和解。无论在基因上，还是在生活里，我身上都有他的影子。

——葛亚夫

父亲，你是我的一个部分，既是遍寻不见的上游，又是摆脱不掉的宿命。你消逝于世俗的人间，消逝于柴米油盐，又归于万物。你是我无影无踪的父亲，你是我无处不在的父亲。

——徐海蛟

两个男人，极有可能终其一生只是长得像而已。有幸运的，成为知己；有不幸的，只能是甲乙。

——李宗盛

他从不说考不好也没关系，也不说世界很大你要多出去看看，更不会说你喜欢做什么都可以。偶尔，讲一两句洒脱话，反而更让人不敢懈怠。对我，他只讲最质朴的人生道理：要工作，要有效率，要把一件事情做完。

——叶　子

我的妈妈，给了我曾经被称为灵魂的东西——这世上最伟大的、温柔的讲述者。

——〔波兰〕奥尔加·托卡尔丘克

对付母亲这种生物，我们人类好像都有一种迫不及待要摆脱的感觉。好烦，不要来接近我，有什么事我会主动找你的，我已经长大了，不要把我当 3 岁小孩来看。

——毛 利

我真想这一天快点到来，我母亲退行成一个新生儿，这样我就可以把她抱在怀里，告诉她我有多么爱她。给她一个吻，在我是永别之吻，在她是迎接之吻……

——〔法〕埃里克－埃马纽埃尔·施米特

母亲的食物，是一个文化意义上的比喻，它和温饱有关，和爱相关。实际上，它大于文化，也大于审美。母亲的食物是一种植物，时光越长，长势越好。中年以后的我，自然而然地开始喜欢朴素简单的东西。而这样的喜欢，和母亲的食物是多么一致。

——赵 瑜

我敢说，母亲做的烙饼，饭馆里的都赶不上。她在世的时候，我们老说，应该开一家"张老太太饼店"，以发扬光大母亲的技艺。每当我们这样说的时候，就是好事临门也还会愁眉苦脸的母亲，脸上便难得地放了光。就连她脸上的褶子，似乎也放平了许多。对她来说，任何好事如果不是和我们的快乐乃至哪怕是一时的高兴连在一起的话，都没有什么实际意义。

——张 洁

所谓母子一场，不过是她为你打开生命和前程，你揭开她身后沉默的黄土。

——陈年喜

我认为一个男人一生的高度，取决于有一个什么样的母亲，好的坏的都受她影响。她是带领你来这个世界的人，有她在，你就永远是个小孩；她不在了，你就不是小孩了。

——郑 钧

姥走了，我不送她，她好像还在。姥不是躺在床上的那个枯瘦、大小便不能自理的老太太。姥是那个坐在院子里、水泥路面上、小方凳上的老人；是穿着干净的白底带浅色格子的衬衫，外面套一件灰蓝色布马甲，头发纹丝不乱的老人；是戴着眼镜，看《老年报》的老人。

——肖　于

我睁开眼睛，原来是外婆在自言自语。她依然是一个啰唆的老太太，念叨的却是我们的名字。就算她老得已经记不清我们的模样了，但依然在心里记着我们。这是一个老人最深沉的爱。

——余　言

外婆一生悲苦，却依然那么热爱生活，热爱生命。不能解释的都是奇迹，外婆便是。爱是最大的奇迹。

——董改正

我活着就不单单是我活着，我还在为我爱和爱我的人而活。
活着是有限的存在，唯有爱是无限的存在。

——吴佳骏

"爱你所爱，如其所是。"你爱你的孩子，就要让你的孩子成为他自己。

——沈佳音

孩子的可爱在于，他们并不满足这些，还要听雨水落在自己身上的声音。听雨，大人常把自己置身雨外，孩子却把自己置身雨中。

——林　深

我们要看见孩子的好，看见生活的甜，这是世间的甘露。
看见是不容易的。它需要一颗澄澈的、没有杂质的心。你看见了这短暂的安慰，也就能循着这丝丝缕缕、络绎不绝的希望，穿越漆黑的长夜和无尽的荒凉。

——汤馨敏

晚饭时分，饥肠辘辘，那门帘被掀起，没看见人时先看见一盘热气腾腾的菜肴，那种诱惑和亲情实在令人难忘。

——马未都

一行禅师曾说："当你种植莴苣时，你不会因为它没有生长好而责怪它。你会认真思考它为什么没有生长好。也许它需要肥料，或者更多的水，或者更少的阳光。你永远不会责备莴苣。然而，我们与朋友或家人之间出现问题，我们却会责备他们。"

——陈海贤

人在生命终结的时刻想要注销的,不只是自己的隐私,还有可能是对亲友造成的伤害。这也是一种负责与爱护。

——乔凯凯

合影不是当时看的,而是回头张望时,能够看到有血缘关系的我们彼此陪伴走过的路——在一起时的慰藉依恋,不得见时的牵肠挂肚。即便沧海桑田,也有照片上明亮的笑容,提醒我们曾经快乐过,爱过。

——肖　遥

我爱人类,但我对自己实在大惑不解:我越是爱整个人类,就越是不爱具体的人,即一个一个的人;我对具体的人越是憎恨,我对整个人类的爱便越是炽烈。

——〔俄〕陀思妥耶夫斯基

我爱这残损的世界,似乎比爱完美更多些。我明白,在万物当中,爱草木,爱虫鱼,爱天空大地,乃至爱高于人类的存在,并不困难,爱人才是最困难的。不是说爱人类,而是说爱人,爱一个个具体到眼睛、鼻子的人。不是在千里之外爱他,而是在身边爱他,爱吃喝拉撒的他,有七情六欲的他,甚至堕落的他。

——海　桑

在所有合适的关系中,从来都不存在任何人为任何人做出牺牲。

——〔美〕安·兰德

心理与修养

亲人和情人爱的是彼此，而不是彼此的美德。

——〔美〕威斯坦·休·奥登

人要耐看，物要实用，情要持久，理要常真。

——梁凤仪

如果要我写一本关于道德的书，一百页中大概有九十九页都是空白的。至于最后一页，我会写上："我只认得一种责任，那就是爱。"除此之外的，我都要说不，用尽所有力气说不。

——〔法〕加　缪

对于心地善良的人来说，付出代价必须得到报酬这种想法本身就是一种侮辱。美德不是装饰品，而是美好心灵的表现形式。

——〔法〕纪　德

道德像内裤，应该穿，但是不能逢人就说我穿了内裤，更不能满大街逮着别人说：你没穿内裤，不信你证明给我看。

——罗振宇

良知不是白色的也不是黑色的，它的颜色是红色，是被众人耻笑时脸上显露的颜色，是发自内心、自然而然生出的颜色。

——侯美玲

不知谦恭和睦的人，不但会遭到物质上的损失，而且还将因此失去一切生活上的情趣。

——〔法〕莫泊桑

粗鲁是弱小的人对力量的模仿。

——〔美〕埃里克·霍弗

哲人之为哲人，就在于看到了整个人生的全景和限度，因而能够站在整体的高度与一切个别灾难拉开距离，达成和解。

——周国平

每个人的高度和宽度，就是活着的境界。

——马　德

我那时还不了解人性多么矛盾，我不知道真挚中含有多少做作，高尚中蕴藏着多少卑鄙，或者，即使在邪恶里也找得着美德。

——〔英〕毛　姆

人性就像柏拉图所说，好比一辆两匹马拉的战车，每匹马却朝着不同的方向奔跑。所以我们需要光明的牵引，行在光中，在阳光的照耀下，让人性的黑暗无处可藏。

——罗　翔

人性喜好指点别人，好为法官，张如锯之利口，作严峻之巧言。所谓判断，很少是不狂妄的。

——陈之藩

如果有人以你不喜欢的方式持续地对待你，那一定是你允许的，否则他只能得逞一次。

——张德芬

人无媚骨何嫌瘦，家有藏书不算穷；能耐天磨真铁汉，不遭人妒是庸才。

——马识途

一个人有敬畏，为人处世才会遵守规范，才不会胆大妄为、胡作非为。

——高自发

人无完人，每个人心中都有不痛快。最难得做事有底线，最贵于公私能分明。

——丁时照

没有计较，毫无功利，这恰恰是很多人缺少的全神贯注于一事的心态。这种心态使得阿甘这样一个大时代里的"龙套"跑成了自己的主角。

——郁喆隽

不求是贵，少病是寿，够用是富，无欲是福，感激是喜。

——许倬云

天真的人，不代表没有见过世界的黑暗，恰恰因为见到过，才知道天真的好。

——三　毛

无论你的歌喉有多好，只要起音没抓好，中间唱不上去，就会演砸。

做任何事，"起音"都得慎重：应聘工作，你要求多少薪水？签约出版著作，你要多少印数？商业谈判，你坚持什么底线？朋友合作，你要怎么分成？当你"起音"高了，可能"拿不到"，也可能断了自己未来的路。所以人要自知，有多少能耐定多少价。

——刘　墉

话不直说，就给对方留下了时间与空间——应是不应，拒是不拒，皆有余地，两不难堪。所以，俗话教人：话不要讲那么明，也不要讲那么多，对方能听懂就好。

——草　予

任何思想者都是一样：自己低调，是为了让思想真正成为一种时代的高调。

——冯骥才

我们的头脑总是倾向于关注问题，而不是关注亮点。对别人做错的事你很敏感，别人做对了的事你不会注意。

——万维钢

我们的思维，有时候需要像石头一样坚硬，有时候需要像流沙一样松软。打破常规，反其道而行之，能收到意想不到的效果，松软的流沙也能变得比岩石还坚固。

——赵盛基

很多人觉得他们在思考，而实际上他们只是在重新整理自己的偏见。

——〔美〕威廉·詹姆斯

老子的"无己"，庄子的"无我"，是道德的境界。智慧的顶端，就是德行。

——鲍鹏山

虫子被踩后蜷缩起来，这是明智的，它借此减少了重新被踩的概率。用道德的语言说就叫：谦恭。

——〔德〕尼　采

豆腐之软，诚如中国人心目中软的最高境界：不攻击，却有抵抗；不争执，却有原则。这样的软，不是瘫软，而是气质上的谦和，心底里的慈悲。豆腐就算煮成羹，舀一勺与米饭同吃，也是润物细无声地钻入了饭粒之间的每一个空隙，而不是狼狈地四处流窜，这便是豆腐之以柔克刚：一个自由自在的温和派，代表着中国逻辑的中庸之软。

——殳　俏

大地如此宽厚，承载万物，它承载草木葱郁的南方，也承载荒天野地的北方；承载风沙，也承载河流；承载好人，也承载坏人；承载猛兽，也承载温顺的牛羊；承载美，也承载丑。这就是厚德载物。

——刘亮程

量小随意，客各尽欢，宽严并济，各适其意，勿强所难。

——（清）张晋寿

心一松散，万事不可收拾；心一疏忽，万事不入耳目；心一执着，万事不得自然。

——（明）吕坤

君子爱财，取之有道。所谓"道"，就是有原则、守底线、讲良心。

——醉　客

圆者，周密也，智不圆，则纰漏层出。所谓"行成于思，毁于随"。为人行事，行不方，则无以立身显名，甚则奸诈油滑，邪恶小人也。

——陈传席

"比上识不足，比下知有余。"收获了"识与知"，有点自知之明，才不枉各种较量。若是由此懂得感恩与努力，即便不是他人眼中的"那块料"，也总会找到属于自己的位置和价值。

——严共明

心计过工，有时也会成为失败的原因，真正阅历多的人，倒觉得凡事还是少用机谋，依着正义而行的好。

——吕思勉

很多东西如果不是怕别人捡去，我们一定会扔掉。

——〔爱尔兰〕奥斯卡·王尔德

美是凛然的东西，有拒绝的意思，还有打击的意思；好看却是温和的，厚道的，还有一点善解的意思。

——王安忆

美，看来真的会让人哭。这是为什么呢？

一是美的脆弱。《米洛斯的维纳斯》雕像没有胳膊也很美，但大部分美好的事物一经摧残就不美了。美好的情感一旦受伤，也往往像瓷器，再高超的修复也会留下裂痕。

二是审美主体的脆弱。"树犹如此，人何以堪""所遇无故物，焉得不速老"，都是很让人伤心的。

由此我才有些明白："人生因为有美，所以最后一定是悲剧。"

——郑海啸

现实生活中觉得一个人有魅力的瞬间，常常是劳动的、热爱的、专业的，而不是炫耀品位的、装酷的、指点江山的。这是属于工作着的人的魅力。

——闫　晗

在中国传统文化中，石代表原始自然，是不加雕琢的本真，玉则更多地被用来象征财富、地位和权力，是世俗欲望和社会规范的象征。故曰："玉者，欲也。"

——那秋生

夜晚的飞蛾扑向火，因为它不知道火会烧着翅膀；鱼吞吃钓钩上的蚯蚓，因为它不知道这会害了它。而我们明明知道，欲望一定会纠缠住并毁掉我们，可仍旧沉湎于此。

——〔俄〕列夫·托尔斯泰

生活缺乏节制的人，与之为友的也都是些放纵无度的人。品质恶毒的人，在天真无邪的人身上擦上所谓的"斑驳锈性"，这样大家就都不会被指责不纯洁了。一个人的品质，在欲望军团面前，多么脆弱。恨它，或者适应它，都不是最好的方法。

——〔古罗马〕塞涅卡

黄永玉所受的家教还有：不说空话，吃饭时不出声音，不拿别人的闪失开玩笑……这些对于日常小事的要求就像佛教里的"戒行"，看似简单却自有厉害之处，能让人在苦难岁月里坚守心性。所以黄永玉的奇崛个性里多了几分正气，使"奇崛"不只是一种表演性的姿态，而是一种底色踏实的真性情。

——芳　菲

能够永远流传的名声就如同橡树，长得慢，但能长久；短暂的名声如同一年长成的植物，到时间就会枯萎；虚假的名声却如同菌类，一夜之间长满山野，但很快就凋落了。

——〔德〕叔本华

有些人喜欢说"看破红尘"，其实人是不能"看破"的，因为一旦看破，人就会很消极，无所作为。

但人也不能斤斤计较，不然就会时时不愉快，常常痛苦。那人要怎么样？我以为，人要"看开"，但不要"看破"。不过很多人分不清楚二者，他们认为

"看开"就是"看破"，这是不正确的。

"看开"就是说：我不会常常倒霉，这次的情境别人也碰到过，只是他碰到时，我不知道而已。

——曾仕强

人之所以合群，是由于我们有共同的苦难，如果我们不是人，我们对人类就没有任何责任了。对人的依赖，就是力量不足的表现。所以，人们从自身的弱点中反而产生了微小的幸福。

——苗炜

在危难来临的时候，我们可能有一种道德上的义务，我们可以为了保全别人的生命来牺牲自己，但这只是个人的一种道德义务，你不能够把它演变为我可以牺牲他人来保全自己或保全另一些人的生命，因为道德在绝大多数情况下都是一种自律，而不是他决。

——罗翔

真正的善良是一种远见。面对每件事都能从很多角度思考。不但从自己的角度，也从别人的角度想问题，甚至还会考虑做事之后会不会产生不良的连锁反应。然后才把一件事做到最好，或向他人普及真知。

——拾遗君

受过伤的人总是更清楚伤口的深度、宽度以及痛苦的程度。所以，当从他人身上或心里看到与自己类似的伤疤时，受过伤的人更能感同身受。那些长在心里的疤痕给了他们一双能洞察世间疾苦的眼睛。

——李起周

责任是让一个男孩成长为男人的最好的催化剂，不可思议吗？世界上又有多少事不可思议！而最不可思议的正是人，人的感情。

——路遥

我一直对尊严格外执着，我曾认为最重要的是活得有尊严，但现在我发现，有比活得有尊严更困难、更重要的事情，那就是带着尊严死去。对我们来说，这才是真正的考验。

——〔意〕奥莉娅娜·法拉奇

假如美德需要通过荣誉来体现，那它就是轻浮空虚和没有意义的东西。命运在让人得到荣誉的事情上真是太轻率了。我经常看到命运让人无功受禄，往往给一个人的荣誉要大大超过他的实际功绩。第一个将荣誉比作阴影的人也许只是随口说说，他并未认识到这句话所达到的深度：荣誉和阴影同样空虚；荣誉也像人的影子那样，有时走到了身体的前面，有时则要比身体长好多。

——〔法〕蒙　田

"智慧"一词是可拆为两个字各作诠释的。"智"的含义只不过是聪明。"慧"字却是有心的，是从善良的心里总结出的思想自觉。

——梁晓声

智慧和聪明是两回事。聪明指的是一个人在能力方面的素质，例如好的记忆力、理解力、想象力，反应灵敏等。具备这些素质，再加上主观努力和客观机遇，你就可以在社会上获得成功。但是，无论你怎样聪明，如果没有足够的智慧，你的成就终究谈不上伟大。也许正是因为如此，自古至今，聪明人非常多，伟人却很少。

——周国平

一个人心中，应该有三种"对错观"：法学家的对错观，经济学家的对错观，商人的对错观。

——刘　润

有教养的人或受过理想教育的人，不一定是个博学的人，而是个知道何所爱何所恶的人。一个人能知道何所爱何所恶，便是尝到了知识的滋味。

——林语堂

客观之诗人，不可不多阅世，阅世愈深，则材料愈丰富、愈变化，《水浒传》《红楼梦》之作者是也。主观之诗人，不必多阅世，阅世愈浅，则性情愈真，李后主是也。

——王国维

什么是读书人？吴宓给出了答案：当身体衰老，记忆深处那些读过的书却仍完好无损。

——王　景

能同时保有两种截然相反的观念，还能正常行事的人，才是有第一流智慧的人。

——〔美〕菲茨杰拉德

人总喜欢小小地抗拒一下，对自己的良心有个交代，替不正当行为找个开脱的理由。

——〔法〕巴尔扎克

少言是思想者的道德，唯有少言才能多思。

——周国平

能克制者始能成事。

——〔德〕歌　德

没有情绪并不能让我们变得更理性，因为情绪是我们对待日常事务和决策的主要反馈机制。

——岑　嵘

为什么要拥有共同的价值观？因为只有价值观一致的人才比较容易获得彼此的信任。因为信任，所以简单；因为简单，所以高效。如果整个团队价值观非常一致，团队之间的信任非常好，那么企业一定氛围好、效率高。

——卫　哲

如何逃离精神控制：第一，不要问自己"谁是对的"，要改问自己"我是否喜欢被这样对待"；第二，放弃做"好人"的执念，尽力就好；第三，不要争论你确定的事实；第四，永远对自己做出真实的评价；第五，停止和你的"煤气灯操纵者"争论；第六，允许自己生气，但别卷入关于你的感受或你的意见是否值得被聆听的争论。

——刘晓蕾

人要想做好一件事，往往需要分两步：第一步是让自己处于可以把事做好的状态，第二步才是把事情做好。

——河森堡

建立信心的一个有效方法就是参与更容易获得成功的活动。研究发现，人们在参与助人活动时，最容易忘记自我和焦虑感。在参与利他性的活动时，社交焦虑者更容易忘记自我，从而获得一种归属感，这有利于他们更好地克服孤立感。与你认为不具威胁性的人共事也有助于建立信心。

——〔英〕吉莉恩·巴特勒

如果他对外人很糟糕，但同亲人尤其是配偶的关系平等而和谐，可以说，这个人的内心是比较健康的，他对外人的糟糕态度改起来比较容易。如果这个人对外人很好，但和亲人的关系充满冲突甚至仇恨，可以说，这个人的内心是有问题的，并且改起来相当不容易。

——武志红

灰尘是最势利的，当你衣着光鲜，它退避三舍；当你破衣烂衫，它就从四面八方猛扑而来。

——〔英〕乔治·奥威尔

有的人精于计算，有的人勤于劳作，怎么选择都不错。判断得与失的时限大概要拉长一些，或许是一辈子。

——陆庆屹

我不担心人工智能会让计算机像人类一样思考，我更担心人类像计算机一样思考，失去了价值观和同情心，罔顾后果。

——〔美〕蒂姆·库克

骄阳当空，无人关注；蚀象一现，举世仰望。众口流播的不是一个人的功绩，而是其失误。

——〔西班牙〕巴尔塔萨尔·格拉西安

应该捍卫的不是人本身，而是人涵盖的各种可能性。

——〔法〕西蒙娜·薇依

人们批判的标准，便是他们对各自标签的忠实程度。

——〔捷克斯洛伐克〕米兰·昆德拉

善由心生，善良是由人自己去选择的。当人不能选择的时候，他也不再是人了。

——〔美〕斯坦利·库布里克

沉沦有三种基本样式：闲谈、猎奇、两可。

——陈嘉映

我想说，受骗多半是因为一种信任或感动。但是世上最美好的东西不正来自信任和感动吗？应该守住它，还是放弃它？我写过一句话："每受过一次骗，就会感受一次自己身上人性的美好与纯真。"

——冯骥才

对骗子的惩罚，倒不是没有人相信他，而是他无法相信任何人。

——〔爱尔兰〕萧伯纳

每个人都有爱好，也有爱好的权利。作为一个自然人，你可以随意爱好什么，爱好就是你的快乐。可是，作为一个社会人，如果你在领导位置上，不管是在企业还是政府，你得把自己的爱好隐藏起来。因为，你的爱好就是别人进攻你的缺口。

——林 夕

如今，人好像是信息的容器，每一刻都处在满溢的状态，没有丝毫虚空。像一块已经在滴水的海绵，无法再吸收更多的水。无聊是一种虚空，一种充满能量的虚空，它能创造出渴望与期盼来。"无所事事"的人才会开启想象，憧憬另一种可能。无聊或许正是"文化"的开端。

——郁喆隽

藏起来的华丽毕竟不容易引起注目和共鸣，那么内里的高贵和优雅会不会有些寂寞？应该会吧。但是这样的寂寞，也许正是浮华和虚荣的解毒剂。

——潘向黎

我们的记忆中也不乏谎言，但阅读能够帮助我们辨别真假。而那些文盲，他们既不明白他人的过错，也不了解自己的权利。

——〔意〕翁贝托·埃科

审美问题，有时候可能也不全是认知的问题，有时候是视角的问题，有时候是逻辑的问题。大多数"看不懂"，都是因为手里的书拿反了，一旦将视角正过来，就会有光照在上面。

——二 冬

世界上有才华的人毕竟是少数。芸芸众生，只有用功，老守一井，埋头往下挖。

绝大多数人是很普通的人，所以需要牢牢记住：安身立命，掘井及泉，自己养活自己，不给其他人添麻烦，胜过人间无数。

——冯　唐